동명왕릉의 연꽃무늬

식민지 조선경제의 종말

김인호 지음

도서출판 신서원

저자[김인호]는
1963년 부산에서 태어났다.
고려대학교 사학과를 졸업하고
동 대학교 대학원에서 수업했다.
석·박사 학위취득
현재 고려대학교·
순천향대학교에서 강의하고 있다.
저서로는 『태평양전쟁기 조선공업연구』가 있으며
다수의 번역물 및 논문이 있다.

식민지 조선경제의 종말

지은이 · 김인호	
만든이 · 임성렬	
만든곳 · 도서출판 신서원	
초판1쇄 인쇄일 2000년 12월 15일	
초판1쇄 발행일 2000년 12월 25일	
주소 · 서울특별시 종로구 교남동 47-2(협신209호)	
등록 · 제1-1805(1994.11.9)	
Tel (02)739-0222 · 3	
Fax (02)739-0224	

신서원은 부모의 서가에서
자식의 책꽂이로
'대물림'할 수 있기를 바라며
책을 만들고 있습니다.
잘못된 책은 연락주십시오.

값 19,000원

식민지
조선경제의
종말

머리글

　식민지 공업사를 전공하는 사람이라면 왜 식민지시대 경제사를 연구하는가에 대한 자신의 대답이 있어야 한다. 하지만 내가 처음 석사학위 논문테마를 식민지 조선의 공업사 방면으로 잡았을 때의 솔직한 심정은 당시 풍미하던 사회구성체 논쟁에 곁다리라도 한번 놓고 싶은 유치한 공명심이었다. 그 때는 식반론(식민지반봉건사회론) 혹은 주자론(주변부자본주의론) 등 식민지 사회성격과 변혁의 방향설정을 놓고 젊은 역사학도들이 불타는 열정으로 논쟁하던 시절에 아직 학문의 깊이가 얕은 젊은 나로선 어떻게 하든지 그 속에 한번 뛰어들고 싶은 의욕이 무척 앞섰던 것 같다. 그리고 이후 불거진 근대화 논쟁에도 직접 개입하는 것보다는 실증적으로 식민지근대화론을 비판하고 싶은 생각이 많았다. 그래서 일제 말 조선공업화정책의 허와 실을 규명하려는 목적에서「일제의 조선공업정책과 조선인자본의 동향」제하의 박사학위논문을 작성하였다. 그리고 그것을 바탕으로 1998년에『태평양전쟁기 조선공업연구』를 출간하게 되었다.

　지금 돌이켜보면 필자 나름의 식민지 역사상을 구축하기보다는 근대화론 반대하기, 식민지수탈 논쟁에 곁다리걸기 등에 급급했던 느낌을 지울 수 없다. 또한 하나의 역사적 사실에 생명을 불어넣기 위해 수많은 날을 이론과 사실 속에서 비지땀을 흘리던 그런 겸손한 역사학을 한 것이 아니라 추상적인 변혁이론에 압도된 채 역사학자는 곧 지사인양 거들먹거리는 그런 모습으로 지내온 것은 아닌지 반성을 하게 된다.

　식민지시대를 거시적으로 파악하고자 한 만큼 꼼꼼한 역사인식과 방법론을 개발하지 못했던 한계를 깨닫기도 했다. 진솔하게 말해서 나는 일제가 우리 민족에게 준 많은 고통과 수탈에 대해서 눈감을 수 없는 것이 역사학자의 양심이자 본분이라고 생각한다. 하지만 식민지 시대의 역사연구 방법이 일본과 조선이라는 단선적인 관계에 국한되는 것은 더 이상 올바른 사고라고 생각하지 않는다. 혹자는 그럼 조선을 일본이 전면적으로 수탈하던 상황이 아니라는 말인가라고 물을지 모르겠다. 물론 그런 뜻은 아니다. 정확하고 정교하게 당시의 역사상을 해독하는 자세가 필요하다는 말이다. 예를 하나 든다면 기왕의 '수탈론'적 인식에서의 식민지경제는 일제에 의해 기형성과 탈구성 그리고 파행성이 노골화되어 민족경제의 가능성은 완전히 사라지고 완전한 일제 재벌자본의 이윤수탈처로서 기능하게 되었다고 한다.

과연 그럴까.

전반적인 일제의 수탈에도 불구하고 조선에서는 '대동아공영권'에서의 역할을 인위적으로 개발정책이 추진되었고, 조선인 자본가는 예상과 달리 몰락하지 않고 오히려 침략전쟁에 동원되어 '제2의 일본인화'하고 있었다. 실제의 역사상에서 조선인 자본은 일제의 통제경제 덕분에 밀려드는 수요에 쾌재를 불렀고, 밀려드는 손님에 돈을 셀 시간도 없어 방안과 창고·부엌에 던져놓을 수밖에 없었다. 그래서 시간을 내어 돈을 세었고, 사흘 동안 방안에 돈냄새가 가시지 않아 크레졸을 뿌려야 했다는 모 재벌가의 회고는 그냥 빈말이 아니었다.

물론 많은 조선인 중소기업은 기업정비를 통해 통폐합된 것은 사실이다. 그러나 많은 조선인 중소자본도 음으로 양으로 조합 혹은 '법인화'하여 자본축적의 의지를 불태웠다.

기왕의 '원시적 수탈론'이라는 역사방법론에서 드러난 가장 큰 문제점은 그것이 과학적이고 정확한 역사인식에 기반을 둔 것이 아닌 '가치지상주의'적 역사방법론 그것에 뿌리를 두고 있다는 것이다. 즉 '원시적 수탈론'은 독도는 우리 땅이라고 목소리 높이면서도 정작 독도가 왜 우리 땅인지 정확히 말하지 못하고 있다. 그러면서 독도가 우리 땅인 사실을 정확히 밝히라는 요구를 마치 일본인을 대변한 것처럼 반민족적이라는 비판을 하면서 역사인식을 문제삼는다. 광주민중항쟁의 피해자들이 역사학자에게 가장 먼저 요구한 것은 항쟁의 역사적 의의를 말하라는 것이 아니라 당시의 진상을 정확히 밝히고 그것을 바탕으로 책임자에 대한 준엄한 역사적 단죄를 해달라는 요구였다.

기왕의 '가치지상주의'적 연구방법론이나 '원시적 수탈론' 관계 연구 업적은 '역사학자는 지사여야 한다'는 묘한 민족주의적 낭만을 내포한 채 그것이야말로 올바른 학문인양 소리높이고 있는 것이다. 물론 역사학은 역사적 사실에 대한 올바른 평가와 역사적 진실을 밝히는 데 게을리 해서는 안될 것이다. 즉 역사 연구와 해석에서 역사학자의 정의감과 진리 추구의 노력이 방기된다면 '원시적 수탈론'을 비판하는 그 이상으로 남한 산성의 기왓장 숫자만 헤아리는 실증일변도의 속류 역사학만이 살아남게 될 것이다.

따라서 기왕의 원시적 수탈론에서 제시한 근본적인 문제제기 즉 제국주의에 저항하고 진정한 자주국가와 민족해방을 달성하기 위한 노력을 일깨우기 위해서라도 당시의 역사상을 정확히 이해하고 설명해내는 전체적인 시각, 거시적인 시각이 요망된다. 식민지 공업의 역사상을 정확하고 정교하게 그려내는 일과 엄중한 역사적 가치평가를 겸행하는 일이 항시 병행되어야 한다는 의미에서 보다 구체적인 역사적 실상을 밝혀내는 일이 필요하다는 것이다.

본 저작에서 필자는 다음과 같은 기본적인 입장을 바탕에 깔고 서술에 임했다.

첫째. 우리에게 식민지시대는 무슨 의미인가라는 문제인데, 본 저작을 내게 된 결정적인 이유라고 할 것이다. 그 의문에 대하여 이 책은 주체적인 근대화의 좌절이자, 민족경제의 안정적인 발전을 좌절하는 이식자본에 의해 달성된 기형적 체제이며, 안정적 재생산 기반이 처음부터 박탈된 형태의 '유사근대화' 시대라고 평가한다.

적어도 근대화라는 것은 자본주의적 물적 기반과 민족경제의 기반 형성 문제를 동시에 고려해야 한다. 하지만 식민지 현실에서 자본주의적·물적 기반은 일정하게 수립될 수 있었을지도 모르지만 그것은 민족경제의 구축과는 오히려 반대로 진행된 것으로 보인다. 민족경제의 형성에 앞서 이른 시기부터 식민지 조선경제는 일본 제국주의의 일각에서 침략주의적 내용을 담게 되었다. 기왕의 역사학에서는 식민지 경제의 역사적 한계를 주로 파행성·기형성 문제에서 찾지만 이 책에서는 민족경제의 토양이 전혀 마련되지 못한 상황에서 조숙하게 대외지향적·침략주의적 경제조직을 구축하여 자본주의적·물적 관계를 형성한 점, 즉 '조선경제의 대외성' 그리고 '침략성'에 주목하고 있다.

즉 당시 조선의 경제성장은 주체가 상실된 침략주의적 자본주의화로서 규정될 수 있으며 해방후 그러한 침략성은 패권주의적 경영, 단기적·투기적 자본축적의 논리로 이어지면서 남한에서 천박한 상업자본주의가 발아하게 되는 원인을 제공하였다고 할 것이다. 물론 그것은 해방후 국가재건에 큰 장애를 가했고, 아직도 그 영향이 남아 있다.

둘째로 식민지시대 조선민족의 과제는 무엇일까라는 질문이다. 적어도 이 책에서 그 문제는 일제로부터 민족해방을 달성하고 안정적인 민족경제를 육성하는 데 있었다고 본다. 즉 침략주의적 군산복합체제를 해체하고 삶의 질을 높여줄 평화산업을 육성하는 한편, 일제가 그토록 대동아공영권을 만들고 싶어했던 나름의 순수(?)했던 원인인 동북아 삼국의 안정적인 물자교류에 필요한 산업구조를 구축함으로써 국가간의 불필요한 생산력 소모나 패권경쟁을 종식시키는 문제 바로 그것이었다.

본 저작의 제목은 미래지향적인 식민지 인식의 필요성에 대한 고민에서 '식민지 조선경제의 종말'이라 했다. 식민지 경제의 계승이 아니라 철저한 재편성의 필요성을 강조하려는 것이다. 아울러 이 책을 내게 된 동기는 기왕의 연구에서 식민지 경제를 어느 특정한 분야에서 통할한 것이 없다는 나름의 생각에서였다.

　특히 공업사 측면이 그러한데 그것은 공업사 자체가 각종 사료부족이나 연구자 부족으로 종합적인 식민지상을 그려내기 어려웠다는 그 동안의 사정을 아는 분들이라면 이 책을 출간하게 된 의도를 잘 이해할 것이다. 막상 이 글을 내놓게 된다니 무척 두려움이 앞선다. 하지만 시작이 반이라는 마음으로 식민지의 생생한 역사상을 그려내는 데 나름의 성과는 내었다고 위로하면서 독자 여러분들의 따끔한 질책을 바란다.

　특히 독자 여러분들은 식민지 공업의 독특한 자본주의적 발전모델과 본국과 식민지간의 단선적인 지배수탈 관계라는 등식을 넘어 동북아 혹은 세계경제 시스템의 일부로 전환하고 있는 조선공업의 실상을 예의 주목하길 바란다. 물론 이 부분은 이 책에서 완전히 소화한 것은 아니며 앞으로의 연구를 통하여 보다 명쾌하게 정리할 예정이다.

　이 책에는 본인의 글 이외에도 평소 착실하게 식민지 경제사 연구에 매진해 온 문영주 선생과 예리한 문제의식과 치밀한 논리전개로 진가를 보여온 이송순 선생의 글을 함께 모아보았다. 두 분의 글을 곰곰이 살펴보면서 많은 시사점을 얻었다는 사실을 지면을 빌려 혀둔다. 마지막으로 이 책 만들기에 힘쓴 도서출판 신서원에 깊은 감사를 드린다.

2000년 11월 11일 분당 태재고개에서
김인호

식민지 조선경제의 종말
차 례

머리글 … 1

제1부 조선공업의 자본주의적 재편

제1장 조선공업의 '자본주의 이행기'적 특성 … 15
  1. 들어가며 …………………………………………………………… 15
  2. 개인공업의 양산과 조선인 개인공장 …………………………… 17
  3. 공장자본의 유기적 구성과 수탈양식의 변화 ………………… 31
  4. 나가며 …………………………………………………………… 39

제2장 우가키 총독의 '조선공업화' 구상 … 43
  1. 들어가며 …………………………………………………………… 43
  2. 총독통치의 장애 ………………………………………………… 45
  3. 총독 우가키 가즈시게의 공업인식 …………………………… 52
  4. 우가키식 공업화론의 역사적 의미 …………………………… 59

제3장 1930년대 조선인 중소공업의 성격 … 63
  1. 들어가며 …………………………………………………………… 63
  2. 조선인의 회사투자와 조일합자회사 …………………………… 64
  3. 1930년대 공업회사의 설립과 법인화 증대 …………………… 65
  4. 1930년대 후반 법인화 확대 …………………………………… 67
  5. 1930년대 조선인 개인공장의 실태 …………………………… 68
  6. 나가며 …………………………………………………………… 73

제2부 전시하의 조선경제

제1장 전시경제를 어떻게 볼 것인가 … 77
제2장 '조선공업화' 문제의 연구사 … 83
  1. 들어가며 …………………………………………………………… 83

2. 전시공업사 연구에 나타난 근대화론 ························· 85
  3. 전시조선공업정책에 관한 연구사 ······························ 89
  4. 전시 조선인 중소공업에 관한 연구사 ························ 97
  5. 전시 조선인 자본가의 동태 ····································· 102
  6. 나가며 ··· 106

제3장 제1차 생산력확충과 대용품 공업화 … 109

  1. 들어가며 ·· 109
  2. 제1차 생산력확충계획의 입안 ·································· 110
  3. 제1차 생산력확충계획의 추진 ·································· 119
  4. 나가며 ··· 138

제4장 조선공업의 병영화 … 141

  1. 들어가며 ·· 141
  2. 조선에서의 '군수생산책임제' 실시 ··························· 143
  3. 조선에서의 〈군수회사법〉 실행과 의미 ····················· 150
  4. 〈군수회사법〉의 업종별 실행내용 ···························· 155
  5. 나가며 ··· 158

제5장 기업정비와 회수 … 171

  1. 들어가며 ·· 171
  2. 기업정비정책의 수립 ··· 172
  3. 정비정책의 성격 ··· 184
  4. 기업정비정책의 결과 ··· 195
  5. 기업정비에 대한 조선자본가의 인식 ························ 209
  6. 나가며 ··· 215

제6장 1945년 서울(경성부)소개 … 219

  1. 들어가며 ·· 219
  2. 일본의 소개정책과 실태 ·· 221
  3. 경성부 소개정책의 입안과 소개의 실태 ··················· 223
  4. 나가며 ··· 245

제7장 조선공업의 대외적 성격과 조선인 자본의 침략성 … 249

  1. 들어가며 ·· 249

2. 조선공업의 대외적 성격 252
3. 조선인 자본가의 '대륙침략' 271
4. 나가며 283

제8장 제2차 생산력확충계획과 중점산업 … 287

1. 들어가며 287
2. 제2차 생산력확충계획의 수립 288
3. 1944년도 조선의 생산력확충계획 295
4. 생산력확충계획의 실상 299
5. 제2차 생산력확충계획의 실패 328
6. 나가며 330

제3부 전시 통제경제의 실상

제1장 중일전쟁 시기의 물자통제 … 335

1. 들어가며 335
2. 원자재 사용제한과 산업물자 배급통제 336
3. 물자통제의 확대와 생필품 배급통제의 추진 350
4. 나가며 365

제2장 촌락금융조합의 금융활동 [문영주] … 369

1. 들어가며 369
2. 농촌자금 흡수기관으로의 전환 371
3. 전쟁수행을 자금공급 381
4. 나오며 389

제3장 미곡공출 [이송순] … 393

1. 들어가며 393
2. 미곡공출의 전개와 그 성격 396
3. 미곡공출이 농촌경제에 미친 영향 410
4. 나오며 422

맺음말을 대신하여 ; 태평양전쟁이 한국과 일본에 무엇을 남겼는가 … 425

찾아보기 … 437

식민지 조선경제의 종말
표차례

[표 1-1] 조선내 공업회사와 공장의 추이 21
[표 1-2] 조선인 회사 및 제조회사 대비 조선인 공장비율 22
[표 1-3] 1911년도 조선내 공장 실수조사 내역 25
[표 1-4] 1911년도 총독부의 유망업종 국비보조 내역 27
[표 1-5] 전업겸업별 농가호수 28
[표 1-6] 조선의 직물업 자본금 구성 29
[표 1-7] 공장공업자본의 외형적 구성 32
[표 1-8] 공장공업자본의 유기적 구성 34
[표 1-9] 1918년 저동력-고이윤 업종적요 35
[표 1-10] 단위공장당 자본구성 상황 37
[표 1-11] 공장당 자본의 기술적 구성 39
[표 1-12] 조선인 개인공장의 성장 43
[표 1-13] 3.1운동 입감자의 계급계층별구성 44
[표 1-14] 조선내 궁민추세 48
[표 1-15] 귀속기업체 중 조선인 출자회사수 65
[표 1-16] 공업회사의 불입자본의 증가율 66
[표 1-17] 동 시기별 증감률 66
[표 1-18] 공업회사 및 공장수 대조 69
[표 1-19] 제조업체 영업세 추정일람 69
[표 1-20] 1940년대 조선내 공장의 증가상황 70
[표 1-21] 중소 기계기구업의 발전 70
[표 1-22] 서울지역 개인공장수 및 증가율 71
[표 1-23] 서울지방 경영형태별 공장수 71
[표 1-24] 1937년 말~1939년 말 서울지방의 민족별 공장신설 증가치 72
[표 1-25] 1937년 말~1939년 말 서울지방의 경영자별 생산액 증가치 72
[표 1-26] 1937~1939년 말 서울지역 경영자별 공장 및 생산액 비중의 변화 73

[표 2-1] 제1차 생산력확충계획안 비교 118
[표 2-2] 알루미늄 수요 및 생산예상액 조사 123
[표 2-3] 화북산 반토항암 수입상황 124
[표 2-4] 조선 철강부문 제1차 생산력 확충계획과 실적 132
[표 2-5] 조선의 휘발유 및 기계유 수급상황 135

[표 2-6] 조선의 제1차 생산력 확충계획과 실적 ······················· 137
[표 2-7] 조선의 현원징용 상황 ··· 152
[표 2-8] 조선내 군수회사법 적용업체 분석 ······························· 154
[표 2-9] 군수회사로 지정된 조선내 경금속회사 ························ 155
[표 2-10] 군수회사로 지정된 조선 내 철강업체 ························ 157
[표 2-11] 조선의 현원징용 상황 ··· 187
[표 2-12] 조선내 폐품 및 재생공장 설립상황 ··························· 191
[표 2-13] 유휴-미완성 설비에 따른 업종분류 ··························· 192
[표 2-14] 공장 및 노동자수의 남북 비교 ·································· 196
[표 2-15] 업종별 전력수용자 숫자 ··· 197
[표 2-16] 일본본토의 기업정비 상황 ··· 199
[표 2-17] 경남지역 인쇄업정비 사례 ··· 199
[표 2-18] 피혁공장 정비상황 ·· 200
[표 2-19] 식민지 말기 조선내 비 군수공장 공업추계 ············· 200
[표 2-20] 1940년대 조선 현지공장 추이 ·································· 202
[표 2-21] 조선내 기계공업의 정비상황 ····································· 204
[표 2-22] 직물별 기업정비 상황 ·· 209
[표 2-23] 개인 중소상공업자에 대한 설문조사 결과 ··············· 212
[표 2-24] 개인 중소 상공업자에 대한 설문조사 결과 ············· 213
[표 2-25] 원산지역의 기업합동 및 전업관련 설문결과 ··········· 214
[표 2-26] 총독부 지정 경성부 내 소개공지대 ························· 225
[표 2-27] 경성부내 소개공지 ··· 225
[표 2-28] 경성부내 소개공지대 ·· 227
[표 2-29] 남조선 주요지역 사업장 및 노동자 수 ···················· 239
[표 2-30] 서울지역 은행·회사 신설 및 해산상황 ···················· 242
[표 2-31] 업체별 전력 수용자수 ·· 243
[표 2-32] 조선내 제재업의 동향 ·· 244
[표 2-33] 엔블록내 조선의 생산력 비중 ··································· 257
[표 2-34] 북중국산 원료로 전용품목 ··· 259
[표 2-35] 조선의 대외수이입 상황 ··· 267
[표 2-36] 조선의 대외수이출 상황 ··· 267
[표 2-37] 북방엔블록 각지와의 수입상황 ································· 269
[표 2-38] 조선과 일본본토의 북방 엔블록(만주국·관동주·중국)무역액 ··········· 270
[표 2-39] 1939년 상해지역 중요 조선인 기업 ························· 277
[표 2-40] 중국 상해·남경 지역의 주요 조선인 자본가 ·········· 280
[표 2-41] 1944년도 조선물자동원계획 ······································ 296

[표 3-1] 사용제한 대상 물자상황(1938~39) ···························· 339
[표 3-2] 1938년도 물자통제 영향조사 ······································ 340

[표 3-3] 일본본토의 통제물자 배급절차 ··· 347
[표 3-4] 조선에서의 산업물자 배급통제 절차 ·· 347
[표 3-5] 〈7·24사치품 제조·판매금지령〉의 대상품목 ··························· 356
[표 3-6] 조선 화학물자의 배급통제 ·· 362
[표 3-7] 중일전쟁기 일제의 '배급통제' 추진과정 ································· 366
[표 3-8] 국민저축조합 조직상황과 저축액 ·· 374
[표 3-9] 미곡생산고와 공출수량 ··· 375
[표 3-10] 미곡 공출대금중 강제저축률 ·· 375
[표 3-11] 촌락금조 예금 증가상황 ··· 377
[표 3-12] 연도별 조선전체 저축증가액과 금융조합 저축증가액의 비율 ·········· 378
[표 3-13] 1942년 1월말 당시 금융조합이 지도하는 국민저축조합 현황 ······· 379
[표 3-14] 촌락금조의 총자산중 조금련 예치금과 농업대출금의 추이 ········· 381
[표 3-15] 조금련 총자산중 식은예치금·유가증권의 비율 ····················· 383
[표 3-16] 조금련 소유 유가증권 내용 ·· 383
[표 3-17] 공사채 수익률과 금융조합 예금이자율 ································· 384
[표 3-18] 금융기관별 농수산업 대출금과 촌락금조비중 ······················· 386
[표 3-19] 농업대출금중 자작농지 구입자금과 부채정리자금의 비중 ········· 388
[표 3-20] 자작농지 구입자금의 대출 구수와 농업호수와의 관계 ············ 389
[표 3-21] 각계층별 농업호수 변화와 미곡생산량 ································· 390
[표 3-22] 1933~1944까지 조선의 미곡 수급상황 ······························· 397
[표 3-23] 조선에서의 식량 민간소비량 ·· 398
[표 3-24] 일본·조선의 공정미가(최고생산자 판매가격) 변천상황 ········ 404
[표 3-25] 1941~1945의 미곡생산량 및 공출량 ··································· 407
[표 3-26] 공출미의 실질매상 가격과 각종 생산비·물가참작치의 비교 ······· 415
[표 3-27] 전시하 물가지수와 미곡도매평균 비교 ································· 416
[표 3-28] 농촌경제와 관계가 큰 물품의 물가지수 ································ 417
[표 3-29] 전남 '동고농장' 소작료 수납상황 ·· 420
[표 3-30] '동고농장' 소작인의 공출상황 ··· 421

[표 4-1] 해방후 조선내 공업시설 및 인원 격감상황 ··························· 430

제1부
조선경제의
자본주의적 재편

제1장
조선공업의 '자본주의 이행기'적 특성

1. 들어가며

　기왕의 연구에서 1910년대 공업을 보는 주된 시각은 '회사령'체제=조선인 산업자본화 저지='비공업화론'이다. 그런데 이 관점에서는 정작 1910년대 공업회사와는 달리 빠른 속도로 증가하던 조선인 개인공장의 역사적 의미에 근접하기 어려웠다. 또한 최근 '원시적 축적론'·'식민지 자본주의론'·'근대화론' 등 식민지 공업을 보는 새로운 인식론이 제기되고 있다.1) 그럼에도 정작 자본의 운동법칙에 입각하여 당시 공업을 소명하려는 연구는 무척 소략한 느낌이 든다. 본 항목에서는 일제초기(1911~1919) 조선공업의 성격을 규명하는 목적에서 당시 조선인 개인공장 동태 및 공장공업의 실상을 '자본의 가치구성'이라는 입장에서 분석하여 당시 조선공업의 역사적 성장단계와 조선인 자본의 대응일면을 검증하고자 한다.

　특별히 개인공장의 동태와 공장공업의 자본구성 문제에 주목하는 것은 그것이 당시 식민지 자본주의로 재편과정에 있는 조선공업의 '과도기적 특징'을 적절하게 함축하고 있기 때문이다. 즉 일반 자본주의 국가의 경우 개인공장보다는 공업회사·주식회사 등이 공업발전의 중추적인 역할을 하며, 공장공업의 자본구성도 비숙련 노동력과 대규모 기계충용에 의한 '상대적 잉여가치'의 확대현상이 선명하지만, 1910년대의 조선공업

---

1) 安秉直,『近代朝鮮의 경제구조』(비봉, 1989) ; 동,『근대조선 공업화의 연구』(일조각, 1993) ; 中村哲 堀和生,『朝鮮近代의 歷史像』(日本評論, 1988).

은 그러한 '구조'를 본격적으로 확립하진 못했다. 그러한 특질은 곧 1910년대 조선공업이 가지는 '과도적 특질'인 것이며, 식민지 초기공업의 성격을 규정하는 중요한 '측도'일 것이다.

본 항목의 제1장에서는 조선인 '개인공장'에 관한 두 가지의 문제제기를 하고 있다. 하나는 당시 개인공장의 확대가 구한말 이후의 내재적 공업발전과 연관성이 있다는 점이고 또 하나는 개인공장이 단순한 자본축적을 위해서가 아니라 〈회사령〉을 필두로 한 일제의 조선인 자본[산업자본]억압정책에 '저항한 측면'을 가지고 있다는 점이다.

한편 제2장에서는 '자본구성[가치구성]' 측면에서 당시 공장자본의 재생산적 특질[절대적 잉여가치 증식과 숙련노동력 중심의 생산구조]로서 '이윤축적[수탈]방식'을 검토하는 데 주목하였다.2) 그것은 1910년대 조선공업의 식민지적 재편에서의 특질을 반영한다고 보기 때문이다. 그것의 구체화를 위하여 본 항목에서는 공장수·자본액·생산액·노동력·원동력 및 고정자본 등과 같은 생산규모의 양적[외적] 변동부분, 즉 자본의 기술적 구성[이하 기술적 구성]과 '가변자본율'과 '상품가치율', '1인당 노동생산성', '이윤율' 등과 같은 자본의 유기적 구성[이하 유기적 구성]을 서로 연관시키면서 분석했다.3)

---

2) "자본주의 생산양식의 두드러진 특징은, 첫째 그 자신의 생산물을 상품으로 생산한다는 것이며 둘째는 기본적 생산동기가 잉여가치의 생산에 있다는 것이다. 그리고 그러한 목적을 수행하기 위한 기본적인 방법은 노동생산력 발전을 통한 상대적 잉여가치 생산인 것이다."[칼 마르크스,『자본론』제1권 1분책(大月書店). 485·478쪽 및 제3권 2분책 1,125~1,126쪽.

3) 본래 마르크스의 '이윤율의 경향적 저하법칙'에 대한 수식은 $P'=$잉여가치[s]총투하자본$(C+V)=s'[1-$자본의 가치구성$(q)]$이다.[폴 엠 스위지(禾多 역),『자본주의 발전이론』(1986), 93쪽] 그런데 자본의 가치구성(q)은 불변자본(c)·가변자본(v)이며, 이는 곧 [총기계량(M)노동자수(n)]×생산재부문단위가치$(\lambda 1)$[소비재부문단위가치$(\lambda 2)$×실질임금(d)]로 환원했을 때 λ부문[각 부문 단위가치, 그 역수는 생산성]의 변화에 의해 q가 변화한다. 특히 제1부문의 생산성이 증대할 경우[즉 $\lambda 1$이 떨어질 경우] q는 오히려 감소한다. 따라서 마르크스가 지적한 자본주의 발전에 따른 이윤율의 경향적 저하법칙과 유기적 구성의 고도화는 현실 자본주의에서 필연적으로 나타나는 현상은 아니다. 실제의 자본주의는 계속해서 이윤저하, 유기적 구성의 고도화를

유기적 구성	기술적(외형적) 구성
가변자본율=임금총액/총투하자본 상품가치율=임금총액/총생산고 1인당생산액=총생산고/총노동자수 이윤추정치=생산액-불입자본/불입자본	총자본액, 총생산고 공장수, 고정자본 확장 원동력, 노동력 투하

하지만 본 연구에서 다루는 관변 통계자료의 과장이나 오류문제 및 자본주의 일반법칙을 조선공업에 기계적으로 대입하는 데서 오는 '역사성'의 결손문제에 대한 주의는 필요하다.

2. 개인공업의 양산과 조선인 개인공장

1) 〈회사령〉의 조선인 자본탄압 문제

1910년대 조선인의 산업진출에 중요한 장애물이 〈회사령〉이었다는 것은 〈회사령〉에 관한 고바야시 히데오의 방대한 연구업적4)을 위시하여 기왕의 손정목·이한구·박경식 등의 연구에서 밝혀진 대체적인 경향이다.5) 즉 〈회사령〉 제1조와 제4조 규정에서 "조선에서 [또는 조선 이외에서] 회사설립 및 외국에서 세워진 회사중에서 조선에 본점이나 지점을 세우고자 할 때는 반드시 총독부의 허가를 받아야 한다"6)고 함으로써 일본 독점자본의 본격적 침투 이전에 미리 들끓는 조선인 자본의

상쇄하는 기술진보나 잉여가치 증진의 요소를 발생시키고 있다. 특히 식민지 상황은 식민 모국의 폭력적 잉여 수탈이 동반됨으로써 이윤율은 더욱 상승하는 경우도 있다. 따라서 이윤율 하락, 자본의 유기적 구성의 고도화를 전기간에 걸쳐 일어나는 자본주의 발전의 필연적 과정임을 염두에 둘 필요는 없다. 다만 본 연구는 식민지 초기 극히 기술력이 단순하고, 간단한 공업 시설밖에 없었던 시기, 즉 고도 자본주의에서 나타나는 제반 변수가 자본구성에 큰 영향을 주지 못하는 시기를 대상으로 하기에 이상에서 언급한 우려는 큰 변수가 되지 않을 것으로 본다.

4) 小林英夫 編,『植民地への企業進出―朝鮮會社令の分析』(柏書房, 1994).
5) 손정목,「회사령연구」(『한국사연구』〈45〉: 朴慶植,『日本帝國主義의 朝鮮支配』〈上〉(靑木書店:東京, 1973), 105~106쪽 : 이한구,『日帝下韓國企業設立運動史』(靑史, 1989), 69~73쪽.
6)『每日新報』, 1911.2.9~10. 회사령 전문 시행규칙.

기업설립 열풍을 막으려는 '비공업화' 법제였다는 것이다.7) 이와 관련하여 권태억·김성수 등의 연구에서 당시 일제의 공업정책은 '상품시장화'에 어긋나지 않는 공업이나 일본본토 공업에 경합관계에 있는 공업을 제외한 조선의 소공업·원료가공업 등에 대해 일정한 발전을 허락하였다는 견해를 보였지만8) 〈회사령〉이 허가주의를 통하여 조선인 민족자본 형성을 정책적으로 막는 식민지 악법이었다는 점은 대체적으로 동의하는 듯하다.

한편 '허가주의'와 함께 조선인 기업의 성장을 막는 것이 까다로운 설립요건이라는 지적이 있다. 즉 〈회사령시행세칙〉[제1조6항]에서는 특히 "대규모 자본집적이 가능한 주식회사 설립의 경우 신고시 발기인의 이름·주소·인수주식수·이익과 보수 및 금전 이외 재산으로써 출자하는 이의 이름, 출자재산의 내용·종류·평가·설립비용 등을 신고해야 하며", 세칙 3조에서는 "주소변동이나 사업이외 목적을 가진 회사는 엄격히 단속한다"고 하여 등 기업설립과 자본금 항목에 대한 '실명제적 신고규칙'을 제정함으로써 회사재원의 출처를 명확히 파악코자 했다.

아울러 항시 회사재산·업무상황을 총독에게 보고하도록 하거나 총독부가 조사할 수 있도록 하는 조항을 명시하고 있다[시행세칙 4조]. 즉 시행세칙은 '허가주의'라는 원칙 아래서 회사자본의 비경제적 사용, 특히 기업자금의 '독립운동자금화'할 가능성을 저지하는 데 목적이 있는 것이다. 이러한 총독부의 회사설립 과정에 대한 무단적인 간섭에 관해서는 1914년 한반도와 만주지방을 여행한 나카노 세이고(中野正剛)가 쓴 견문록에서 잘 나타난다.

---

7) 이전 통감부 시절에도 조선인 자본은 이른바 「각종인가의 효력 및 기간에 관한 건」(1906.10.1. 칙령 제62호) 등의 회사설립 허가주의 방침 아래서 회사 설립이 엄격히 차단되고 있었다고 했다.[小林英夫, 「會社令硏究ノート」(『海峽』(3)(朝鮮問題硏究所, 1975), 22~23쪽]
8) 김성수, 『한국경제사론(식민지 공업의 발달과 그 성격)』(경진사, 1987) : 권태억, 『한국근대면업사연구』(일조각, 1989), 244쪽.

회사창립의 원서는 대개 지방행정청에서 각하(却下)되는 것이 일반이다. 다행히 이 난관을 돌파하여 총독부에 '서류'가 회부되면 여기서부터 기업가는 또 한차례 까다로운 탐정정책(探偵政策)의 시험을 경유해야 한다. 우선 총독부는 기업가의 본적지인 경찰서에 위탁하여 과거의 신원조서를 받는다. 다음에는 현 주소지를 관할하는 경무부장에게 명하여 기업자의 현재상황을 정탐토록 한다. 그리고는 혹은 재산 또는 품행이나 신용 등을 탐색하는 헌병이 그에 관한 상식이 없어 잘못된 보고서를 작성한다는 사례가 많음은 널리 알려진 바이다.9)

이 같은 '허가주의' 아래서 〈회사령〉의 단속대상은 주로 조선인이다. 즉 〈회사령〉이 발효된 이후 1912년 3월 말까지 회사설립을 신청한 70건 가운데 허가를 받은 회사는 47건으로 자본금 876만 원이었다.10) 그 가운데 조선인 회사가 14개소, 자본금 96.9만 원인 반면, 일본인 회사는 총 27개소 자본금 334.8만 원으로 조선인 회사의 3.5배이다. 조일 합동회사는 같은 기간 6건에 불과했으나 자본금은 876.4만 원으로 조선인 단독회사의 9배, 일본인 단독회사의 2.6배였다. 즉 설립허가율이 높은 것은 역시 일본인이었고 불허는 주로 조선인에게 내려졌다.

둘째로 이들 회사들을 내역별로 살펴보면 공업회사가 12건으로 자본금 155.1만 원, 상업회사가 17건으로 자본금 201.6만 원인 반면, 농업회사는 2건으로 자본금은 4.1만 원에 불과하다. 즉 농업회사 설립이 상대적으로 적은 것은 당시 농업의 '봉건성'이 여전히 청산되지 못한 상황에서 고리대나 봉건지대의 수탈처 내지 식민지 권력의 폭력에 뒷받침된 초기 축적기지 역할은 하고 있었으나 본격적인 자본투하는 이뤄지지 않았다는 사실을 말한다.

셋째로 같은 기간 설립불허 상황을 보면 총 14건이고, 허가보류 9건 그리고 〈회사령〉에 의해 기존회사가 해산명령을 받은 것도 6건이었다.

---

9) 中野正剛, 『我か見たる滿鮮』, 42쪽〔손정목, 「회사령연구」(『한국사연구』)〈45〉에서 재인용〕.
10) 조선총독부, 「朝鮮總督府施政年報」〈3〉(1912), 299쪽.

불허 또는 해산명령을 받은 것은 주로 조선인 회사였다.

　일제가 이처럼 조선인 회사설립을 억제한 이유로 총독부는 "불허처분을 받은 것은 조선인 회사의 일반적인 폐해로서 관청의 허가를 받은 것을 마치 사업의 독점권을 얻는 것처럼 선전하여 우민을 속이고 부정한 이득을 탐하는 것 또는 사업의 목적이 불확실하고 도저히 성공의 가능성이 보이지 않았기 때문"11)이라 언급했지만 실제로는 상대적으로 규모와 질적으로 우위에 있는 일본인 자본이 조선공업계를 장악할 수 있도록 배려한 것이었다. 즉 일본과 총독부는 〈회사령〉을 실시한 1911년 초에 벌써 조선피혁(주)의 설립을 종용·유치한 것을 비롯하여 미쓰비시제철·오지제지·다이닛폰제당·오노다시멘트 등 많은 재벌기업을 적극적으로 유치했을 뿐 아니라12) 일본인이 출원한 회사설립은 거의 허락해 준 반면, 조선기업은 엄격한 규제를 가하였다. 예를 들어 같은 기간 〈회사령〉에 의해 조선에 지점회사 설립을 허가받은 일본인 회사는 총 19건에 불과했지만 자본금은 1,421.4만 원으로 〈회사령〉으로 설립된 조선내 회사자본의 약 2배에 해당한 것에서도 알 수 있다.13)

2) 개인공장의 양적 팽창

(1) 조선내 개인공장의 팽창

　그러나 〈회사령〉으로 인해 조선인 산업자본의 발전이 철저히 저지된 반면, 일제의 침략에 대응하여 조선인 중소자본가들은 상대적으로 활발하게 활동하고 있다. [표 1-1]은 1910~1920년대 조선내 공업회사와 공장상황을 연대별로 정리한 것이다.

　우선 1910년대까지 공업회사의 수나 자본금은 증가폭이 미미하지만

---

11) 같은 책, 297쪽.
12) 손정목, 「회사령연구」,(『한국사연구』〈45〉), 95쪽.
13) 朝鮮總督府, 「朝鮮總督府施政年報」〈3〉(1912), 298~299쪽.

일반공장은 정반대이다. 특히 1911년 이후 공장이 계속 증대하여 〈회사령〉이 적용되었던 시기임에도 1915년 이후 매년 300개 이상이 신설되었고, 자본금도 1917년 이후 급증했다. 1920년까지 2천여 개가 신설되어 1911년 대비 8.29배를 보였고, 자본금도 1억 6,074.4만 원으로 1911년 대비 15.15배 증가하였다. 이 추세는 1920년에 크게 강화되어 1928년에는 공장이 5,342개로 1911년 대비 21.2배, 자본금도 5억 4,977.2만 원 (54.74배)으로 증가했다. 반면 공업회사 자본금은 공장 총자본의 10%선을 겨우 유지하고 있다.

[표1-1] 조선내 공업회사와 공장의 추이   (단위: 개소, 천 원)

구분 연도	공업 회사		공 장		자본금비율 [공업회사/공장]
	사 수	자본금	공장수	자본금	
1911	27	1,126	252	10,613	10.6
1912	33	1,432	338	13,121	10.9
1919	123	14,097	1,900	129,378	10.9
1920	160	22,710	2,087	160,744	14.1
1921	180	25,696	2,384	179,142	14.3
1922	206	29,931	2,900	183,570	16.3
1923	233	31,429	3,499	177,985	17.7
1926	474	43,210	4,293	319,171	13.5
1927	533	48,172	4,914	542,646	8.8
1928	639	54,085	5,342	549,122	9.8

출전: 殖銀調査課, 『昭和9年 朝鮮における工業會社の資本構成調査』(1934.6).

(2) 조선인 개인공장의 팽창

조선내 공장이 증가한 것과 함께 조선인 개인공장도 크게 증가하고 있다. [표 1-2]는 당시 조선인 제조업(회사)의 설립상황과 조선인 공장의 추이를 보여준다. 먼저 조선인 공장의 자본금을 보면 조선인의 단독회사나 공업회사 자본금에 비해 월등하다. 즉 1911년도 조선인공장 자본금은 63.7만 원인데, 공업회사 자본금은 7.9만 원에 불과하고, 1919년에도 각

[표 1-2] 조선인 회사 및 제조회사 대비 조선인 공장비율　　　　　[단위: 개, 천 원]

구분 연도	조선인단독회사		조일합자회사		공업회사 [괄호는 합자회사]		조선인 공장	
	개사	자본금	개사	자본금	개사	자본금	개소	자본금
1911	27	2,742	16	8,104	4(03)	79(0117)	66	637
1912	34	4,448	19	16,780	7(03)	145(0142)	98	941
1915	39	5,067	29	23,375	7(05)	174(0208)	205	1,038
1916	-	-	-	-	-	-	416	-
1917	37	5,871	13	1881	6(00)	309(0000)	605	1,883
1918	39	7,315	18	5,891	8(01)	379(0006)	815	4,599
1919	63	11,404	22	10,982	13(03)	808(0028)	956	7,589
1920	99	19,203	31	11,733	18(03)	1,444(0181)	943	
1921	123	25,949	39	27,696	17(03)	1,790(0331)	1,088	7,752
1923	137	23,419	67	79,223	28(14)	2,393(3065)	1,602	10,195
1924	131	21,015	56	12,938	28(14)	1,622(3248)	1,768	
1926	184	22,581	113	36,819	52(16)	3,401(3359)	2,013	-
1928	283	21,455	126	47,933	102(27)	4,403(7461)	2,751	25,321
1929	362	19,878	165	95,785	143(24)	4,746(2028)	-	-

출전: ① 李如星·金世鎔, 『숫자조선연구』2(1932), 373~378쪽. ② 「朝鮮總督府統計年報」. ③ 殖銀 調査課, 『昭和9年 朝鮮における工業會社の資本構成調査』(1934), 170쪽.

각 758.9만 원, 80.8만 원이다. 공장자본금이 공업회사 자본금에 비해 평균 8~9배 많다.

기왕의 연구에서 〈회사령〉으로 인해 조선인 자본이 일률적으로 붕괴하거나 성장이 억제되었다고 하는 사실과 반대이다. 즉 1910~1920년대 조선인 자본가 가운데 회사형태로 발전하지 못한 채 개인공장으로 남는 경우가 많았다는 것이다. 물론 이것은 당시 조선인 공장이 영세한 것을 표현하는 것이기도 하지만 조선인 자본가가 아직은 일본의 경제적·정책적 억압을 피하여 토착수요에 기대어 '임기응변'식으로 축적을 지속한다는 사실을 말한다. 즉 〈회사령〉은 산업회사의 설립은 억제하는 역할은 하였지만, 조선인 중소자본에 의한 개인공장 설립까지는 저지할 수 없었다는 것이다.

(3) 조일합자회사의 확대

한편 [표 1-2]에서 1910년대 〈회사령〉 아래에서 조선인 자본이 법인화하기 어려운 것은 분명하지만 '조일합자회사'가 의외로 많으며, 1916년을 기점으로 변화가 크다. 즉 1915년까지 조-일합자회사는 조선인 단독회사보다 자본금이 월등히 많아 1911년은 조선인 단독회사의 2.95배, 1915년은 4.61배였다. 회사당 자본금은 1911년 조선인 단독회사(10.1만 원)의 5배(50.6만 원)였고, 1915년은 6.2배(80.6만 원)였다. 그만큼 이들 회사로 조선인 소유자본이 대대적으로 몰리고 있다는 것이다. 그것은 당시 조선인 자본가 상층이 일본인과의 합자기업을 조선인 자본가 계급에 대한 정책적 차별을 극복하기 위한 수단으로 이용하려 했다는 점을 말한다.14)

그럼에도 합자회사는 1930년대 중반까지도 계속 증가했다. 즉 1930년 조선내 합자회사는 총 774개 사15)인데 1939년에는 2,377개 사로 9년간 무려 3배 증가했다. 그리고 1944년 4월에는 2,528개 사였나. 즉 1944년까지 2,500개 사가 합자회사였다.16) 나아가 해방후 약 2,500~3,000개의 귀속업체 가운데서 조선인이 출자한 회사가 751개 사에 이르고17) 특히 출자지분 가운데 50% 이상인 것은 총 303개 사였다. 즉 해방직전 조선인이 일본인 회사의 40%에서 지배주주로 활동하고 있었던 것이다. 그만큼 합자회사는 일본인과의 협력을 지향한 조선인 자본가 상층의 선

---

14) 1917년 이후 조일합자회사는 크게 줄어 18개소에 자본금은 188.1만 원으로 급락하고, 1919년까지 꾸준히 상승한다. 즉 다른 공업회사나 공장의 변동폭과 비교하여 너무 등락이 심하다는 측면에서『總督府統計年報』자체의 오류로 여겨지는데 그럼에도 상대적으로 공업회사나 공장증가에 미치지 못하고 정체된 것을 알 수 있다.
15) 陳榮喆,「外來資本主義의 朝鮮안에서의 發展」(『혜성』, 1931.5,『植民地時代資料叢書』5), 581쪽.
16) 京城商議,「經濟月報」(1944.5, 부록). 합자회사 증가원인은 1930년대 중반 이후 조선인 자본가들의 공업인식이 '조일공생공영론'으로 변화하고 일본 본토자본이 조선으로 대거 이주함으로써 각종 하청공장이나 협력업체들을 필요로 한 결과로 볼 수 있다.[김인호,『태평양전쟁기 조선공업연구』(신서원, 1998), 387~391쪽]
17) 朝鮮銀行調査部,『經濟年鑑』(1949), III~79·147쪽.

호형태였던 것이다.

3) 조선인 개인 중소공업의 확대배경

(1) 구한말 조선인 공장확대와 총독부의 개인기업 포착능력 취약

이들 조선인 기업의 발흥원인은 무엇일까? 이미 나와 있는 연구를 통해서 보면 고바야시 히데오는 1918년 이후 〈회사령〉이 일본자본의 진출에 맞춰 다소 완화되고 이후 일본의 유휴자본이 크게 도입되었다는 측면[18]에서 보고 있으며, 권태억은 조선인 직물업에 대한 지원정책 가운데서 상당부문이 식민지 통치 안정차원의 지배논리가 포함된 것으로 보았다.[19] 특히 도시전업적 매뉴팩처의 증가는 제1차대전 '특수'[20]와 관련 있다고 하여 정책적 동기에 주목한 연구를 내놓고 있다.

그런데 본 항목에서는 구한말 이후 조선인 자본이 활발하게 기업설립운동을 벌여나갔다는 점을 주목하고자 한다. 즉 1912년 『경기도통계연보』에 기록된 경기지역 82개 공장의 설립상황을 보면 조선인은 1904년 이전에 8개소, 1905~1909년에 16개소, 1910~1912년간 21개소로 총 45개소가 설립되었으며 반면, 일본인은 각각 2개소 : 26개소 : 7개소로 나타난다.[21] 즉 조선인 공장의 절반 이상이 구한국시대에 만들어졌다. 그 가운데 1905~1909년간 애국문화운동 기간에 공장설립이 많았다는 점에서 이미 이 시기부터 조선인 자본가들은 '실력양성론'과 같은 민

---

18) 총독부는 制令 제11호(1918.6.26)로 『회사령』의 제3·11조 및 13조의 일부를 개정하여 일본자본의 조선진출상의 지점회사 설치관계와 일본상법과 연관을 분명히 하였다.[小林英夫, 「會社令研究ノート」(『海峽』3, 朝鮮問題硏究所, 1975), 31~34쪽]
19) 권태억은 "일제의 소공업 내지 농촌가내공업의 보호정책이란 일본의 이해와 크게 배치되는 것이 아니다. 1) 잉여노동력의 활용, 2) 현금수입의 증진(일본상품 구매력 향상 및 제세공과금의 납부실적 향상), 3) 의료의 자급자족화 등을 통해 식민지통치의 안정을 가져옴으로써 장기적인 안목에서 오히려 일본자본의 이해를 보호하고 증진할 수 있다"고 보았다.[권태억, 『한국근대면업사연구』, 208~209쪽]
20) 권태억, 『한국근대면업사연구』, 243~246쪽.
21) 배성준, 「일제하 경성지역 공업연구」(서울대 국사학과 박사학위논문, 1998.8), 24쪽.

족의식을 바탕으로 자신의 힘으로 공장을 설립하여 근대적 공업부문으로 전환하려는 노력이 컸음을 알 수 있다.

그런데 기왕의 연구에서는 이른바 〈회사령〉은 법인화하려는 대규모 조선인 토착자본을 겨냥한 것이었다고 할 때 구한말 이후 급증세에 있던 조선인 개인공장에 대해서 정확히 포착하고 통제할 수 없었다고 보인다. 바꿔 말해 일제의 간섭을 피해 상당한 조선인 자본이 구한말 이래 증가했다는 사실에 있다. 예를 들어 [표 1-3]은 1911년도 조선 공장공업 실수에 대한 여러가지 조사자료이다.

[표 1-3] 1911년도 조선내 공장 실수조사 내역

출 전	조사업종	총자본금[천원]	총생산액[천원]
朝鮮之硏究	18	10,082	19,403
朝鮮經濟年鑑	24	10,634	19,921
總督府 統計年報	18	10,613	19,640

출전: ① 『總督府統計年報』(1911). ② 山口豊正, 『朝鮮之硏究』, 416~418쪽. ③ 京城商業會議所, 『朝鮮經濟年鑑』(1917), 408쪽.

자료별로 조사업종이 각각 18~24종으로 오차를 보이고 있고 자본금 조사도 60만 원 내외의 차이를 보이는 가하면, 생산액 조사도 약 50만 원 내외의 오차를 보인다. 특히 그러한 오차는 당시 조선공업의 중추적 부문이라 할 수 있는 직물업은 더욱 오차가 크다. 즉 1911년도 통계를 보면 『조선총독부통계연보』는 조선인 공장 9개소, 자본금 6만 7,816원, 그리고 일본인 공장은 3개소, 1.1만 원으로 조사하고 있는 반면, 『조선의 연구』에서는 조선인 직물업 자본금은 13만 9,628원, 일본인 1.1만 원으로 계산한다. 즉 일본인 공장내역은 두 자료가 정확히 일치하고 있으나 조선인의 그것은 오차가 크다는 점이다.

한편 1913년도 『조선총독부통계연보』에서는 공장공업이 11개소, 자본금은 12만 원에 불과했지만 같은 해 실시된 총독부의 『경성상공업조사』를 보면 서울만도 조선인 직물업소가 33개가 있었으며 이 가운데서 회사형태는 경성직뉴[1~8공장] 이외에 노동자 11인 이상을 고용한 업체도 5개소 조사되고 있다.22) 물론 이러한 통계치는 당시 조선인 직물생산이 대부분 구래 농가부업이나 가내공업 규모를 벗어나지 못한 데서 빚어진 것이기도 하겠지만23) 당시 총독부가 포착할 수 없는 상당한 조선인 업체가 존재했다는 것을 말하는 것이기도 하다. 즉 아직 일제의 지배시스템이 정립되지 못한 상황에서 기왕의 조선인 공장[주로 중소 개인공장]을 완전히 파악할 수 없었다는 점이다.

(2) 일제의 기만적 소공업육성정책

조선인 공장이 증가한 두번째 요인은 매우 기만적 형태로 진행된 총독부의 소공업육성정책의 영향을 들 수 있다. 물론 그것이 조선인 자본의 실질적 증가원인은 아니라 할지라도 심리적 효과는 있었던 것을 본다. 당시 일제의 조선인 소공업육성정책은 크게 원료공급지 혹은 전시특수와 관련된 직물업에 대한 것이 많다. 통감부 설치직후 일제는 조선산 공업원료와 식량을 일본에 안정적으로 공급하기 위하여 가내공업과 소규모 원료가공업을 장려하고 각지의 독지가가 각종 공업 전습사업 및 공업기획을 하는 데 적극적인 보조 및 장려조치를 획책하였다. 또한 1907년에도 구한국정부는 공업전습소를 설치하여 염직과・도기과・금공과・목공과 등 6과를 설치하여 수공업에 관한 전습을 실시했으며 그 가운데서 염직과에서는 개량직기와 그 사용법. 기술에 관한 전습을 실시하고 1909년에는 대

---

22) 조선인 개인공장 내역을 보면. 총 33개 조선인 직물업체 가운데서 노동자수가 11인 이상은 5개소. 6~10인 정도는 4개소. 5인 미만은 10개소. 그리고 직물업자와 가족만으로 운영되는 곳 17개소였다. 따라서 5인 이상 조선인 공장은 총 9개소이다.[總督府 商工部,『京城商工業調査』. 1913). 36쪽]

23) 당시『朝鮮産業誌』는 조선인 '직물의 제조는 주로 농가부업으로 되고 있으며 공장생산에 의한 것이 별로 없다. 따라서 생산액도 도저히 정확한 것을 알기 어렵다'고 했으며[『朝鮮産業誌』중권. 385쪽),『朝鮮經濟雜誌』에서는 "조선내 생산작물은 지극히 원시적 생산물로써 대부분 농민이 농경할 때 그 지방에서 생산하는 실선・대마・저마 등을 원료로 기계도 없이 원시적 기구로 만드는데 극히 저급하다"고 했다.[『朝鮮經濟雜誌』(1923.5). 8쪽]

[표 1-4] 1911년도 총독부의 유망업종 국비보조 내역

종 별	보조액 금액	보조액 기구	피교부처
기업전습	-	직기 4대	경기도 교하군 기업전습소
기업장려	-	직기 19대, 부속품 200대분	충북
기업장려	-	① 베틀[筬] 400개	충남
염직·죽기업 전습	600	-	전남 담양군 담양공업전습소
가마니제조설비	1,000	-	전남 나주군전남가마니제조판매조합
기업장려	-	베틀200개 緯券器及?150개	경북
제연전습	500	-	② 대구부 한국제연 합자회
기업·제지·가마니 금공·목공업 전습	2,700	-	③ 경남
편망업장려	-	編網器 2대	경남
기업전습	300	-	경남 부산부 조선인
기업전습	300	-	④ 강원도
기업장려	-	직기 10대	강원도
기업장려	-	직기 12대, 부속품 50대분	평남
기업전습	300	-	평남 진남포부 애국부인회 위원회
도자기전습	1,000	-	평남 진남포부 거주 일본인

비고: ① 筬[바디성] 베틀에 딸린 날을 고르는 제구. ② 1905년 이후 계속 보조. ③④ 지방비로 개인사업을 보조하는 데 대한 보조.
출전: 『朝鮮督府施政年報』3(1912).

구·담양·광주 등에 직물업을 가르치는 전습소를 설립하였으며, 특히 직물업[機業]의 경우 1910년 이후 순회교사제도를 설하고 개량에 착수하였다.[24]

병탑 이후 총독부는 중앙시험소를 설치하여 한국내 필요한 여러가지 조사와 실험·시험분석[분석시험·응용화학시험·염직시험·요업시험·양조시험]·감정 등을 실시하였고, 〈조선중요물산동업조합령〉(1915.7)을 공포하여 조선인 중심으로 발기된 '경성직물동업조합'을 인가하기도 했다.[25]

아울러 "순회교사제도를 확충하고 아울러 지방비 은사·수산사업 장

---

24) 朝鮮總督府, 『施政30年史』(1940), 51쪽.
25) 권태억, 『한국근대면업사연구』, 250쪽.

려에 노력한다"고 하여 기업(機業)전습소라든가 공업전습소 등 이른바 전도유망 공업에 대한 보조와 직기보급을 확대했다. 1911년 당시 국비보조금 총액은 7,300원, 보급직기는 55대였다. 그 구체적인 내역은 [표 1-4]와 같다. 그 결과로 [표 1-5]에서 보이듯이 1910년대에는 겸업호가 점차 증가하고 있었다. 즉 1913년의 전업농 대비 겸업농은 15.4%였으나 1919년에는 21.3%로 증가했다.

[표 1-5] 전업겸업별 농가호수

연도	전업호	겸업호	합계	겸업/전업(%)
1913	2,229,880	343,164	2,573,044	15.4
1914	2,214,846	375,391	2,590,237	16.9
1915	2,260,970	368,051	2,629,021	16.3
1916	2,248,086	393,068	2,641,154	17.5
1917	2,221,272	420,722	2,641,994	18.9
1918	2,201,923	450,561	2,652,484	20.5
1919	2,197,147	467,678	2,664,825	21.3
1920	2,254,584	466,145	2,720,729	20.7
1921	2,256,920	460,029	2,716,949	20.4
1922	2,245,255	467,210	2,712,465	20.8
1923	2,220,003	482,835	2,702,838	21.7
1924	2,231,801	472,471	2,740,272	21.2
1925	2,262,078	480,625	2,742,703	21.2
1926	2,224	463,573	2,753,497	20.2

출전: 朝鮮總督府, 『朝鮮の小作慣習』(1929), 26쪽.

그러나 1920년대에는 겸업농 증가율이 정체하고 오히려 전업농이 증가한다. 이것은 1920년대 이후 산미증식계획과 같은 미단작화 과정과 직물공장 확대 등으로 재래농촌 직물업이 타격을 받았기 때문이라 할 수가 있다. 요컨대 1910년대 총독부의 소공업장려정책은 일면적으로 조선인 가내공업이나 개인공장의 양산을 촉진한 원인으로 여겨진다.

그러한 소공장우대정책이 실질적으로 조선인공업의 발전을 초래했는지 살펴보자. 즉 [표 1-6]에 따르면 당시 조선인 직물업은 매우 기형

[표 1-6] 조선의 직물업 자본금 구성   (단위: 원)

구 분		소비재 부문		생산재 부문		
연도	국적	염직물업	제봉업	제면업	면사업	제사업
1911	일	11,000	-	750,000	-	-
	조	67,816	-	-	-	-
1918	일	22,500	82,000	5,467,404	-	463,000
	조	361,253	372,020	105,000	-	-
1923	일	342,852	752,208	4,004,500	4,030,500	*2,315,510
	조	1,006,020	91,000	527,350	-	-
1928	일	5,961,264	-	7,900,876	-	*108,696,520
	조	1,668,907	-	231,300	7,000	1,586,500

비고: *는 생사업.
출전: 『朝鮮總督府統計年報』.

적으로 증가하고 있다. 먼저 1910년대 직물업에서는 제사업·면사업 등과 마찬가지로 일본인 자본의 진출이 미미한 반면, 상대적으로 조선인 직물업이 부각된다. 즉 조선인 직물업은 1923년까지도 공장자본이 일본인의 3배에 달하고, 1918년에 비해서 자본금은 2.5배 이상 증가하였다.

그러나 1920년대에는 일본인 직물업이 증가하고 1928년에는 이미 조선인 직물업을 압도하고 있다. 즉 1920년대는 조선인 직물업의 재생산구조가 일본인보다 크게 악화되었음을 말한다. 아울러 생산재 부문인 제면업·제사업·면사업 등으로 독점자본이 급속히 진출하는데, 생사업은 1918년경 자본금이 46.3만 원이었지만, 1928년에는 1억 869.7만 원으로 무려 235배 증가했다. 또한 소비재 부문과 생산재 부문간의 연관측면에서도 조선인은 일본인에 비할 바 없이 그 주도권은 일본인들에게 있는 것으로 나타난다. 즉 조선인은 전혀 생산재와 소비재 사이의 유기적 관련성을 획득하지 못하고 있다. 생산재 부문은 완전히 일본인에 독점되었다.

그렇다면 1910년대 총독부에 의한 조선인 직물업 육성정책이 본연의 상품시장화정책과 모순되는 것은 아니었다. 오히려 일본산 면포의 유입은 더욱 확대되고 있었다. 1910년 생금건 및 생시팅의 수이입액은 448.6만 원[총 수입액의 11.28%]를, 1919년에도 3,111.8만 원[11.08%]으로 1910년 대비 6.95배 증가하였다. 또한 쇄금건과 쇄시팅의 수입액은 1910년 167.6만 원에서 1919년 1,237.7만 원으로 전체 수이입상 비중은 4% 정도였으나 1910년에 비해 금액은 7.38배 증가했다.26)

그런데 조선의 소공업을 육성할 때 필요한 각종 직물원자재 수입은 오히려 정체했다. 즉 면직사 수입액을 보면 1910년 155.5만 원[수입액의 3.91%]이던 것이 1919년에는 390.8만 원[1.39%]에 불과하다. 증가율은 면직물 수입증가보다 훨씬 낮다. 그나마도 1차 대전 '특수'기간인 1915년에는 243.6만 원, 1918년에는 314.6만 원으로 1910년에 비해서 증가율이 극미하다.

일제가 선별적으로 조선인 공장설립을 장려했다는 점은 식민지 농산물 약탈을 위한 도정업의 기형적 증가에서도 보여진다. 즉 1910년대 도정공장은 1911년 총공장 532개소 가운데 119개소[22.4%]였는데 1919년에는 총공장 1,900개소 가운데 440개소[23.2%]에 달한다. 그 가운데 조선인 도정공장은 1911년 조선인 공장 139개소 가운데 30개소[21.6%], 1919년에는 총 965개소 가운데 228개소[23.6%]에 달했다.27)

결국 1910년대 총독부의 '소규모 직물업 육성정책'은 일본본토의 풍부한 원자재 공급을 전제로 한 것이 아니라, 조선내에서 영세소농의 면포 자급능력을 보완하는 수준에서 통치선전의 의미가 강했다. 나아가 '도정업'의 기형적 증가와 같이 식민지 농산물 수탈정책의 일환으로 기능하고 있었다. 요컨대 1910년대 조선인 개인공장의 확대는 조선인 자본이 일제의 식민통치에 대응하여 나름의 저항과 적응방식을 모색하고 있었다는 점을 말한다. 거기에는 일면 총독부의 직물업 육성정책에 기대는 바도 있었지만, 총독부의 정책은 사실상 근대적 공업을 견인하기보다는

---

26) 朝鮮總督府, 『朝鮮貿易年表』(1910~1919) : 송규진, 「일제하 조선의 무역정책과 무역구조」(고려대 사학과 박사학위논문(1998.6) 가운데 '1910년대 품목별 무역통계표') 참조.
27) 『朝鮮總督府統計年報』 해당 연도판.

정치적 의미가 강한 선전 즉 식민통치 개시로 분출할 수도 있는 토착자본의 해외유출[독립운동자금화]을 막고 아울러 조선인의 불만을 미연에 희석시키려는 것이었다.

3. 공장자본의 유기적 구성과 수탈양식의 변화

1) 공장자본의 유기적 구성

일반적으로 자본의 외연적 증대가 직접자본의 유기적 구성[이하 유기적 구성]을 변화하는 것은 아니다. 투자여건[특히 계급투쟁·수요·공급]에 따라서 언제든지 유기적 구성은 변동할 수 있기 때문이다. 특히 민족모순을 강하게 내포하는 식민지 공업에서는 기술적 구성보다는 유기적 구성의 변동을 통해 식민지 수탈실상을 깊이 있게 보여주고 있었다.

먼저 1910년대 공장이 크게 증가하였다. 어쩌면 식민지 기간을 10년 단위로 구분할 때 공장 및 자본금 증가가 가장 두드러졌다. 그럼에도 이 시기를 '공업화' 시기라고 말할 수는 없다. 그것은 당시 조선공업이 〈회사령〉 아래서 조선인 자본의 집중과 근대적 확충이 제한되었고, 영세공장만 급증했기 때문이다. 즉 [표 1-7]에서 1910년대 공장증가율은 노동자나 자본금·증가율보다 높고, '자본금 증가율'은 '노동자 증가율'보다 빠르다. 그것은 영세공장이 증가하였음에도 불구하고 '공업화' 시대의 하청공장이나 중소공장과는 달리 자본투자로 인한 임노동자를 대량으로 창출하지 못하였던 것이다.

또한 공장생산액이 자본금 증가율에 버금가고 '노동자 증가율'을 크게 상회하고 있다는 면에서 당시의 노동력이 비록 전근대적이고 영세한 공장의 임노동력이지만 생산성이 뛰어난 숙련노동력이었음을 간접적으로 확인할 수 있다. 그것은 열악한 동력 및 기계수용 상황에서 확인되고

[표 1-7] 공장공업자본의 외형적 구성

구분 연도	공장수		자본금		일당임금		**총임금		노동자	
	개소	지수	천원	지수	원/일	지수	천원/년	지수	인	지수
1911	252	100	10,613	100	48.26	100	2,181	100	14,575	100
1912	328	130	13,121	124	50.12	104	2,700	124	17,376	119
1913	532	211	17,478	165	48.8	101	3,182	146	21,032	144
1914	654	260	17,371	164	47.9	99	3,113	143	20,963	144
1915	782	310	21,113	199	46.29	96	3,521	161	24,539	168
1916	1,075	427	24,613	232	50.16	104	4,454	204	28,646	197
1917	1,358	539	39,038	368	53.14	110	6,844	314	41,543	285
1918	1,700	675	48,309	455	76.53	159	11,091	509	46,749	321
1919	1,900	754	129,378	1219	124.66	258	18,821	863	48,705	334
1920	2,087	829	160,744	1515	152.71	316	26,177	1200	55,279	380
1921	2,384	946	179,142	1688	126.6	262	19,349	887	49,302	338
1922	2,900	1150	183,570	1730	123.12	255	20,869	957	54,677	375
1923	3,499	1388	177,985	1677	121.96	253	26,243	1203	69,412	476
1924	3,845	1526	166,940	1573	113.06	234	25,650	1176	73,184	502
1925	4,238	1682	265,853	2505	110.56	229	27,547	1263	80,375	551
1926	4,293	1704	319,171	3007	106.93	222	27,662	1269	83,450	573
1927	4,914	1950	542,646	5113	105.48	219	29,148	1337	89,142	612
1928	5,342	2120	549,722	5474	108.89	226	33,603	1541	99,547	683

구분	기관수		마력		생산액	
	대	증가율	마력	증가율	천원	증가율
1911	148	100	6,058	100	19,639	100
1912	205	139	8,069	133	29,362	150
1913	319	216	9,908	164	26,066	133
1914	319	216	13,278	219	32,754	167
1915	405	274	16,252	268	45,931	234
1916	459	310	17,460	288	59,026	301
1917	619	418	26,170	432	98,972	504
1918	714	482	26,151	432	156,801	798
1919	822	555	37,501	619	225,404	1148
1920	871	589	80,766	1333	179,318	913
1921	944	638	86,490	1428	166,414	847
1922	1,216	822	91,011	1502	163,488	832
1923	1,670	1128	90,008	1486	242,788	1236
1924	1,972	1332	98,412	1624	293,946	1497
1925	2,370	1601	23,949	2046	337,249	1717
1926	2,623	1772	28,805	2126	365,849	1863
1927	3,186	2153	17,732	1943	369,639	1882
1928	3,404	2300	153,896	2540	392,533	1999

있다. 반면 1920년대는 자본금 및 기계증가율이 공장증가율이나 노동자 증가율을 상회하고 있다. 즉 자본금의 확대가 공장의 확대보다는 기계 확대와 관련을 맺고 있다는 것인데, 이는 1910년대 숙련노동력 중심의 영세 소경영이 점차적으로 기계를 사용한 중규모 경영으로 확대된 것을 말한다. 물론 단편적인 자본구성상의 변화이지만, 엄밀한 의미에서 조선의 공업생산은 1920년대부터 본격적인 자본주의적 축적구조가 작동하고 있다.

요컨대 1910년대 공장의 양적 팽창의 주역은 영세공장이며, 개인공장이었다. 그리고 생산방식은 전근대적 생산과정에 숙련노동력을 접목한 방법이었으며, 1920년대에 들어서 자본과 기계의 확산에 따라 그러한 '과도적' 생산구조는 지양되면서 본격적인 자본주의적 생산구조가 형성된 것이었다.

한편 유기적 구성상황을 보면 [표 1-8]과 같다. 먼저 1910년대 총자본금에 대한 임금의 비중을 보여주는 '가변자본율'은 1911년 20.55%에서 1918년은 22.96%로 올랐고, 총생산액에 대한 임금의 비중을 보여주는 '상품가치율'은 대략 9~12%선에서 등락한다. 요컨대 당시 자본의 유기적 구성은 그다지 고도화하지 못했다는 점이다. 반면 1인당 생산액은 1911년에 1,347원에서 1919년에는 4,628원(약 3.4배)으로 증가하였고, 이윤율도 높아서 1911년에도 85%를 상회하고 1918년에는 225%로 정점에 달했으며 1920년에도 115%에 이른다.

무척 높은 이윤율을 보이고 있다. 유기적 구성이 별 변화가 없는데도 그런 현상이 있었던 것은 1910년대 조선공업에서 고정자산의 소모보다는 노동력의 소모(노동강도의 강화)가 생산증대·이윤증대의 중요한 원인임을 말하는 것이다. 예컨대 1918년도 『조선총독부통계연보』에 수록된 공장상황 조사를 보면 조사대상 총 21개 업종 가운데서 동력을 전혀 사용하지 않는 업종이 11업종에 달한다.[28] 그렇지만 '무동력' 업종이나 '저동력'

---

28) 1918년도 『朝鮮總督府統計年報』에 기록된 업종별 기계사용 현황에 따르면 총 조사 대상 21개 업종중 1) 무동력 업종은 피혁 및 피혁제품업(조선인), 제지업(일본인·조

[표 1-8] 공장공업자본의 유기적 구성

구분 연도	가변 자본율 %	지수	상품 가치율 %	지수	노동자당 생산액 원	지수	이 윤 천원	평균이 율 추계 %	평균이윤 증가율 지수
1911	20.55	100	11.11	100	1,347	100	9,026	85	100
1912	20.58	100.1	9.2	82.8	1,690	125.4	16,241	117	180
1913	18.21	88.6	12.21	109.9	1,239	92	8,588	140	95
1914	17.91	87.2	9.5	85.6	1,562	116	15,383	154	170
1915	16.66	81.1	7.67	68.9	1,872	139	24,798	225	275
1916	18.1	88.1	7.55	67.9	2,060	153	34,412	74	381
1917	17.53	85.3	6.92	62.3	2,382	177	59,934	116	664
1918	22.96	111.7	7.07	63.7	3,354	248.9	108,492	-7	1,202
1919	14.55	70.8	8.35	75.2	4,628	343.5	96,026	-11	1,052
1920	16.28	79.2	14.6	131.5	3,243	240.7	18,574	36	206
1921	10.80	52.6	11.63	104.9	3,375	250.5	-12,728	76	-141
1922	11.37	55.3	12.76	115	2,990	221.9	-20,082	27	-223
1923	14.74	71.7	10.81	97.3	3,498	259.6	64,803	16	717
1924	15.36	74.8	8.73	78.6	4,017	298.1	127,006	-32	1,407
1925	10.36	50.4	8.17	73.6	4,196	311.4	71,396	124	791
1926	8.67	42.2	7.56	68.1	4,384	325.4	46,678	49	506
1927	5.37	26.1	7.89	71	4,147	307.7	173,007	89	1,917
1928	6.11	29.7	8.56	77.1	3,943	292.6	157,189	-29	1,741

출전:『朝鮮總督府統計年報』, 해당연도판.
비고: ① 임금통계는 공업광산 농업노동자를 제외한 일반노동자의 1인당 명목임금종합[허수열, 「일제하 實質賃金(변동)추계」(『경제사학』5(1981)), 244~45쪽 참조]. ② 총임금 통계는 종업원수 *노동일[310일 기준] *일당임금 생산이 본격화되는 것을 알 수 있다.

업종 가운데 평균이윤 이상의 이윤을 획득하는 업종도 상당하다.

[표 1-9]에서 보듯이 1918년도 업종별로 노동자 1인당 동력사용도와 1인당 생산액을 보면, 전체 공장공업의 평균수치가 각각 0.5594마력

선인), 제유업[조], 금속공업[조], 기구세공업[일·조], 목공업[조], 과자업[조], 양조업[조], 한천제조업[일], 재봉업[일·조], 편조물업[일·조] 등 11업종으로 나타난다.
2) 10마력 이하 동력사용업종은 염직업[일], 요업[조], 제유업[일], 치약[일·조], 양초제조업[일], 염료[일], 제유업[일], 목공업[일], 제분업[조], 제염업[일] 등 10업종이다. 따라서 동력사용도가 10마력 이하의 영세업종은 조사대상 총 21업종 가운데 18업종에 달한다. 기계사용의 업종별 불균등도 심각하여 정련업과 전기가스업만 각각 2,730마력과 1만 1천 마력을 사용하여 당시 조선공장에서 사용되던 총동력[마력] 2만 6천 마력의 50% 이상을 독점하고 있다.

과 3,354원이다. 그런데 노동자 1인당 동력사용도가 0.5594마력 이하 업종인 조선인 제면업[1인당 0.5마력]은 1인당 생산액이 4,269원이었고, 조선인 치약제조업도 1인당 0.28마력 정도지만 1인당 생산액은 3,983원 이다. 이 부류 업종은 조사대상 21업종 가운데 6업종이다.

요컨대 1910년대 조선의 주요한 공업생산품은 노동수단의 개량보다는 노동력의 절대적인 착취에 토대를 두고 생산되고 있으며 이로써 높은 이윤을 획득하고 있다는 것을 알 수 있다. 적어도 이윤율 측면에서는 1910년대 조선공업은 '호황'상태였다. 특히 1915년 이후의 이윤 증가폭이 크게 나타난다. 그러나 1인당 노동생산액[1919년 지수 343]이 1910년대에는 계속 평균이윤율 증가율[1919년 지수 1,052]보다 낮다는 면에서. 이 시기 공업생산은 노동력의 '숙련도'에 기초하면서도 숙련노동력에 대한 가공할 수탈의 강도를 짐작하게 해 준다.

[표 1-9] 1918년 저동력-고이윤 업종적요

업종	국적	1인당 마력수[마력]	1인당 생산액[원]
제면업	조	0.50	4,269
치약제조업	일	0.33	3,983
염료재조업	일	0.24	5,104
양초제조업	일	0.08	8,319
정곡업	조	0.35	7,851
양조업	일	0.41	8,700
	조	0.04	3,622
전체평균		0.56	3,354

출전:『朝鮮總督府統計年報』(1918).

분명히 할 것은 1920년대와 마찬가지로 노동강도는 가공할 만한 것이라고 하더라도 1910년대의 경우 노동력의 성격은 '숙련공'이었다는 점이다. 그것은 평균 이윤증가율보다 낮지만 그래도 일당(日當)임금이 명목상으로 크게 증가한 데서 알 수 있다. 즉 [표 1-7]에서 1911년을 100으로 보면, 계속 상승하여 1919년에는 258 그리고 1920년에는 316으로 정점에 달하고 있다. 아울러 [표 1-8]에서 '가변자본율'도 1910년대 매우 높은데, 즉 1911년 '가변자본율'을 100으로 보면, 1918년은 111이다. 물론 1910년대 내내 약간의 하락하지만 전체적으로 평균 80%선에서 큰 변동이 없는 점에서 공장의 자본구성에서 노동력 가치(임금)가 매우 큰 비중임을 보여준다.

그러나 1920년대 들면 달라진다. 즉 '가변자본율'은 1920년 79.2%에서 1928년 29.7%로 하락하고, 상품가치율은 대략 31.5%에서 -22.9%로 하락하는 등 유기적 구성이 매우 고도화하고 있다. 아울러 명목임금지수도 1920년 316에서 계속 하락하여 1928년에는 219에 이르러 1910년대와는 완전히 반대상황이 되었다. 또한 1인당 생산액은 1920년에 3,243원에서 1928년에는 3,943원으로 그다지 증가하지 않았다. 그런데 이윤율은 1920년 115%에 1929년에는 -28.6% 상황으로 영락했다. 즉 1920년대 공업에서는 유기적 구성이 고도화되면서 노동생산성과 이윤면에서는 오히려 위축되고 있다는 사실을 보여준다.

이것은 1920년대 조선공업의 전반적인 불황국면을 보여주는 것이며, 노동과정에서 숙련노동력의 상대적 축소를 말하는 것이다. 그러한 국면에서 노동력에 대한 절대적 수탈(가변자본율 및 명목임금의 급락)은 더욱 강화되고 있다. 즉 1인당 노동생산액은 1920~1929년간 약 700원 증가하여 21.5% 상승하였다.

반면에 '가변자본율'은 무려 69.5%나 하락하였다. 바꿔 말해 21.5%의 노동생산성 증진을 위하여 노동력의 가치(임금)는 무려 70% 삭감했다는 것이다. 이것은 당시 공업생산이 1910년대와 마찬가지로 여전히 노동력의 '절대적 착취'에 기초하고 있다는 사실을 반영한다. 다만 1910년대와 다른 점은 1910년대는 주로 동력에 의한 것보다는 노동력의 '숙련도'에 기초하여 고이윤을 실현하는 반면, 1920년대에는 비숙련 저임금 노동력의 확대를 통하여 이윤하락을 상쇄할 만큼의 노동력 수탈을 강화하고 있다는 것이다. 그럼에도 1910~1920년대 조선의 공업생산은 시종 동력에 기초한 것보다는 노동력 수탈에 토대를 두고 있다는 면에서 공통된다.

[표 1-10] 단위공장당 자본구성 상황

구분	공장당동력		공장당자본액			공장당 노동자		공장당생산액		공장당이윤			공장당 총임금
	기관	마력	자본액	지수	평균자본금증가율비(A)	명	지수	천 원	지수	천 원	지수	평균이윤증가율비(B)	천 원
1911	0.587	20.04	42,115	100	100	57.8	100	77,933	100	35,817	100	100	8,654
1912	0.625	24.6	40,003	95	76.8	53	91.6	89,518	115	49,515	138.2	105.3	8,231
1913	0.6	18.62	32,853	78	47.4	39.5	68.4	48,996	63	16,143	45.1	128.2	5,981
1914	0.488	20.3	26,561	63.1	38.5	32.1	55.4	50,083	64	23,521	65.7	158.6	4,760
1915	0.518	20.78	27,024	64.2	32.2	31.4	54.3	58,735	75	31,711	88.5	155.8	4,503
1916	0.427	16.24	22,895	54.4	23.4	26.7	46.1	54,907	71	32,011	89.4	183.9	4,144
1917	0.456	19.27	28,747	68.3	18.6	30.5	52.9	72,881	93	44,134	123.2	146.5	5,039
1918	0.42	15.38	28,417	67.5	14.8	27.5	47.5	92,236	118	63,819	178.2	148.2	6,524
1919	0.433	19.74	68,094	161.7	13.3	25.6	44.3	118,634	152	50,540	141.1	61.8	9,906
1920	0.417	38.07	77,021	182.9	12.1	26.5	45.8	85,921	110	8,900	24.8	54.6	12,543
1921	0.396	36.28	75,143	178.4	10.5	20.7	35.8	69,805	90	-5,339	-14.9	56.0	8,116
1922	0.419	31.38	63,300	150.3	8.6	18.9	32.6	56,375	72	-6,925	-19.3	66.5	7,196
1923	0.477	25.72	50,864	120.8	7.2	19.8	34.3	60,388	09	18,520	51.7	82.8	7,500
1924	0.513	25.59	43,417	103.1	6.6	19	32.9	76,449	98	33,031	92.2	97	6,671
1925	0.559	29.25	62,731	148.9	5.9	19	32.8	79,577	102	16,847	47.0	67.1	6,500
1926	0.611	30	74,347	176.5	5.9	19.4	33.6	85,220	109	10,873	30.4	56.6	6,444
1927	0.648	23.96	110,429	262.2	5.1	18.1	31.3	75,222	97	-35,027	-98.2	38.1	5,932
1928	0.637	28.81	102,906	244.3	4.7	18.6	32.2	73,481	94	-29,425	-82.2	40.9	6,290

비고: ① '공장당 '가변자본율이나 상품가치율, 1인당 생산액 및 각각의 증가율은 총공장의 그것과 일치. ② 평균자본금 증가율비(A)는 조선내 전체공장의 평균적인 자본금 증가율에 대한 공장당의 자본금 증가율간의 비율. ③ 평균이윤 증가율비(B)는 조선내 전체공장의 평균적인 이윤증가율에 대한 공장당 이윤증가율의 비율. A·B 모두 단위공장 규모의 추이를 표현한다.
출전: 위와 같음.

2) 단위공장별 자본의 유기적 구성

전체공장의 생산규모 확대는 단위공장당 생산규모 확대를 동반한다고 보는 것이 일반적이다. 그런데 식민지 공업에서는 그렇지 않아서 [표 1-10]에서 보듯이 '공장당 평균자본 증가율비'(A)[=총 공장평균 자본증가율에 대한 단위공장당 평균 자본증가율의 비율]는 1919년에 13.3%에 불과하고, 1920년대 더욱 낮아져 1928년에는 4.7%에 불과하다. 즉 위 공장의 생산규모 증가율이 공장전체 평균적 생산규모 증가율에 훨씬 뒤떨어진다는 것이다. 그것은 식민지 자본주의 재생산 과정의 특징 즉 조선 공업의 '양극화'를 표현한다. 그것은 단위공장당 '평균이윤증가율비'(B)에서도 마찬가지이다.

그러나 1910년대의 전체 공장규모의 증대에 대한 단위공장 규모의 영세화[바꿔 말해 [표 1-10]에서 A나 B지수가 하락한 것]에도 불구하고 단위공장당 이윤증가율은 공장전체 평균이윤율을 능가하여, 1918년에는 무려 1.5배에 달했다. 그것은 1910년대 영세공장이 노동생산성의 증진 도구로 기계 등 고정자본보다는 노동력의 절대적 착취를 중요한 이윤 형성수단으로 이용한 결과라 할 수 있다.

둘째, 일반 자본주의 사회는 단위공장의 생산력 경쟁과 지속적인 기업집중 자본집적으로 사회적 생산력의 앙양과 전체공업의 성장을 견인한다. 그러나 당시 공업확대와 단위공장 자본의 성장이 서로 연관이 없다는 것은 단위공장의 자생력이나 축적창구가 지극히 낙후했기 때문이라 할 수 있다. 그 요인은 무엇보다도 생산규모의 영세성과 생산수단의 기계화 저조 등 재생산상의 취약점 등에서 확실하게 나타난다. 이러한 단서는 기술적 구성에서도 나타난다.

[표 1-11]을 보면, 기술적 구성은 1910년대 이후 꾸준한 증가세인데 1920년 말까지 3배 정도 기술적 구성이 상승한다. 특히 1910년대는 1인당 기관수 증가율이 마력증가율을 앞지른 반면, 1920년대는 기관수 증가율보다 마력증가율이 높다. 즉 1910년대 공업은 소규모 기계 혹은 '무동력'에 의한 생산이 중심이었던 반면 1920년대는 생산수단의 대규모화가 수행된 것을 반영한다. 동시에 1922년 이후 1인당 마력수가 하락하는 것은 영세 조선인 공장의 진출과 진출한 조선인 자본의 소규모 기계사용이 급증한 것을 말한다. 아울러 공장당 '기계화율'을 보면 1911년 기관당 마력이 40.9마력이었음에 반해 그 증가율은 1920년에 일시적으로 상승

[표 1-11] 공장당 자본의 기술적 구성

구분 연도	노동자당 기관수		1인당 마력수		기계화율
	기관/노동자[대]	증가율	마력/노동자[마력]	증가율	마력수/기관수[마력]
1911	0.0101	100	0.4156	100	40.9
1912	0.0117	116	0.4644	112	39.4
1913	0.0151	149	0.4711	113	31.1
1914	0.0152	150	0.6334	152	41.6
1915	0.0165	163	0.6623	159	60.1
1916	0.0160	158	0.6095	147	38.0
1917	0.0149	146	0.6299	152	42.3
1918	0.0153	150	0.5594	135	36.6
1919	0.0169	166	0.7700	185	45.6
1920	0.0158	155	1.4606	351	92.7
1921	0.0191	189	1.7543	422	91.6
1922	0.0222	219	1.6645	400	74.8
1923	0.0241	237	1.2967	312	53.9
1924	0.0269	265	1.3447	324	49.9
1925	0.0295	290	1.5421	371	52.3
1926	0.0314	310	1.5435	371	49.1
1927	0.0357	352	1.3207	317	37.0
1928	0.0342	337	1.5467	372	45.2

하다가 1920년대 말경에는 다시 1911년 수준으로 하락하였다. 즉 기술적 구성이 상승함에도 불구하고 실제 공업생산에서의 기계보급율은 정체했다는 것을 말한다. 요컨대 1920년대 이전까지 여전히 기계제 생산이 국면을 주도하지 못한 것을 알 수 있다.

4. 나가며

본 항목에서는 1910년대 조선 공업의 중요한 특징으로써 '과도적' 단계의 자본주의 생산구조를 개인공장과 공장자본구성을 통하여 분석했다. 결론적으로 말해 〈회사령〉으로 조선인 산업자본의 성장이 저지되었음에도 조선인 개인공장은 확대되었으며 숙련노동력과 평균이윤증가 이하의 '노동력에 대한 절대적 착취'에 이윤형성의 토대를 두었다는 점에서 1910년대 조선공업의 자본주의적 '과도성'을 극명하게 드러내고 있다. 이상에서 분석한 내용을 정리하면 다음과 같다.

첫째로 조선인 자본중에서 규모가 큰 경우는 〈회사령〉이라는 정책적 억압으로 인해 산업자본화[조선인 회사설립]가 차단되었다는 점이다. 아울러 〈회사령〉은 조선인 자본의 '독립운동자금화'를 저지하기 위한 '실명제적 자금통제'를 주요한 내용으로 포함하고 있다. 그 대신 조선인 개인공장은 꾸준히 증가하고 있다. 특히 개인공장 성장이면에는 일제의 소공업 장려와 같은 정책이 뒷받침되고 있었지만 그 내용은 기만적이었다. 결국 '육성정책'은 제1차대전 '특수'나 경기호황과 관련된 것이지만 그 내용은 소공업자들을 식민지 지배기구에 포섭하고 더불어 〈회사령〉을 통한 조선인 자본의 산업자본화 저지에서 파생된 조선인의 불만을 무마하려는 정책이었기에 조선인 중소공업의 근대적 발전 혹은 '내실'있는 발전을 구동할 성질은 아닌 기만적 형태였다. 그것은 면사나 목면·기계 등과 같은 근대적 공장으로 발전하는 데 기여할 물자를 조선으로 들여오는데 제한이 많았으며 당시 조선공장이 여전히 무동력·무기계 상태에서 전근대 수공업적인 생산공정을 통해서 운영되고 있었다는 점에서도 단편적이나마 확인된다.

둘째로 1910년대 개인공장의 증대와 함께 법인으로는 조선인 단독회사 보다는 합자회사의 움직임이 두드러지고 있다. 그것은 〈회사령〉 이후 조선인 자본의 법인화가 정체되어 독자적인 발전전망이 결여되면서 조-일합자회사를 수용함으로써 조선인 자본에 대한 정책적 차별로부터 벗어나고자 한 측면이라 여겨진다. 특히 〈회사령〉이 강력히 추진되던 1915년 이전에 합자회사가 급증한 반면 이후에는 그 수가 크게 준 것도 그러한 이유 때문이라 여겨진다.

셋째로 1910년대 조선의 공업생산은 '노동력의 숙련정도'를 토대로 노동시간이나 노동강도의 강화 등 절대적인 노동력 착취에 축적기반을 두고 있는 반면, 1920년대에는 비숙련 노동력의 확대와 저임금[특히 임금인하]을 통하여 실현된다. 그럼에도 1910~1920년대 조선의 공업생산은 노동력의 '절대적' 착취에 토대를 둔다는 면은 공통적이며, 평균이윤 증가율이 임금증가율의 3배에 달한다는 면에서 숙련노동력의 노동강도 강화를 통하여 '고이윤'을 축적하고 있음을 알 수 있다. 아울러 일반적인 자본주의 사회는 단위공장의 생산경쟁과 지속적으로 기업집중 자본집적으로 사회적 생산력의 앙양과 전체공업의 성장을 견인한다. 그러나 당시 전체 조선공업이 양적으로 확대됨에도 단위공장의 영세성은 더욱 심화되고 있었다. 이에 단위 영세공장은 이윤축적의 토대가 약화되는 상황에서 더욱 강력한 임금인하와 노동강도 강화를 수행함으로써 이윤율 면에서는 전체 공장이윤율의 150%에 달하고 있었다.

요컨대 1910년대 조선 공업에서 개인공장 위주의 성장이 나타나고, 그 축적의 토대도 기계사용보다는 노동력의 숙련도 여하에 달려 있었다. 이는 1910년대 조선공업이 '과도적' 식민지 자본주의로서의 특징을 포함하는 것이다. 또한 이러한 축적구조는 조선인 자본계급과 노동자간의 계급적 긴장을 어느 정도 완충하는 기능을 가져왔을 것으로 보이며, 이에 〈회사령〉을 필두로 한 일제의 식민지 억압정책에 대응하여 조선인 자본가와 노동자가 합심하여 일제에 저항할 수 있었던 3·1운동의 경제적 토대가 된 것으로 믿는다.

제2장
우가키 총독의 '조선공업화' 구상

1. 들어가며

　일제하 조선인의 공업은 자주적인 국가권력이 부재한 상황에서 민족 내부의 국지적 시장을 바탕으로 한 정상적인 법인화[자본집적]나 대공업화가 어려웠다. 오직 일제의 지배기구와 결탁하여 구매·판매·유통의 모든 공업생산 과정을 그들의 요구에 동화해 가면서 존립할 수밖에 없었다. 법인화하지 못한 개인공장은 기본적으로 자본주의적 생산양식을 주도하지 못한다. 그것은 농업에서의 지주제와 더불어 정상적인 자본주의에서는 부차적인 범주일 뿐이었다.

　그럼에도 식민지시기 조선인 개인공장은 구한말 식산흥업정책의 영향 아래 발흥한 근대적 매뉴팩처를 계승한 것으로 조선의 내재적 발전의 전통을 스스로 내포하고 있었다는 점에서 각별한 의미를 가진다. 아울러 식민지 말기의 조선인 개인공장은 해방후 민족경제 재건에 일정한 역할을 했다는 점에서도 의미가 있다.

　또한 일제하에서 대다수 조선인 중-개인공장은 일면 총독부와 일제

[표 1-12] 조선인 개인공장의 성장

연도 구분	조선인단독		조일합자		조선인 공업회사[합자]		조선인 공장	
	사수	자본금	수	자본금	사수	자본금	공장수	자본금
1911	27	2,742	16	8,104	4(3)	79(117)	66	637
1928	283	21,455	126	47,933	102(27)	4,403(7,461)	2,751	25,321

출전 : 李如星·金世鎔, 『숫자조선연구』 2(1932), 378쪽 : 『총독부 통계연보』 해당연도관.

가 추구하는 생산력 진흥정책에 참가하여 자본축적을 도모하고 아울러 취약하지만 법인화・조합화 등 관제화를 유보하고 자기자본과 개인경영으로 비법인적 자세를 견지하였다. 이것은 당시 완전 식민지하에서 민족자본으로 성장할 수 있는 길이 차단된 조선인 자본이 법망을 피해서 상대적으로나마 일정한 독립성을 갖고 재생산을 할 수 있는 몇 안되는 방법중 하나였다.

대략 1910년대 〈회사령〉 아래에서 보여준 조선인 자본의 '비법인적 지향'은 조선인 토착자본의 산업자본화를 방해하려는 일제의 음모에 대항한 것으로써 강력한 민족의식을 포함한 것으로 보이며, 그것은 3·1운동 때 영세 중소상공인들의 참가에서도 나타난다. 반대로 일제의 개인공장에 대한 탄압은 식민지 지배기구의 미비와 함께 토착자본의 '독립운동자금화'를 막는다는 측면에서 일정하게 용인되기도 하고 때에 따라서 장려되기도 했다.

[표 1-13] 3.1운동 입감자의 계급계층별구성   [단위: 명, %]

| 계급 | 농민 | 노동자 | 지식인 | 상공업자 | | | | 무 직 |
				상업자	공업자	자영업자	계	
인원	4,969	328	1,776	718	283	173	1,174	264
비율	58.4	3.9	20.8	8.4	2.0	3.3	13.8	3.1

출전: 近藤釰一, 『萬歲騷擾事件』1, 223~224쪽.

1920년대에도 이러한 중소-개인공장의 압도적 지위는 변함이 없었다. 이시기 조선인 공업회사의 수효와 자본금과 공장의 그것을 비교해 보면 1921년 현재 조선인공업 회사는 17개소, 자본금 179만 원인데 비해 조선인 공장은 1,088개소 자본금 775.2만 원으로서 공업회사에 비해 공장은 60여 배, 자본금은 4배였고 1928년에도 마찬가지로 공업회사는 102개소 자본금 440.3만 원인데 비해 조선인 공장이 2,751개소 자본금이 2,532.1만 원으로 공장수는 27배 자본액은 5.8배에 이른다.

즉 조선인 공업의 80~90% 이상이 개인공업이었음을 알 수 있다. 반면 조선인 공업회사, 즉 총독부의 '관제화'정책에 포섭된 부분은 극히 적다. 1920년대 후반 그런 현상은 더욱 심화된다. 1920년대 공업 회사수는 17개소에서 102개소로 증가한 반면 공장자본에서 차지하는 회사자본금 비율은 오히려 1921년 23%에서 1928년대는 18%로 떨어졌다.29) 요컨대 1920년대도 여전히 개인자본의 성장이 두드러지고 상대적으로 공업회사의 발전은 완만했다. 이러한 1910~1920년대 조선인 개인공장을 발판으로 1930년대 이들이 조선인 공업의 발흥이 있었다고 할 수 있다.

2. 총독통치의 장애

1) '문화통치'와 '민족주의운동'의 개량화

한편 1930년대 공업화는 일본 독점자본의 진출에 필요한 조선내의 충분한 내재적 조건이 있기에 가능했다. 공업화의 내재적 조건은 정치적으로는 1920년대 이후 식민지 지식인 계층의 체제흡수를 강화하고 이들을 민족분열정책의 보루로 삼는 등 식민지 통치기술의 꾸준한 개편과 경제적으로는 총독부의 조선인 자본에 대한 일관된 육성정책 등의 효과에 바탕을 두고 있다. 소위 1920년대 일제는 3.1운동이라는 조선민족의 거족적 항거를 미봉하기 위해 사이토 마코토 총독은 종래의 무단정치를 대신하여 '문화정치'를 표방했다. 이 정책은 적어도 조선의 관제 지식인 및 부르주아에게는 외견상 유익한 것이었다. 3.1운동시 [표 1-13]에서 보듯이 수감자의 20.8%가 지식인 그룹이었던 점에서도 지식인 계급은 1920년대 총독부의 민족분열 정책상 중요한 표적이 되었음을 알 수 있다.30)

---

29) 본서 제1부 제1장 [표 1-1] 참조.
30) 齋藤총독은 부임하자마자 선명한 통치를 실현하는 수단으로써 본부 및 지방청에 필

경제적으로도 1920년대 다양한 '경제개발계획에 조선인 부르주아를 참여시키려 했는데[31] 실제로 조선인 자본가들이 '산업조사위원회' 등에 참여하고 조선공업의 발전방향에 대한 의견을 제시하는가 하면 총독부는 '토지조사사업' 이후 농민층 특히 소작농민층의 불만을 완화하고 선전하기 위한 역둔토 불하를 개시하기도 했다.[32] 그러나 그것은 조선인 부르주아 내지 기층 일부계급마저도 일본자본의 하위협동자로 끌어들여 일본의 제국주의 목표와 일치하는 경제건설에 조선인의 협력을 확보하는 한편 3.1운동시 조선인이 보여준 계급적 단결을 분열시키고 독립전선을 개별적으로 파괴하려는 전략이었다.[33] 이 같은 총독부의 민족분열정책은 효과가 있어서 여지없이 『민족개조론』·『민족적 경륜』을 필두로 민족운동진영에서 '민족개량주의론'를 불러일으켰다. 이는 총독 우가키와 『조선일보』 사장 신석우, '민족운동가' 송진우 등과의 대담에서도 잘 나타난다.

> 나는 『조선일보』의 신석우와 회담했는데 그는 조선인 자력으로는 도저히 조선의 독립은 불가능하다는 것을 자각하고 있다. 그는 만에 하나 동양의 대변란의 기회나 또는 타력으로서 원조할 시에는 독립의 목적이 달성될 수 있을지도 모르기 때문인데 민족정신을 유지하고 실력을 양성하면서 기회를 얻을 수 있으리라고 생각한다.[34]

요한 직원을 증가시키고 또한 조선인의 관리임용의 범위를 확장시킬 필요를 위하여 1921년2월 제2차관제개정을 실시했다. 이 개정으로 일선인 문관간의 권한 및 급여의 차를 철폐되고 공립학교 교장의 조선인 임명이 허가됐으며 조선인 중견간부의 채용 확대를 위한 특별채용범위를 확대시켰다(『施政30年史』, 136~137쪽).

31) 1921년 6월 총독부는 산업생산의 기본방침을 확립한다는 명분으로 '산업조사위원회규정'을 정하고 각도의 학식있고 경험있는 일·선 관민들 가운데 48명을 위원으로 하여 이를 개최하였다.(『施政30年史』, 164~165쪽)

32) "역둔토의 총면적은 11만 7천 정보 이상으로 그 대부료 등으로부터 생기는 연수입은 약 150만 원이었는데 그 관리 및 이용의 관점에서 보면 오히려 연고소작인에게 불하하고 그 대금으로 교육사업 기타의 공익사업에 충당하는 것이 국리민복에 가장 적당한 것으로 인정되어 1919년 이후 10개년 年賦(연합은 단축할 수 있다)로 연고소작인에게 불하해주기로 결정하고 그것을 실행했다.(『施政30年史』, 156쪽)

33) Carter J Eckert, *Offspring of Empire*, University of Washington press, 1991, pp.46~48.

일면 이 기록은 1920년대 민족주의자들이 아직은 '실력양성'·'동양의 대란' 등을 통한 독립의 기대를 하고 있다는 것을 보여주긴 해도 민족주의운동이 크게 개량화한 사실을 반영한다. 그러나 이러한 경향마저도 신간회운동의 해소기에 들어서는 완전히 방향을 돌려서 합법적 자치운동화하고 있었다.

> [신간회는] 민족·사회주의 양진영이 전민족적 총역량을 집중하여 이것을 대중적 정치운동으로 전환하여 조선의 독립과 무산대중의 해방을 일거에 획득하려하는 한편 일본의 정치시설에 대해 매사 반항적 태도를 보였던 신간회운동마저 해소된 다음 이제 민족주의 운동은 종래의 첨예한 운동방법을 버리고 점차 합법적 자치운동으로 방향의 전환을 보일 뿐 아니라 사회주의 운동마저도 사상전향이 속출하는 등 점차 사상정화의 서광을 본다.35)

즉 1920년대 민족개량주의 보급과 1930년대 외견상 일제의 조선 치안상황 장악에 대한 일정한 신뢰가 일본자본이 자유로운 진출을 촉진하는 하나의 계기가 되었다. 그러나 치안에 대한 자신감은 식민통치 질서가 더이상 보안기구의 도움없이 유지될 수 있다는 말은 아니었다. 이제 진정한 일제의 적은 도농의 혁명적 농민·노동자들이었다.

2) 농촌의 궁핍과 계급투쟁의 심화에 따른 통치질서의 와해

1910~1920년대 조선에서의 일본인의 토지집적 및 지주제 강화 그리고 원료·토지·농산물 수탈강화로 이어지는 일련의 반봉건적 농업구조가 심화한 결과 농촌사회에서의 다수의 농촌빈민·농업노동자·화전

---

34) 宇垣一成, 『宇垣一成日記』 1927.7.31자 기록. 이날 우가키 총독은 내심 쾌재를 부르고 있었다. 그는 조선의 합병을 부인의 정조에 비교하고 정조를 유린당하던 처음에는 분개했지만 장기간의 세월이 지난 다음 부인은 정조를 유린한 남자의 정에 의기투합하여 충실한 봉사자로 변해 가는 것과 마찬가지로 민족주의운동을 평가했다.
35) 總督部 警務局, 『朝鮮 治安狀況』(1933) : 『1930년대 민족해방운동』(거름, 1984), 14쪽.

민을 발생시켰으며 광범한 무산노동력을 도시로 분출시켰다. 하지만 아직 일본 자본주의 미숙으로 식민지 자본주의적 노동집약 공업이 미발달함으로써 도시로 흘러간 이들은 공업 등 산업시설에 흡수되지 못하고 실업자나 토막민이란 전례없는 도시빈민층으로 전락한 채 날품팔이나 공사장 막일꾼으로 행상으로 겨우 연명하는 상황이 되었다.36)

농촌에서 분리된 극히 일부만이 공장·광산·농업 방면의 노동자로 되었으나 잦은 직장이동·해고 같이 불안정한 고용상태에서 임금하락이나 격심한 노동력 수탈을 강요받았다. 1911년 현재 조선의 공장노동자수는 1만 4,575명에 불과했으나 1920년 5만 5,279명으로 약 3.8배의 증가를 보이고 1929년까지는 9만 3,765명으로 늘어났다.37) 그러나 이는 아직 전체 조선의 직업별 인구중 2.1%에 불과한 것이다.

[표 1-14] 조선내 궁민추세   [단위: 명, %]

연도 구분	1926		1930		1931		1934	
	인구수	인구대비	인구수	인구대비	인구수	인구대비	인구수	비율
합계	2,155,620	11.2	4,342,387	21.4	5,439,446	26.8	5,807,058	28

출전: 李如星·金世鎔, 『숫자조선연구』 4(1933), 6쪽.

반면 세궁민은 해마다 증대하여 우가키 총독이 취임하던 1931년에는 인구대비 26.0%에 이르고 1934년에는 전체인구의 28%에 달했다. 1930년 춘궁농가 호수를 보면 자작농 가운데 9만 2,304호 자소작농 가운데 32만 3,470호 소작농중 83만 7,511호였는데 이는 자작농의 18.3%, 자소작농의 36.3%, 소작농의 62.8%로 전 농가의 43.7%에 해당되는 규모였다.38) 그 결과 농사를 지어도 먹을 수 없어 농촌을 버리고, "춘궁에 밀려 북간도로 떠나거나 시베리아·일본 등지로 떠나가는 무리가 속출했다."

---

36) 李如星·金世鎔, 『숫자조선연구』 3, 1932), 76~78쪽.
37) 『조선총독부 통계연보』 각 연도판.
38) 鈴木正文, 『朝鮮經濟 現段階』(帝國地方行政學會 朝鮮本部, 1938), 457쪽.

그나마 이들은 좋은 형편에 속하며 나머지 대부분은 거소를 이전할 힘조차 없어 과잉상태로 농촌내부에 퇴적될 수밖에 없는 상황에 처했다.39)

이른바 1920년대의 식민통치는 일본이 합방조약에서 약속한 '양국의 영원한 평화와 복리증진'과는 거리가 먼 피폐한 조선을 재생산할 뿐 전면적인 통치와해 현상을 빚었다. 이 같은 1920년대 총독부의 경제정책의 파행은 민중세계의 저항으로 표출되었고 총독부는 이에 대응하여 식민지 폭력기구 강화로 위기를 타개하려 했다. 소작쟁의에 대한 경무국 조사를 보면 1920년 15건 4,140명이었던 것이 해마다 크게 증가하여 1923년에는 176건 9,060명, 1926년에는 17건 2,118명으로 급격히 감소하고 있는데, 이시기가 대규모 소작쟁의에 대한 일제의 대대적인 탄압이 있었던 시기임을 반영한다.

그러나 1927년부터 다시 점진적으로 증대하여 1930년에 와서는 93건 연인원 1만 37명에 이르렀다. 건당 참가인원은 1925년 241명으로 정점을 이루고 이후 평균 100여 명 이상으로 집계되는데 이는 경무국 통계가 치안문제와 관련되어 대규모 쟁의를 중심으로 작성한 것이기 때문이다 반면 비교적 적은 규모의 쟁의도 포함되어 있는 식산국 조사는 1924년까지는 경무국 통계를 사용하기에 차이가 없으나 1925년 204건 연인원 4,002명에서 1931년에는 15명으로 나타난다. 요컨대 1920년대 후반 치안당국의 가혹한 탄압으로 대규모 쟁의는 줄었지만 소규모 쟁의는 크게 늘었다는 사실과 함께 소작쟁의가 농촌사회 깊숙이 일반화되고 있음을 보여주고 있다.

노동운동도 취약한 공업사정에도 불구하고 1912~1917까지 6년간 총 36건 연평균 6건, 총원 5,747명 연인원 평균 957명의 쟁의가 있었다. 그리고 주로 1920년대인 1920~1931년까지 총 891건 연인원 272명의 노동쟁의가 벌어졌으며 우가키가 부임한 1931년에는 최대인 총 205건

---

39)『동아일보』1926.11.25 1926.12.3 1926.12.8 1927.3.1 1927.4.10 : 大阪市 社會部 調査調,『朝鮮人』(1930), 19쪽.

연인원 2만 1,180명에 달하고 있다. 1920년대 문화정치를 표방한 이래 보통경찰제도, 민족언론 양성화 등 개혁제스처를 쓰기도 했지만, 그 본질은 여전히 폭력적 식민 지배방식이었다. 실제로 식민통치의 지렛대로 폭력은 항존했고 보안기구는 늘어갔다. 경찰관서는 1910년에 481개소에서 1931년에는 6배가 증가한 2,993개소에 이르렀다. 비약적으로 증가한 시기는 주로 3·1운동을 전후한 시기이며 증가한 경찰기구는 주로 경찰관 주재소였다. 이와 함께 경찰관 숫자도 늘었다. 한편 경찰인원은 1910년 총 5,694명에서 1931년 1만 8,770명으로 3배 늘었는데 특히 경부보·순사 등의 하급경찰관리가 중점 확대됐다.

조선인 경관은 1910년 3,428명이던 것이 1931년에는 8,169명으로 늘어났다. 경찰관리는 신분상 행정조직에 속해 있었지만 검찰사무가 배치되지 않은 지역에 들어가 검사사무를 대신하거나[40] 재판소 소재지 이외 지역의 경찰서장은 가옥 기타 건물·물품의 인도, 부동산의 경계조정, 200원 미만의 금전채권에 대한 조정 등 민사소송을 주재함은 물론 집달리 역할도 수행하여 '반사법관청화'했다.[41] 뿐만 아니라 '조장행정원 조사무'라는 특수직능으로 도로건축·임야단속·국경지방 관세사무·세금징수원조·농경상지도·해충구제·산업장려·부업 및 저금장려·어업취체 등 행정기관의 사무를 원조형식으로 병행하였다. 이처럼 경찰은 지방에서 막강한 행정적·사법적 권한을 한 손에 쥐고 민중세계를 직접 지배하는 역할을 자행했다.[42]

한편 1920년대 이후 국경지방의 반일-무장단체의 진공에 대응한 국경 경찰기구도 크게 확대됐다. 1931년 현재 함북 11군에 11개, 함남 16

---

40) 1931년 현재 驪州·瑞山·濟州·義城·松禾·德川·楚山·寧邊·原州·雄基·城津 등 11개 군에 실시되고 있었다.[李如星·金世鎔,『숫자조선연구』4(1933), 75쪽]
41) 1931년 현재 조선내 재판소 소재지는 55개 군에 불과하여 나머지 161군은 경찰 민사조정이 시행되고 있었다. 또한 1930년 현재 집달리 업무를 수행한 경찰연인원은 9,637명에 이르고 있다.[상동, 75쪽]
42) 상동, 66쪽.

개 군에 20개, 평북 19개 군에 24개의 경찰서가 있었고 파출소·주재소·출장소 등으로 함북에 341개소, 함남에 308명에 평북에 1,410명 합계 2,266명을 국경지방에 배치했다. 이들 국경경찰은 요지경비·검문 등의 군무(軍務) 이외에 관세·전매 등 특수사무도 관장했다.43)

이처럼 총독부는 합방 이후 해오던 중점지역 치안체제에서 3·1운동 이후는 경찰기구와 경찰인원을 대폭 확대하여 주로 농촌 등 내륙 깊숙이 일제의 치안기구를 침투시켜 전국단위의 치안체제를 확보하는 한편 경찰로 하여금 행·사법적인 특수직능을 부여하고 주민통제권을 보장해 줌으로써 3·1운동과 같은 대규모 민족항쟁을 미연에 막고자 했다. 아울러 대리통치의 표본으로 조선인경찰을 대거 채용, 조선인을 감시·통제케 하여 일본인과 조선인과의 민족적 갈등을 교묘히 피하면서 조선에서 치안을 장악하고자 했다. 이와 함께 식민지 해방운동 저지를 위한 폭력입법도 자행했는데 그 가운데 1925년에 공포된 〈치안유지법〉은 조선인의 민족운동에 대대적인 탄압을 합법화한 식민지 최내의 폭력입법이었다.

이와 함께 고등경찰 관계법령으로 〈보안법〉(1910) 제령 7호, 〈정치에 관한 처벌의 건〉(1919), 〈출판법〉(1907), 〈개정치안유지법〉(1928), 〈일반형법〉 1장[황제에 대한 죄], 2장[내란관련법], 3장[외환관련], 4장[국교관련] 그리고 사법경찰 관련법령으로서 일반형법 이외에 〈즉결처분권〉·〈행정집행령〉·〈경찰범처벌규칙〉(1908)·〈총포화약류취체령〉(1912)·〈수난관계법〉 등이 〈치안유지법〉을 보완하여 이중삼중으로 민족해방운동을 탄압했다.44)

〈치안유지법〉 발동 이후 약 8년간 사상범죄 5,303건, 검거인원 약 3만 188명에 이르는데 특히 〈치안유지법〉 위반자의 경우는 전체 고등범죄의 30% 이상을 차지했다. 고등검찰의 범죄검찰의 범죄검거율을 일별(日別)로 환산하면 매일 2건씩 10명 정도가 사상범으로 구속을 당한 셈이

---

43) 상동, 77~78쪽.
44) 李如星·金世鎔, 『숫자조선연구』1(1932) 143~144쪽 : 4집 77쪽.

다. 특히 1930년대를 전후한 8년간 건수 약 17.2배, 인원수 18.6배의 격증을 보였다.

한편 1927년부터 1933년까지 「재옥 사상범누년표」를 보면45) 우선 정치범 증가율이 높다. 1927년 수감된 정치피고인 숫자는 334명이었으나 1931년에는 10배가 증가된 총 6,049명에 이른다. 그리고 형법범보다는 특별법을 위반한 정치범이 급속히 늘고 있으며 피고인수가 수형자보다 빨리 증가했다. 그만큼 1920년대 말의 조선인의 사상계가 식민통치에 불안을 가중시켰다는 것을 알 수 있다.

이처럼 정치범 증가는 절대적으로뿐만 아니라 일반범에 비해도 상대적으로 높은 증가율을 보인다. 일반범도 1927년부터 1931년까지 1만 2,948명에서 1만 5,766명으로 22%나 증가하였는데 정치범의 증가는 높아 814명에서 1,593명으로 96% 증가했다.46) 이는 총독부가 조선인의 민생을 방치하고는 도저히 '합방의 대의'·'병합의 대정신'을 제대로 수행할 수 없게 되었다는 상황 즉 보안기구의 힘이 아니면 통치구조의 와해를 막을 수 없게 된 상황을 말한다. 공업화의 첫걸음은 이 같은 상황에 대한 총독의 대응이라는 측면에서 이해된다.

3. 총독 우가키 가즈시게의 공업인식

1) 기층계급의 투쟁에 대한 대응

1931년 6월 조선총독으로 부임한 우가키는 '사이토 마코토(薺藤實)식 문화정치'47) 그리고 조선농촌의 파괴와 인구의 도시집중 및 부의 불균

---

45) 상동, 『숫자조선연구』3(1932), 97쪽.
46) 상동, 99쪽.
47) 宇垣과 薺藤의 정치적 관계는 상당히 적대적인 것 같다.[『宇垣一成日記』(1935.2.1)

형48) 등 경제적 파탄이 작금의 조선통치상 위기를 초래했다고 보고 통치위기 극복을 위한 거국적 처방으로 내선융화와 민생이라는 2대 기치를 내걸었다.

> 과거의 방법에서 벗어나 장래는 청장년의 조선인과 서민계급을 통치의 주체로 통치의 주목으로 하여 정사를 보는 것이 긴요하다. 동화나 자치나 내연장(內延長) 등의 이론을 장황히 늘일 생각은 없다. 개개 병합의 대정신 즉 융화혼일과 민생안정의 2대 표어를 기준으로 이끌어 총괄하기 않으면 안된다. 정신적으로는 희망과 위안을 주어야 한다. 물질적으로 생산증식과 그것의 보호에 신경을 쓰는 것이 필요하다.49)

1927년의 대리총독 경험은 우가키 총독이 1920년 문화정치 파행50)을 직시하고 조선인에 적당한 빵을 안겨주는 것으로 문제를 극복하겠다는 인식을 준 것 같다. 그러나 실제에 있어 우가키의 공업론은 통치상 조선인 본위의 조선인 주체의 동지를 위한 사고라기보다는 1920년대 후반 이후 농촌 및 도시경제의 파탄에 기인한 급증하는 소작쟁의 · 노동쟁의 등의 민중운동에 대응하여 우선 도시와 농촌에서 소부르주아 창출을 조장하여 계급투쟁을 저지하려는 데 목적이 있었다. 이러한 민중운동에 대한 우가키의 위기감은 컸다.

> 조선의 사상운동은 소수 유식계급부터 전화하여 점차 다수 이르러 직정괴행(直情怪行)의 학생학도나 무지무식의 노동자 · 농민 대중으로 옮겨가도 있다. 특히 사상운동자는 특별히 이들의 힘을 이용하고 있다. 경국상 방심할 수 없다.51)

이에 대응책으로 우선 우가키는 농촌 지주제를 비판하고 또 농촌의

---

48) 상동. 1931.6.25.
49) 상동. 1927년 6월 중순.
50) 상동. 1927년 6월 중순.
51) 상동. 1931.8.20.

소공업 육성 및 자작농 창설을 긴급한 과제로 내걸었다.

> 조선의 지주는 자기의 지위와 책무를 충분히 자각하지 않는 사람이 많다. 그 가운데 부재 지주는 더욱 그러하다. 이들을 각성시키는 일이 농촌진흥의 한 요건이다.52)
> 금일 전기공업시대에 들어 동력을 각지에 분산하기 용이해짐에 따라 각 지방의 분업적 공업의 발흥기운이 높아지고 농공혼육의 현상을 보이기에 이른다. 따라서 소부르주아를 생성시킴으로써 계급투쟁 같은 것을 피할 수 있으리란 예상이다. 조선에서도 지주와 소작인간의 조화를 이루고, 자작농을 창설하고 각 지방에 부업적 소공업을 수력발전의 동력으로 진흥시킬 때 당면한 사회문제가 대체적으로 해결되리라 여겨진다.53)

즉 농업개발과 소공업 및 겸업장려 등에 의한 농촌지역의 소부르주아 양성을 제일의 대안으로 전망하고 있는 것이다. 이 같은 구상은 1931년 총독으로 부임하면서 이른바 남면북양, 조선공업화 및 농촌진흥운동 형태로 실행에 옮겼다.

특히 조선인에 대한 이러한 농공병진이나 겸업 혹은 '소공업장려론'은 조선인도 소부르주아로 상승할 수 있다는 환상을 심어주는 데 역할을 했다. 그러나 우가키의 궁극적인 목표는 기층계급의 소부르주아화에 있었다기보다는 궁핍한 농민·빈민들로의 불온사상의 침투를 막고 통치의 안녕을 확보하는 목적으로 만주개척이민이나 북선개척의 환상을 심는 것이었다. 이에 1932년 조선농민의 대대적인 만주이민과 북선개척사업 추진을 결정했다.

1932년부터 15개년 계획으로 실시된 북선개척사업은 명분은 화전민 등의 '모경화입(冒耕火入)'을 막고 북선지방의 요존국유림 보호증식과 이용개발을 위한 것54) 이었으나 이는 전원개발과 송전망 정비계획을 축으

---

52) 상동. 1932.10.10.
53) 상동. 1927.8.4.
54) 전게, 『施政30年史』, 306쪽.

로 조선의 북부지방을 중공업화하여 일제의 대륙침략에 따른 안정적인 공업원료 확보라는 목적을 띤 식민지 경제의 전시 재편성 작업의 일환이자 실제적인 문제로서 농민·빈민 등 점증하는 대내적 통치위기에 대한 통치전략상의 대안이었다. 한편 만·몽 이민에 관해서도 우가키는 다음과 같은 구상을 하고 있었다.

> 만몽이민은 연 3만 호 15만 명 15개년 계획으로 총 225만 명을 이주시킨다. 그리고 그 3분의 1은 압록강·요하 유역에, 나머지 3분의 2는 송화강·눈강55)·모란강 유역에 이민키로 한다. 만철·동척·동아권업 등의 자유이민 100만 그리고 일본인 이민도 적어도 100만이 요구된다.56)

이는 궁핍한 조선인을 외지로 몰아 밖으로는 이민한 조선인들을 침략의 첨병이 되게 하고, 안으로는 계급투쟁을 막아 통치상의 위기요소를 제거하려는 속셈이었다. 우가키 총독이 관동군사령관 무토 노부기(武藤信義), 만주국 총무장관 석구정덕삼(夕駒井德三)과 나눈 아래의 밀담은 그들이 북방개척 및 만몽개척과 같은 선전을 강조한 것이 어떤 의도에서 비롯되었는지 잘 보여준다.

> 병합 이후 조선인 사조의 변천은 무비판적인 반항에 의한 독립-민족자결로 실력양성주의로 또는 자포자기하여 공산주의를 향락하는 것으로 하고 있다. 궁핍한 자는 일본으로 도항해서 그 노동계를 압박하고 사회문제를 야기하기도 하며 일본인에 대한 시기(猜忌)에 끝나지 않고 평양의 참학사건을 일으키기도 했다. 그렇기에 나는 이 같은 대세의 흐름을 본받아 조선인 전도에 광

---

55) 嫩江 : 만주동북에 있는 흑룡강성의 강으로 송화강의 지류도 이륵호리산에서 발원하여 송화강에서 합류.
56) 그리하여 현주민 12~130만과 합쳐 15년 후에는 제국국민을 만주에 556만이 되도록 한다. 그 사이에 중국본토의 400~500만 정도의 이민도 받아 십수 년 후 만몽인구를 4천만에 달하게 하며 그 후 현저히 이 수를 초과하게 되면 만몽을 위해서도 제국의 경제적 생명선으로서도 여유있는 지역이 될 것이다.〔宇垣一成, 『宇垣一成日記』(1932. 3.21)〕

명을 주고 조선인의 기분을 전환해 줄 절실한 필요를 느낀다. 이 같은 견지에서 북선의 신천지를 개척할 생각을 하였고 이것의 선전·고취에 노력하던 가운데 만주사건(만주사변)이 있어 나의 기도가 유력한 것이 되었다. 이 사건 발생 이후 제국의 조선인에 대한 보호구제제도가 빈틈없이 이루어지기 때문에 일본을 신뢰하는 마음이 더욱 높아지는데 나는 북방(만주)진출의 가능성으로 해서 전도의 광명을 자인하고 있으며 자연히 민심도 안정되고 있다.[57]

2) 조선인 민족운동 및 공업화론에 대한 대응

1910년대 토지조사사업 등은 농업에서의 지주중심의 농정을 유도했고 1920년대 '산미증식계획'은 지주제 강화를 수반한 농업경제의 파국, 민생의 파탄을 초래했다. 이와 함께 식민지경제정책의 실패는 근대화를 신봉하는 조선인 자본가층 사이에 조선경제의 위기론과 아울러 '공업화 필요론'을 크게 확산시키는 결과를 초래했다. 이와 관련한 공업자 사이에도 소공업 육성 등이 주창되는 등 조선인 자본가들 사이에 공업에 대한 희망이 고양되고 있었다.[58]

그러나 그들의 공업화론은 전적으로 민족자립경제·민족독립국가의 경제적 토양을 확보하려는 근대화론이 아니라 식민지적 공업발전, 즉 일제와 협력적 공생을 표방한 예속적 자세를 견지하고 있었다.

> 조선의 존재의의가 모제국주의금융자본벌의 이윤실현 시장으로서 잉여자본의 투하시장으로서만 존재할 수 있는 까닭이다. 그러므로 조선의 공업발전은 이론상으로나 실제상으로 보아도 가망이 없는 바이다. 그런데 일방으로 볼 때에는 산업혁명의 과정에서 방황하고 있는 것만큼 모든 선진제국이 밟은 궤도로 아 자본주의의 최후단계인 제국주의 금융자본의 실세력까지는 진

---

57) 상동. 1932.8.26.
58) 우가키가 대리총독으로 부임할 때쯤 "소규모 공업이나마 시작하라[薛一紙物株式會社의 金玉鉉]" "自覺과 勉强에 충실하라[漢成銀行의 韓相龍]" "無직업동포를 구제하기 위하여 산업에 투자하라[韓一銀行 閔大植]" 등 당시 조선인 기업가들의 공업화론 등이 현대평론 등의 잡지에 기고되고 있었다.[『식민지시대자료총서』5. 416~420쪽]

출될 것이라고 보는 자가 전무할 것은 아니다. 그는 조선의 부르주아지가 다 모제국주의금융자본벌과 야합한다면 반드시 최후의 단계에까지 진출될 것을 몽상하고 있으며, 또는 그에 이르지 못할지라도 접근 할 수 있다고까지는 보는 바이다.59)

일면 조선경제가 일제에 예속되어 원료 공급기지 내지는 자본 투하시장화된 이상 조선의 공업발전은 가망이 없는 것으로 보아 나름대로 식민지산업의 한계를 인식하면서도 장차 일본과 협력을 통하여 공업화를 이루고 나면 조선경제가 제국주의 단계까지 발전하리라는 생각을 하게 되었다. 이러한 사고에서 조선 부르주아지의 민족적 성격이 어떤 경로로 탈각되고 있었는지를 엿볼 수 있다. 즉 1920년대 파산상태에 처한 조선경제의 구제를 바라는 공업자본가들의 인식이 항간에 크게 전파되던 상황에서 우가키 총독은 일정하게 조선인 자본가의 요구를 흡수하면서 부르주아 층의 동요를 일소하고 그간 민족주의 세력의 '개량화'에도 불구하고 여전히 남아 있던 비타협 민족운동 세력마저도 완전히 체제내화하려는 공업론을 전개하게 되었다.

선인중에는 민족주의를 강조하는 무리가 있다. 독립민족이라는 그들의 순진한 믿음이 과거에 [이미] 누실한 것이었음은 금일 잔존하는 기록에서 명확히 나타난다. 그들은 중국의 연호를 쓰고 중국의 신찰을 쥐고 있었다는 사실은 이루 헤아릴 수없이 많다. 그럼에도 독립민족을 강변하고 제국통치에 불만을 표하는 것은 일종의 반역이라 생각할 수 있다. 이들 무리는 신속히 제거해야 한다.60)

본래 개량주의 독립론마저도 반역시하던 그는 부임하자마자 가진 신석우・송진우와의 대화를 통해 당시 민족주의가 얼마만큼 개량화했는지 확인했다. 이에 그는 민족주의 발원을 막는 전략의 일부분으로 조선의

---

59) 洪性夏,「朝蘚工業의 現段階」, 벌건곤 35, 1930.12 :『식민지자료총서』6, 465쪽.
60) 宇垣一成,『宇垣一成日記』(1927.8.21).

'분산적 소공업화론'을 제기했다.

> 현하 조선의 공업이라 할 만한 것은 극히 적다. 따라서 장차 일어나야 할 것
> 은 [전기동력에 입각한] 분산적 공업이라는 생각이 긴요하다. 이에 전기료의
> 인하를 첫번째로 생각하지 않으면 안된다.61)

이 같은 민족주의 세력에 대한 포섭 책동은 종래 지주-소작제의 농업구조에 기생하여 각종 고리대·부동산투기 등으로 재산을 키워오던 토착자본에게 이제는 고이윤 즉 자본가적 이윤동기를 불어넣는 것이었다. 그러한 전략의 대표적 사례가 조선인 자본에게 '만주붐'을 일으키는 것이었다.

1930년대 일본 제국주의는 파쇼체제를 기초로 '동아블록'의 명분을 내걸고 만주사변을 일으켜 만주국을 세웠다. 이 과정에서 일본은 식민지 조선에도 대륙침략 전쟁에서의 특수한 역할을 부여하려 했는데 우선 대규모 일본자본을 투하하여 조선의 군수공업화·대공업화·중공업화를 추진하고 기층의 조선인 토착자본가 내지 중산층 예를 들면 조선인 중소공업·가내공업 등에 공업투자를 선동하고 '만주붐'을 불어넣는 것이었다.

> 조선농업의 곤궁이 일시적이고 국지적인 것이 아니다. 농업의 경제적 곤란
> 이 금일에는 세계적이고 영구적인 것이다. 환언하면 농업은 세계적으로 종
> 말에 다다르고 있다. 따라서 그 타개책은 조선으로서는 만몽에서 구하고 공
> 업화에서 구해야 할 것이다.62)

이에 만주국 성립을 전후하여 식민통치자들은 '만주의 낙토화'63), 조선경제의 '전도광명' 등을 선전하며 조선인 자본가와 중산층에 대하여 광대한 만주천지로의 팽창진출을 의도적으로 부채질하여 침략의 첨병으로

---

61) 상동. 1927.8.9.
62) 상동. 1932.3.17.
63) 상동. 1932.3.18.

이용하려 했다.

> 조선인의 만몽문제에 대한 심경은 처음에는 보호구제제도가 잘 시행되고 있으므로 일시동인의 실현에 감사를 느끼고 있는 것으로 본다. 금후 만주발전을 기대하면서 전도의 광명을 느끼고 있었다. 하지만 치안에 문제가 있다.64)

그리고 우가키는 중국인보다 먼저 귀순한 조선인이 만주국에서 우위를 보장받는다는 투의 선전을 했고, 관제언론도 "대만주 무역을 통한 조선상공업의 비약적 발전"·"만주방면으로 평양의 양말·고무 등의 수출증가가 유망"을 떠들었다. 식민지체제의 중압 속에서 발전을 저지당하고 있으면서 노동자와의 관계에서 총독부에 의존할 수밖에 없었던 조선인 자본가들은 이제 굴종과 개량의 길로 들어섰다. 조선인자본가의 만주시장에 대한 환상은 궁극적으로 이들을 침략정책의 적극적인 가담자로 변하게 하는 중요한 계기가 되고 말았다.

4. 우가키식 공업화론의 역사적 의미

우가키가 시정의 출발점에서 강조했던 남면북양 혹은 산금장려는 어느 것도 자원개발정책이지 조선인 삶의 질을 높이는 의식적이고 적극적인 공업화정책은 아니었다. 실제로 그가 재임기간에 실행한 산업정책으로 보면 '조선산업간담회'(1933.5.13~14) 및 산업단체 통일정비(1933)·조선산업박람회(1935)65) 등에 불과하고 전면적인 공업정책은 미나미 지로(南次郎) 총독단계에 들어서야 했다. 그래도 경성제대 교수였던 스즈키

---

64) 상동. 1932.6.5.
65) 전게, 『施政30年史』, 309쪽.

다케오(鈴木武雄)는 우가키 총독의 경제정책에 대하여 다음과 같은 평가를 내리고 있다.

> 만주사변 후 소위 준전시체제의 진행, 금본위제재정지, 환하락을 토대로 한 원료자원의 수입난과 채산악화 그리고 금값 등귀 등은 반도의 자원가치를 높였고 그 가운데 미증유의 골드러시가 반도를 풍미했는데 이 또한 각종 지하자원의 개발을 촉진하는 것과 함께 반도경기 향상의 큰 요소가 되었다.66)

그러나 우가키의 공업론은 1920년대 문화통치의 파행과 새롭게 각성된 민중의 반제운동으로 위기에 처한 식민통치를 회복하는데, 즉 이른바 사회안정적 기능을 수행했다. 그는 1931년 6월 조선총독에 부임하면서 농촌 빈민문제를 해결하기 위해 〈산미증식계획〉을 중지하고 〈소작조정령〉·〈조선농지령〉·'자작농창정계획' 등을 발표하는 것과 함께 '농촌진흥운동'을 벌여 농촌의 춘궁퇴치·차금예방·차금퇴치 등을 표방할 수밖에 없었으며 한편으로 도시에서 광범하게 퇴적하고 있던 토막민이나 실업자 문제를 해결하기 위한 조선인 소공업화를 동시다발로 추진하려 하였다.

이상 우가키 총독의 조선공업화론이 포함하는 역사적 의미를 정리하면 다음과 같다.

첫째 당시 총독부의 식민통치에 가장 심각한 피해를 당한 빈농, 도시의 무산계급, 유랑화전민 등 조선민중의 반제투쟁의 고조와 통치위기를 소부르주아양성론 내지 북방사업의 환상으로 막아보자는 것이었다. 둘째로 민족주의운동에 대한 대응으로 당시의 부르주아의 개량적 독립론마저도 완전히 자치론화하여 관제화하려는 포석이자 만주침략의 첨병으로 조선의 토착자본을 이용해 보자는 정치 프로그램이었다. 바꿔 말하면 조선의 토착자본가들로 하여금 만주붐이나 조선인 기업설립붐을 유도하

---

66) 鈴木武雄, 『半島産業發達 現段階』.

고 또는 일반농민에게는 만주이민의 환상을 심어서 이들을 대륙침략의 첨병화하고 아울러 민생향상과 자본축적욕을 고양시켜 위기국면의 통치질서에 회춘을 도모하려던 것이었다.

　만주붐 그 자체는 조선 자본가 층을 위한 경제적 효과보다는 일제의 정치적 효과가 컸지만 그래도 전반적 군수 인플레정책 아래서 금융조건의 완화, 노동자 증대에 따른 시장의 확대 등은 조선 자본가 층에게도 유리한 환경을 주었다. 일제는 노골적인 침략정책과 군비확장 인플레에 의해 다른 제국주의 국가보다 먼저 공황국면을 타개했고 이 기간 동안 일시적으로 얼마간의 혜택이 조선인 업계에도 파급되었다. 그 결과 1930년대 전반기 조선인 공업의 급속한 확산이 목격된 것이다.

제3장
1930년대 조선인 중소공업의 성격

1. 들어가며

　기왕의 연구에서는 대체로 식민지 조선에서 토착자본은 거의 존재할 수가 없었다고 파악한다. 즉 약간의 중소기업만이 원시적 장비 위에서 조선인을 상대로 한 소비재 생산과 일본인 소유자본에 의존한 영세 청부공업을 운영하고 있었으며 대부분의 토착자본은 몰락하거나 일부 조선인 대자본만이 일본 독점자본의 일각에서 예속자본화했다고 한다.[1] 그러나 이들 연구는 항존하는 토착자본의 재생산을 과소평가한 연구이다.
　1930년대 조선인 토착자본의 구체적 발전추세를 볼 때 비록 중일전쟁 이후 통제경제아래서조차 그 규모는 확대되는 상황이었다. 즉 조선인 자본은 비록 영세하지만 일제의 상품시장화정책과 저항하면서 토착시장 등 내재적 영역을 기반으로 꾸준히 발전하고 있었다는 점이다. 소위 1930년대 조선인 중소자본은 우가키식 공업화구상이 조선에 시행되는 상황을 이용하여 아래로부터 공업화를 추진했을 뿐만 아니라 식민지 상황에서 할 수 있는 다양한 방법을 통하여 물적 기반을 확충했다. 그것은 1930년대 이후 조선인의 기업의식 성장과 법인설립 증대 그리고 자본규모 증대 등으로 나타났고 더불어 토착시장을 매개로 강고한 가내공업은 종래의 가내수공업에서 가내 기계공업으로 공장제 수공업으로 발달하고 있었던 것에도 나타난다.

---

1) 전우용, 전게논문, 523쪽.

2. 조선인의 회사투자와 조일합자회사

일반적으로 합자회사에 대한 연구는 별로 없다. 다만 선험적으로 일제와 결탁한 자본형태 그리고 "재화축적을 위해서는 무자비한 인간형의 기업인이 되어 일본과의 어떠한 협력도 서슴지 않겠다는 경영자가 설립한 회사"[2] 등으로만 보고 있을 뿐인데 합자자본의 내용을 자세히 분석해 보면 조선인 자본의 또다른 대응양식을 발견하게 된다.

[표 1-14] 조선인 회사자본 비율   (단위: 천 원)

구분 연도	조선인 A	조일합자 B	총회사자본 C	조선인회사(%) A/C	자본율비(%) (A+B)/C
1911	2,742	8,104	79,105	3.5	13.7
1915	5,067	23,375	107,681	4.7	26.4
1923	13,419	79,223	978,920	1.4	9.5
1929	19,878	95,785	1,198,413	1.7	8

출전: 李如星·金世鎔, 『숫자조선연구』 2(1932), 37~38쪽 : 『조선총독부 통계연보』 해당연도판.

조선인 자본의 회사투자는 외형상 1910년대보다 1920년대 크게 증대하는 듯하지만 회사자본 총액에서 차지하는 비중은 오히려 하락했다. 조선인 단독회사는 1911년 3.5%에서 일제가 조선인 자본의 성장을 크게 선전했던 1929년에는 1.7%로 급강하했고 그나마 조일합자회사를 합해서 계산해도 1929년경에도 8% 수준이다.

한편 조·일 합자자본은 약 9,578.5만 원 정도인데 당시 일본인의 총산업[경제] 투자가 10억 7천만 원, 본점 또는 지점회사로의 투자는 10억 8천만 원[3] 정도에 이른다. 즉 통계자체의 오류에도 불구하고 일본인 투

---
2) 김성수, 『한국경제사론-식민지 공업발달과 그 성격』(경진사 1985), 216쪽.
3) 1929년 당시 일본인의 대조선 경제 투자액은 전게 『숫자조선연구』 3(1932), 8쪽. 그

자기업에서 주도적 위치를 차지했던 것이 바로 조선인 자본이었던 것인데 이는 해방후 귀속업체 가운데 조선인 출자회사의 수를 기록한 [표 1-15]를 보면 분명하다. 즉 귀속업체 가운데 조선인이 출자한 업체는 751개소였고, 그 가운데 지분 50% 이상에 해당하는 것이 303건으로 출자회사 가운데 40% 이상에 이르고 있다. 결국 식민지 시기 조선인 회사투자는 조선인 단독투자가 극히 미미한 반면 일정한 규모의 자본은 일본인의 정치적 입장을 이용하여 합자형태로 자본을 축적하려 했음을 알 수 있다. 따라서 단독회사로 전환하는 데 별로 관심이 없는 대부분의 조선인 자본은 개인기업 형태로 유지하고자 한 것이 1930년대까지의 조선인 투자의 특질이었다고 정리할 수 있다.

[표 1-15] 귀속기업체 중 조선인 출자회사수

구 분	10% 미만	10-50%	50% 이상	합 계
중 앙	14	21	26	61
지 방	183	230	277	690
합 계	197	251	303	751

출전: 조선은행조사부, 『경제연감』(1949), 3·79·147쪽.

3. 1930년대 공업회사의 설립과 법인화 증대

1920년대까지 광범한 개인기업의 성장과 이들의 법인화 정체와 더불어 회사투자에서는 조일합자기업이 중심이었던 시기로 특징짓는다면 1930년대 이후는 개인기업의 성장과 더불어 이들의 회사화〔법인화〕확대 시기로 특징지을 수 있다. 우선 재지자본의 법인화 상황을 보여줄 공업회사 숫자는 1932년 본점이 540개소, 지점이 30개소였는데 1941년에는 본점 1,187개소 지점 39개소로 증대했다. 본점은 647개소가 증대했고

리고 일본인의 회사투자액은 『總督府 統計年報』 29년판에 의거함.

지점은 9개소 증가한데 불과했다. 즉 상대적으로 본점회사의 증가율이 높다. 둘째 불입자본금은 1932년 본점이 1억 2,837.6만 원이고, 지점은 2억 8,606만 원인데 1941년에는 각각 3억 9,026.9만 원, 6억 505.7만 원으로 1932년에 비해 본점은 2억 6,189.3만 원, 지점은 3억 1,899.7만 원 증가했다. 여기서도 본점 자본금의 증가율이 지점보다 크다.

또한 공업회사 투자도 시기별로 변호가 뚜렷하다. 즉 조선에 〈중요산업통제법〉을 실시한 1936년을 기점으로 전시기에 들면 본점회사의 자본금 증가가 두드러진 대신 지점회사는 크게 위축되고 있다. 회사수도 1932~1935년간 본점이 132개소, 지점 2개소 증가한 반면 1938~1941년간 본점은 1개소 증가한 반면 지점은 5개소 감소했다.

[표 1-16] 공업회사의 불입자본의 증가율

구분 연도	본 점			지 점		
	수	불입액	사당불입	수	천 원	당불입
1932	540	128,376	338	30	286,060	9,535
1935	672	141,627	211	32	355,567	11,111
1938	1,186	257,820	217	44	1,137,382	25,850
1941	1,187	390,269	329	39	605,057	15,514

[표 1-17] 동 시기별 증감률

구분 연도						
1932~1935	+132	+13,251	-127	+2	+69,507	+1,576
1938~1941	+1	+132,449	+112	-5	-532,325	-10,336
1932~1941	+647	+261,893	-9	+9	+318,997	+5,979

출전:『總督府統計年報』각 연도판 *가스전기업은 제외.

회사숫자는 시기별로 준 전 시기간에 집중 증가했고 그 가운데 본점이 크게 증가했다. 반면 전 시기에는 법인체의 증가가 둔화했다. 법인화가 급진전된 것은 1935~1938년간, 준전시 시기에서 전시기로 전환기였다. 불입자본금 변동은 이와 반대의 모습이다. 즉 회사수가 크게 증가한

1932~1935년간 오히려 본점이 1,325.1만 원을 증가한 반면, 1938~1941년간에 지점은 6,950.7만 원 증가했다. 한편 1936~1941년에는 본점이 1개소 증가했음에도 불구하고 자본금은 1억 3,244.9만 원이 증가했고 지점은 급감했다. 즉 준전시 시기에는 지점은 자본금 증가가 본점은 회사의 신설이 활발했다는 사실이다. 그러나 본점의 경우 불입자본금은 1만 3,151원 증가한 데 머무르고 본점당 자본은 오히려 127원 감소했다. 따라서 본점의 증대는 주로 중소자본의 회사진출에 의한 것임을 알 수 있다.

4. 1930년대 후반 법인화 확대

　우선 1930년대 전반기 공업화에는 공업회사는 자본측면에서 지점이 압도적이고 본점은 회사수에서 증가했다. 반년 후반기 즉 전시체제로 들어가면 지점수는 정체하고 본점이 공업회사의 중심이 되고 있다. 한편 전시통제기에 들어 본점은 단위 자본규모가 크게 확대되는 반면, 지점의 투자가 저하되고 있는데 기왕의 연구에서 중일전쟁 시기에 도달하면 재벌자본이 대거 조선에 진출한다는 통설과는 전혀 다른 맥락이다. 물론 1940년대 태평양전쟁 단계에는 엔블록내 조선의 역할이 강화되고, 역내 자급체제 문제가 불거지면서 일본본토의 재벌자본이 조선으로 대거 진출하고 있다.
　전시통제기로 이행하며 공업화의 주체가 일본의 지점자본에서 조선의 재지자본으로 전화하고 있다는 점을 주목할 수 있다. 그렇다면 전시기에 지점이 감소한다는 것은 무엇을 말하는 것인가. 이는 조선에서〈중요산업통제법〉등 일련의 통제법 실시와 관련되는 듯하다. 즉 1931년 일본에〈중통법〉이 실시되면서 조선으로서의 자본진출이 활발해지게 되었으나 조선에〈중통법〉이 실시되면서 지점은 1936년 799개소 1,197개소로 급감하고 있다. 즉 〈중통법〉 등 통제법의 실시는 본점의 성장을 촉진한 반면 일본자본의 진출을 억제하는 역할을 한 것으로 볼 수가 있다.

두번째로 본점 자본금의 증대는 1930년대 전반기에 특히 활발하다. 이른바 전시기로 이행하는 동안 조선 재지자본의 본점이 활발히 신설되고 있다. 이는 적어도 기왕의 중소-개인자본이 법인화한 것으로 볼 수 있는데 그러나 전 시기에는 본점회사수의 확대가 기존의 중소자본들의 법인화에 기반하지 않고 단위자본의 자체팽창에 의하고 있다는 점이다. 여기서 한번 비약하면 준전시기와는 달리 전시통제기에는 조선재지 중소-개인자본이 법인화를 굳이 원하지 않았다는 것을 알 수 있고 이는 장기적으로 1930년대 전반 우가키의 기만적 법인화정책 및 중소공업 관제화에 대한 조선 자본가의 대응으로 주목할 만하다.

반대로 이러한 법인화의 지체는 정책적인 측면 바꿔 말해 총독부의 입장에서는 생산력의 중요부분을 담당하는 중소공업의 법인화 내지는 관제화를 더욱 요망하게 될 빌미가 되었다. 여기서 일면 1930년대 후반기 조선 자본가들의 대응을 읽을 수 있으며 나아가 장기적으로는 전시통제의 내재적 조건이 형성되는 표현이자 조선인 재지자본에 대한 대대적인 정비 즉 〈기업정비령〉·〈공업조합령〉 등의 중소공업 법인화 입법이 추구될 수 있었던 객관적 조건이 발아하고 있다는 것을 알 수 있다.

5. 1930년대 조선인 개인공장의 실태

1) 개인공장의 규모

1930년대 이후 개인공장은 현재로는 생산액이나 공장수 등의 정확한 기록이 없기에 공업회사와 일반공장을 비교하거나 영업세 내용을 통하여 대략의 규모를 측정할 수밖에 없다. 우선 [표 1-18]을 보면 전공업체의 80~90%를 개인공장이 주도하고 있다. 이는 제조업 영업세 과세인원이 1930년대 초반 5,186명에서 7,094명으로 증가하고 있는 데서도 나타난다.

[표 1-18] 공업회사 및 공장수 대조 (단위: 개소, 천 원, %)

구분	공장수	총생산액	공업회사	공업회사 불입자본	회사당 불입	공업회사수/공장수
1929	4,015	327,007	469(16)	66,737(159,038)	142	11.7
1938	6,624	1,142,597	1,086(44)	257,820(1,137,382)	237	16.4

출전: 『조선총독부 통계연보』, 각 연도판.

[표 1-19] 제조업체 영업세 추징일람 (단위: 명, 원)

구분 연도	총 수			제조업		
	주 업	겸 업	세 액	주 업	겸 업	세 액
1933	52,219	3,789	1,345,252	5,186	248	168,648
1942	146,704	6,980	11,686,672	6,639	253	1,815,482

출전: 『조선총독부 통계연보』(1942).

　더욱이 [표 1-20]을 보면 1940년대 조선내 공장은 비약적으로 증가하여 1940년에는 7,142개소에 달하고 〈기업정비령〉(1942.6) 등을 비롯하여 중소공업에 대한 대대적인 통제기라고 여겨지는 1943년 말에는 급기야 1만 4천 개소를 돌파하고 있다. 1944년에는 남조선 지방만도 공장이 9,323개소에 이르고 있다.[4]

　또한 주로 중소공업으로 구성되고 조선인 자본이 42%를 차지하고 있던 기계기구업은 1939년 613개소 생산액 5,322.5만 원이었는데 1943년에는 1,354개소 생산액 1억 1,500만 원으로 공장수·생산액 모두 2배 이상 성장했다. 그럼에도 공장당 노동자가 48명에서 38명으로 하락한 것을 보아 공장은 주로 중소형으로 이들이 증가한 것을 알 수 있다.

---

4) 조선은행조사부, 『조선경제통계요람』(1949), 70쪽.

[표 1-20] 1940년대 조선내 공장의 증가상황

연도	공장수	노동자수	연도	공장수	노동자수
1940	7,142	294,971	1941	10,889	301,752
1942	12,699	331,181	1943	13,293	362,953

출전:『조선경제통계요람』(1949), 69~70쪽.

[표 1-21] 중소 기계기구업의 발전

연도	공장수 (개소)	노동자수 (명)	생산액 (천 원)	공장증가율 (%)	공장당노동자	공장당생산 (천 원)
1939	613	29,579	53,225	-	48.25	86.8
1943	1,354	47,821	115,000	220	36.31	84.9

출전: 조선은행조사부,『조선경제연보』(1948), 〈공업항〉의 기계공업통계.

그렇다면 1941년까지 공업회사는 1,964개 그 가운데 조선인 회사는 814개소에 불과했다고 할 때 1943년 당시 13,293개소의 공장 중에서 상당부분이 중소-개인공장이었음을 짐작할 수 있다. 일례로 1947년 남조선 귀속공장의 규모를 보면 전국적으로 약 5,500개소의 공장중 귀속공장에 해당하는 것은 1,551개소뿐이고 나머지 3,959개소의 공장은 비귀속 공장으로 남아 있었다.[5] 따라서 식민지 말기의 광범한 비법인 공장에 대한 역사적 평가가 주목된다.

2) 서울지역의 중소-개인공장

1937~1939년 당시 서울의 개인기업 규모를 보면, 당시 조선내 개인공장 규모를 짐작할 수 있다. 즉 [표 1-22]를 보면, 1937년 말 서울지역 공장은 총 1,511개소였으나 1939년에는 2,366개로 증가했다. 그 가운데 1937년에는 88%인 1,324개소, 1939년에는 90%인 2,136개소가 개인기업으로 나타나는데 1939년에 오히려 증가했다. 같은 시기 공업회사[본점]수가 정체했던 것과는 무척 대조적이다. 즉 전시통제기는 개인공장의

---

[5]『조선경제연보』(1948), 1~324쪽 참조.

성장에도 불구하고 법인회사는 정체했던 것이다. 경영형태별로 주식회사는 61개소 증대에 불과하고 합자나 합명회사는 절대적으로 감소했다. 반면 개인공장은 1937년의 1,324개소에서 무려 812개소나 증가했다. 개인공장이 크게 증가한 업종은 다음의 [표 1-23]과 같다.

[표 1-23] 서울지방 경영형태별 공장수 〔단위: 개소, %〕

구분 연도	주식	합자	합명	계	개인	총계	개인비율
1937	103	57	23	187	1,324	1,511	88
1939	164	47	19	230	2,136	2,366	90

출전: 京城商工會議所, 『京城における工場調査』(1941.9), 37쪽.

[표 1-22] 서울지역 개인공장수 및 증가율

구분 업종	1937		1939		구분 업종	1937		1939	
	개소	%	개소	%		개소	%	개소	%
기계기구	125	86	252	88	제재목재	170	94	274	95
잡공업	274	92	669	96	요업	43	90	57	85
화학	79	67	103	64	방직	57	76	86	82
금속	83	91	98	89	식료품업	395	90	507	92
인쇄자본	98	87	90	90	계	1,324	88	2,136	90

출전: 京城商工會議所, 『京城における工場調査』(1941), 37쪽: 동(1939), 35쪽.
* %는 각 업종별 개인공장 비중

대표적으로 기계기구업[127개소]·제재목재업[104개소]·잡공업[395개소] 등의 업종은 1937년에 비해 약 2배 이상 증가했다. 그런데 개인공장이 증대한 곳은 예외없이 해당 조선인 공장 및 생산이 증대했다.

[표 1-24]에서 보면 조선인 공장수는 같은 기간 약 685개가 증가하여 1937년비 96% 증가한 데 반해 일본인 공장은 불과 160개소 증대하였다. [표 1-23]에서는 없지만 업종별로 보면 조선인 잡공업수의 증가가 인상적인데 1937년비 338% 증가한 355개소가 조사되고 있다. 특히 기계기구업[113개소, 174% 증가]·제재목재업[88개소, 116% 증가]·식료품업[213개

소, 86% 증가) 등에서 높게 나타
난다(표 1-25).

한편 [표 1-25]에서 생산증대
를 보면 같은 기간 조선인 생산액
은 1937년에 비하여 약 164%가
증대한 75,461천 원으로서 일본
인 공장의 생산증대분 74%,
6,991.3만 원보다 수량이나 비율
면에서 모두 앞선다. [표 1- 25]
에는 없지만 업종별로 조선인 잡
공업의 생산액 증가가 인상적인
데 1937년에 비하여 1,052.6만
원, 즉 810 %라는 높은 증가율을
보이며 조선인 기계기구업(113개
소, 174% 증가)·제재목재업(88개

[표 1-24] 1937년 말~1939년 말 서울 지방의 민족별 공장신설 증가치

일본인		조선인	
공장수	증가율	공장수	증가율
160	20%	685	96%

출전: 京城商工會議所 『京城における工場調査』(1941), 69쪽 ; 동(1939), 66쪽.
비고: 증가율=(1939년 공장수-1937년 공장수) /1937년 공장수로 계산.

[표 1-25] 1937년 말~1939년 말 서울 지방의 경영자별 생산액 증가치

조 선 인		일 본 인	
산증액(천원)	증가율(%)	산증액(천원)	증가율(%)
75,461	164	69,913	74

출전: 京城商工會議所,『京城における工場調査』(1941) 69쪽; 동(1939), 66쪽.
비고: 증가율=(1939년 생산액-1937년 생산액) / 1937년 생산액.

소, 116%)이, 그리고 식료품업(213개소 86% 증가)에서 특히 증가하였다.
생산액이 급증한 업종 중에도 조선인 개인공장의 생산액이 크게 증가하
였다.

일반적으로 전시경제 아래서 중점주의정책에 의해 조선인 중소자본
이 몰락하는 대신 일본인 대자본이 생산력 확충의 주도적인 역할을 수행
한 것으로 본다. 그런데 최소한 1937년 이후 1940년까지는 그러한 논리
가 적용될 수 없다. [표 1-25]에서처럼 개인공장 중심의 조선인 중소공
장의 생산력이 오히려 일본인 공장보다 높게 나타난다. 즉 최소한 전시
통제경제 초기에는 일본자본의 조선내 진출에 의한 생산력 증강보다는
개인공장으로 대표되는 조선인 공장의 생산력이 당시의 증산정책에서
중요한 비중을 차지하고 있다는 것을 알 수 있다. 이는 공업회사 투자에
서 종전의 지점중심에서 본점중심으로 전환한 것과 맥락을 같이한다. 이

런 조선인 개인공장의 발전에 힘입어 일본인 공장보다 적었던 조선인 개인공장수는 1939년부터 52%로 역전했고, 생산액 또한 1937년에 불과 32%이던 것이 1939년에는 42%로 증가했다.

[표 1-26] 1937~1939년 말 서울지역 경영자별 공장 및 생산액 비중의 변화

인종별	조 선 인		일 본 인	
연 도 별	1937	1939	1937	1939
공장수비[%]	47.19	59.06	51.68	39.75
생산액비	32.06	42.46	67.03	57.41

출전: 京城商工會議所, 『京城における工場調査』(1941), 69쪽 : 동(1939), 66쪽.

6. 나가며

지금까지 일본 재벌자본이나 일본인 자본이 마치 1930년대 공업화를 추진한 주체인 것으로 여겨졌지만 1930년대에도 조선의 내적 요구로 성장한 조선인 자본이 넓게 존재했으며 이 범주는 이식된 독점자본과 2중구조를 이루며 이른바 '조선공업화'의 저변을 형성하고 있었다.

조선인 공업화의 내용과 성격과 관련하여 1930년대 일본의 공업화지배정책에 대한 조선인 자본의 대응은 기업형태라는 측면에서 고찰할 때 한쪽의 법인그룹[조일합자회사]의 성장과 반대쪽의 비법인 그룹의 확대로 특징지어지며 일정한 가내공업의 근대적 변질상황이 목격된다. 1930년대 전반기 조선인 자본 중에는 상당수의 기업이 자본집중을 이루고 새로운 회사형태를 가지게 되었으며[예를 들어 평양의 종합메리야스공장] 기존 개인경영체의 회사화가 유행하게 되었다. 그 이유는 회사화함으로써 총독부가 지배하는 은행으로부터 담보대부를 받을 수 있기 때문이었다.

그러나 평양메리야스의 삼공(三共)과 같은 대경영이라 하더라도 회사[법인]등기를 하지 않아 일제 독점체제의 테두리 안에 완전히 흡수되지 않은 경우도 있었다. 특히 1930년대 후반기 조선인 자본의 법인화는

정체되었고 이는 총독부로 하여금 〈공업조합령〉·「중소공업정비요강」·〈기업정리령〉 등 법인화정책을 유도하게 했다. 법인화가 정체된 당시 오히려 개인공장의 발전은 상당했다는 것으로 보인다. '회사화'하는 자본중 상당수는 조·일 합자자본의 형태였는데 이는 당시 조선인 자본이 일본인과 제휴를 통하여 일제의 정책적 금융적 뒷받침을 획득하고자 한 결과라 할 수 있다.

그럼에도 불구하고 조선인 개인공장은 토착수요와 자본의 자립적인 순환구조를 매개로 성장하고 있었고 특별히 1940년대 통제경제 상황 아래서 완전한 원료시장·판매시장의 통제를 받았다고 해도 통폐합하지 않고 그 추세는 식민지 말까지 유지되고 있었다. 이러한 개인공장은 수적으로 조선인 중소자본의 그것과 비견되지만 법인이 아니라는 점에서 일정한 경영상 자립적 영역을 가질 수 있었고 특히 해방후 대공장이 귀속재산화하고 대공장 생산력이 정체했을 때 남한의 경제성장을 주도할 만큼 일제하에서 역량이 축적되었다.

그것은 당시 1946~1949년간 몇몇 업종에서 생산력이 1940년대 초반의 수준으로 재고될 때 그 주력 업종이 고무신·식료·성냥·비누업 등이었음에도 나타나며 1947년 남한의 5천여 개가 개인소유인 점에서도 알 수 있다. 결국 식민지 시기 1930~1940년대 조선인 중소자본은 청산이 아니라 일본의 전쟁확장에 적극 협력하면서 그리고 일본경제의 일부를 이뤄가면서 예속적인 자세를 견지하면서 발전하고 있었다.

그에 따라 일본이 패망할 때까지 일제의 식민지 통제경제하에서 그것에 예속하지 않거나 타협하지 않은, 더 나아가서 민족해방운동을 경제적으로 뒷받침할 옳은 의미의 민족자본은 거의 존속할 수가 없었다. 그렇다고 해도 광범하게 존재하는 이들 조선인 중소자본을 제외한 민족해방운동은 생각할 수 없을 것으로 여겨지며 국가건설론 또한 이들의 영향력을 배제할 수 없을 만큼 전략상의 변화가 요구되고 있었다.

제2부
전시하의 조선경제

제1장
전시경제를 어떻게 볼 것인가

　1920년대부터 조선에도 일본재벌이 주도한 가운데 약간의 공장들이 건설되었지만, 아직 조선은 공업제품 생산지라기보다는 일본제품의 소비시장이라는 의미가 지배적이었다. 그렇지만 1930년 전후의 세계대공황을 탈출하려는 일본 독점자본이 조선의 노동력과 전력을 겨냥하여 조금씩 침투하기 시작하더니 일본군부가 동북전쟁[만주사변]·중일전쟁·태평양전쟁과 같은 침략전쟁을 확대하자 그 틈을 타서 전시특수를 기대한 많은 재벌자본이 조선에 침투하여 대규모 공장을 조성했다. 이처럼 조선공업의 규모가 크게 된 것은 독점재벌자본 때문이었고 재벌자본의 조선침투를 결정적으로 도와준 것이 바로 일본군부가 주도한 침략전쟁이었다.

　당시 조선에 침투한 일본자본의 규모는 1931년 18~21억 원 정도에서 1936년에는 72~75억 원으로 8·15 때까지 약 100억 원 정도였으리라 추정되는데, 1941년도의 경우 총 투자액 가운데 39억 원 정도가 광공업 방면에 집중투자 된 것으로 조사된다.

　재벌자본의 침투분야는 시기별로 다른데, 만주사변[동북전쟁]부터 중일전쟁까지(1931~1936)는 조선의 소비재 수요를 겨냥한 방직·제사업 방면에, 중일전쟁 단계(1937~1941)는 전쟁에 필요한 군수원자재 비축을 추진한 총독부의 공업정책에 부응하여 인조석유·전력·대용품 등 대체품 산업방면에 자본이 투하되었다. 그리고 태평양전쟁 단계(1941~1945)는 일본이 연합군과 전쟁을 유지하기 위하여 전쟁무기 생산에 전력을 다하는 상황에서 조선은 중요원자재인 경금속·철강·석탄 등 이른바 '중점산업' 방면에 침투했다.

　그렇지만 조선인이 주체적으로 나서서 '공업화'를 추진하지 못한 상황에서 조선공업계 전반에 걸쳐서 '식민지적 특성'이 남게 되었다. 먼저 조선의 공업구조는 당시 일제가 침략전쟁과 연관된 공업만을 선별 육성하는 정책을 시행한 결과로 "조선내의 자립적인 산업연관을 가질 수 없었을 뿐만 아니라 토착의 수요·공급력에 기반을 두지 못하고 엔블록이라고 하는 범일본제국 경제의 일부로서만 의미를 가지게 되었다. 당시 일제가 조선에 조성한 대규모 공업단지는 조선 서부공단[현재의 관서지방]·조선 북부공단[관북] 그리고 조선 남부공단[경인지역 및 영남지역] 등 세 군데를 들 수 있는데 각기 중국이나 만주 그리고 북일본 동남아와 연계되도록 조성되었을 뿐 남북지역간의 경제적 연관이나 조선내 산업의 유기적 관련성과는 거리가 멀었다.

　둘째, 조선에 아무리 큰 공장이 들어섰다고 해도 고도의 첨단산업이나 기계공작 산업은 모두 일본본토에 있던 공장이 독점했고, 조선에는 겉으로 보는 공업규모와는 어울리지 않게 단순가공을 위주로 하는 초보적인 원자재 생산능력밖에 없었다. 그러다 보니 겉으로는 20억 원이 넘는 공업생산을 기록하면서도 조선에서 조립에서 완제품까지 생산하는 공장은 일부에 불과하였고, 공업화의 핵심산업인 기계공작 산업의 자급률은 1940년도 현재 24.7%에 불과하였는데, 그나마 정밀기기 분야는 14.2%였고, 자급이 전혀 안되는 업종이 대부분이었다.

　셋째, 철저한 일본의존형 공업을 만들다 보니 남겨진 일부의 공업시설도 해방후에는 무용지물로 변하는 경우가 허다했다. 또한 대규모 공장이라고 하더라도 조선인이 운영하거나 조선인의 자체적인 경영 아이디어로 만들어진 것은 무척 적었다. 뿐만 아니라 기업운영에 절대 필요한 자금을 대는 은행도 모두 총독부가 지정하는 곳으로만 지원하게 되어 많은 부채를 지고 있는 조선인 자본은 일본인 기업에 비해 열악한 상황에 놓일 수밖에 없었다. 즉 당시 조선공업은 양적으로 팽창했지만 '내실있는 발전'과는 거리가 먼 모습이었다.

그렇다면 과연 이러한 조선공업의 당시 모습을 경제발전이라고 볼 수 있을까? 본래 '공업화(industrialization)'라는 것은 국민경제의 활발한 발전을 기대할 수 있어야 한다. 왜냐하면 생산만을 많이 한다고 해서 국민경제의 발전이 오는 것이 아니기 때문이다. 오히려 만들어진 생산품이 산업의 혈맥이라고 하는 각종 금융기구나 토착시장에서 상품이 잘 순환하여 많은 부가가치를 만들게 되면, 그것이 국민경제권내 구매력을 확대시키고 생산에 재투자될 자본규모를 확대해 주며 나아가 산업기술력도 매우 높아지게 된다. 이것이 엄밀한 의미에서의 기술적 근대화이고 '공업화'인 것이다. '공업화'가 정상적으로 수행되면 경제발전은 물론 국민의 삶의 질을 일정하게 높여준다는 것은 많은 나라의 역사적 경험으로 증명되고 있다. 물론 공업화가 인간의 진정한 행복을 완벽하게 보장해 준다는 뜻은 아니다.

그런데 당시 조선의 공업은 전쟁경제와 일본경제의 보완을 위해 만들어진 것이었기에 조선인 자본가들은 전혀 공업화 계획을 입안하거나 수행할 기회를 박탈당했고, 그저 일본의 필요에 따라 침략전쟁에 참가하여 부를 축적하는 방식을 택할 수밖에 없었다. 따라서 외관상 그럴듯하게 공업이 양적으로 팽창하고는 있었지만, 한쪽에서는 격렬한 배급통제·소비제한·소비금지 등이 자행되어 대부분의 조선사람들은 생존선 아래의 매우 고달픈 일상생활을 해야 했고, 그 과정에서 자본의 국내적 순환을 촉진하는 내부시장이나 공산품의 내부 소화능력은 완전히 붕괴되고 말았다.

또한 조선내에서 자본을 축적할 수 없었기 때문에 조선인 자본가들은 제아무리 민족을 생각하려고 해도 일본제국의 뒷받침이 없거나, 침략전쟁에 일익을 담당하지 않으면 전혀 돈을 벌 수 없었던 상황이었다. 그러니 자연히 흥아보국단·임전보국단 등을 만들어 전쟁에 협력하는가 하면, 이윤의 대부분을 항공기 만드는 데 헌납할 수밖에 없었고, 일본이

전쟁에 이기기를 바랄 수밖에 없었다. 나아가 식민지인이라는 열등의식이 교차하면서 더욱 광적인 '제2의 일본인화'를 주장하였던 것이다. 조선인 자본가들이 일제의 식민통치와 침략전쟁에 기여했다는 것은 엄연한 역사적 사실이다.

물론 일부에선 조선사람이 전통적인 상품시장을 기반으로 해서 운영하는 회사나 개인공장도 있었다. 1939년경 총 5억 원 규모, 약 4천 개 공장이 조선인 소유로 되어 있었다고 추정된다. 여기에 조선인 가내공업자는 1943년까지 약 36만 명이 있었던 것으로 여겨진다. 이들은 전통적으로 조선의 내부 시장요인에 의해 발전한 것으로 보이지만 전시경제 아래서 더 이상 종전의 방식을 고수할 수 없게 되었다.

특히 일본 대자본이 들어오면서 부속품·원자재를 생산하는 하청공업으로 전환하여 국가의 시책에 협력하는 것만이 살아남을 수 있는 유일한 방법이었다. 일본의 대공장이 진출해도 관계되는 일본내의 많은 부품업체들이 곧바로 들어올 수 없었다. 그래서 자연스럽게 조선내 중소공장을 하청공장으로 만들어 가려 했던 독점재벌의 요구와 부합된 경우가 많았다. 그러나 이들도 일본이 과달카날에서 패전한 1943년 이후 항공기·선박 등 '초중점산업'만을 일방적으로 육성하는 상황이 되자 하청공장으로서의 이용가치마저도 사라지게 되었고, 마침내 1944년이 되면서 대대적인 기업정비·현원징용으로 명맥을 잃고 말았다. 이제는 소수 조선인 대자본만 겨우 남은 생명을 유지할 뿐 완전히 일본 재벌자본의 독무대가 되었다. 8·15 때 조선내에서 일본인 자본지배율이 94%에 이른다는 사실은 당시 조선공업의 현실을 잘 설명해 주고 있다.

따라서 당시의 공업현상을 식민지 시대 관학자들이 말했던 '조선공업화'·'군수공업화' 혹은 조선개발정책으로 보는 것은 사실과 전혀 부합되지 않는 생각이라 할 수 있다. 굳이 당시의 공업현상을 이름하자면 '동원기지화[정책]'라고 하는 것이 사실에 가깝겠다. 실제로 공업의 성장을 견인할 생산력확충계획은 독자적으로 운영된 것이 아니라 물자동원계획의 하부단위로 되었다. 따라서 전쟁상황이 변하면 물자동원계획도 변하고 이어서 증산도 어려워지면서 배급·소비제한·공정가격·공출·시설징용·금속회수와 같은 물자통제라는 방식으로 필요한 물자를 동원하게 된다.

물자통제라는 말은 조선사람들의 먹을 것, 입을 것을 제한하여 전쟁에 동원한다는 말이다. '내핍에 의한 물자동원'만이 조선경제의 존재이유였던 것이다. 자연히 경제개발이라는 말은 먹혀들 수 없게 된 것이다. 요컨대 일제의 전시 공업화는 엄밀한 의미에서 조선인의 삶의 질을 향상하거나 조선경제의 '내실'있는 발전을 촉진하기 위해 전개된 것이 아니라 침략전쟁의 일환으로 시작된 것이다. 그 가정에서 조선경제의 대외적 성격은 더욱 강화되었고, 자본주의적 사회구성은 확고해졌지만 조선내 산업연관의 탈구성·파행성으로 해방후 민족경제의 자립과 재건에는 악영향을 남겼다.

제2장
'조선공업화' 문제의 연구사

1. 들어가며

　　일제하 식민지 병참기지화정책으로 인해 공업시설이 확대하고 노동자계급이 증가하는 등의 양적인 공업확대를 놓고 과연 공업화라든지 경제개발이라는 용어로 설명하는 경우가 있다. 그런데 폴 사무엘슨이 "공업화는 풍요의 결과이기보다는 오히려 원인"[1]이라 했던 것처럼, 전혀 풍요의 원인으로 작용할 수 없었던 식민지 공업화를 엄밀한 의미에서 굳이 공업화로 볼 수 있을까. 오히려 조선인의 풍요로운 삶을 철저히 파괴하는 공업정책으로서 조선의 공업화가 선전되고 있는 것은 아닐까? 이것은 일제하 식민지공업사를 연구하는 연구자라면 반드시 자신의 입장을 정리하고 넘어가야 할 대목이다.
　　이처럼 해방된 지 50여 년이 지난 지금에 와서 굳이 '식민지 공업화'의 본질을 되새기려 하는 것은 과거사의 실상을 복원한다는 의미만이 아닐 것이다. 한때 신흥개발도상국으로서 유례없는 경제적 성장을 보여 세계의 부러움을 사다가 어느 날 국가 부도사태로 만신창이가 된 한국경제의 현주소에 대한 냉정한 자기성찰 기회로 삼고자 하는 것과 다름 아니다.
　　최근 각종 연구를 통하여 식민지 사회의 성격과 식민지 근대화 관련 연구에 대한 많은 문제제기가 나오고 있다. 이른바 원시적 수탈론・근대

---

[1] Economics, eleventh edition, Paul a samuelson, McGraw Hill Inc, 1980, 720쪽.

론·내재적 발전론[이하 내발론]·수정론[근대화론·개발론] 등이 그것이다. 그렇지만 정작 서로의 본질에 대한 접근이나 장점의 수용보다는 자료의 실증적 해석상의 논란이나 가치평가라는 거시적 담론에 휘말려 서로가 가진 장단점을 제대로 습득하고 반성하는 기회를 가지지 못한 한계는 부정할 수 없다.

어쩌면 식민지 경제를 놓고 벌이는 개발론과 수탈론의 논쟁은 당시 공업이나 경제가 근대적이냐 아니며 수탈적이냐 하는 문제를 밝히는 데 있는 것이 아니라 20세기 전반기 완전한 실패한 역사를 극복하고 서구적인 근대화 프로그램을 수용한 남한 자본주의가 거둔 어느 정도의 성공에 대해서 엄정한 평가를 할 수 있을 때 의미가 있을 것이다.

이에 수탈과 개발, 외압과 내재적 발전이 복합적으로 교차하는 식민지 경제의 현실에 대한 정확한 해명이 필요하다. 그러기 위해서는 구체적인 사실의 과학적 인식 위에 가능한 것이고, 사실인식은 몇 가지 불명확한 통계를 수량적으로 나열하는 데 그치는 것이 아니라 적어도 극적인 반전과 반전을 거듭하는 서커스 같은 한국경제의 현실에 내재한 모순구조를 파헤침으로써 의미있게 될 것이다.

본 연구는 기왕의 '근대화론'에 대한 거시적 담론을 재해석하려는 것이 아니다. 단지 전시공업화 문제에 관한 제반 연구성과를 검토함으로써 '공업사' 입장에서 식민지 근대화 문제를 어떻게 설명할 것인가를 보려는 것이다. 그것은 기왕의 근대화 논쟁이 거시적 담론을 위주로 하고 있고 식민지공업사와 같은 구체적인 연구업적을 바탕으로 한 연구가 소략했다고 보기 때문이다. 그러므로 여기서는 공업화 문제의 주요한 요소인 전시공업생산 문제, 조선인 중소자본 문제 그리고 조선인 자본가의 역사적 성격문제를 중심으로 연구사를 정리하고 새로운 연구방법론을 타진해 보고자 한다.

2. 전시공업사 연구에 나타난 근대화론

만주사변(동북전쟁)에서 중일전쟁·태평양전쟁에 이르는 15년간의 기나긴 일제의 침략전쟁은, 그 이전 어느 시기보다도 많은 영향을 조선 사회에 끼쳤다. 그 가운데서도 태평양전쟁은 더욱 그러했으며, 특히 물자동원에서 비롯된 조선의 경제적 파탄상은 한층 심각한 것이었다. 즉 만주사변이나 중일전쟁 초기단계까지 일본본토(이하 본토)의 전쟁동원능력은 중국보다 우위였기 때문에, 이 단계에서 구태여 조선경제를 재편성하여 물자동원을 강제하지 않아도 전쟁수행은 어느 정도 가능하였던 것이다.

물론 전쟁의 장기화와 중국을 지원하는 연합군 진영의 대일금수(對日禁輸) 등으로 중일전쟁 또한 일제가 마음먹은 대로 된 것은 아니었다. 그렇지만 태평양전쟁 이후 적게는 수 배, 많게는 수십 배에 이르는 연합군 진영의 생산력에 대응하여 전쟁을 해야 하는 일제는 조선에서 본격적인 인적·물적 동원을 추진하지 않고서는 전쟁은 불가능했다.

이에 1930년대 주로 본토경제에 필요한 원자재를 보충하면서 일부 양적인 증가를 보인 조선의 경제는 여전히 일본제품의 소비시장이라는 역할에 무게중심이 있었기에 공업화도 제한적이었다. 그렇지만 1940년대는 '대륙전진병참기지'라는 명목으로 군수물자 중심의 공업물자증산정책이 전개되면서 공업생산의 급속도로 증가하고, 식민지 수탈의 제양상도 사뭇 달라졌다. 바로 이 점이 사실적인 측면에서 근대화 논쟁의 발화점이라고 할 수 있다.

현재까지 역사학 방면에서 나온 식민지 전시공업사 연구는 북한식의 반제투쟁론과 주체논조의 연구경향을 제외하더라도 관점상으로 보면 주체적인 민족경제 형성의 가능성을 추적하려는 이른바 내재적 발전론 그리고 주체적 공업화의 좌절, 그리고 일제의 무제한적 폭압과 수탈이 가져온 민족경제의 파멸과정을 그리려 하는 수탈론적 입장이 주류를 형성했다고 해도 과언이 아니다. 이들 입장의 연구물은 대체로 일본 독점자본의 실체나 축적 메커니즘·사례 등을 분석하거나 정책측면에서 식민지 공업의 본질[기만성] 폭로 등에 관심이 집중되었다.2) 그리하여 식민지 조선에 있어서 공업의 성격은 일본공업의 재생산 과정에 예속된 형태로서 중소기업의 몰락을 바탕으로 한 것이었고,3) 궁극적으로 "민족경제와 국민경제 사이의 괴리를 심화시켜 조선경제의 기반마저 파탄"시키는 것일 뿐이라는 결론에 도달하고 있다.4)

아울러 후발성의 이익론, 종속적 근대화론 등으로 대변되는 식민지 개발론에 대해서도 공업의 양적 성장을 훨씬 웃도는 거대한 잉여약탈이 자행되는 극히 '기만성을 가진 공업화'일 뿐이며 식민지 경제가 수량적 생산력 측면에서 동태성을 가짐에도 불구하고 조선인의 삶과는 전혀 관련을 맺지 못한 가혹한 수탈로 귀결될 뿐이었다고 확신했다.

그런데 기왕의 내발론 혹은 수탈론에서는 그러한 식민지 경제[정책]의 '질'에 대한 강한 집착에도 불구하고, 그것의 확인은 구체화되지 않은 느낌이다. 물론 '질'을 확인할 원자료가 극히 부족하다는 것은[특히 공업에서 더욱 그러하다] 일말의 위안(?)이다. 그렇지만 자료의 부족에도 불구하고 기존의 자료를 매개로 식민지 경제의 실상을 생생하게 접근할 수 있는 구체적 방법론이나 이론적 모색이 매우 필요한 상황이다. 그러한 의미에서 한때 김준보는 "식민지 자본주의 발전을 이해하는데 이를테면 식민정책 변동 등과 같은 지배조건에서가 아니라 당시 민중이 처하고 있던 피지배조건 즉 노동문제나 소작문제, 그밖에 토착경제의 피동성 등에 주목해야 한다"5)고 함으로써 식민지 경제사를 지배정책이나 지배자본에

---

2) 강만길, 『고쳐 쓴 한국현대사』(창작과 비평, 1994) : 小林英夫, 『大東亞 共榮圈の形成と崩壊』(御茶の水書房 1977).
3) 최윤규, 『조선 근대 및 현대경제사(19세기 중엽~1945)』(돌무지, 1986).
4) 박현채, 『민족경제와 민중운동』(창작사, 1988), 18쪽.

입각하여 설명을 추구하던 기존연구시각을 넘어 자본의 순환이나 재생산 과정, 그리고 기층계급의 동학을 통한 아래로부터의 경제사 이해를 요구하였다. 또한 최근 정연태는 기왕의 단선적인 수탈론·개발론적인 입론에 대한 비판을 겸하여 중세사회가 해체하고 자본주의 세계체제로 편입되는 19세기 이후에서 앞으로 통일이 이뤄질 21세까지를 '장기근대'로 설정하고 자본주의적 지향과 비자본주의적 지향의 갈등, 해방의 근대와 기술의 근대지향상의 갈등 같은 복합적인 역사전개를 유기적으로 설명해낼 연구방법론의 필요성을 제기한 바 있다.6)

한편, 다른 측면에서 해방후 한국경제의 NICs화에 따른 역사적 배경의 일환으로써 식민지 공업의 개발적 측면을 추적하려는 입장의 연구가 있다. 우선 이들은 조선사회 자체의 내재적 자본주의화 가능성은 존재하지 않으며 나아가 '공업화'는 일본에 의해 수용되었으며 일방적인 수탈로만 설명할 수 없다는 것이다. 그리고, 조선에서도 일본 독점자본에 의해 고무된 "조선인 자본이 공업화와 더불어 근대화 과성의 '후발적 이익'을 흡수하면서 해방후 '남한공업'의 발전에 일정한 기여를 했다는 이른바 근대 흡수능력론 혹은 식민지 개발론적 관점의 연구성과가 나오고 있다.7)

이러한 입장에서 총독부의 공업정책에 대한 조선인 자본의 '능동적' 대응이라든가 이식자본주의에 대한 흡수능력 문제, 지주자본의 산업자본화 과정, 내구생산재와 건설자재의 투자증가에 의한 조선내의 자본축적·가내공업 등 토착경제의 실상과 생산 및 판매구조, 조선인 노동력의 성장과 같은 문제를 분석하여 그 동안 소략하게 다루어졌던 조선인 자본의 실태나 자본축적 구조 등에 대한 일정한 연구성과를 올렸다.

그런데 이들 연구동향에서는 공업의 양적인 팽창에 가려진 토착경제

---

5) 金俊輔, 『韓國資本主義史硏究』1(一潮閣, 1974), 7쪽.
6) 정연태, 「'식민지근대화론' 논쟁의 비판과 21세기 신근대사론의 모색」(『20세기의 역사학, 21세기의 역사학』, 한국역사연구회 창립 10주년 기념 학술심포지움 발췌문, 1998.9.2).
7) 安秉直·中村哲, 『近代朝鮮工業化의 硏究』(一潮閣, 1994), 2쪽.

의 파탄상이나 '노예화 상태'에 신음하고 있었던 조선인의 '일상사(日常史)'를 해명하는 데 무척 인색한 느낌이다. 경제적으로 조선인 자본의 '자본축적을 향한 능동성'이나 '수준 높은 노동자 계급의 생성'과 같은 자본주의 원시적 축적기의 여러 특징들을 식민지 경제사에서도 부각하려 했지만, 자료인용의 제한성으로 인해 스스로 자신하는 공업화의 양적 지표마저도 실증적으로 규명하지 못하고 있다.

뿐만 아니라 역사적으로 침략전쟁에 적극적으로 참가하여 '제2의 일본인'으로 전락한 조선인 자본가 계급이 가졌던 '반(反)역사적·반(反)민족적'인 의미에서의 능동성'이나 '노동자 계급의 기술축적 기회와 식민지 권력에 의해 강권적으로 구축된 계급모순'에 대해서는 크게 관심을 기울인 것 같지 않다. 무엇보다도 공업화 본래의 의미에서 주목해야 할 주체적인 공업화 기획능력과 상품순환의 내포성과 같은 생산력 측면의 진지한 실증에는 제한을 보이고 있다. 그야말로 식민지 총독부 권력의 자기변호와 선전에 이용된 관변측 통계의 불명확성은 전혀 고려하지 않고 수량경제학적 데이터 처리방식으로 생산력 수준을 가늠할 뿐이다.

특히 당시 조선공업에 대한 생산력 중심의 통계분석이 중심을 이루게 되면서 일제의 '기만적 통치행정'이나 조선인에 대한 무차별적 약탈 그리고 친일 조선인의 반역사적 침략주의 행태를 올바로 평가하는 데도 제한적이었다. 그리고 과연 해방후 한국 자본주의의 진실한 근원이 일본이었다는 것인가라는 질문에 대해서도, 이들 연구는 전혀 다른 시스템으로 전개되는 두 개의 이질적인 공업현상을 이른바 생산력 측면을 중심으로 인공적으로 접합하여 설명함으로써 결과적으로 해방후 한국 자본주의의 성격을 임의로 왜곡하고 말았다.

그렇지만 수탈과 억압이라는 명제와 민족정기의 회복, 민족해방운동에 대한 의미부여에 찌들려 있는 식민지시대 연구에 조선인 자본가와 노동자들의 생존논리를 설정하고, 노동자·자본가 계급의 자본주의적 경험축적과 같은 조선인의 능동적 흡수능력에 대한 검토를 통하여 식민지 조선인의 '피동성' 위주의 담론을 일변하는 데 이바지했다고 본다.

요컨대 기왕의 '수탈사'적 인식에서 나타나는 문제, 즉 '가치평가' 중심의 추상적인 사실인식이라든가, 객관적 사실에 대한 과학적 입증의 제약성과 같은 문제점 등을 어떻게 극복할 것인가, 아울러 기왕의 개발론에서 보이는 '실증주의화'와 '역사의 몰(沒)역사적 인식'이라든가 '생산력주의' 그리고 민족해방과 '변혁'에 대한 경시 등과 같은 문제를 어떻게 배제할 수 있을 것인가 등의 문제가 기왕의 '조선공업화' 문제와 관련한 연구동향에서 파생된 전체적인 과제라 할 수 있다.

3. 전시조선공업정책에 관한 연구사

기왕의 연구에서 1930년대 이후 조선의 공업화는 정책적 측면에서 일본본토의 '공황'타개의 일환이었다고 보는 입장이 지배적이다. 즉 고바야시 히데오는 1930년대 조선공업화는 일본의 경제공황의 탈출구로서 일본의 제국주의적 팽창 그리고 일본적 합리화 일본산업의 군사적 재편성 식민지정책의 강화와 같은 일본본토 경제의 구조재편 과정에서 촉발되었다고 하여 공업화의 외연적 원인에 대한 관심을 보였다.[8]

한편 호리와세이는 "1930년대 조선의 공업의 성격을 단순한 이식형태로서 보는 것에 그치지 말고 일본자본에 포섭되는 동시에 조선 내부의 사회적 분업의 확산[비군수산업의 확대. 시장에 의해 상품화된 가내공업 생산의 확산]이나 공업의 지역적 특성화 등과 같은 특수상황과 결합하여 독특한 구조로 전환되도록 했다고 보았다. 그 와중에도 토착공업이 존립할 수 있었고 나아가 이것이 식민지 조선공업의 특징을 이루게 된 것으로

---

8) 小林英夫, 「1930年代朝鮮工業化政策の展開過程」(『朝鮮史硏究會論文集』3, 1967).

파악하였다.9) 김인호는 1930년대 전반의 공업확대는 노동운동·농민운동의 격화에 대응한 식민통치의 안정과도 연결된 것으로 보았다.10)

또한 이승렬은 당시 일본군부 내에서 반(反)황도파-중도적 통제파의 입장을 견지한 우가키 가즈시케의 '조선공업화' 구상은 일본을 정공업(精工業), 조선을 조공업(粗工業), 만주를 농업지대화 한다는 '일선만 경제블록 구상'에 입각한 것으로, 반 독점자본적 경향을 가진 관동군의 만주공업화정책과 대립되는 것이라 보았다. 이에 조선경제의 전시재편보다는 일본 독점자본 주도로-독점자본과 총독부간의 결탁과 본토 자본유치운동 등 형태로-조선경제를 일본 경제기구 속으로 더욱 깊숙이 끌어들이려는 공업정책을 전개한 것이라고 보았다.11)

한편 1930년대 후반 이후의 조선공업과 관련하여 기왕의 연구성과는 다음 두 측면에 집중되고 있다. 하나는 구체적으로 조선의 전시공업화정책의 내용과 운영시스템 또는 그 실태를 검토하려는 연구경향이다. 1980년대 이후 식민지 지배의 성격, 조선의 사회구성체 문제에 대한 관심이 고조된 것에 기인하여 현재 총독부의 공업정책을 위시하여 민족자본 문제·시장문제·노동문제·물자통제·금융시스템 문제 등 다양한 연구성과가 축적되고 있다. 다른 하나는 1990년대 이후 '대동아공영권

---

9) 堀和生, 「1930年代 사회적 분업의 재편성」(『近代朝鮮의 공업화연구』, 일조각, 1993).
10) 김인호, 「1930년대 전반기 조선인 공업화에 관한 연구」(『사총』42, 1993).
11) 이승렬, 「1930년대 전반기 일본 군부의 대륙침략관과 '조선공업화' 정책」(『국사관논총』67). 이 연구는 일본 군부에서 우가키 총독의 정치 경제적 인식이 어떻게 위치되는가를 분석함으로서, 1930년대 전반기 조선공업화의 시대적 배경을 해명하는 데 기여했다. 그런데, 일본본토의 대 조선정책이 1930년대 전반기와 후반기에 크게 달라지는 이유를 마치 2.26사건 이후 우가키의 독점자본 중심 공업정책이 관동군-통제파 중심의 군부파시즘적 대륙침략정책에 의해 일단락된 것에서 찾고 있다. 그런데 조선의 식민지 공업정책은 최후까지도 독점자본 주도하에 전개되었다는 점은 역사적 사실이다. '변화'는 단순한 일본 군부의 대륙 침략 구상의 차이[권력투쟁]에서 비롯된 것이라기보다는 전쟁국면에 조응한 조선경제의 객관적 여건[식민지의 효용가치]에서 비롯된 것이다. 최대한의 식민지 잉여 유출의 목적은 1930~1940년대 일관된 식민지 공업화의 정서인 것이다. 즉 공업화의 내적 조건이라는 측면이 공업화 성격의 전환을 가져온 일차적 규정력이라고 여겨진다.

〔엔블록〕'이라는 전체적인 틀에서 당시 조선공업의 실태와 역사적 성격을 검토하려는 연구이다.

대체로 1990년대 이전의 연구에서는 1940년대의 '조선공업화'를 식민지시대 전반에 걸친 공업사를 정리하는 가운데 "특수한 시기에 있었던 특별한 현상"[12]이라 하여 소략하게 다루거나 1930년대 공업사의 연장선에서 일률적으로 보아넘기는 경향이 없지 않았다.[13] 그리고 공업화의 동기도 내용적으로 본토의 '공황'타개책에 우선적인 의미를 두었고[14] 그것과 더불어 노동운동・농민운동의 격화에 대응한 식민통치의 안정과도 연결하는 데 머무르고 있다.[15]

하지만 1990년대 이후의 연구성과는 당시 공업정책이 1930년대 공업화의 연장선에서 식민통치의 안정을 이룩하는 위에 새로이 전쟁에 필요한 물자의 급속한 동원을 실현할 전시물자 동원체제의 구축이라는 과제가 절실히 요구되었다는 측면이 강조되고 있다. 그러한 의미에서 가와이 가즈오(河合和男)와 윤명헌은 당시 총독부는 조선공업을 일본・만주・중국 경제와 유기적으로 연결하고,[16] 조선 내적으로도 군수물자 증산을 위해서 조선인 공장을 확대하여 식민통치의 안정세력으로 재편하고자 했다는 점을 지적하고 있다.

---

12) 橋谷弘은 전시의 여러 변화는 "통상의 자본주의와는 다른 상황" 또는 "체제 기초 자체의 변화이기에 해방후와 단절될 수밖에 없는 특수한 경우" "무척 짧았던 변화"라고 평가하고 특히 구체적 내용도 일본 본국에 의해 입안된 것이기에 근대화와 개발이라는 측면에서 조선사회를 이해하기에는 어려운 시기이며 해방후의 조선사회를 규정하는 요인으로도 보기 어렵다고 했다.〔橋谷弘,「1930・40年代朝鮮社會の性格をめぐつて」,『朝鮮史硏究會論文集』27, 1990), 132쪽〕
13) 예를 들어 비교적 자세한 조선공업 사정을 소개한 河合和男・尹明憲의 연구도 거의 1930년 말까지로 한정되었으며〔『植民地期の朝鮮工業』(未來社, 1991)〕, 權泰檍의 직물업 연구도 전시 이후는 극히 소략하게 다루고 있다.〔『韓國近代綿業史硏究』(一潮閣, 1989)〕
14) 小林英夫,「1930年代朝鮮工業化政策の展開過程」,『朝鮮史硏究會論文集』3, 1967) ; 「植民地經營の特質」,『岩波講座近代日本と植民地』3(植民地と産業化), 岩波書店, 1993).
15) 金仁鎬,「1930年代 前半期 '朝鮮人工業化'에 관한 硏究」,『史叢』42, 高大史學會, 1993).
16) 河合和男・尹明憲,『植民地期の朝鮮工業』(未來社, 1991)을 참조했다.

이러한 연구업적을 바탕으로 1940년대 조선공업의 대외적 성격을 더욱 강조한 것이 김인호의 연구이다. 그는 침략전쟁 이후 일제가 조선에서 1930년대 공업화의 연장선에서 식민통치의 안정을 이룩하면서도 전쟁의 수행을 위한 급속한 물자동원을 가능하게 하는 전면적인 산업구조의 재편과 전시통제를 강행하는 공업정책을 전개했으며, 그 과정에서 총독부는 엔블록의 자급체제 구축이라는 현실적 과제 아래서 적극적으로 조선공업의 외연을 확장하고 이를 일-만-중국 경제와 유기적으로 연계함으로써 침략전쟁의 교두보를 더욱 강화하려 했다는 점을 강조했다. 특히 일제는 조선을 '북방권의 중핵'으로 지칭하면서 적극적인 조선인 자본의 침략전쟁 참가를 독려했고 실제로 많은 조선인 자본이 중국·만주 지역으로 진출했다고 보았다.17)

그렇지만 이러한 연구경향에서 주목할 것은 비록 공업화의 동기로서 침략전쟁의 확대문제나 엔블록 자급논리 등을 지목하고 있기는 하지만 여전히 기왕의 연구경향인 일제와 조선간의 단선적인 지배와 수탈, 그리고 조선인의 대응이라는 연구시각에서 벗어나지 못한 것이다. 아울러 이같은 뿌리깊은 수탈과 개발, 지배와 예속이라는 일도양단의 식민지 경제인식은 소위 식민지 근대화이론의 무차별적인 실증연구의 공세로 고전하게 되었다.

식민지 근대화론은 현 한국 자본주의 발전의 동인을 식민지시대 일제와 독점자본의 자본세례와 소농체제를 기반으로 한 조선인들의 자본주의 흡수능력에서 찾으며, 이에 조선인들은 예속당하고 수탈당하면서도 일정한 근대화 경험을 축적할 수 있었다고 보았다. 기왕의 근대화론이 받고 있는 최대의 오해는 생산력 지상주의, 몰가치적 역사인식 문제였다.18) 그렇다면 적어도 1940년대 식민지 공업을 어떻게 보아야 할 것인가.

---

17) 김인호, 『태평양전쟁기 조선공업연구』(신서원, 1998).
18) 정태헌, 「일제하 경제사 인식의 정립을 위한 시론」(토론:식민지사회론의 제문제) (『역사와 현실』12, 1994).

여기서 주목하는 것은 당시 조선공업이 처한 역사적 조건, 특히 세계사적 규정력이다. 즉 동북아 내지 엔블록 안에서 조선경제는 엔블록 유지에 필수불가결한 거점이었고, 그 결과 블록 안에서 조선공업의 역할과 임무 그리고 조선공업의 재편성 방향에 관한 의문이다.

적어도 본 항목에서 보는 1940년대 조선공업은 자의든 타의든 세계와 전쟁을 벌인 일제의 엔블록 전략에 입각해서 조성된 것이며 '세계경제시스템의 피조물'19)이라는 입장이다. 즉 1940년대 조선공업의 기본적 성격은 '대외성'이며, 기본적 규정력은 일제의 '엔블록자급정책'이었다.

물론 최근 조선공업의 대외적 성격과 세계사적 규정력을 강조한 연구가 조금씩 축적되었다. 이 방면에서 선구적인 업적을 낸 연구자가 하라 아키라였다.20) 그는 기왕의 실상폭로·참상소개 수준의 일본경제사 틀을 깨고 일본본토와 식민지 점령지 사이의 물류관계를 점검하면서 엔블록의 운영원리와 공영권 지배논리를 검토하고자 했다. 그리고 엔블록 붕괴 원인을 일제 식민지 물자유통 구조의 치명적 결함 속에서 파악함으로서 엔블록을 총괄하는 일관된 태평양전쟁 시기의 일본경제사 인식틀을 크게 확장했다. 아울러 그는 일본의 전시경제를 독일·프랑스·미국 등 유럽지역의 여러 형태와 비교하여 일본 전시경제의 특성과 태생적 한계를 비교사적으로 지적했다. 하지만 그의 연구는 대동아 지역의 물류관계를 검토하고 대동아공영권체제 붕괴의 논리적 귀결을 설명하는 등 선구적인 업적을 내었지만 피지배 지역의 역동성이나 대응문제는 전혀 언급이 없었다는 약점을 안고 있다.

이후 고바야시 히데오는 일제의 대동아공영권 수립공작과 그것에 대한 식민지 점령지역의 대응문제에 주목한 대작을 발표했다.21) 또한 야

---

19) 金泳鎬,「脫植民地化第四世代資本主義」(『岩波講座 近代日本と植民地』8, 岩波書店, 1992).
20) 原朗,「大東亞共榮圏の經濟的實態」(『土地制度史學』71, 1976) : 原朗 편,「일본의 전시경제」(『日本の戰時經濟』, 東京大出版會, 1995).
21 小林英夫,『「大東亞共榮圏」の形成と崩壞』(御茶の水書房, 1975).

마모토 유조는 치밀한 통계분석을 기초로 하여 엔블록 전반에 걸친 자원배분 관계와 생산력 구조를 살피면서 엔블록 속의 생산체제의 파행성과 대외의존성, 그리고 식민지 일반의 무제한적 생산약탈에 관한 면밀한 분석을 시도했다.[22]

고바야시의 연구도 일제측 지배전략을 중심으로 한 연구를 넘어 점령지역 혹은 식민지의 반 제국주의적 대응상황도 심도있게 점검했지만 여전히 식민지 제국주의의 지배정책이라는 틀 안 지배와 저항이라는 이분법안에 머물고 있었다. 결국 건조한 정책우선론·구조결정론 경향에 매몰되면서 엔블록 내부의 유기적 변화와 동인 그리고 식민지 점령지역의 다양한 대응과 논리를 생동감있게 그리지 못했다. 그 결과 그의 논리도 다른 여러 연구자의 논리처럼 태평양전쟁은 물자부족으로 한계에 달하고 결국 붕괴했다는 단순논리, 자연사적인 경향만을 강조하고 말았다.

이처럼 조선공업의 대외적 성격에 관한 연구는 주로 일본현대사의 일부로 다뤄지는 상황이다. 또한 조선의 입장과 조선을 중심으로 연구한 것이 아니라 일본의 침략경제에 동북아 피지배 지역이 어떠한 대응을 했는가를 중심으로 연구함으로써 엔블록내 조선의 역할에 대한 취급이 무척 소략한 한계가 있다.

중요하게 지적해야 할 문제는 1940년대 조선에 있어 공업의 여러 변화는 엔블록의 자급체제 구축이라는 일제의 정책적 동기와 전쟁 수행과정에서 점령지나 식민지의 제반조건과 다양한 요구가 결합하면서 나타났다는 점이다. 바꿔 말해 1940년대 조선공업의 성격이 무조건 많이 만들어 많이 동원한다는 식의 단순한 수탈이 아니라는 점이다. 즉 일제의 전략은 엔블록을 유지하는 데 필요한 여러 요소를 조선이라는 중요한 거점에다 구축하고 엔블록을 안정적으로 유지하는 데 기여하게 함으로써 전쟁을 유리하게 전개하겠다는 의도에서 비롯되었다. 그런 의미에서 조

---

22) 山本有造,『日本植民地經濟史研究』(名古屋大學出版會, 1991);「「大東亞共榮圈」とその構想構造」(古屋哲夫編,『近代日本のアジア認識』, 東京大學人文科學研究所, 1995).

선인 자본가와 조선내 공업은 무제한 수탈의 대상이 아니라, 블록경제의 틈을 비집고 일제측의 전략을 나름대로 해석하면서 대응하였다. 그 결과 조선인 공업과 조선인 자본가들은 침략전쟁동반론을 무장하면서 예속적 성장을 할 수 있었다.[23]

요컨대 현재의 연구과제는 엔블록과 조선공업의 연관관계 또한 단순한 수탈의 논리에서 벗어나 고도화된 엔블록 자급화 전략하에서 조선공업성장의 역사적 제조건을 확인하는 것이다. 단적인 예로 조선인 자본가가 해방의 그날까지 일본과의 동맹관계를 해체하지 못했던 이유도 단순한 폭압 때문이 아니라 일본의 붕괴는 곧 침략전쟁에 동반했던 조선인 자본의 붕괴였다는 점을 다시 한번 확인할 필요가 있다.

그리고 꼭 하나 짚고 넘어가야 할 것이 바로 '생산력주의' 문제이다. 근대화론에서 가장 수탈적 인식으로부터 큰 오해를 받고 있는 것이 바로 본 생산력주의 문제이다. 실제로 근대론자·중진자본주의론자로 대표되는 안병직·나카무라 사토루 등도 조선공업의 양적인 팽창은 괄목할 만한 것으로 파악하고 있다.[24] 양적 측면에서 보자면 식민지 시대 실제로 조선내 공장은 1943년에 1.4만 개소를 육박하여 1939년의 갑절에 달했고, 일본 독점자본의 공업투자는 약 40억 원에 이르며, 공업생산액도 1943년에는 20억 원을 상회했다. 또한 중요산업체의 노동자 임금을 단순히 당시 쌀값에 대입하면 예상 밖으로 높았던 것으로 여겨진다.

그러나 문제는 생산력의 양적 측면보다는 무엇을 위한 생산력 확충인가라는 질적인 측면일 것이다. 이처럼 근대화론이든 식민지 수탈론이든 결국 조선공업화의 내적 동인에만 시야가 국한되는 것은 1940년대 전체상을 제대로 볼 수 없게 만든 원인이 될 것이다.

그런데 양적 팽창이 곧바로 질적 발전을 반영한 것도 아니었다. 예를

---

[23] 김인호, 「태평양전쟁기 조선인 경제론자 및 자본가의 변절논리」(『식민지 조선경제의 종말』, 자작, 2000).
[24] 安秉直·中村哲, 『近代朝鮮工業化의 硏究』(一潮閣, 1994.2).

들어 관변자료에는 중소기업이 증가하고 있지만 실제로는 광범한 영세 소상인·소공업자들은 철저히 도태되고 있었다. 또한 『식은조사월보』에서 당시 중요산업에 종사하던 조선인 노동자의 임금동향을 보면 1940년대 하루 4원을 육박하는 곳도 있었고, 일반노동자도 평균 25~40원 정도의 월급을 받고 있었던 것으로 나타난다. 따라서 액수만 보면 당시 월급으로 쌀을 2~3가마니 정도를 살 수 있었다.

그러나 관변자료의 허구성은 그러한 내용이 실제와는 전혀 달랐다는 점에 있다. 즉 파냐 샤브쉬나의 증언처럼 "높은 인플레 율에 따른 암가격·배급두절 등으로 인해 중간층조차도 한 달 월급으로 겨우 쌀 4~5킬로그램을 살 수 있을 뿐이었다. 또한 당시 경제지표가 쌀값이 무척 안정된 것처럼 선전되어도 배급증으로 지급되는 한 달치 식량은 길어도 2주일을 넘기지 못하였다. 석탄 한 봉지가 당시 교원의 한 달치 월급보다 비싼 40원에도 구하기 힘들었고, 구했다손 치더라도 겨우 하루를 땔 분량이었다.25)

한편 양적인 측면에서도 몇 가지 문제가 있었다. 김인호는 1943년 이후 조선공업정책이 생산력 확충전략에서 설비내적·단기적 생산증강 노선으로 전환하면서 하층 중소공업의 대대적 정비가 진행되었다는 점을 주목하고 이에 외형적인 대규모 공장의 양적인 성장세는 조선 전체의 공업확산을 동반한 것이 아니라 중소기업의 희생을 바탕으로 한 'zerosum' 혹은 자기파괴적 공업형태를 노출시키고 있다고 보았다.26) 아울러 해방직전의 공업상황을 도시소개정책의 입장에서 분석하면서 그나마 기업정비를 피한 경우라도 중소기업의 경우 1945년 주요도시 및 군수산업이 밀집된 지역에 대한 대대적인 소개정책으로 인해 파멸되고 말았다는 점을 지적하고 있다.27)

---

25) 파냐이사악코브나 사브쉬나(김명호 역), 『1945년 남한에서』(한울, 1996), 24쪽 : 『식민지 조선에서』, 179·181쪽.
26) 김인호, 「태평양전쟁기 조선에서의 기업정비정책」,(『한국근현대사회연구』1, 1998).
27) 김인호, 「1945년 경성부 지역의 도시소개 정책」,(『향토서울』59, 1999).

이처럼 공업의 양적인 팽창에만 인식이 머무를 경우 실제의 역사상(歷史像)에는 접근하기 어려운 것이다. 따라서 1940년대 공업사 연구는 근대화론자의 입장에서 나타나는 수량적 생산력 팽창과 같은 생산력주의가 아니라 질적인 측면에서 공업정책의 기만성이나 식민지 공업의 파탄상을 확인하는 데 중점이 두어져야 한다.

4. 전시 조선인 중소공업에 관한 연구사

식민지시대 조선인 자본이 어떻게 존재하였으며, 그들에게 '공업화'라는 것은 어떠한 의미를 가지는지 분석하는 것은 당시 조선 공업화의 의미를 이해하는 것은 물론이고 해방 이후 '남한경제'의 재편방향을 이해하는 중요한 실마리기 될 수 있다. 특히 1960년대 이후 한국경제의 NIC's화와 관련하여 외향적 수출공업화의 내적 동력으로서 식민지시대 조선인 기업가의 확산, 노동력의 질적 성장문제에 접근하려는 연구풍토가 확산되는 속에서 그것을 직접적으로 매개하는 당시 중소공업의 존재에도 관심이 커지고 있다.28)

연구사적으로 볼 때, 코헨(J.B. Cohen)은 부수적으로 "식민지 조선의 공업화는 일본인이 주축이었으며 조선인은 자국의 공업화에 참가하는 것이 제약되었다"고 언급하고 "8·15 당시 인구수는 조선인의 3%에 불과한 일본인이 조선내 공업자산의 80% 이상을 독점한 것은 그것을 증명한다"29)고 했다. 이러한 코헨의 입장은 한국인의 연구에서 이른바 조선인

---

28) 小林英夫, 「近代東亞細亞史像の再檢討」(『歷史評論』482, 1990) : 李大根, 『韓國貿易論』(한국경제, NIEs화의 길)(법문사, 1995) : 橋谷弘, 「朝鮮史における近代と反近代」(『歷史評論』500, 1991) : 동, 「NIEs都市ソウルの形成」(『朝鮮史研究會論文集』30, 1992).
29) J.B. Cohen(大內兵衛역), 『戰時戰後日本經濟』上(岩波書店, 1950), 50쪽.

자본의 '전면파탄론' 또는 '소멸론'적 입장으로 연결되었다.

그렇지만 최근의 연구에서 조선인 자본의 소멸은 사실과 다르다는 연구결과가 나와 주목을 받고 있다. 먼저 일본인 학자 가운데 내재적 발전론 측면에서 연구를 진척시켜 온 니노 유타카(新納豊)30)는 정기시와 관련을 맺고 있는 광범한 조선인의 자급자족적 재생산 조직이 식민지경제의 저변에 강하게 자리잡았으며 해방후 이들이 본격적으로 발흥했다고 보았다. 또한 호리와세이도 "새로운 자본주의적 생산력에 의해 농촌을 포함한 조선 내부의 사회적 분업이 급속히 재편되고 그 과정에서 시장조건의 변화가 발생하며 그것은 독점자본에 의해서 발전하고 있던 기계제 공업과 직접 경합하지 않는 분야, 다양한 수요에 대응하지 않으면 안되는 업종에서 이러한 조선인 공업이 발전하였다"고 보았다.31)

아울러 이홍락은 일본의 지배하에도 불구하고 일본 독점자본의 수탈에서 일정하게 독립된 가내공업 등에서 생존을 위한 최소한도의 재생산 활동이 지속되었다고 하고 경북 영천군의 가내공업 상황이나 제지업의 존재양태에 대해서 분석했다.32) 권태억도 '한국인' 직물업이 일본자본이 침투하지 못하는 '틈새시장'을 이용하여 강고하게 재생산되고 있었다고 보았으며33), 허수열도 당시 조선인 중소자본은 일본 독점자본 및 예속대자본과 이해를 달리하는 것이며 어유비업·제지업 등에서 그것을 포착할 수 있다고 보았다.34) 또한 조선인 자본의 전면몰락론을 재고하는

---

30) 新納豊, 「植民地下の「民族經濟」をめぐつて」(『朝鮮史研究會論文集』20(朝鮮史研究會, 1983.3)).
31) 堀和生,「1930年代 朝鮮工業化의 再生産條件」(『近代朝鮮의 經濟構造』(比峰出版社, 1989). 이러한 관점에서 木村光彦은 1920년 이후 약 1930년대 말까지 충청도 경제동향을 분석하고 충청도 경제의 기본적으로 기술발전이나 생산력의 증대는 미약할 지라도 일부 공업분야에서 기술진보가 나타나고 농업소득은 수확보다는 시장상황에 더 크게 조응하고 있다고 보았다.(木村光彦, 「충청도 경제의 분석」,(『近代朝鮮의 工業化 硏究』, 一潮閣, 1993)).
32) 李洪洛, 「日帝下朝鮮民衆の再生産活動とその經濟的基盤」(神奈川大學經濟學博士 學位論文, 1995).
33) 權泰檍, 『韓國近代綿業史硏究』(一潮閣, 1989).

한편, 『조선공장명부』나 『조선은행회사조합요록』 등의 자료를 이용하여 지주자본의 공업진출이나 중규모 공장의 증가, 그 밑천으로서 가내공업의 확대 등 조선인 자본의 끈질긴 생명력을 추적하기도 하였다.35) 대개 이들 연구는 1930년대 상황에서 일본 독점자본의 지배수탈에 대응하여 잔존했던 견직물업이나 제사업・제지업 등 토착경제의 실태를 밝혔다는 연구사적 의의가 있다.

그렇지만 이홍락・니노 유타카의 연구성과에서는 1930년대에 존재했던 토착경제가 기업정비가 자행되었던 전시 이후에는 어떻게 재편되었는지 구체적으로 설명한 것은 아니었으며 허수열의 연구처럼 1930년대까지 조선 내에서 조선이 지주자본의 산업자본화, 중규모 공장이 증가하는 것은 분명한 사실이나 전시 이후 중규모 공장의 생산액은 전체적으로 볼 때에 정체하고 있었고, 지주자본의 산업자본화는 일제의 침략전쟁과 연동한 기만적 잉여유출확산정책의 결과일 뿐 능동성과는 거리가 멀었다.

물론 호리와세이도 조선인 공업의 성장요인으로 '토착시장' 문제를 언급하였지만 시장형성의 주체나 내용에 대해서는 대개 추론이 많았다. 사실상 조선인의 독자적인 영역은 1930년대 이후 대체로 파탄지경에 이르렀다는 지적에 대한 무언가의 문제점을 확인할 필요가 있다.36) 또한

---

34) 허수열, 「植民地經濟構造의 變化와 民族資本의 動向」(『한국사』14, 한길사, 1994. 1), 130~133쪽 및 「일제하 한국에 있어서 식민지적 공업에 관한 연구」(서울대 경제학과 박사학위논문, 1983).
35) 허수열, 「日帝下朝鮮人工場의 動向」(中村哲・安秉直 편, 『近代朝鮮공업화의 연구』, 일조각) : 「日帝下 朝鮮人會社 및 朝鮮人 重役의 分析」(『近代朝鮮의 經濟構造』, 比峯出版社 1989).
36) 예를 들어 堀和生은 경성부・경기지역의 공업화는 군수공업으로 설명하는 것이 불가능하다고 보고 있는데〔「1930년대 사회적 분업의 재편성」(『近代朝鮮의 工業化 研究』, 一潮閣, 1993)〕 그것은 軍需工業의 속성을 오해한 것이다. 소비재라 하더라도 당시로서 전쟁수행을 위한 것인 이상 군수공업에 속할 수 있다. 경성방직의 경우 『京紡70년사』에서 당시 여공들이 철야작업을 통해 직물을 생산하여 고스란히 군수로 동원하거나 비행기 생산에 필요한 섬유제품을 생산하고 있었던 실상을 보여주고 있다.

1941년 이후 조선인 자본의 쇠퇴는 곧 본격적인 군수공업화의 귀결로 봄으로써37) 앞서 시장구매력의 확산에 의한 비 군수공장 및 조선인 자본의 성장을 강조한 것과 논리적 불일치를 보이기도 했다.38)

요컨대 기왕의 연구에서는 1930년대 토착시장을 매개로 성장했던 토착경제[주로 가내공업·개인영업체]가 1940년대 전시체제 아래서 어떻게 재편되었는가 하는 문제에는 그다지 접근하지 않았다고 여겨진다. 다만 권혁태는 1940년대에도 '제국경제에 대한 물적 공헌'과 '의료자급'이라는 두 개의 총독부 정책 아래서 농촌직물업의 일부로서 자급용 수방면포 생산이 존재할 수 있었다는 연구결과를 내놓았다.39)

적어도 전시 이후 시장은 민간보다는 일부 가내공업의 재생산권을 제외하면 거의가 총독부의 정책에 의해 규정되었고, 물가면에서도 일본 본토조차 "시장에 의한 가격조정 능력이 완전히 정지된 상황"40)으로, 토착경제의 재생산은 총독부의 '경제정책'에 기본적으로 종속되는 것이었다. 그리고 조선인 자본=비 군수산업이라는 등식도 조선인의 전시경제 참가가 확대되는 것과 관련할 때 실증력이 떨어지고 있다.

조선인 중소자본의 역사적 귀결문제는 기업정비 문제와 긴밀히 연결되어 있다. 이른바 침략전쟁의 물적·인적 동원을 확대하기 위한 '식민지판 구조조정 과정'이며 그 과정에서 조선인 자본은 그나마 자급영역도

---

37) 堀和生, 「1930년대 사회적 분업의 재편성」(『近代朝鮮의 工業化 硏究』, 一潮閣, 1993).
38) 다만 梶村秀樹는 전시 이후 조선인 중소공업이 증가한 이유에 대해 "종래 일본본토로부터 여러가지 상품이 공급되었지만 전시 이후 군사수요가 팽창하면서 그쪽으로 일본 자본주의 자체가 배치되는 상황이 됨으로써 조선내 시장으로의 공급이 공백상태에 빠지고, 그것에 대응한 무언가의 새로운 처방이 필요한 상황이 되었다"고 하여 조선인 중소공업의 증가는 일본본토의 군수산업 강화에 따라 부가적으로 파생된 결과로 파악하고 있다.[토론:「植民地期の勞動者とブルジョワジ-」(『近代朝鮮の歷史像』, 1988), 181쪽].
39) 權赫泰, 「日本帝國主義と植民地朝鮮の蠶絲業」(『朝鮮史研究會論文集』28, 1991.3) 및 「일제하 조선의 농촌직물업의 전개와 특질」(『한국사학보』1, 1996.6).
40) 原朗, 「日本の戰時經濟」(『日本の戰時經濟』, 東京大學出版會, 1995), 5쪽.

완전히 사라졌다. 전시 일본본토에서는 1940년 초반부터 기업정비로 "거의 모든 기업이 폐쇄되어 버렸고 섬유산업 등의 설비의 대부분은 SCRAP (파철화)되어 철강생산에 사용"되었다.41)

따라서 기왕의 연구에서 나타나는 조선의 '기업정비'는 "조선인 중소공업이나 가내공업에 큰 타격을 입히고 민족자본의 소멸을 초래한 것" 이상의 평가를 받기 힘들었다.42) 예를 들어 가지무라 히데키는 1941년 이후 각종 물자통제 및 기업정비, 미쓰비시·군시 등 독점자본에 의한 합병 등으로 평양메리야스는 '전업'과 '기업합동'으로 질식단계에 접어들었으며 폭압적인 정비에도 불구하고 조선인 자본은 어떠한 저항도 보이지 않았다고 하였다.43) 또한 '개발론'적 인식에서 접근한 경우에도 당시 기업정비는 "조선인 자본에 대한 일대 타격"44)이라고 이해한 것을 볼 때 그만큼 '기업정비=조선인 자본의 몰락'이라는 등식은 좀처럼 변하기 어려웠다.

그러나 최근의 연구에서 이러한 '질식적' 기업정비에도 불구하고 상당수의 조선인 자본이 잔존하였다는 사실이 밝혀졌다. 우선 주익종의 경우 가지무라 히데키가 지적한 전시 이후 평양 메리아스업의 '질식'은 사실이 아니며 조선인 자본의 자발적인 대응으로 정비위기에 몰리면서도 매도거부 등 저항을 보였다고 하고, 총독부도 굳이 강제적으로 통폐합하지 않았다는 것이다.45) 또한 이승렬도 이미 1930년대 말부터 총독부의 정비계획이 있었으며 조선의 기업정비로 조선인 고무자본의 상당수가 도

---

41) 中村隆英, 『昭和經濟史』(岩波書店, 1986), 140쪽.
42) 朴玄采, 「한국자본주의와 민족자본」,(『한국의 사회경제사』〈한국역사강좌5〉한길사, 1987), 143쪽.
43) 梶村秀樹, 「일본제국주의하 조선자본가층의 대응」(『韓國近代經濟史硏究』, 四季節, 1983), 472쪽.
44) 安秉直, 「한국에 있어서의 경제발전과 근대사 연구」(『제38회 역사학대회 발표요지』, 1995), 134쪽.
45) 그 결과 해방까지도 200여 명이 평양 메리아스공업 조합원의 자격을 유지했다고 보았다.[주익종, 「일제하 평양메리아스업에 관한 연구」(서울대 경제학과 박사 학위 논문, 1994), 229쪽].

태했지만 예속적 자세를 견지한 일부의 조선인 자본이 생산력 확충과 관련하여 성장하였다고 보았다.46)

그런데 기왕의 연구들은 '조선인 자본의 잔존'을 설명하는 데도 대부분 조선인 자본의 능동성을 강조한다든가 토착경제·토착시장의 존재를 확인하고자 한 데서 온 것이기에 정책적 동기에서 조선의 중소공업을 '확대'해야 하는 필연성이나 조선인 자본이 전시경제에 참여한 측면은 소홀하게 다루었다고 여겨진다. 특히 총독부가 자행한 기업정책의 최대변화라고 할 기업정비 문제는 당시 조선인 자본의 운명과 동향을 설명하는 데 중요한 분석대상임에도 그 자체로 구체적인 해명을 시도한 연구가 아직 없는 실정이다. 이에 김인호는 적어도 기업정비정책은 조선인 자본으로 하여금 '침략전쟁의 첨병화'하든지, 아니면 전면몰락을 택하든지 양자택일을 강요하는 것이었고, 결과적으로 전자의 공장은 보호 육성으로 예속적 자본을 축적한 반면 후자의 대부분을 차지하는 다수 조선인들의 영세 중소기업은 완전한 몰락이 동반되었다고 보았다.

5. 전시 조선인 자본가의 동태

전시하 조선인 자본의 동태에 관해서는 대개 지금까지 민족경제론적 관점·개발론적 관점·식민지 수탈론적 관점에서 논의가 진행되는 것으로 볼 수 있다. 먼저, 민족경제론적 관점에서는 그 동안 다양한 조선인 자본가상이 검출되었다. 먼저 조기준에 의하면 당시 조선인 경영의 대부분은 일본의 권력과 일본인에 의한 수탈을 동시에 받은 공동의 피해자였기에 일본 독점자본에 대해 저항하면서도 한편으로는 축적토대의 취약

---

46) 이승렬, 「일제하 조선인 고무공업자본」(『역사와 현실』3. 1990).

성으로 생존을 위해 어쩔 수 없이 일본에 대한 예속적인 자세를 견지할 수밖에 없었다고 하고 그럼에도 "근검저축형의 건실한 자본가이자 민족자본으로서 한국근대화의 견인차로 될 토양이었다"47)고 보았다.

이러한 조선인 자본=민족자본 인식과는 차이를 보이면서 역사적 조건에 따라 조선인 자본이 민족자본에서 예속자본으로 변절해 가는 과정을 살핀 가지무라의 연구가 있다.48) 그는 조선인 평양 메리야스공업의 전개과정을 분석함으로써 식민지 지배체제의 변동하에서 조선인 자본의 대응양상을 역사적으로 복구하였다. 그러나 그가 본 조선인 메리야스공업의 상황만으로는 당시 조선인 자본의 전반적인 상황을 대변할 수 없다. 더불어 조선인 자본계급의 전체적인 동향과 중소공업의 재생산 문제를 설명할 동기 특히 총독부 공업정책 시스템에 대한 해명이 있어야 할 것으로 보인다.

둘째로 식민지 개발론의 입장에서 본 '주체적 능동형의 자본가상'이다. 이들 연구에서 나타나는 공통된 입장은 "기왕의 역사인식에서 나타난 이데올로기적 편향[민족해방운동 중심의 역사인식]"을 극복하고 새로운 시각[식민지 개발]에서 다양한 조선인 자본의 역동 즉 토지소유와 농업경영, 노동과 고용, 공업화와 산업구조, 도시형성과 인구이동, 상품유통과 수출입, 철도 등의 교통운수, 생활수준과 교육 등에서 나타나는 조선인들의 적극적인 대응양상을 보자는 것이었다. 이러한 관점에서 에커트49)·이대근50)·주익종·김낙연51)·하시야 히로시(橋谷弘) 등이 구체

---

47) 조기준, 「한국자본주의 성립사론」(대왕사, 1973) : 『韓國企業家史』(박영사, 1973) : 『韓國經濟史』(日新社, 1980).
48) 梶村秀樹, 「日本帝國主義下의 조선자본가층의 대응」·「民族資本과 隸屬資本」(『韓國近代經濟史硏究』, 사계절, 1984).
49) 에커트는 "한국 자본주의의 진실한 근원은 일본이다. 일본이야말로 사실상 동시기 한국의 사회경제적 변화의 원동력이었으며 1876년은 이러한 근대기술이 들어오는 원년으로 한국자본주의의 기원이다"는 관점을 피력한 바 있다.[Carter J Eckert, *Offspring of Empire*, University of Washington Press ,1991. p.5~6] 그러나 이 연구는 조선경제의 내적 발전측면을 전면 거부한 것 외에도 경성방직을 분석대상으로 하면서 전체 조선인 자본가의 역사상을 치환하여 설명하려 했다. 또한 예속자본과 민족

적인 실상을 토대로 연구성과를 내놓고 있다. 그리고 연구결과는 공통적으로 식민지 환경 속에서 조선인 자본가들이 '능동성'을 가지고 일본의 식민지 개발에서 비롯된 후발성의 이익을 체득하여 압축적 발전을 이루었고 장차 민족경제의 주역이 될 준비를 하고 있었으며52), 또한 노동자들도 나름의 식민지 상황하에서 식민지 차별을 인내하면서 시대상황에 적응하며 점차 질적 성장을 하였다는 것이다.53)

셋째로 이러한 개발론적 인식에 대응하여 수탈론적 관점에서 당시 조선인 자본은 대개 '제2의 일본인화'했다는 인식이 제시되기도 했다. 즉 이러한 입장에 의하면 당시 조선인 자본은 침략전쟁에 적극적으로 협력하며 자본축적을 꾀하는 한편, 민족해방은 고사하고 침략전쟁의 꼭두각시로 전락했으며 이에 주변 점령지·식민지에 대한 일본의 수탈을 보조하고 협력하는 존재이상은 될 수 없었다는 것이다.54) 마치 조선인 자본은 일본공업[행성]에 따라 부가적으로 증가한 위성적인 존재에 비유하는 것이다.

특히 이러한 연구는 식민지개발론 특히 식민지 경제의 양적인 팽창론에 대해서 그것은 '생산력 지상주의적' 이해이며 자본주의의 내용과 축적체계의 특징, 식민지 잉여[물자·자금]유출 구조와 발전전망 등을 깊이

자본의 범주설정이 애매할 뿐 아니라 전통적인 조선인 경제영역의 확장에 대한 구체적인 증명없이 조선인 자본의 존재를 과대포장하였다. 그 결과 에커트는 당시 조선인공업을 "朝日資本의 合作結果"로서 파악하고 여타 식민지에서는 유래없는 공업화가 이룩된 양적인 측면만 강조했을 뿐으로 파탄지경에 있었던 당시 수많은 개인영업체나 가내공업·소상인 문제는 언급을 할 수 없었다.

50) 李大根,『韓國貿易論』(국경제,NIEs화의 길)(법문사, 1995).
51) 金洛年,「日本植民地投資と朝鮮經濟の展開」(東京大經濟學硏究科博士學位請求論文, 1992.11) 및「식민지 조선의 공업화」(『한국사』13, 한길사, 1994.1).
52) 朱益鐘,「일제하 평양메리아스업에 관한 연구」(서울대 경제학과 박사학위논문, 1994).
53) 安秉直,「식민지 조선의 고용구조에 관한 연구」(『近代朝鮮의 經濟構造』, 比峰出版社, 1989).
54) 이 점과 관련하여 김인호(『일제의 조선공업정책과 조선인 자본의 동향』(고려대 한국사 박사학위논문, 1997)) : 池秀傑(「1930年代 前半期 부르주아 民族主義者의 '民族經濟 建設戰略'」(『國史館論叢』51, 國編委, 1994)).

천착하지 못한 것으로 비판한다. 또한 자본주의에 대한 최고가치의 승격에 따라서 자본주의라는 공통분모를 가진 것만으로 식민지와 현재 한국 자본주의를 무매개적으로 연결하려는 것으로 보았다. 나아가 식민지체제의 근본적인 문제제기인 식민지 민족해방운동의 의미와 역사성을 부차적으로 보려는 기능주의적 인식으로 전락하였다고 비판하였다.55) 따라서 통계분석 중심의 성장논리에서 벗어나 그것에 내재된 정치적 의미, 계급적 성격, 식민지 자본주의의 질적 성격과 발전전망, 삶의 질 등을 총체적으로 분석할 것을 요구하였다.

그런데 이들 연구는 개발론의 생산력주의적 편향을 비판하고 일제의 조선에 대한 구조적 수탈상을 확인하겠다고 했음에도 정작 전쟁의 추이나 총독부의 공업대책 등 조선인 자본을 둘러싼 경제사정의 변화나 생산관계·생산구조, 특히 통제경제하에서 경제운영의 중심이 되는 노동력동원구조·물자통제구조에 대한 해명이 없는 '잉여약탈사'·'무제한 수탈사'적 인식을 반복하는 결과를 가져왔다.

그 결과 총독부의 식민통치의 안정을 위한 '정치적·경제적 고려'나 전쟁수행을 위한 조선인 자본의 동원계획 등 복합적인 이유로 팽창한 조선인 자본의 위상에 대한 연구는 무척 소략한 상황이다. 예를 들어 혹자는 총독부의 공업정책으로 비군수산업 계열의 조선인 자본가가 무차별적 잉여약탈과 무제한 수탈을 받았으며 이에 금융·세제 등 투자조건이 열악하게 되면서 비군수계 조선인 자본의 확대재생산은 불가능했다는 것이다.56)

이에 식민지 말기에는 규모를 떠나서 조선인 자본은 전쟁연관 업종을 제외하면 현상유지조차 어려웠다고 보았다.57) 따라서 이러한 사실인식의 불철저는 결과적으로 조선인 자본의 전쟁참가에서 보는 것처럼 전

---

55) 정태헌, 「일제하 경제사 인식의 정립을 위한 시론」(토론:식민지사회론의 제문제)(『역사와 현실』12, 1994).
56) 정태헌, 「일제하 경제사 인식의 정립을 위한 시론」(앞의 책), 31쪽.
57) 정태헌, 「토론:식민지 사회론의 제문제」(『역사와 현실』14), 105쪽.

시체제하에도 조선인 자본의 축적기반이 존재했고, 총독부의 공업정책이 조선인 자본의 동원과 밀접한 관련을 가진다는 사실적 차원에 대한 과소평가인 것이다. 즉 전시 이후 가내공업을 제외한 공장공업은 양적으로만 보면 기업정비까지도 심각한 타격은 받지 않았으며, 그것은 각종 기업합동·군수하청화와 더불어 전쟁참가에 의해서 조선인 자본의 축적기회가 오히려 확대되었다는 사실을 은폐한 것으로 앞으로 많은 비판에 직면할 것으로 보인다. 요컨대 명확한 사실규명이 뒷받침되지 못한 수탈론이야말로 가장 '원시적인 수탈론'이라 할 수 있다.

6. 나가며

이상의 연구사 검토를 통해서 볼 때 앞으로의 연구는 역사발전론과 올바른 역사인식을 견지하면서도, 지나친 가치주입식 역사해석으로 자칫 간과했던 객관적이고 사실적인 역사상에 대한 철저한 규명이 절실히 요구된다. 특히 수탈론에서 늘상 주장하는 식민지 경제의 '질'과 역사적 가치에 대한 올바른 평가를 위해서라도 근대화론에서 도입하고 있는 미시적인 해법 즉 과학적·객관적 사실규명의 노력에 대한 주의깊은 관심과 경청이 필요하다고 본다. 이러한 의미에서 다음과 같은 공업사 연구방법의 재검토가 필요하다고 생각한다.

첫째로 무척 당연한 말이지만 식민지 공업사에서 내재적 발전론 역사인식과 연구방법론은 원칙적으로 수용되어야 한다는 점이다. 즉 식민지공업사는 단순한 생산력 확대와 자본의 양적 확대과정으로써 설명할 문제가 아니다. 오히려 일제 독점자본에 의한 자본의 확대와 자본주의적 생산관계의 증진은 조선[인] 공업의 내실있는 발전을 저해하였고, 독점자본의 식민지 초과이윤을 보증하기 위한 식민지공업정책 또한 조선인 노동자에 대한 무차별적인 잉여노동의 약탈을 통하여 전개되었으며, 총독부는 이 방식이 바로 식민지 지배의 영속성을 담보하는 것으로 여겼다. 그러나 '제국주의의 식민지 수탈사'적 연구가 '수탈과 착취'라는 '이분법적 인식에만 정체할 경우 동화와 저항의 기로에서 동요하던 많은 조선인들의 존재에 관한 객관적인 인식은 더욱 어려워질 것이다.

둘째로 기왕의 연구에서 나타나는 계량적·생산력 중심의 지표에 대한 비판과 더불어 생산력주의에 기반을 둔 기왕의 인식방법에 대한 보다 '사실 규명적 측면에서의 재검토'가 필요하다는 것이다. 물론 여기서는 기존의 자료가 관찬자료 혹은 관변자료라는 한계를 충분히 감안해야 하는 것이다. 그럼에도 현실적으로 공업사 연구는 이러한 자료의 면밀한 검토와 과학적 사실검증에서 출발할 수밖에 없는 상황인 것이고, 그것을 구체적으로 확인하고 설명할 수 있는 내발론 패러다임을 정립할 필요가 있다.

물론 이에 상응하는 내발론적 인식의 자기비판 또한 필요하며 식민지 공업정책에 내재한 고도의 기만성을 확인힐 긱응 하위 연구 패러다임이 요구된다. 즉 기왕의 수탈론은 거시적인 측면에서의 역사적 정당성과 가치의 문제에 관심이 집중된 반면, 미시적 측면에서 [특히 구체적인 사실규명 측면에서] 그것을 뒷받침할 만한 근거와 대안을 연구과정 속에 담아내지 못하는 것도 사실이다. 당연한 이야기지만 구체적인 사실규명이 기반이 된 바탕 위에 역사적 가치문제가 지속성을 가지고 추구될 수 있다. 이에 기왕의 제국주의와 관련된 이론과 더불어 최근 식민주의 문화론이나 역사-사회학적 연구방법론에서 제기되는 사실검증의 다양성과 역사인식의 총체성 문제, 시장경제와 자본주의 생산양식에 대한 재검토 등과 같은 이론적인 모색도 염두에 두어야 할 것이다. 또한 정치-경제적 측면의 연관성을 중심으로 하는 공업사 연구에서 군사적·문화적·사회적 측면을 종합적으로 인식하는 자세가 요구된다.

셋째로 단선적인 식민지 대 모국과의 관계만이 아니라 식민지를 둘러싼 내적·외적 측면을 종합적으로 고려한 역사인식이 필요하다. 즉 안으로는 일제의 무제한적 잉여약탈의 토대이자 조선공업화의 내적 요인으로써 총독부의 공업정책과 그것에 의해 생성된 생산관계 변화・통제체제 등에 직접 접근함으로써 식민지지배사에 대한 총체적인 이해가 필요하다는 것이다. 아울러 외적인 측면에서 미・영・일 등 제국주의 진영간의 갈등이나 국제적 자본분파의 알력과 모순 등 세계 자본주의체제에 대한 구조적인 인식이 요구된다.58) 그것은 조선의 공업이 식민지시대 후반에 가면 갈수록 본토경제의 보완이라는 본래의 의미 이상으로 당시 세계 자본주의체제의 요구와 밀접한 관계를 맺고 있다는 이유 때문이다.

따라서 추후의 연구는 '사실에 대한 객관적 입증'과 '객관적 사실의 합리적인 해석(가치부여)'이라는 문제의식을 토대로, 개연성과 시대성이 확보된 구체적인 식민지 역사상을 구축하는 데 모아져야 할 것이다. 특히 1940년대 식민지 경제구조는 드러난 것보다는 더욱 내면적이고, 고도한 기만적 통치행정 즉 '고도한 유출체계'를 통하여 구축되어 있었다. 따라서 명확한 사실입증이 결여된 채로 '전체적인 역사적 가치평가' 문제에만 시각이 집중한다면, 그러한 기만적 식민통치의 마각을 추상화하고, 그 실상에 대한 뜻밖의 왜곡이 초래될 우려가 크다고 본다.59)

그밖에도 식민지시대 공업사와 이후 시대와의 접점에 관한 연구(연속과 단절성의 문제), 대만・중국・만주・동남아 등과의 비교사 연구, 식민지 공업정책의 운영체계에 대한 구체적인 접근 등 역사적 사실에 대한 과학적이고 객관성을 증진시켜 줄 수 있는 연구방법론이 필요하다 할 것이다.

---

58) 金泳鎬, 「脫植民地化と第四世代資本主義」(『岩波講座 近代日本と植民地』8〈アジア冷戰と脫植民地化〉, 岩波書店, 1992).
59) 1980년 신군부가 자행한 광주학살 만행에 대한 국민들의 요구는 보상문제나 희생자의 복권문제보다도 우선해서 광주학살의 진상을 정확하게 조사하고, 알리는 문제였다는 것도 같은 맥락이라 할 수 있다.

제3장
제1차 생산력 확충과 대용품 공업화
(1938~1941)

1. 들어가며

　1939년 1월 최종적으로 일본본토에서 '생산력확충계획〔이하 '생확계획'〕'이 확정됨에 따라 조선에서도 본격적인 '생확계획'이 추진될 상황이 되었다. 이미 총독부는 1938년 9월에 '시국대책조사회'를 소집하여 '시국산업확충계획'의 적정성을 자문하고 본격적인 실행준비에 들어갔다. 따라서 여기서는 당시 생확계획 특히 중일전쟁 시기 조선에서 실시된 '시국산업확충계획〔제1차 '생확계획'〕'을 분석대상으로 하여 그 과정과 결과를 규명하고자 한다.

　'생확계획'은 조선의 물자동원체제상에서 물자통제와 함께 한 축을 이루고 있던 영역이다. 그렇지만 이 계획을 단순한 동원수단으로 파악하여 증산목표와 수량적 측면에만 시야를 한정하여 설명할 경우 '생확계획' 이면에 깔린 식민지 수탈의 본연의 모습을 망각할 수도 있다. 즉 수량적인 '증산'만이 아니라 시설확충계획·자금동원계획·자재배당계획·각 분기 혹은 당기별 생산확충계획·연간계획·수정계획 등을 종합적으로 검토하고, '물자동원계획〔이하 '물동계획'〕'과 연계하여 설명할 때 '생확계획'의 추진실상과 조선경제에 미친 영향에 대해 정확한 대답을 얻을 수 있을 것이다.

　그러나 일본본토에 대해서는 코헨[1]이나 야마자키 시로(山崎志郎)[2]가

---

1) J.B. Cohen(大內兵衛 역), 『戰時戰後の日本經濟』上(岩波書店, 1950).
2) 山崎志郎, 「戰時工業動員體制」(原朗 편, 『日本の戰時經濟』), 65쪽.

이룩한 일련의 연구성과를 통하여 종합적인 검토가 이루어졌지만 조선에 대해서는 원래 일본본토의 생확계획의 일부로 취급한 결과, 구체적인 분석이 어려웠고, 그나마 시각상으로 동원정책의 일부로 파악하는 경향에 따라 소략하게 다룬 연구가 있을 뿐3). 구체적인 생확계획 측면까지는 연구영역이 넓어질 수 없었다.

이러한 자료적 한계에도 불구하고 기왕의 단편적인 전시경제에 관한 자료를 토대로 조선에서의 생확계획이 추진과정과 그 실상에 대한 대체적인 윤곽을 일본과 비교하는 방식을 통하여 그려보고자 한다.

2. 제1차 생산력확충계획의 입안

1) 기반시설 확충계획

2·26사건 이후 일본은 군사파시즘체제로 급속히 재편되기 시작했다. 그것은 안으로 '군부대신현역임용제'(1936.5.18)를 부활하여 군부의 정치적 접근을 촉진하는 것으로, 밖으로는 "일본이 대륙에 제국의 토대를 확보하고 해양으로 진출한다"는 '남북병진'의 국책(1936.8.7)을 발표하여 본격적인 침략전쟁을 계획하는 것으로 나타났다. 그런데 전쟁을 위해서는 군수공업을 확장하여 지속적인 물자동원 구조를 구축할 필요가 있었지만 일본만으로는 군수공업의 확대로 빚어질 과대한 재정지출 및 인플레, 물자부족을 감당할 수 없었다. 이에 무역·금융 방면의 통제와 더불어 비군수산업에 대한 물자통제·자금유입 제한을 개시하고 '일·만블록' 차원의 공업화를 추진하고자 했다.

총독부도 일본본토의 움직임에 부응하여 조선공업을 재편하고자 하여 그 기본계획의 수립을 위한 '산업경제조사회(産業經濟調査會, 이하 조사

---
3) 김인호, 『태평양전쟁기 조선공업연구』(신서원, 1998).

회)'를 소집하였다. 그보다 앞서 총독부는 '동 준비위원회'를 설치하여 '조사회에 제출할 의안 개요'(1936.4.15)[4]와 '조사회에 제출할 의안 참고서(1936. 9.15)'를 통하여 산업구조 재편을 위한 일반방침을 제안하였다. 두 의안의 핵심은 군수공업의 확대를 위하여 일차적으로 그것에 필요한 기반시설을 구축하자는 것이었다. '준비위원회' 자문안의 기본골격은 다음과 같다.[5]

---

1. 일반 시설계획 : 공업에 관한 시험조사기관 확충, 발명 장려기관 설치, 공업심의회의 설립
2. 구체적인 시설계획
  가) 공업통제에 관한 시설계획
  나) 국책상 중요한 공업진흥에 관한 시설
    - 석탄액화·액체주정·경금속·제철·조선
  다) 공업의 합리적 분포에 관한 시설계획 참고서
    -공업지대 설정, 공업의 지방분산
  라) 중소공업의 진흥 및 그것의 대공업과의 조정적 발달에 관한 시설계획
    -공업조합제도의 설정, 자금융통손실보상제의 설정, 조성시설 확충
  마) 노동능률 향상 및 노자협조 관련 시설계획
    - 공장노동조사·노자협조기관 설치

그것은 '국책공업'의 진흥, 지방공업의 확대, 중소기업과 대공업간 협력, 노동생산성 증진, 노자협조체제의 수립 등 본토의 조선경제 재편 요구에 순응하여 조선경제의 구조조정을 꾀하자는 것이었다.

이러한 총독부의 계획에 대한 '산업경제조사회'(1936.10.20~11.4)의

---

4) 「朝鮮産業經濟調査會에 提出すべき 議案槪要」(1936.4.15)(「朝鮮産業經濟調査會關係 書類」〈총무처 마이크로 필름 자료 제99권〉).
5) 「朝鮮産業經濟調査會에 提出すべき 議案參考書」(1936.9.15)(상동), 121~123쪽.

답신안은 "국책상 조선이 담당해야 할 중책에 비추어 종래와 같이 생산증가에만 시종하는 것에는 환경이 상당히 복잡할 뿐만 아니라 내부적으로도 획기적으로 선처할 이유가 적지 않다"고 하여 기존의 수량적인 증산 위주의 산업정책을 재검토하여 계획적 증산을 가능하게 하는 획기적인 공업정책의 수립을 요구했다.6) 이에 자문안에 대한 조사회의 항목별 답신안 구조를 정리하면 다음과 같다.

---

1. 일반시설계획: [자문안과 동일] 특별히 공업통제책으로 〈산업통제법〉 실시
2. 중요공업 특별진흥책:
   1) 장려금교부・동력요금・운임경감・운수시설정비・원료확보・용수조사 등 각종 특전과 편의부여
   2) 토지수용권의 부여, 조세특전 및 보호관세 설정
3. 공업의 합리적 분포:
   1) 공업지대의 지가폭등 억제, 교통운수・전력・용수・산업・교육 등에 관한 집약적 합리적 지원
   2) 종목별・지역별 필요사항에 관한 조사연구 강화
4. 중소공업진흥책: [자문안과 동일]
5. 노동능률향상책: [자문안에 노동자의 자율정신 함양에 노력할 것]

---

2) 일본본토의 제1차 생산력 확충계획 수립

제1차 고노에 후미마로(近衛文麿)내각(1937.6.4~1939.1.5)은 출범직후 생산력확충・국제수지균형・물자수급의 적합 등 이른바 재정경제 3원칙을 발표했다(1937.5). 그것은 침략전쟁에 필요한 물자동원을 위하여 만주와 일본을 일체로 수급권을 형성하고, 일본본토에 의존하던 엔블록

---

6) 「產業經濟調查會の答申と當協會」(『朝鮮工業協會會報』, 1936.11), 2~3쪽.

의 수요를 규제하며, 블록 안에서 계획적 증산으로 국제수지를 개선하고 유사시 필요한 물자를 자급하도록 한다는 것이었다.

이런 상황에서 일본에서는 육군성의 '제국군수공업확충계획'(1936. 11), '중요산업5개년계획', 일만재정경제연구회의 '일만군수공업확충계획'(1937.5) 등 하야시 센주로(林銑十郞)내각부터 '생확계획안'이 준비되고 있었다. 그런데 이 같은 장기적 '계획'은 중일전쟁에 의한 급속한 물동계획이 전개되면서 연기되었다. 즉 대장상 가야 오키노리(賀屋興宣)이 "국내에서 생산이 확충될 때까지 물자수입은 불가피하다"[7]고 한 것처럼 당시 일본은 단기간내 종래의 대외의존적 물동구조를 벗어날 수 없었다. 다만 군수·비군수를 가리지 않고 공급되던 수입물자를 군수산업으로 집중하고 그 공백을 증산[생산력 확충]으로 보충하자는 정도였다.

그렇지만 국제수지 안정을 위해서라도 일본역내 '생확계획'은 추진해야만 했고, 이에 만주에서도 관동군과 만철 조사부가 합심하여 계획을 입안한 결과 「만주산업개발5개년계획강요」(1937.1)를 공포하여 5년 동안 철강 1,150만 톤, 석탄 2,700만 톤, 알루미늄 2만 톤, 마그네슘 2천 톤을 증산하기로 하고 이에 총 25억 원의 소요자금을 책정하였다. 본 계획에서는 특별히 만주 자체의 중화학공업화가 강조되었다.[8]

그런데 중일전쟁이 발발하자 일·만을 아우르는 경제력 확보를 주창한 일본본토의 요구에 따라 계획을 크게 수정하여 일본본토의 직접군수산업을 뒷받침하는 기초소재의 보급지로 전환하고자 하였다(1938.5). 이에 생산력 확충을 위한 광공업 부문의 소요자금을 12억 23만 원에서 38억 원을 증가시킨 총 48억 원의 소요자금 계획을 책정하였다.[9]

이를 종합하여 1938년 1월 기획원은 상공성 공무국의 '산업5개년계

---

7) 賀屋 國務大臣 연설(1937.7.28), 『帝國議會衆議員議事速記錄』8(太山, 1991), 49쪽.
8) 小林英夫, 「總力戰體制と植民地」(『十五年 戰爭と亞細亞(體系日本現代史2)』, 1979), 73쪽.
9) 小林英夫, 『1930年代滿洲工業化政策の展開過程』(「土地制度私學」44, 1969.7), 26쪽, [표 7] 참조.

획'(1737.4)·'생산력확충5개년계획'(1937.4)과 위의 일만재정경제위원회의 '일만군수공업확충계획'(1937.5), 그리고 육군성의 '제국군수공업확충계획' 및 「군수품제조공업 5개년계획요강」(1937.6)을 종합하여 「생산력확충계획대강」을 작성하였다. 그리고 이를 토대로 '생산력확충 4개년계획'(1938.10)을 완성한 다음에 조선(시국산업확충계획)과 만주의 '중요산업 5개년계획'을 참작하여 각종 수정을 거친 다음 '물동계획'보다 반년이나 늦은 1939년 1월에야 내각의 결정으로 「생산력확충계획대강」을 완성하였다.10)

「계획요강」에 의하면 자급자족을 위하여 "중요한 국방산업 및 기초산업에 관하여 1941년을 기한으로 일·만·중국을 아우른 생산력의 종합적 확충계획을 확립하며" "필요한 경우 법령을 제정하거나 〈국가총동원법〉을 발동한다"고 하여 〈총동원법〉을 '생확'을 강제하기 위한 법적 수단화하려는 자세를 분명히 했다.11)

일본의 생확계획 대상품목 (혹은 계획산업)12)은 총 15종으로 그 내역을 보면 다음과 같다(괄호 안은 1938년을 100으로 하여 1941년까지의 증산목표를 구한 것).13)

   1) 철강: 보통강강재(160), 특수강강재(200), 강괴(160)

---

10) 물동계획은 1938년 6월에 제1차 계획이 추진되었지만 다분히 '탁상계획적이라 하여 '그 해 연말로서 종료하고 1939년도부터 제2차 계획을 추진하게 되었다. 이 계획은 철저히 중일전쟁의 장기화에 대비한 계획으로 생산력 확충계획과 긴밀히 연동되는 것이었다.(『朝鮮經濟年報』(1940), 116쪽).
11) 小林英夫, 앞의 책(1975), 117쪽.
12) 여기서 生擴産業으로 지정되는 기업은 경영상으로 일정 기간 免税, 增資社債募集에 대한 상법상의 제한완화, 설비확충시 토지수용법 적용, 장려금 조성금 교부, 이익보장·보조금 교부, 기계기구 대여, 철도운임 경감 등의 특전이 주어졌고 자금 면에서는 임시자금조정법상 '우선적 취급'과 계획산업에 대한 특별융자를 담당하는 특수금융기관의 설립 등 조성책이 가해졌다.(山崎志郎, 「戰時工業動員體制」(原朗 편, 『日本の戰時經濟』), 46~49쪽).
13) (1939년 3월 7일 제 74회 의회에서 한 기획원 총재의 발표문 중에서), 「事變의 進展과 朝鮮經濟의 動向」(『朝鮮經濟年報』, 1940), 117~118쪽.

2) 석탄[130]
3) 경금속: 마그네슘[1,000]
4) 비철금속: 납[190], 아연[170], 동[180], 석[200]
5) 석유 및 그 대용품: 자동차 가솔린[천연 130, 인조 3천], 중유[140, 인조 900], 무수알콜[1,300],
6) 소다 및 공업염: 소다회[120], 가성소다[140], 공업염[650]
7) 유안[140],
8) 펄프: 제지용[120], 인견용[310]
9) 금[120]
10) 공작기계[260]
11) 철도차량: 기관차[130], 객차[170], 화차[150]
12) 선박
13) 자동차[500]
14) 양모[340]
15) 전력

3) 조선의 시국산업확충계획

　일본이 일·만·중국을 종합한 생확계획을 추진함에 따라서 조선의 생확계획도 일본의 경제사정뿐만 아니라 엔블록의 물동계획이나 생확계획의 규제를 받게 되었다. 이에 1938년 초 미나미 지로(南次郎) 총독은 조선의 특수성을 고려하여 생산력을 최고로 확대할 수 있는 병참기지화 대책을 검토하도록 했고, 그 일환으로 기존의 관방자원과(1937.9)에 이어 식산국에 임시물자조정과를 설치했다(1938.8). 여기서 자원과는 주로 물동계획·생확계획 등을 관장하였고, 조정과는 해당계획의 실무 즉 조선내의 물자배급 및 조정사무를 관장했다.
　이로써 조선에서도 물동 및 생확계획에 대한 기획-실행기구의 확립을 보게 된 것이다. 특히 '시국대책준비위원회'(1938.2.8)를 설치하고 공업구조의 재편방안이나 '시국산업확충계획'을 입안하였다. 그러한 총독부의 입장은 '동조사회보고사항'에서도 드러나는데 핵심은 "비록 인조석유·유안 등 기초소재 공업을 증강한다 해도 중소상공업 및 비군수산업도 적극 진흥한다"는 것이었다. 물론 본토와 비교하여 상대적인 것이겠지만 비군수산업의 진흥문제가 강조되는 점은 눈여겨보아야 한다.

> [조선]경제의 제지표는 대체 발전도상에 있음이 증명된다.… 시국산업[군수산업·계획산업]의 증대는 당연 평화산업의 위축을 불가피하게 하며 소위 파행상태를 필연화하는 것이 일반적이다. 그런데 조선에서는 이 파행상태가 표면적으로 크게 드러나지 않는다. 물론 평화산업은 생산·배급 양 부분에 걸친 희생이 강요되고 있지만 평화산업 자체의 발달이 불충분하여 항차 그 경제상 지위는 일본본토처럼 크지 않기에, 다행히도 파행현상은 시국산업의 발달이라는 그림자에 가려져 있다. 여기에 조선경제가 전시적 파열을 크게 일으키지 않고 발전상만이 나타나는 원인이 있는 것이다.14)

한편 시국대책조사회(1938.9.6~7)는 위의 총독부가 제안한 자문안을 검토한 후 약간만 수정한 채 답신안으로 제출하였다. 그런데 [표 2-1]에서 총독부와 조사회 그리고 기획원의 '제1차 생활계획'을 서로 비교해 보면 그들 계획안 사이에 복잡한 이해관계가 엉켜 있음을 보게 된다. 우선 전체적으로 1941년도 예상목표를 보면 조사회안과 총독부안은 거의 차이가 없다. 다만 조사회안은 기관차·유안·화차나 휘발유·중유 등에서 총독부안보다 목표량이 많은 반면, 객차·선박·가성소다·기계유 등은 적었다. 그것은 당시 민간자본이 중심인 조선공업의 생산력 수준이 총독부의 생활계획에 합치되지 못하고 있는 것을 말한다.

둘째로 1939년도 기획원안을 총독부안과 비교하면 계획량 측면에서 큰 차이가 있다. 이것은 조사회안이나 총독부안이 일본의 제1차 생활계획에 거의 반영되지 못했음을 말한다. 그리고 조선의 동원능력도 조사회나 총독부는 상당히 낙관적으로 보았지만 일본은 과소평가하고 있다. 예를 들어 알루미늄 증산계획에서 조사회는 조선의 명반석·반토항암을 이

---

14) 「事變の進展と朝鮮經濟の動向」(『朝鮮經濟年報』, 1940), 122쪽.

용하여 1941년까지 알루미늄 2만 8천 톤, 마그네슘 4천 톤 증산을 장담했지만 기획원은 조사회안에 대해 "조선의 명반석으로 고급 알루미늄을 제조하는 것은 의문"이라 하여 계획량을 3천 톤으로 국한했다.

실제로 조선의 '시국산업확충계획'의 대부분은 생확계획상의 계획산업에 해당되었고, 조선나름의 현실성을 기반으로 한 계획을 수립한 것이지만 일본의 자재·자금 배분문제와 상충되고, 그들의 요구에 어긋난 계획이 많았기에 중앙정부의 허가를 받지 못했으며 결국 일본의 생확계획안에 일방적으로 편입되었다.15)

셋째로 경금속·마그네슘·선박·소다 생산은 '총독부안'에서, 객차·화차·유안의 생산은 '기획원안'에서 높게 책정되었다. 이는 일본이주로 수송력 및 화학공업 등 주로 국책공업의 확대를 요구한 반면, 당시 조선의 공업능력은 주로 지하자원을 초보적으로 가공하는 정도의 공업이었다는 점에서 생긴 괴리였다.

넷째로 일본의 '계획'에서 조선이 담당하는 생산력은 물자별로 차이가 있지만 철광석이나 유안을 제외하면 대체로 10% 미만이다. 특히 철강관련 생확계획을 보면 조선은 일본과는 반대로 선철이나 철광석 방면의 목표치가 무척 높은 반면 강재나 강괴 등의 강생산 목표는 매우 낮다. 즉 위 [표 2-1]를 보면 1938년 일본의 생산목표는 보통선 330만 톤 대 보통강 강재 461.5만 톤으로 선강비율이 100 대 140인 반면 조선은 각각 32만톤 대 9.8만 톤으로 100 대 30에 불과하다. 1941년의 경우는 말할 것도 없다. 그것은 당시 조선에서의 물동정책이 제품보다는 원자재 동원에 강조되었고, 이에 조선공업화의 방향도 기초원자재 동원에 한정되는 것임을 보여준다.

요컨대, '조사회'의 답신안에 제시된 '시국산업확충계획'은 총독부와 일본의 요구에 기본적으로 부응해야 하지만 조선공업의 현실과 민간자

---

15) 『朝鮮經濟年報』(1940), 122·135쪽.

[표 2-1] 제1차 생산력확충계획안 비교

업종	단위	총독부안				조사회안	기획원안 제1차 생확계획		일본본토계획 [조선포함]	
		1938	1939	1940	1941	1941	1939	1941	1938	1941
알루미늄	천톤	-	4	5.5	27.5	28	2.3	3	19	126.4(74)
마그네슘	톤	186	1,200	2,400	3,750	4,000	468	380	-	(3,900)
휘발유	천배럴	100	152	249	355	485	-	-	-	-
중유	"	72.5	104.8	150.6	189	236	-	-	-	-
기계유	"	32.5	39.5	46.5	58.5	58	-	-	-	-
소다회	천톤	10.5	17.5	35	35	35	14	3.35	-	(141)
가성소다	"	14	14	28	42	40	12	12,505	-	(258.5)
유안	"	420	450	550	650	850	455	-	1,510	2,039(1835)
공작기계	천원	-	1,000	3,000	5,000	5,000	-	-	-	-
화물차	대	400	1,000	2,000	4,000	*6,000	-	-	-	-
승용차	"	100	500	1,000	2,000	-	-	14,145	-	-
기관차	"	9	12	12	12	65	-	5,197	-	-
객차	"	72	72	72	72	20	109	7,090	-	-
화차	"	580	1,804	1,804	1,804	3,600	3,350	-	-	-
선박	톤	5,500	8,300	12,300	23,600	23,000	4,900	-	-	-
발동유	마력	2,000	4,000	11,000	18,000	-	-	-	-	-
항공기	백만원	-	-	-	-	30	-	-	-	-
피혁	천매	-	-	-	-	400	-	-	-	-
보통강강재	천톤	98	89.4	-	80	-	-	-	4,615	-
철광석	"	750	1,100	-	2,100	-	-	-	2,250	7,260(4700)
보통강강괴	"	173	111	-	-	-	-	-	6,310	5,700(3700)
보통선	"	320	311	-	(250)	-	-	-	3,300	9,950
전력	천kw	766	781	-	-	-	-	-	-	6,362(4700)
석탄	천톤	(3,646)	(4,732)	(6,800)	(7,000)	-	-	-	-	-
알콜	KL	-	-	-	(1,500)	-	-	-	-	-
동	천톤	-	-	-	(3.5)	-	-	-	-	(73,000)
연	"	-	-	-	(9)	-	-	-	-	(75.5)
아연		-	-	-	(6.5)	-	-	-	-	(24)
텅스텐		-	-	-	(5.4)	-	-	-	-	(61.5)
시멘트		-	-	-	(1,240)	-	-	-	-	(6)(7,100)
석면		-	-	-	(2)	-	-	-	-	(2.5)
운모		-	-	-	(0.16)	-	-	-	-	(0.16)
형석		-	-	-	(42)	-	-	-	-	(42.8)
토상흑연		-	-	-	(20)	-	-	-	-	(20)
인상흑연		-	-	-	(73)	-	-	-	-	(73)

비고: ( )는 1940년의 수정계획.
출전: ① 朝鮮總督府,『朝鮮總督府時局對策調査會諮問案參考書』(軍需工業ノ擴充ニ關スル件)(1938.9). ② 朝鮮總督府,『朝鮮總督府時局對策調査會諮問答申書』(軍需工業ノ擴充ニ關スル件)(1938.9). ③ 企劃部,「生產力擴充計劃產業別豫定實績對比表」(1941.10.31):『大野綠一郎關係文書』5, 81~83쪽. ④ 철강부문(1940년까지:「生產力擴充計劃產業別實績對照表」(『日本陸海軍省文書』32); 1941년:『大野綠一郎文書』5, 81~83쪽). ⑤ 일본본토의 생확목표: ( )부분은 오노문서. 그밖에 부분은 小林英夫,『大東亞共榮圈の形成と崩壞』,116쪽에서 인용.

본의 공업화 참가를 확대하도록 특별한 조치를 요구한 것이었다. 이러한 민간측의 이해와 달리 식민통치의 성과를 과시하려는 총독부의 이해와 일본의 식민지 생산기반에 대한 몰이해가 착종되면서 조선의 생확계획은 처음부터 조선의 공업현실과 동떨어진 탁상공론화할 가능성이 높았고, 이에 일본으로 원자재동원이 공업화의 일차적 과제가 된 상황에서 조선의 '시국산업확충계획'은 일본 중앙정부의 승인을 얻어내지 못하고 일방적으로 일본의 생확계획에 편입되고 말았다.

3. 제1차 생산력확충계획의 추진

1) 제1차 생확계획과 대체품공업 육성

1939년 1월부터 일본에서 제1차 생확계획이 추진되자 조선에서도 본격적인 계획산업의 확충이 추진되었다. 그렇지만 조선에서 '계획'이 진행된다고 해서 곧바로 일본이 요구하는 중화학공업품을 완제품으로 생산한 것이 아니었다. 오히려 기초원자재는 일본에서 이입하고 대신에 조선은 일본에서 자급하지 못하는 물자 혹은 조선내 공급력이 떨어지는 물자를 자원이나 기술상황에 따라 '대체품' 형식으로 증산하였다.

따라서 1939년 당시 조선 금융기관의 공업부문 설비자금 투하총액은 6,037.8만 원으로 총 대부의 43%를 차지하였고, 광업은 2,294만 원으로 18.5%를 보여주고 있으며,16) 자금조정 표준별 설비자금 대부상황을 보

---

16) 『朝鮮經濟年報』(1940), 140쪽 당시 만주의 〈임시자금통제법〉에 근거한 대부액 (1938.10~1939.3)은 광업 4억 1,528만 원, 공업 3억 3,974만원으로 그 비중은 광업 43%, 공업 34%이다.[小林英夫, 앞의 논문(1969). 7·29쪽. [표 9] 참조] 즉 조선은 공업방면에 만주는 광업방면에 대부가 많은 것을 알 수 있다. 그것은 당시 엔블록 산업구조가 일본=군수정밀공업, 조선=대체품공업, 만주=원자재생산광업으로 분업화한 것을 나타낸다.

면 1938년도에 갑종사업으로 대부된 액수는 8,476.4만 원이 대부된 반면에 을종사업 즉 대체품 사업에는 1938년 3,269.6만 원에서 1939년에는 5,338만 원으로 약 1,100만 원 증가했고 전체 대부상의 비중도 1938년 23%에서 1939년에는 37%로 증가했다.17) 그것은 일본의 생확계획에서 군수소재 물자의 자급을 강조하는 '육군성안'보다는 국제수지 균형에 중점을 두는 '기획원안'이 우세했다는 데 이유가 있었다.18)

이에 당시 조선공업정책도 종합적인 물자자급 계획에 입각하기보다는 국제 수지균형을 위한 대체품 공급력 측면이 강조되었다. 특히 일본에서 국제수지개선정책의 일환으로 원자재 사용제한이 강화되면서 총독부도 적극적인 대체품공업 육성을 획책하였다. 그리고 생확 대상업종을 기초소재물자공업·운송업·기계공작업 등으로 구분할 때 조선에서의 중점적인 증산대상은 농산비료·선박·기계수리·시멘트·소다 등 주로 기초원자재 분야였다.19) 요컨대 일본의 제1차 생확계획은 국제수지 개선을 위한 기계공작업의 진작이 중심적인 과제였지만 조선의 경우는 국제수지 개선을 위한 수이입 대체품 그리고 기초소재 산업을 육성하는 것이 중점이었다고 할 수 있다. 이에 중요물자별 생확상황을 보면 다음과 같다.

2) 주요 생확물자 생산상황

1) 대용 알루미늄

1930년대 말까지 일본에서는 100% 수입산인 보크사이트를 이용하여 소화전공[구 일본전공: 1934]을 비롯하여 일만알루미·주우알루미·일본소다·일본알루미늄 등에서 알루미늄을 생산했는데 생산액은 1936년 6,664톤, 1937년 1만 3,787톤으로 해마다 증가하고 있다. 그런데 중일전

---

17) 김인호, 『태평양전쟁기 조선공업연구』(신서원, 1998), 5·56쪽, [표 1-2~6] 참조.
18) 山崎志郎, 「戰時工業動員體制」(原朗 편, 『日本の戰時經濟』), 46쪽.
19) 鹽田正洪, 「朝鮮工業動向に就て私見若干」(『朝鮮實業』, 1942.5), 12쪽.

쟁이 발발하면서 항공기 수요가 급증하자 육군성은 이후 예상수요를 9만 2,080톤으로 잡고 이 가운데 국내 8만 톤, 만주 2만 톤을 확충하기로 했으며 기획원도 「생산력확충계획대강」(1938.3)에서 1941년까지 국내 9만 톤, 만주 3만 톤, 총 11만 톤의 증산계획을 수립했다.[20] 그리고 1939년도 실시계획에서는 알루미늄 14.5만 톤 알루미나 23만 240톤으로 수정하였다. 그런데 실적은 조선산을 포함하여 알루미나 14만 4,200톤, 알루미늄 7만 3,600톤으로 계획량의 절반에 불과했다.[21]

그런데 알루미늄 생산에 필요한 원자재 확보가 문제였다. 당시 일본은 중요원자재인 보크사이트를 그리스·영국령 인도·화란령 동인도 등지에 대부분 의존했는데, 중일전쟁 이후 수요가 급증하는 반면 동남아지역을 둘러싼 영미세력과 정치적 불안으로 인해 보크사이트 수입이 어려움을 겪고 이에 알루미늄 가격이 급등했다. 이에 저렴한 원자재의 '역내자급론'이 비등했고, 조선 등지에 풍부한 전기를 기반으로 한 원자재 명반석·반토항암 등을 이용이 계획되기도 했다. 그렇지만 명반석·반토항암을 이용한 생산이 높은 비용과 기술적인 어려움으로 인해 본격적인 생산을 전개하지 못했고, 대체로 '보크사이트바이어' 방식에 의한 생산이 중심을 이루어지고 있었다.[22]

---

20) 山崎志郎, 「戰時工業動員體制」(原朗 편, 『日本の戰時經濟』), 56쪽.
21) J.B. Cohen(大內兵衛 역), 『戰時戰後の日本經濟』上(岩波書店, 1950), 227쪽.
22) 알루미늄제조과정: 우선 보크사이트는 분쇄하고, 씻어내어[洗滌] 회전로에서 건조하고 채질을 하여[篩別] 적출한다. 바이어 법에 의한 알루미늄 제조의 첫단계는 광석정제과정이다. 즉 보크사이트를 가성소다에서 처리하여 그 용약에서 철과 규소 기타의 불순물을 제거하고, 그 알루미늄 용액을 침전시켜 건조시킨다. 그 정세된 것이 산화 알루미늄으로서 보통 알루미나라고 불리는 백색의 분말이다. 두번째 단계는 알루미나를 알루미늄으로의 환원하는 과정이고, 전해법에 의한다. 그 과정은 전해조(電解槽)에서 행해지는 것이다. 전류에서 용융된 빙정석 가운데로 알루미나를 투입하면 전기에 의해서 알루미나가 알루미늄과 산소로 나뉜다. 산소와 탄소 양극(陽極)이 결합해서 나온 이산화탄소와 일산화탄소는 위에서 나오고, 일산화탄소는 타버린다. 그리하여 환상(環狀) 알루마늄이 구유(槽)의 바닥에 쌓이는데, 그것을 꺼내어 주형(鑄型)에 넣는 것이다.[J.B. Cohen(대내병위 역), 『戰時戰後の日本經濟』(1950), 234~235쪽, 주 68 참조]

그렇지만 일본으로서는 보크사이트에 의한 알루미늄 제조만으로 알루미늄 수급안정을 이룰 수 없었을 뿐 아니라 100% 외국에 의존하는 보크사이트의 수입단절이 예상되면서 반토항암·명반석 등을 이용한 대용품 알루미늄 생산을 강조하게 되면서 시범생산이 추진되었다. 아울러 대용 알루미늄 생산상에 빚어지는 채산상의 어려움은 〈경금속제조사업법〉에 의한 각종 보조금 지급으로 해소하고자 했다. 이 법은 경금속사업이 허가제〔면허제〕화하였고, 또한 제조업자에게 영업세·영업수익세·소득세와 기계수입시 수입세 면제와 자본금 전액불입 이전의 증자허용, 그리고 주무관청에서 '군사상·공익상 필요로 설비의 확장 등을 명령할 수가 있으며 특히 국산원료로 제조하는 것을 육성하기 위하여 장려금을 주도록 했는데 이 법령은 조선에서도 곧바로 실시되었다(1939.9.20; 부령 제151호).23)

이에 조선의 제1차 생확계획에서 대용 알루미늄 생산이 강조되었다. 즉 [표 2-2]을 보면 총독부는 1941년까지 알루미늄 2만 7,500톤을, 시국대책조사회도 1941년까지 알루미늄 예상수요를 2.9만 톤으로 보고 2.8만 톤의 증산을 장담했다〔[표 2-1]〕. 그런데 기획원은 이 같은 조사회안에 대해 "조선의 명반석으로 고급 알루미늄을 제조하는 것은 의문"24)이라 하여 증산계획을 3천 톤으로, 마그네슘도 380톤으로 하는 데 그쳤다. 실제로 태평양전쟁 직후 조선의 알루미늄 생산능력은 7,500톤 정도였다.25) 그만큼 조선총독부의 계획은 조선의 현실을 무시하고 있었던 것이다.

반면 시설면에서는 총독부의 계획이 그대로 수용되어 '1939년도 생산력확충실시계획'에서 1941년까지 총 14.8만 톤의 알루미늄 증산시설의 확충계획을 추진하고 그 가운데 조선에서는 조선질소 홍남공장〔1.2만 톤〕,

---

23) 「アルミニウム工業に就て」(『殖銀調査月報』 1939.12), 23쪽 ; (동 1939.3), 106~7쪽.
24) 生産力擴充委員會, 「朝鮮總督府時局對策調査會諮問案參考書に對する意見」(1939. 9.2), 2~3쪽 : 『大野綠一郎 關係文書』8.
25) J.B. Cohen(大內兵衛 역), 『戰時戰後の日本經濟』上(岩波書店, 1950), 227쪽.

[표 2-2] 알루미늄 수요 및 생산예상액 조사

구 분	예 상 수 요			예 상 공 급			
	조선내 수요	이 출	합 계	생 산 자	생산능력	확장계획	예상생산
1938	457	-	457	조질	4,000	-	-
1939	4,278	4,000	8,278	조질·이연	4,000	1,500	4,000
1940	1,520	5,500	7,020	조질·동척·이연	5,500	22,000	5,500
1941	1,541	27,500	29,041	상동	27,500	500	27,500

비고: ① 조선내 수요액 가운데 가정용구로 이입하는 숫자는 제외. ② 東拓은 江界水電電力消化事業(가칭 北鮮化工)로서 진남포에 공장설립 예정.
출전: 「朝鮮總督府時局對策調査會諮問案參考書(1)」(1938.9), 210쪽(『日帝下支配政策史資料集』14. 高麗書林).

서선화학 다사도공장[1.2만 톤], 조선이연금속 진남포공장[3천 톤] 등 3개사에 총 2.7만 톤의 설비확장을 추진한다는 계획이 세워졌고,[26] 새로이 조선전기공업 홍원공장의 설립이 계획되고 있었다.

우선 명반석을 이용한 생산계획을 보면 당시 조선에서는 남조선 해안지대 특히 전남 해남 옥매산·성산 황산면광산, 진도군 가사도광산, 경남 통영 광도광산, 김해 이북면광산 등에 광석알루미나 함유율이 20~25% 정도의 명반석이 약 3천만 톤[순명반만으로는 약 1,400만 톤] 정도 매장된 것으로 추정되었고, 일본전기공업[소화전공]과 주우알루미는 이것을 이용한 알루미늄추출제법을 개발하면서 주목받은 광물로서 시범적으로 알루미늄 제조에 쓰였다. 명반석은 반토항암의 알루미나 함유율[50~58%]보다는 낮지만 제조공정중 유안 및 유산카리 등을 부산물을 얻을 수 있고, 정제 알루미늄 제조원가를 낮출 수 있다는 이점이 있었다.

그렇지만 1941년까지도 조선산 명반석은 주로 내화재(耐火材)용으로 채굴되었고,[27] 알루미늄 제조용 명반석은 주로 일본으로 이출되었는데 예를 들어 해남지역 명반석 광산은 아사다(淺田)화학공업회사가 개발하여 일본으로 반출하여 효고(兵庫)현 소재의 시카마(飾磨)공장에서 생산

---

26) 山崎志郎, 「戰時工業動員體制」(原朗 편, 『日本の戰時經濟』), 59~61쪽, [표] 참조.
27) 『朝鮮經濟年報』(1941~1942 합집, 132~3쪽.

했고 1935년부터 일본전기공업회사[뒤에 쇼와전공]·스미도모(住友)금속 등 알루미늄 제련회사 등이 각각 요코하마(橫濱) 및 시고쿠 니이하마(四國 新居濱) 등지로 조선산 명반석을 이출하여 알루미늄 생산에 사용했다.[28] 다만 진도군의 광상은 조선질소비료회사가 직접 개발하여 1939년경에 알루미늄괴를 생산하였는데, 순도가 99.5%에 달했다고 한다.[29]

그런데 당시 일본에서는, 명반석을 이용한 조선산 대용경금속 증산에는 별 관심이 적었다. 실제로 명반석을 이용한 생산은 갈수록 원광의 품위저하로 인해 가격이 등귀하던 1937년부터 일본전공에서 사용이 금지되었다.[30] 그리고 명반석을 이용한 알루미늄 제작회사도 조선의 아사다화학과 조질에 국한될 뿐이었으며 높은 비용으로 인해 생산된 양도 극히 미미했다고 한다.[31] 한편 일본본토는 1943년 국산경은회사가 시험적 생산을 통하여 496톤 정도를 생산했지만 해방될 때까지도 일본에서는 명반석을 이용한 본격적인 알루미늄 생산은 이루어지지 않았다.[32]

한편 강원도 평강군·김화군이나 함남 길주에 수억 톤 매장된 하석(霞石)도 명반석·반토항암과 병용하여 알루미늄을 제련할 경우 가성소다 등을 부산물로 얻을 수 있었기에 관심을 모았다. 이에 아사다화공회사는 명반석과 하석을 병용하는 방법으로, 동방실업회사는 반토항암과 하석을 병용하여 알루미나 제조에 착수했고 오사카요업시멘트와 시카마(飾磨)화공회사도 조선산 하석을 이입하여 알루미나를 제조했다.[33]

그런데 보크사이트의 대용재로서 가장 관심이 모아졌던 것은 반토항암이었다. 당시 조선산 반토항암(礬土項岩)은 평양 부근의 무연탄전의 내탄층 중에 부존하며 알루미나 함유율은 42%, 매장량도 4천만 톤 정도로

---

28)『朝鮮總督府時局對策調査會諮問案參考書(1)-공업편-』(『日帝下支配政策史資料集』14, 高麗書林), 205쪽.
29)『朝鮮經濟年報』(1940), 220쪽.
30) 朝鮮總督府,『施政30年史』(1940), 617쪽.
31) J.B. Cohen(大內兵衛 譯),『戰時戰後の日本經濟』上(岩波書店, 1950), 227쪽.
32) J.B. Cohen(大內兵衛 譯),『戰時戰後の日本經濟』上(岩波書店, 1950), 226쪽.
33)「事變の進展と朝鮮經濟の動向」(『朝鮮經濟年報』, 1940), 221쪽.

조사되고 있다.34) 또한 1939년 당시 약 2만 톤 정도 생산되어 주로 내화재로 이용되었고, 진남포에 그 공장을 설치되어 있었다고 한다.

특별히 1940년대 들어 보크사이트 수입이 제한을 받기 시작하고 전쟁의 장기화하면서 알루미늄 부족이 심화되자 이에 총독부는 적극적으로 화북산 반토항암의 수입을 추진했다[[표 2-3]]. 그것은 반토항암의 알루미나 함유율이 50~58%로 조선산보다 훨씬 높고, 보크사이트와 비슷하여 대량생산에 용이하다는 점에서 선호된 것이었다.

[표 2-3] 화북산 반토항암 수입상황
〔단위: 톤〕

연도	조선	일본	합계
1939	3,950	32,040	35,990
1940	14,710	37,000	51,710
1941	19,500	25,465	44,965
1942	23,474	23,884	47,358
1943	24,688	25,811	50,449
1944	32,462	114,949	147,411
1945. 4	-	8,934	8,934
5	1,188	25,768	26,956
6	-	1,724	1,724
4-8 합계	1,188	36,426	37,614
합계	121,160	323,960	453,111

출전: C.B. Cohen(大內兵衛 역), 『戰時戰後の日本經濟』上(1950), 223쪽.

그러나 반암을 이용한 알루미늄 생산이 그 동안 주저된 것은 반암의 규소함유율이 17~20% 정도로 보크사이트의 3배가 넘고, 이것을 분리하는 데 어려움이 있으며, 처리과정에서 과도한 소다회가 필요했다는 점이다. 또한 그대로 '바이어법'에 의해 전해조에서 알루미나를 추출하더라도 인조 빙정석이나 전력이 많이 필요했기 때문이었다.35)

여하튼 저질 알루미늄이나마 시급히 요구되는 상황에서 반암의 수요는 급증하고 있다. 즉 제1차 생확기간(1939~1941) 가운데 화북산 반토항암 수입상황을 보면 조선은 1939년 3,950톤에서 1941년에는 1만 9,500톤으로 수입량이 증대한 반면, 일본은 1939년 3만 2,040톤에서 1941년에는 2만 5,465톤으로 1942년에는 2만 3,884톤으로 수량이 감소한다. 즉 당시 일본은 전쟁수행에 필요한 고급 알루미늄을 생산하는 데는 동남아

---

34) 『朝鮮經濟年報』(1941~1942 합집), 132~133쪽.
35) J.B. Cohen(大內兵衛 역), 『戰時戰後の日本經濟』上(岩波書店, 1950), 224~250쪽.

산 보크사이트를 이용하는 이외에는 방법이 없었다. 반면 조선은 수입대체품 공업의 확대정책에 힘입어 반암을 이용한 대용 알루미늄 생산이 지속적으로 증가한 것을 보여준다.

즉 1차 생확에서 조선산 알루미늄 생산은 1939년의 경우 계획[원안 4천 톤, 수정계획 2,300톤]에 대해 3,120톤의 실적을 달성하여 수정계획의 136%라는 높은 실적을 보였다.36) 그래도 여전히 조선산 경금속은 보크사이트를 이용한 고품위 알루미늄의 대용물로만 이용되었다는 점에서 1940년 이후와 크게 달랐다. 그런데 [표 2-3]을 보면 일본 화북산 반암 수입이 보크사이트 확보여하에 따라 요동했다. 즉 보크사이트 수입이 급증한 1939・1942・1943년은 상대적으로 화북산 반토항암 수입이 감소했다.37) 그러나 조선은 계속해서 반토항암의 수입량이 증가했는데 이는 일본과는 달리 일관되게 대용경금속 생산을 강화하고 있음을 보여준다.

(2) 대용 마그네슘

마그네슘은 은백색의 경금속으로 비중이 철의 25%, 알루미늄의 66%로 가벼운 금속이었기에 알루미늄과 혼합을 통하여 각종 특수한 합금을 만들 수가 있었고, 발화점이 낮은 대신 많은 열과 빛을 발하기 때문에 불꽃놀이용으로도 사용되었으며, 전시에는 비행기 용재로 사용되었다. 일본에서는 이연금속(1933) 이후 일본소다・욱전화학・일본마그네슘회사가 1937년 이후 신규조업하면서 생산고도 1935년도 271톤에서 1936년에는 568톤, 1937년에는 852톤으로 증가했다.38) 그렇지만 설비투자 자체는 매우 소규모였고 고즙(苦汁)을 원료로 하여 금속마그네슘 기타 부제품을 제조했다. 이에 기획원은 생확계획에서 1938년도 실적 1,355톤의 9배에 달하는 1.1만 톤의 증산계획을 수립했다.

---

36)「生産力擴充計劃産業別實績對照表」(『日本陸海軍省文書』32).
37) J.B. Cohen(大內兵衛 역),『戰時戰後の日本經濟』上(岩波書店, 1950), 220쪽, [표 18] 참조.
38) 山崎志郎,「戰時工業動員體制」(原朗 편,『日本の戰時經濟』), 58쪽.

그런데 당시 조선의 마그네슘 생산도 겨우 일만마그네슘회사만이 고즙을 이용하여 조업중이었고, 지질조사를 통해 함남 단천·길주 등지에서 고즙보다 마그네슘 함유량이 높은 마그네사이트 광상을 발견했지만 금속마그네슘의 추출 어려움으로 염화마그네슘을 대량 함유한 고즙을 이용한 생산밖에 할 수 없었다.39) 따라서 경금속 원료의 자급력 강화에도 불구하고 화북·만주산 고즙 확보문제는 여전히 마그네슘 증산에 중요한 과제였다.

그렇지만 마그네사이트를 원료로 하는 공업 즉 금속마그네슘·마그네샤크린·탄산마그네슘 등의 수요가 격증하자 매장예상량 약 30억 톤의 조선 단천산 마그네사이트 개발을 겨냥해서 1937년 11월 이연금속 외 6개사〔고오베(神戶)제철·고카(古河)합명·미스비시광업·일철·도쿄 시바우라(芝浦)전기·시나가와(品川)백기와 공업 등〕가 총독부에 마그네슘 광구 양도출원을 내었다. 이에 총독부는 38월 8월 이들을 일괄하여 특수회사를 설립키로 하고 기타 동양적식·일본마그네슘·일본마그네사이트화학공업 등 3사를 추가하여 총 9개사가 출자한 '조선마그네사이트개발주식회사'〔설립령 1939.4.28, 제령 제7호〕를 6월 19일부로 설립했다.40)

본 〈주식회사령〉에서 주목할 것은 "사장과 이사는 총독이 임명하도록 했고, 연 배당률 6%에 달할 때까지는 절대로 이익배당을 못하게 했을 뿐 아니라 회사의 주요사항은 조선총독의 허가를 얻어 결정"41)하게 함으로써 사적 자본의 이윤논리 배제와 총독부의 직접 통제규정을 명시하고 있다. 그것은 이미 조선공업에서 기업의 국가성을 중핵으로 하는 파시즘적 국가통제망이 생산구조 깊숙이 그리고 조숙하게 침투하고 있음을 말하

---

39)「朝鮮總督府時局對策調查會諮問案參考書(1)-공업편-」(『日帝下支配政策史資料集』 14), 212쪽.
40) 총자본금 1천만 원 1회 불입액 750만 원이며, 주식할당 상황을 보면 일본정부 10만 주, 동척 13천 주, 일철 2만 주, 삼릉 1만 7천 주, 古川광업 7천5백 주, 일본마그네사이트 1만주, 神戶제철 1만 주, 동경전기 9천 주, 品川白煉瓦 1만 주, 일본마그네슘 3천 주『殖銀調查月報』(1939.4), 77쪽〕
41)「事變の進展と朝鮮經濟の動向」(『朝鮮經濟年報』, 1940), 232쪽.

는 것이다. 아울러 본령에 따라 원거리에 위치한 원광지와 제련지 사이의 연결을 위하여 1939년 9월까지 채광준비 및 수송도로 개설을 추진하고 산원 용양리에서 북대천을 경유하고 여해진까지 60km의 광궤철도를 부설하기로 했으며, 1940년 3월까지 산원의 용지 약 140만 평을 매입하여 자재운반 도로 약 6km 공사를 실행했다. 한편 1940년 9월까지 45만 톤 출광을 가능케 하는 시설공사를 개시해 1941년도 5만 톤, 1942년은 25만 톤의 출광계획을 실행했다.

한편, 조선산 마그네슘의 생확계획을 보면, 먼저 총독부는 1941년까지 3,750톤, 시국대책조사회는 4천 톤의 증산을 장담했다[[표 2-1]]. 그런데 기획원은 알루미늄이 경우와 마찬가지로 380톤 정도로 책정하는 데 그쳤다. 반면 시설측면에서는 '39년도 생산력확충실시계획'에서 1941년까지 총 1만 2,180톤의 증산계획을 추진하고 그 가운데 조선에서는 대일본염업 신의주공장[2천 톤], 일본마그네슘금속[1,200톤], 조선이연금속[1천 톤] 등 3개사에 총 4,280톤에 해당하는 설비확장을 계획했다.42) 아울러 1940년 현재 조선욱전화공 용암포공장과 신월질소비료주식회사 조선지점 진남포공장・일본마그네사이트화공주식회사의 생산시설 계획도 전개되었다.

그렇지만 알루미늄과 마찬가지로 마그네슘도 제1차 생확에서는 예상을 웃도는 높은 실적을 보여주어 1938년도 생확계획의 134.7%, 1939년도 계획의 181%를 달성하였다.43) 그리고 1940년대에 조선산 마그네슘에 대한 수요가 격증하여 1944년까지 3,900톤 증산을 계획하기에 이르렀다.

(3) 저품위 철강 대용

물동계획을 전개함에 있어서 모든 물자의 증산에 기반이 되는 철강

---

42) 山崎志郎, 「戰時工業動員體制」(原朗 편, 『日本の戰時經濟』), 59~61쪽. [표] 참조.
43) 「生産力擴充計劃産業別實績對照表」(『日本陸海軍省文書』32).

확보는 계획달성에 사활을 쥐는 문제였다.44) 이에 1933년 종래 야하타(八幡)제철을 기반으로 하여 반관반민의 일본제철을 설립하고 이를 기반으로 한 '철강재생산확장 5개년계획'(1937.4)을 입안했다. 하지만 주로 수량적 확충을 주로 한 것이었고, 철강공업의 구조재편이나 생산력 증진방안은 별다른 내용을 담지 못했다.

그러나 중일전쟁 발발로 쇠분말[설철] 부족과 효과적인 철강동원이 과제가 되면서 일본에서는 생확계획을 전개했다. 즉 기획원의「생산력확충계획대강」에서는 국내산 900만 톤, 만주산 150만 톤, 북중국 50만 톤의 증산계획을 입안하였고, 각종 수정을 거친 최종계획에서는 총 826만 톤[이 가운데 특수강은 100만 톤]의 증산계획을 확정했다.45) 즉 최초의 생확계획에서는 철광석의 대부분을 일본에서 생산하는 것으로 되어 있다.

그런데 전쟁이 장기화될수록 일본산보다는 조선·만주·중국산의 의존도가 커졌다. 즉 1937년까지 대외 수이입량 가운데 48%가 이 지역에서 들어왔는데, 1941년에는 50%를 넘고, 1944년에는 88%에 달했다.46) 조선도 1941년까지 보통강 강재 8만 톤, 보통강 하강 6천 톤, 보통강 주강 10만 톤, 철광석 210만 톤, 보통선 82.2만 톤의 증산계획을 수립했다.47)

이처럼 조선산 철강이 주목을 받게 된 것은 당시 조선의 철강증산 조건이 우수했다는 점 때문이었다. 즉 당시 조선에서는 점결성이 높은 제철용 석탄자원은 부존하지 않지만 화북·만주·몽강 등지에서 점결성탄

---

44) 小林英夫가 일본철강업은 "해외의존과 관련하여 선-강의 대항 민-관의 대항을 내포하는 구조적 파행성을 가지고 있었다"고 평가한 것처럼[小林英夫,『大東亞共榮圈の形成と崩壞』, 343쪽]. 1930년대까지 일본의 철광석 대외의존도는 매우 높았는데 1925년에서 1946년까지 일본산은 1,980만 톤인데 대해 같은 기간 수입은 5,670만 톤[74%]에 달했다. 다만 1939년 이후 '자급'정책의 여파로 패망 때까지 37%선까지 일본산을 공급하고 있다.[J.B. Cohen(大內兵衛 역),『戰時戰後の日本經濟』上(1950), 172쪽]
45) 山崎志郎,「戰時工業動員體制」(原朗 편,『日本の戰時經濟』), 55~56쪽.
46) J.B. Cohen(大內兵衛 역),『戰時戰後の日本經濟』上(岩波書店, 1950), 172쪽.
47) 김인호,『태평양전쟁기 조선공업연구』(신서원, 1998), 210쪽.

이 대량 발견되고 있었다는 점. 둘째로 무산철광석이 비록 저품위였지만 전시물자 결핍으로 인해 적철광이나 갈철광 등의 저품위 철강도 필요했다는 점. 셋째로 조선에서는 석회암 및 내화재 원료인 반토항암·하석·마그네사이트와 중요광물인 빙정석 그리고 제강산업에 필수적인 용매제로서의 형석이 매장되어 있다는 점48) 등이다.

이에 일제는 조선산 철강증산을 위해 종전의 〈제철업장려법〉(1917)을 폐지하고 〈제철사업법〉(1937.7 입안. 8월 실시)을 입안하면서 조선에 곧바로 실시했다(1937.8 입안. 9월 실시). 이 법은 총독부가 제철사업소의 설립·증설·변경·양도·폐지에 대한 허가제와 각종 면세·장려금〔조선에는 적용되지 않는 제도〕, 제철사업자에 대한 원자재 공급수량·판매가격·조건 등에 관한 명령 및 제철사업자의 업무보고 등 기타 감독상에 필요한 명령 및 처분을 할 수 있게 했다.

아울러 본 법에 근거하여 각종 보조규칙과 조성규정이 동시에 적용되었는데 예를 들어 〈토지수용령〉에 의한 토지수용과 〈조선소득세령〉에 의한 소득세 면제 그리고 1920년(다이쇼 9년)의 법률 제513호에 의한 수입세 면제조치가 그것이다. 또한 강재증산을 위한 보조금정책도 시작했다.49) 이에 〈제철사업법〉의 보호를 받는 일철·일본고주파·미쓰비시·이연 등이 조선제철업을 독점하고 독점자본 사이의 이해조정을 위한 통제조직 '조선철강통제협력회'를 설립했다(1938.5).

이러한 정책하에서 조선에 철강회사가 급증했다. 먼저 1938년에는 조질 흥남공장에서 유산제조용 유화철광의 분말을 이용한 '발세법'의 직접제철공정을 개시한 데 이어 1939년 3월에는 조선이연금속 인천공장이

---

48)『朝鮮經濟年報』(1941·1942 합집), 134쪽.
49) 강재 장려금 내역 1) 강괴·강편은 가액의 15% 이내, 2) 條·竿은 1톤에 24원 66전. 板은 두께 3모〔米毛〕 초과시 1톤에 30원 50전 이내. 3) 筒 및 管은 안지름 150밀리 초과 않는 것 가액의 18% 이내 기타 15% 이내. 4) 특수강은 관세정률법 별표 수입세표 제462호 2항에 해당하는 하는 것. 기타는 가액의 18% 이내. 이에 황해도 황주소재 日鐵(주)에 대한 보조금교부상황을 보면 1936년 2,410원에서 1938·1939년도 1만 원이 지급되었다.〔『日本陸海軍省文書』32. 252쪽〕.

황해도 궁흥 및 안악 철산의 철광석을 원료로 이연식 회전로를 통한 입철방식의 철강 일관작업을 시작하여 강괴를 생산했으며, 그밖에 특수강 생산을 목적으로 미쓰비시제철과 조선제철 소속공장이 평양과 겸이포 (1941)에, 입철방식의 와다나베(渡邊)주강이 해주에, 가도제철공장이 평양에, 오베이(小平)광업소가 부평에 각각 설립되었다. 특히 압록강 수전이 송전을 시작하면서(1940.9) 미쓰비시중공업이 일본내 공장을 평양에 이전하여 평남 강서의 공업단지에 50만 평 규모의 전기제강공장을 건설하기로 결정했으며, 여기서는 특수강을 중점생산하기로 하고 토나베도(東邊道)에서 원광을 수입하여 제강에서 제품에 이르기까지 일관공정을 계획했다.50)

한편 1940년 말 미쓰비시 청진제철소에서 도가니 제조에 성공하여 다음해부터 공장확충에 들어갔고,51) 1941년 여름에는 소화제철소의 소형용광로 빈광 처리시험을 성공했으며, 일·만·중국을 일관한 구체적 철강생산 계획을 마련하기로 했다. 특히 청진제철소에서는 독일의 크루프레인 방식을 채용하여 설철의 대용품인 루프를 공급함으로써52) 조선 철강업의 '대용적 성격'을 확인시켜 주고 있다. 아울러 1941년부터 일본 고주파 성진공장의 제3기 원철계획이 완료되어 원철 및 특수강 생산을 개시했다. 또한 평양의 코토부기 중공업제강이 일관공정 계획을 추진하였고, 1941년부터 일질 홍남제철소가 발세법에 의한 철강일관 작업을 시작했는데 유산제조에 필요로 되는 유화철광의 잔여물에서 철분의 회수를 겨냥한 것이었다. 이와 동시에 1942년 5월에는 일철 청진공장이 무산철광과 밀산탄을 이용한 철강일관 작업을 개시했다.

이에 1942년 6월 총독부 식산국은 생확계획의 비중을 감안하여 전국 20여 광산에 대해 증산목표를 달성하기 위한 구체적인 증산방침을 확립

---

50) 『殖銀調査月報』(1941.2), 92쪽.
51) 『殖銀調査月報』(1941.3), 82쪽.
52) 「事變の進展と朝鮮經濟の動向」(『朝鮮經濟年報』, 1940), 216쪽.

하고 목표달성을 위하여 당시 자재·노임·운임 등의 등귀로 철광석 및 선광의 생산비 인상요인이 발생하자 이에 적극적으로 생산비 인상을 방어하도록 철광석은 손실보상을 선광은 일본에서의 매출가격 인상을 꾀했다.53)

그 결과 철강생산은 어느 부문보다도 높은 실적을 보였다. 예를 들어 [표 2-4]을 보면 보통강 강괴는 1938년도 실적비율이 59%에 불과했으나 1939년에는 84.3%로 증가하였고 1940년 상반기에는 97.1%로 급증했다. 보통강 강재도 불황에도 불구하고 1939년에는 84.2%, 1940년에는 101.6%의 실적을 올렸다.

[표 2-4] 조선 철강부문 제1차 생산력 확충계획과 실적   [단위: 백 톤]

연도 구분	1938			1939			1940 상반기			1941
	예상	실적	실적비	예상	실적	실적비	예상	실적	실적비	예상
보통강 강재	980	91.7	93.6	89411	75.3	84.2	35839	367	101.6	800
특수강 강재	-	-	-	5	33	28.8	-	52	131.9	-
철광석	7500	7707	102.7	11000	9399	85.4	5722	6229	108.9	21000
보통강 강괴	1730	1033	59.6	1110	936	84.3	463	4450	97.1	-
보통선	3200	2954	92.2	3110	2867	92.2	1023	1050	102.6	2500

출전: ① 1940년까지 「生産力擴充計劃産業別實績對照表」(『日本陸海軍省文書』32). ② 1941년은 『大野綠一郎文書』5). 81~83쪽.

그렇지만 일본의 보통강 강재 생산실적은 저조하여 1939년은 200만 톤 계획에 151만 톤(75.5%), 1940년은 175만 톤 계획중 163만 톤(93%)을 생산할 뿐이었다.54) 요컨대 조선의 생확계획은 본토보다 가혹하게 실행되었다는 것이다.

(4) 대용 인조석유

1930년대에 들어 연료자급정책 대용 인조석유의 증산이 중시되었다.

---

53) 『殖銀調査月報』(1942.8), 24쪽.
54) 山崎志郎, 「戰時工業動員體制」(原朗 편, 『日本の戰時經濟』), 72쪽.

그것은 일본본토가 독일의 인조석유공업 육성에 고무되었기 때문이었다.55) 이에 일본에서는 1937년부터 1943년까지 7개년에 걸친 '인조석유제조사업진흥계획'을 추진하여 1943년까지 수소첨가식 공장 10공장, 합성법 공장 11공장〔수정계획 11공장〕, 저온건류식 공장 70공장〔수정계획 66공장〕을 설립하여 휘발유 102만 8,500kl, 중유 113.9만 kl를 생산하여〔약 1,400만 배럴〕 휘발유 추정수요량의 62%, 중유 45%를 대체하기로 하고 이를 위해 7억 7천만 원의 자금을 투여하기로 했다.56)

일찍부터 조선도 '시국대책조사회'의 자문답신안에서 '대용품공업'의 확충차원에서 석탄액화공업을 육성하기로 결의했는데, '답신안'에 의하면, 천연석유를 대체하기 위하여 영안·길주·아오지에 인조석유공장을 설립하고 목재·감자·고구마를 원료로 한 무수알콜 생산능력을 배가하는 한편, 조선콩을 이용하여 대두유를 증산하도록 요청했다. 그것은 이미 1932년에 조질이 저품위 조선산 갈탄을 이용한 저온건류법을 개발하여 영안공장에서 조업을 개시했다는 기술적 조건도 있었기 때문이다. 그리고 해군의 강력한 후원과 노구치재벌의 주도적 역할이 강조되었다.57)

이러한 경과로 조선에 인조석유업이 크게 확대되었다. 먼저 석탄액화공업 상황을 보면, 조선질소가 1933년에 처음 저온건류식 석탄액화공장을 함북의 유연탄광을 무대로 영안에 설립했다. 이 회사는 처음엔 '루루기식로'를 사용하여 생산하던 것을 1936년에는 '조질식로(朝窒式爐)'로 바꾸고 휘발유·디젤유·등유·석랍 등을 생산했고, 타르중의 산성유(酸性油)로부터는 인조수지 원료를, 반성코크스로부터는 메탄올·포르말린 등을 생산했다. 이에 1937년에는 석탄 13만 톤을 처리하는 데 이르렀고 1938년경에는 석탄액화 처리능력이 20만 톤〔중유로 산액은 1.1만 배럴〕에 이르러 일본의 우베(宇部)질소공업〔24만 톤〕에 이어 역내 2위의 설

---

55) 南種康博, 『日本工業史』(1942.9), 398쪽.
56) 山崎志郎, 「戰時工業動員體制」(原朗 編, 『日本の戰時經濟』), 65쪽.
57) 「事變の進展と朝鮮經濟の動向」(『朝鮮經濟年報』, 1940), 273쪽.

비능력을 가지게 되었다. 총독부도 1935년부터 10만 원씩의 보조금을 지급했고 1938년부터 12만 원으로 올렸다.58)

더불어 아오지에도 연산 5만 톤[하루 180배럴] 생산규모의 공장건설이 추진되어 1936년에는 저온건류 제2종에, 1938년에는 수소첨가 제2종에서, 그리고 1939년에는 수소첨가 제1종에서 생산을 개시했다. 여기에도 1938년 8만 820원, 1939년에는 15만 1,400원의 보조금이 지불되었다.59) 여기서 주목할 것은 노구치재벌이 주도적 역할을 하고 있고, 그 이면에 해군의 지원이 뒷받침되고 있었다는 점이다.60)

또한 인조석유 사업이 다른 일반산업보다 채산성이 낮은 것은 주로 저물가정책으로 파악하여 시가인상을 도모하고 이를 위하여 수입품 관세(1936.6)를 인상하고, 휘발유에 대한 소비세[갤럴당 5전]를 8월 11일부터는 관세를 개정하여 중유에 대한 면세를 철폐했다(1937.4).61)

한편 일본에서는 1939년도 생확계획을 통하여 1941년까지 항공윤활유 정제시설을 3만 6,500kl로 확장하기로 하고 이 가운데 조선석유에 2.4만kl 설비를 추가로 확장하기로 하였다.62) 이러한 증산시설과 더불어 〈인조석유제조산업법〉[칙령 제44호；부령 제14호, 1938.1.25]이 조선에 적용되면서 '자급'을 명분으로 종래의 포괄적 장려조치가 철폐되고 중요대기업 중심의 지원정책이 전개되었다. 이에 1) 해당산업의 설립 및 폐지의 허가제, 2) 저리자금의 융통, 3) 사채 발행한도의 광대, 4) 토지수용령의 적용, 5) 수소첨가업 kl당 59.98전, 저온건류사업 43.70전의 장려금 지급, 6) 생산설비에 대한 총독부 감독권 규정 등 생산유통의 전면에 걸친 장려금제

---

58) 예를 들어 1938년도 인조석유 장려금 할당(1938.9.14) 상황을 보면, 수소첨가식 제1종 인조석유는 1입방킬로당 59원 98전, 제2종은 25원 70전, 저온건류사업 제1종은 43원 70전, 제2종은 18원 49전이었다.
59) 「朝鮮關係參考統計表」(『日本陸海軍省文書』34), 180쪽, [표] 참조.
60) 「事變の進展と朝鮮經濟の動向」(『朝鮮經濟年報』, 1940), 273쪽.
61) 朝鮮總督府, 「重要産業擴充に關する件」(『朝鮮總督府時局對策調査會諮問案參考書』, 1938.9), 38쪽.
62) 山崎志郎, 「戰時工業動員體制」(原朗 편, 『日本の戰時經濟』), 60쪽 [표] 참조.

[표 2-5] 조선의 휘발유 및 기계유 수급상황 (단위: kl)

구분		1937		1938		1939		1940년 예상	
		휘발유	기계유	휘발유	기계유	휘발유	기계유	휘발유	기계유
수요	민수	112,516	38,844	83,701	40,673	82,839	44,260	90,141	48,153
	군수	6,693	103	23,033	3,375	12,843	9,107	17,817	5,000
	수출	10,788	216	19,577	5,928	2,531	4,166	5,032	5,921
	총수요	129,997	39,163	126,311	49,976	98,213	57,533	112,990	59,074
공급	수입	31,079	460	30,041	710	19,743	1,545	18,155	742
	이입	20,966	2,924	14,334	2,619	7,390	7,053	6,593	7,096
	생산	70,854	29,626	66,463	32,479	66,710	55,602	71,042	51,236
	총공급	122,899	33,010	110,838	35,808	93,843	64,200	95,790	59,074

출전: 「朝鮮關係參考統計表」(『日本陸海軍省文書』34, 1940).
비고: 기타 중유·경유·등유 등은 조선에서는 군수보다는 민수로 사용하므로 표에서는 생략함.

도 확보와 경쟁배제를 통한 기업의 보호육성정책을 전개했다

일본의 경우 '인조석유개발 7개년계획'은 사실상 실패했다. 즉 1944년까지 완성된 것은 고작 저온건류식 8공장, 수소첨가식 4공장, 합성법식공장 4공장이었고, 생산실적도 저조하여 1941년의 경우 계획[781.6만 배럴]의 15%[122.2만 배럴]에 불과했다.63)

조선도 일본과 비교할 때 대동소이했다. [표 2-5]를 보면 1940년도 조선에서는 총 11만 배럴의 휘발유와 6만 배럴의 기계유가 필요했지만, 각각 7만 배럴, 5만 배럴만 생산될 뿐 그 수량으로는 조선내 민수도 충당하기 어려웠다. 특히 휘발유의 결핍이 두드러져 1937년에는 약 5만 배럴을 수이입했으나 1940년도에는 총수요 11만 배럴에 대해 17%인 2.5만 배럴밖에 수입할 수 없을 것으로 예상되었다. 그렇지만 군의 수요는 3년간 2.5배 이상 폭증했다.64)

---

63) J.B. Cohen(大內兵衛 역), 앞의 책, 202쪽. [표 15] 참조.
64) 이상 주요품목의 생확계획 이외에도 인조섬유·대용식용유·철강대체형 요업·대용고무 등 다양한 대체품의 생산력 확충이 조선에서 전개되었지만 지면관계상 생략한다.

1) 제1차 생산력 확충의 결과

생확계획에도 불구하고 1940년을 전후하여 일본경제는 기존 산업구조 그대로는 확대재생산을 계속하기 어려운 상황이었다. 그 안팎의 요인이 있겠지만 일차적 요인은 일본경제의 구조적 모순과 증산의 제동에서 비롯되었다.[65] 예를 들어 1939년도 일본의 생확실적은 계획의 80%에 불과했다. 그렇지만 조선의 '제1차 생확계획'은 대체로 예상목표를 초과했다. 즉 [표 2-6]에서 보듯이 실적은 1939년에는 계획의 90%에 접근했고, 1940년 상반기에는 몇몇 부문에서 계획을 초과달성을 하기도 했다. 그만큼 조선의 생확이 일본보다 강하게 실행되었다는 것을 말한다.

그렇지만 1940년 이후 일본이 심각한 불황에 처하자, 1940년 6월부터 일본산 제품(예컨대 물종별로는 철강·면사·견사 등 산업물자의 이출제한 외에도 밀가루 등 생필품)의 이출이 제한되었다. 특히 계획사업 측면에서 독소개전과 더불어 기획원은 「소화16년도(1941) 생산력확충계획설정방침에 관한 건」을 통해 기왕의 생산력확충계획을 수정하기로 하고(1940. 7.1) 상공성 특별실에서 「개정생산력확충계획안」을 책정(1940. 8.5)한 후 8월 28일 각의에서 의결했다. 여기서 제철업의 확립에 특별한 중점을 두고 설비확충은 완성에 가까운 것에 주안점을 두며, 신설확충은 긴요한 것에 한함으로써 시설확장에 의한 생산력 확충에서 현유설비를 이용한 생산증강으로 정책의 성격을 변경하고자 했다.

그런데 조선에서의 생확계획에서는 생필품뿐 아니라 산업물자·원자재의 대일의존도는 오히려 높아졌다. 즉 1939년에 들어 본토제품의 이입량은 지난해에 비해 시멘트는 127%, 석탄은 38%, 기계는 65%, 목재는 82%가 각각 증가하였다.[66] 특히 시멘트는 앞서 〈중통법〉·〈시멘트

---

65) 藤井茂, 「輸出市場の變動と中小工業」(日本學術振興會, 第23回 小委員會報告, 山中篤太郞 편, 『中小企業の將來性』3, 有斐閣, 1942), 150~151쪽.
66) 『殖銀調査月報』(1940.2), 127쪽.

[표 2-6] 조선의 제1차 생산력 확충계획과 실적 (단위: 천 톤)

연도 구분	1938			1939		
	계 획	실 적	실적률	계 획	실 적	실적률
유 안	420,000	438,661	104.5	455,000	468,974	103.1
전 력(kw)	766,000	619,468	80.8	781,450	765,450	98.0
보통강강재	98,000	91,728	93.6	89,400	75,262	84.2
철 광 석	750,000	770,664	102.7	1,100,000	939,886	85.4
유 연 탄	3,197,000	3,245,060	101.5	2,226,000	2,262,332	101.6
무 연 탄	-	-	-	2,525,000	2,909,165	115.2
보 통 선	320,000	295,373	92.2	311,000	286,693	92.2
알루미늄	-	-	-	2,300	3,120	136
특수강강재	-	-	-	11500	3317	28.8
보통강 강괴	173,000	103279	59.6	111000	93602	84.3

연도 구분	1940 상반기			1941		
	계 획	실 적	실적률	계 획	실 적	실적률
유 안	205,330	197,011	95.9	505,000	-	-
電力(kw)	942,700	668,113	70.8	-	-	-
보통강강재	35,800	36,368	101.6	80,000	-	-
철 광 석	572,200	622,923	108.9	2,100,000	-	-
유 연 탄	1,103,800	1,244,508	112.7	2,900,000	2854000	98.4
무 연 탄	1,941,200	1,610,925	83.0	4,100,000	3948000	96.2
보 통 선	102,300	104,968	102.6	250,000	-	-
알루미늄	930	491	32.8	3,000	-	-
특수강강재	3944	5225	131.9	-	-	-
보통강 강괴	46300	44963	97.1	-	-	-

출전: ① 企劃部, 「生產力擴充計劃產業別豫定實績對比表」, (1941.10.31) (『大野綠一郎 關係文書』 5), 81~83쪽. ② 「生產力擴充計劃產業別實績對照表」 (『日本陸海軍書』 32). ③ 「生產力擴充計劃」 (『太平洋戰下の朝鮮』 3), 36쪽.

제조통제법) 등으로 조업단축을 해야 할 정도였으나 1939년의 경우 이미 조선내 공급마저도 부족하여 예전의 7만 톤 이외에도 7만 톤을 추가로 이입해야 했다.[67] 그 결과 수이입물자의 60~70%를 일본에 의존했던 조선도 심각한 물자난에 처했다. 그 결과 조선에서도 1940년도는 1939년도에 볼 수 없던 자재난·노동력 부족·수송난이 겹쳐 공산액이

---

67) 『朝鮮年鑑』(1941), 177쪽.

1939년에 비해 0.2% 하락하는 상황이었다.[68]

　요컨대 제1차 생확계획은 기계공업이나 원자재의 자급을 기반으로 한 군수공업 확충을 견지한 것이 아니라. 본토의 국제수지 안정을 위한 수입대체품이나 기초소재물자의 수탈을 위한 것이었다. 이러한 상황에서 단기적으로 조선의 생확계획은 일본의 요구에 충실히 따라가고 있었으나 장기적으로는 기계류 결핍과 원자재 대일의존을 더욱 강화시키면서 오히려 일본의 전시경제 유지에 부담으로 작용하고 있었다. 내실있는 증산체제라기보다는 선별적 수탈만을 위한 생확계획이 낳은 자가당착이었다.

5. 나가며

　중일전쟁의 장기화는 일본의 급속한 물자동원 능력을 필요로 하였다. 이에 일본의 전시공업정책은 〈수출입등임시조치법〉 및 〈임시자금조정법〉 등을 근거로 자금·금리·저물가·국제수지균형 등 간접적 물자통제를 통하여 단기적인 물동능력을 배가하는 데 목적을 두고 있었다. 그러나 이 방식은 중일전쟁 초기의 일시적인 물자동원을 가능케 했지만 장기지구전화하면서 오히려 과도한 수입을 초래하였다.

　이러한 한계 속에서 총독부는 조선에서도 생확계획을 진행시키기로 하고 시국대책조사회를 소집하여 인조석유·유안 등 국책산업의 증강 문제를 논의하였다. 그런데 시국대책조사회의 답신안은 총독부와 본토의 요구에 기본적으로 부응해야 하지만 조선공업의 현실과 민간자본의 공업화 참가를 확대하도록 특별한 조치를 요구하고 나섰다. 이러한 민간

---

68) 川合彰武, 『朝鮮工業現段階』(東洋經濟新報社 京城支部, 1943), 265쪽. 그러나 『總督府統計年報』에 따르면 1940년도의 공산액이 18억 원에 달하는 것으로 나타나 『朝鮮總督府統計年報』의 내용이 '식민통치 선전' 의미가 강한 자료라는 사실을 확인할 수 있다.

측의 이해와 달리 식민통치의 성과를 과시하려는 총독부의 이해와 일본의 식민지 생산기반에 대한 몰이해가 착종되면서 조선의 생확계획은 처음부터 조선의 공업현실과는 동떨어진 탁상플랜으로 귀착될 가능성이 높았다. 특히 제1차 생확계획[알루미늄]에서 보듯이, 총독부는 일본기획원[3천 톤]조차 수긍할 수 없을 정도의 과도한 증산계획[2만 7,500톤]을 수립하고 결국 완성단계에는 기획원이 예상한 바의 2.5배에 달하는 7,500톤의 실적을 올리고 있다. 즉 생확계획은 조선경제의 현실로 담아낼 수 없는 과도한 것이었고, 그것을 채우기 위해 조선인 노동자에 잔혹한 생산강제가 추진될 수밖에 없었다. 그나마 조선의 '시국산업확충계획'은 일본의 생확계획상에 흡수되지 못하였다.

또한 중일전쟁 시기 조선의 생확계획은 본격적인 중요물자의 공급을 위한 것이 아니라 중요원자재의 대체품을 조선에서 증산하여 일본경제의 원자재 부담을 덜어주기 위한 엔블록 주변부적 공업을 증강하는 데 집중되고 있다. 따라서 대용알루미늄·대용마그네슘·저품위철강·인조석유와 같은 품목의 급격한 증산계획이 추진되고 있었다. 아울러 여타 생확품목의 대부분이 대용이나 대체품 용으로 이용되고 있었다.

한편 조선에서는 일본본토와 직접 연계를 갖는 철강·알루미늄·마그네슘 같은 기초소재 물자의 증산이 추진되었을 뿐 수송산업이나 기계공작 산업의 확충은 매우 미진했다. 기계공업의 결여로 인해 외형적인 공업팽창에도 불구하고 공업의 내실있는 발전이 저지되고 말았다. 조선의 기계류 자급률은 바닥권을 헤매면서 조선으로의 기계류 이입은 더욱 증가하고, 결과적으로 1940년대는 일본의 기계공급 부담으로 작용하게 되었다. 식민지에서의 선별적 공업확대가 초래한 식민지 공업화의 딜레마였다. 따라서 1940년대 이후는 조선에서 기계류를 자급하도록 하는 정책이 견지되었지만 이미 때는 늦었다.

요컨대 시국대책조사회가 책정한 계획은 일본의 제1차 생확계획에 승인을 얻지 못하고 철저히 일본의 계획에 종속되는 것이었다. 결국 조선은 일본본토와는 달리 기계공업의 기반이 결여된 지하자원의 초보가 공이나 대체용품 증산을 축으로 증산을 추진할 수밖에 없었다. 그것은 당시 조선에서의 생확계획이 일본의 국제수지 개선에 기여하면 될 뿐 조선내 체계적인 군수공업화를 지향한 것이 아니라는 사실의 증거였다. 즉 제1차 생확계획은 조선의 군수공업화와는 거리가 먼 조선의 자원이나 기초소재 물자를 일방적으로 수탈하려는 정책으로 이해할 수 있다.

제4장
조선공업의 병영화

1. 들어가며

 1943년 2월 과달카날에서 철퇴한 후 연이은 패퇴로 인해 수세에 처한 일본으로서는 제해권·제공권 회복을 위한 조선·항공기·철강·석탄·경금속 등 이른바 중점산업 육성에 전력을 기울였다(1943.3). 이에 조선에서 가용할 수 있는 모든 인적·물적 자원을 전쟁에 동원하는 것이 절실한 과제였다. 그런데 조선도 전쟁의 영향에서 벗어날 수 없었다. 종래까지 비미하나마 대외무역[동남아·중국·만주]으로 석유·인광석·생고무 등 중요물자를 공급받았으나 이후 무역로가 두절되면서 물자난을 비롯하여 기술자·숙련공부족·운송력하락·석탄감산·설비결함 및 설비지연 등으로 증산에 심각한 차질이 생기고 있었다.

 따라서 총독부는 "조선에서는 단순한 경제력 향상에 앞서 적과 자웅을 겨룰 수 있는 생산력의 급속한 증강이 필요하다"[1]고 하고 무연탄·제철, 소형용광로 보급, 중요광물 증산, 염전확장 등을 강조하는가 하면, "동남아 물자를 이용할 수 없는 상황에서 이것을 일·만·중국 단위로 확보할 것"[2]이라 하여 북방 엔블록권에서의 역할과 자급논리를 강조했다. 아울러 실행방책으로 '전력증강 8대시책'을 통첩했는데[3] 그것은 중

---
1) [1943년도에 임하는 유시. 1943.1.4] 『總督.政務總監重要諭告·訓示』(『太平洋戰下の朝鮮』1), 59쪽.
2) 國史編纂委員會 編, 『日帝侵略下 韓國三十六年史』13(1978), 447쪽.
3) 주요내용은 1) 5가지 '초중점산업'[철·석탄·경금속·선박·비행기공업]를 중심으로 한 전략물자 증산. 2) 자원회수 및 절약. 3) 노동력 대책. 4) 국민저축 증강. 5) 수송력

점산업 일방을 위하여 모든 생산의 제요소를 집중한다는 이른바 단기적·설비내적 증산논리가 극단화한 내용으로 채워져 있었다. 그 과정에서 「군수생산책임제실시요강」(1944.3.13)과 〈군수회사법〉(1944.10)이 조선에도 실시되었다. 이것은 기왕의 〈공장사업장관리령〉(1938.5)이 총독부가 지정한 군수업체만이 직접적인 국가통제의 대상이었던 반면 이제는 대부분의 민간산업을 철저하게 국가통제하에 두려는 것으로서 일제가 자행한 단기 총력증산정책의 취후적 형태였다. 이에 1944년 3월 31일에 전매분야의 「생산책임제요강」〔소금·간수·연초·아편·인삼〕을 필두로 4월 11일에는 「조선군수생산책임제도요강」이외에 「조선목재생산책임제도실시요강」·「조선총독부군수행정책임제도요강」이 발표되었다.

이제 조선의 공업정책은 '개발'의 가면이 완전히 벗겨지고 물자통제와 기업정비와 긴밀히 연결되게 되었으며, 물자동원을 강화하는 데 수단방법을 가리지 않는 형태로 전환했다. 나아가 총독부는 내선일체를 명분으로 자발적인 동원의욕을 고양하는 가하면, 어떤 경우는 조선의 특수성을 강조함으로써 본토의 법적 통제보다 한층 가혹한 폭력적 강제를 통하여 증산을 실행하기도 했다.

태평양전쟁 후반기 물자동원 기지로서의 조선공업을 제대로 이해하기 위해서는 무엇보다도 물자통제 문제와 증산시스템에 대한 면밀한 접근이 필요하다. 이에 본 연구에서는 일제가 조선에서 행한 최종적 증산정책 형태인 '군수생산책임제〔군수회사법〕'를 분석대상으로 하여 그것이 간직한 증산논리와 구체적인 실시과정 그리고 그것의 귀착점〔역사적 위상〕을 검토함으로써 조선공업의 파탄을 부른 단기적 총력증산정책의 일환으로서의 〈군수회사법〉이 가지는 반역사성을 되짚어 보려는 것이다. 다만 전매품이나 목재 방면의 군수생산책임제〔군수회사법〕와 관련한 자료의 불비로 인해 비교적 자료가 남아 있는 경금속·철강 등의 '중점산

강화, 6) 치안유지, 7) 방공, 8) 제1선 지방행정의 쇄신 등이다.〔水田直昌, 「昭和18年度朝鮮總督府豫算について」『太平洋戰下の朝鮮』2, 國學資料院), 16쪽〕

업'과 관련한 문제를 검토하고자 한다.

2. 조선에서의 '군수생산책임제' 실시

1) 일본의 〈군수회사법〉 실시

일본에서 〈군수회사법〉이 실시된 중요한 배경은 기왕의 재벌자본의 영향력을 온존시킨 채 생산의 국가성 확보를 꾀하려던 이른바 통제회 중심의 통제경제 시스템이 과달카날에서의 패퇴 이후 가중된 수송난·원자재난으로 와해 지경에 이르렀다는 점이다. 특히 과달카날전(1943.2) 이후 제공권과 제해권을 상실한 뒤 곧이어 솔로몬군도에서 전면 철퇴하고(1943.10), 뉴기니전선(1943.9)이 와해되는 등 일본제국의 마지노선인 절대국방권(1943.9 설정)도 적절한 항공생산력이 뒷받침되지 않으면 감당하기 위태로운 상황에 처했기 때문이었다.

이와 관련하여 일제는 〈정관청직권이양령〉(1943.1)을 위시해 〈전시행정특별법〉·〈허가인가임시조치법〉·〈전시행정직권특례법〉·'초중점산업' 지정(1943.3), 「긴급물가대책요강」(1943.4), '내각고문제'와 '행정사찰사제'(1943.5), 「전력증강기업정비요강」(1943.6), '군수성'설치(1943.11), 「발주조정실시요강」·「기업정비조치요강」(1944.1), 「기계공업등기업정비실시요강」(1944.2) 등 일련의 통제정책을 강화함으로써 항공기·조선업에 엔블록의 총력을 집중하려고 했다.

그리고 근본적으로 기왕의 통제회 중심 혹은 민간중심의 통제경제 시스템으로는 '초중점산업'의 긴급한 확충에 걸림돌이 된다고 보고, 업자의 이윤욕구와 기왕의 '민간자주'적 통제구조를 일거에 '국가주도'로 재편하려고 획책했다. 즉 이른바 기업의 국가성 확립, 군수생산책임제 실시, 행정운영의 쇄신을 명분으로 〈군수회사법〉(1943.10.28, 법률 제108호; 시행령 1943.12.15. 칙령 제928호)을 공포하여, 주요한 민간회사를 전면적으로 국가의 직접적인 지배를 받는 '국책회사[군수회사]'로 전환하고, 이들을 새로 발족한 군수성 휘하에 묶어둠으로써 완전한 물자동원을 획책하려는 것이었다. 그것은 법 제1조에서 "본법은 병기・항공기・함선 등 중요군수품, 기타 군수물자의 생산・가공・수리를 하는 사업, 기타 군수의 충족상 필요한 사업에 그 경영의 본의를 명확하게 하고 그 운용을 강력하게 함으로써 전력의 증강을 도모하는 것을 목적으로 한다"라고 한 것에서도 나타나는데 이 법 실시의 가장 큰 목적이 기업의 국가성 확립에 있다는 것을 알 수 있다.

물론 〈군수회사법〉 이전에도 기업을 국가가 직접 지배한다는 목적을 위해 〈국가총동원법〉에 입각한 〈공장사업장관리령〉(1938.5.3 공포, 5.5시행, 칙령 제318호)이 제정되었다. 아울러 〈공장사업장사용수용령〉[칙령 제901호, 1939.12.29 공포, 1940.2.1 시행, 시행규칙 부령 제112호, 1940.4.24〕, 〈육해군공장사업장관리령시행규칙〉[육해군성령 제2호 1940.5.3 공포·실시」, 〈군수품공장사업장검사령〉[칙령 제707호, 1939.10.19, 동 시행규칙, 육군성령 제53호, 1939.10.2, 해군성령 제1호, 1940.1.16〕 등이 계속 공포되었다.

그런데 태평양전쟁이 막바지로 치닫고 공습 등으로 일본의 산업체계가 와해되면서 제공권 확보를 위한 항공기 증산중심의 군수물자 증산이 시급히 요구되었고, 그 결과 기왕의 〈공장사업장관리령〉과 같은 법령 아래서 소기의 국가시책을 달성할 수 없었다. 그것은 〈관리령〉만으로는 아무리 정부가 군수물자 생산을 독려는 가능해도 현실적으로 '민유・민영' 형태로 운영되는 군수관련 민간기업과 군 지정공장과 〈관리령〉 적용기업을 제외한 일반 사기업에 대한 국가의 직접통제가 어려웠기 때문이었다.[4]

물론 〈군수회사법〉을 입안하는 과정에서 재벌의 저항을 고려하여 외

---

4) 中村隆英, 『日本の經濟統制-戰時戰後の經驗と敎訓』(日本經濟新聞社, 1974), 133쪽.

형상 '민유·민영'으로 한다는 제스처를 쓰기도 했다. 그렇지만 기본적으로는 지정회사에는 회사를 대표한 생산책임자와 각 공장단위로 생산담당자가 배치되어 정부의 명령에 입각하여 중요물자를 증산하도록 하는 것이 원칙이었다. 특히 "생산책임자를 해임할 경우에는 정부의 인가가 없으면 그 해임은 효력이 없고, 정부가 생산책임자를 부적격하다고 인정할 때는 해명할 수 있다[법 제4~5조]"고 하고, '군수생산책임심사회'는 각 사업자의 책임생산 내용을 심의하여 상벌에 관한 의견을 내도록 하는 등[법 제20조] 생산책임자와 생산담당자에 대한 철저한 국가관리가 명시되었다.

아울러 법 제6조에 따라 생산책임자[담당자]는 〈국가총동원법〉에 의한 징용으로 간주되었는데 이는 각종 국가부담으로부터 벗어나게 하여 군수회사 운영에 따른 불만을 희석하고 증산의욕을 고취하는 한편 생산주체의 국가성을 명확히 하려는 의도였다. 특히 〈군수회사법〉이 적용될 경우 〈항공기제조사업법〉[제4조 및 5조1항]이나 〈유기합성사업법〉[제5조 및 제16조1항], 〈제철사업법〉[제4·18·19조], 〈경금속제조사업법〉[제5조, 제13조3항], 〈석유업법〉[제2조], 〈인조석유제조사업법〉[제4조, 제13조1항], 〈조선산금령〉[제4조2항], 〈조선전기사업령〉[제6조1항] 등은 군수회사에 적용할 수 없도록 했다[법 제14~15조]. 그것은 〈군수회사법〉 우위를 확인함으로써 정부권력이 군수회사에 대한 직접적인 통제권을 확보하겠다는 것으로, 일제로서는 그만큼 군수회사를 통한 생산력 확충이 절실한 과제였다는 것을 보여준다.

그 대신 통제의 보답으로 군수회사는 〈칙령〉을 통하여 여러가지 통제조치에서 제외되었고, 자재·노동력·자금의 우선할당을 받도록 했다. 특히 군수회사는 보조금 교부·손실보상·이익보증 등을 주무관서[조선은 총독부]에 청구할 수 있었다[법 제13조].

〈군수회사법〉으로 지정된 업체[제1차 지정업체]는 주로 육해군성, 운수통신·군수·등 4개성 소관 군수공업체로서[나중에 후생성도 군수회사

징용규칙 제2조에 입각, 소관업체를 지정하게 됨], 지정대상은 1) 병기·함정·탄약·항공기·선박·통신기 등과 그것의 부속품의 생산·가공·수리사업, 2) 보통강·특수강·알루미늄·마그네슘·듀랄루민·납·아연·시멘트·초산·소다·액체연료·윤활유·석탄·가스·코크스 및 그것에 관련한 원재료의 생산사업, 3) 이상의 물자의 생산·가공 및 수리에 필요한 기계·기구 및 설치, 그리고 그것의 부품의 생산가공 및 수리사업, 4) 주무대신이 지정하는 사업 등이었다[시행령 제1조].

그리고 일본정부는 "군수회사에 대해서 1) 수주·발주, 설비신설·확장·개량, 원료·재료의 취득·사용·보관·이동, 기술개량·공개시험연구, 기타 사업운영에 관해서, 2) 근로관리 및 자금조정·경리에 관해서, 3) 군수회사·군수사업의 수행과 관련이 있는 자들 사이의 군수사업 수행상 필요한 협력관계에 대해서, 4) 정관변경, 사업의 위탁·수탁·양도·양수·폐지·휴지·합병·해산, 사업에 종속하는 설비권리의 양도, 기타 처분에 대해서, 5) 제품의 기한·규격·수량 및 기타 필요한 사항의 지정과 군수물자의 생산·가공·수리 등에 대하여 필요한 명령을 내거나 처분을 내리고 또는 정부가 지정한 사업 이외의 사업을 운영하는 것을 제한이나 금지"할 수 있도록 했다[법 제8~13조]. 그것은 생산기구에 대한 철저한 국가성 확보를 통하여 일원적인 생산라인의 가동과 소기의 생산량 확보를 겨냥한 것이었다.

요컨대 〈군수회사법〉는 기업운영과 생산주체와 생산기구 그리고 생산방식에 대해서 철저한 국가성의 확립에 목표를 두고 있었다는 것을 알 수 있다. 이에 1944년 1월 17일 군수성 담화를 통하여 제1차로 미쓰비시중공업회사·나카지마(中島)비행기회사 등 150개사를 군수회사로 지정하고 생산책임자에 대하여 지정영서가 교부되었다. 이에 군수지정회사의 총 공칭자본금은 약 95억 원, 불입자본금은 76억 원에 달했으며 지정대상업체 가운데는 항공기 관련 사업체가 압도적으로 많았다고 한다.5) 이어 1944년 4월 제2차 지정에서는 아이시(愛知)화학공업 등 422

사가, 제3차 지정(1944.12)으로 아키기(秋木)기계 등 109개사가 각각 지정되었다. 따라서 1945년까지 688사가 군수회사로 지정되었다. 이와 함께 이들 군수회사로 집중적인 자금지원을 위하여 이른바 지정금융제도를 강화하였다.

한편 〈군수회사법〉을 보충하기 위하여 〈군수충족회사령〉(1945.1)을 공포했는데, 이로써 운수·창고·건설·배전회사 등 보조적 군수기업도 〈군수회사법〉의 적용을 받게 되었는데, 1945년 4월까지 49개사가 지정되었다.6) 따라서 일본에서는 총 730여 회사가 군수회사 혹은 충족회사가 되었던 것이다. 조선도 일본본토와 같은 시기에 〈군수회사징용규칙〉(1944.12.27)·〈군수충족회사령〉(1945.1)이 제정되었다.

2) 조선에서의 군수생산책임제 실시

그런데 조선의 경우는 곧바로 〈군수회사법〉을 시행할 수 없었다. 그것은 자본이나 생산규모 면에서 압도적인 조선 지점회사에 대한 통제 관할 문제가 매끄럽게 매듭지어지지 못하였기 때문이었다. 조선의 특수사정 특히 총독에 의한 일원적 통제를 강조하는 총독부측과 일본의 통제명령에 종속될 것을 요구하는 본토 상공성측의 요구가 서로 상충되고 있었기 때문이었다.7) 실제로 본법이 조선에 실시되는 단계에서 법 제10조의 자금조정 문제나 법 제9조 근로관리 항목만큼은 주무관서가 조선총독이 아니라 일본의 군수대신이 총괄하도록 하고 있다[시행령 개정, 칙령 606호, 1944.10.27). 즉 노동력 동원의 문제나 자금조정의 문제에 대한 일본의 일원적 통제원칙이 강조되는 상황이었던 것이다. 따라서 1944년 10월까지 조선에는 본법은 실시되지 못했고, 장래의 〈군수

---

5) 東洋經濟新報社, 『大陸東洋經濟』(1944.3.5), 11쪽.
6) 歷史學硏究會 編, 『太平洋戰爭史』5, 89쪽 및 中村隆英, 『日本の經濟統制』(日本經濟新聞社), 136쪽.
7) 東洋經濟新報社, 『大陸東洋經濟』(1944.4.1) 및 (1945.2.1).

회사법) 적용을 위한 잠정초치로서 '군수생산책임제'(1944.4.1)가 실시되었다. 이는 일본의 〈군수회사법〉에서 요구하는 급속한 생산증강을 꾀하면서도 현실적으로 통제권 향방에 관해서는 의견을 조율할 수 있는 시간을 얻기 위한 것이었다. 그렇지만 조선의 '군수생산책임제'는 법적 근거[군수회사법]가 취약한 채 '탈법적'으로 자행되는 상황이 된 것이다. 그리하여 1944년 3월 31일에 전매분야의 「생산책임제요강」[소금·간수·연초·아편·인삼]이 발표되었고 4월 11일에는 「조선군수생산책임제도요강」 이외에 「조선목재생산책임제도실시요강」·「조선총독부군수행정책임제도요강」도 발표되었다.

'군수생산책임제'의 대상사업은 1) 병기·항공기·함정·선박·차량[부품], 2) 철강·경금속·비철금속·희귀금속 기타 중요광산물, 3) 액체연료·윤활유·석탄·가스·코크스·전력, 4) 중요화학공업품, 5) 중요기계기구[부품], 6) 기타 총독이 지정하는 군수물자를 생산하는 사업으로 일본과 유사하였다. 그런데 일본의 〈군수회사법〉에서는 지정 대상이 아니었던 차량이나 특수금속·전력·목재 등도 지정대상이 되고 있었다. 특히 지정대상 가운데 1) 즉 병기·항공기 생산은 사실상 조선에서 불가능했기 때문에 2)~6)과 같은 기초원자재 생산에 치중되는 것이었다.

지정대상 사업자는 회사 또는 개인으로 했는데 지정업자는 총독이 일방적으로 지정서를 교부하여 선정하는 것이 실상이었다. 그러나 그것의 '탈법성'을 은폐하는 의미에서 형식적으로나마 사업자로부터 해당 군수업체의 명칭·소재지·업종을 기재한 신청서를 받았다. 이에 1944년 3월 30일에 총독부는 경금속 관계 10명, 철강 및 제철 13명, 특수광물 및 비철금속 82명, 석탄 16명, 액체연료 3명, 화학공업 12명, 전기관계 2명 등 7개 부문 합계 138명에 대해 지정령서를 교부했다.[8]

'군수생산책임제'의 실행요강에 따르면 "지정사업자에 대한 전력증강

---

8) 殖産銀行調査部, 『殖銀調査月報』(1944.5), 40쪽.

및 발휘에 대한 책임"이 무척 강조되고 있다. 즉 그 운영방식은 먼저 지정업자가 생산책임자로서 선임이 되면, 생산책임자가 생산담당자를 임명하고, 본점·공장 혹은 사업장에 배속하고 이어서 조선총독은 사업장의 설비능력, 자재 및 노동력의 공급상황, 수송상황 기타 생산 제조건 정비의 여부를 감안하여 지정사업자에게 군수물자 생산을 명령했다. 그 경우 목표생산량은 물동물자에 관해서는 그 계획·목표·수량·기타 물자에 관해서는 같은 사업 전체를 단위로 삼아 계획을 결정한다. 그것을 토대로 기한·규격·수량 기타 필요한 조건을 지정하고 사업자에 할당으로 명령하는데, 목표달성을 위하여 생산책임자는 회사를 대표하여 조선총독에 대신하여 책임을 진다.

또한 생산책임자는 '급료를 받지 않는 관리'로서 생산담당자를 지휘하고 업무를 분담하여 각각 조선총독에 대하여 책임을 지도록 했다. 그리고 생산명령이 지정조건대로 되었는지 여부에 따라 생산책임자와 담당자의 책무수행 능력이 평가되었다. 즉 〈군수회사법〉 혹은 생산책임제 적용대상이 되는 회사는 총독이 지정하는 업무 이외에 다른 일에 종사할 수 없었다. 아울러 각 사업장에 대한 소관 행정부서의 행정책임자를 명확히 선임하도록 하여 사업장에 대한 지도 및 감독권을 부여했다. 즉 총독부·생산책임자·생산담당자·노동자에 이르는 일원적 지휘·감독체계를 확립하고, 계통별로 명령·종속관계를 분명히 하려는 것이었다. 그것은 당시 일본의 〈군수회사법〉 운영원리를 그대로 반영한 것이다.

이들 '군수생산책임제' 적용회사[업자]는 나중에 〈군수회사법〉이 조선에도 적용되자 그대로 제1차 지정대상이 되었다.[9] 그러나 일본처럼 〈군수회사법〉이 적용되지 않았기 때문에 통제를 강화하기 위하여 〈국가총동원법〉에 기초한 〈공장사업장관리령〉을 원용하기로 하고 1944년 3월 1일부로 시행규칙을 공포하여 당일 실시했다.

---

9) 東洋經濟新報社, 『大陸東洋經濟』(1945.5.1), 23쪽.

3. 조선에서의 〈군수회사법〉 실행과 의미

1) 조선 〈군수회사법〉 실시현황

조선도 본토보다 약 한 해가 늦게 「군수회사법의 조선 및 대만 실시건」(1944.10.28)이 공포되면서 본법의 적용을 받게 되었다. 조선에서 실시가 늦어지고 별도의 요강을 통하여 실시된 것은 조선내 지점회사를 둘러싼 군수성과 총독부간의 통제권 조정문제 때문이었다. 물론 조선에서 〈군수회사법〉이 공포되기 전에 이미 '군수생산책임제'가 실시되고 있었지만(1944.4.1) 뚜렷한 법적 근거가 없다는 점 그리고 지정대상이 군수물자를 제조하는 업자였고, 회사자체를 '군수회사화'한 것은 아니었다는 면에서 차이가 있었다. 그리고 '군수생산책임제'는 〈군수회사법〉 공포 이후에도 생산증강을 위하여 그대로 병행되고 있다.

또한 기왕의 〈공장사업장관리령〉은 본시 일본에서는 1938년 5월에 공포되었지만 조선에서의 적용이 지연되다가 1944년 3월 1일에야 비로소 시행규칙이 제정되고 발효되기 시작했다. 하지만 지정대상도 을종 조선업뿐이었다. 그처럼 〈공장사업장관리령〉의 적용이 지체된 것은 그만큼 당시 조선내 군수공업으로 지정해야 할 만한 중요한 관리공장 규모의 군수회사가 적었다는 사실을 반영한다. 그나마 1944년 10월 28일부로 조선에 〈군수회사법〉이 공포되면서 사실상 〈관리령〉은 그 효력을 상실했다.[10]

---

10) 부령 제357호 〈군수회사법 시행규칙〉(1944.10.28)의 부칙조항에 의하면 "조선총독 〈공장사업장관리령〉에 의한 관리공장·사업장을 운영하는 회사 기타 업자에 대한 〈군수회사법〉 제2조[군수회사법 시행령 제30조 제1항에서 준용할 경우를 포함하여]의 규정에 의하여 지정을 할 때는 제1조 제1항 또는 제2항[제15조에서 준용하는 경우를 포함하여]의 지정영서에 기재하게 되는 공장사업장에 대해서는 지정령서의 교부일부터 〈공장사업장관리령〉에 기초한 관리는 폐지하는 것으로 간주한다"라고 하여 〈공장사업장관리령〉의 사실상 폐지를 확인하고 있다.

여하튼 조선에 〈군수회사법〉이 적용되면서 1944년 12월 8일 제1차로 철강·경금속·군용광물회사 등 55개사가 군수회사로 지정되었다. 그 가운데서 조선내에 본사 또는 공장이 있는 것은 36개사였고 나머지 19개사는 지점이었다. 조선본점회사의 자본금은 총 13억 6,655만 원으로 1944년 4월 당시 조선내 본점을 둔 모든 주식회사 총자본금[27억 5,499만 원]의 49.6%를 차지하고 있다.11) 당시 조선내 주식회사 본점의 총수는 3,182개였다고 할 때 불과 36개사에 총자본금의 50%를 집중하고 있다는 사실은 당시 조선공업화의 기형적 측면을 확인시켜 주는 대목이라 할 수 있다.

그리고 주목할 것은 〈군수회사법〉 지정대상이 55개사에 불과하여 1944년도에 시행된 「군수생산책임제」 지정대상인 138개사보다 적다는 점이다. 그것은 총독부의 생산증강 정책이 일본보다 훨씬 강력하고 파쇼적이었다는 것을 말한다. 오히려 총독부의 '관치통제'가 일본의 '법적 통제'보다 훨씬 수탈에 용이했다는 것을 반영한나.

이런 〈군수회사법〉 실시와 더불어 〈정신대근무령〉·〈국민징용령〉·현원징용조치 등 대대적인 노동력동원정책을 동시에 실시함으로써 〈군수회사법〉 실시단계에서는 종전의 '군수생산책임제' 실시에 따른 노동력동원에서의 애로를 완전히 철폐하고 있다.

군수산업체로 어느 정도의 노동력이 징용되었는가는 구체적으로 알려진바 없지만 당시 중요공장의 노동력 추세와과 1944년도 현원징용 상황을 대비하면 그 대체적인 윤곽은 알 수 있다. 먼저 중요공장 노동력의 추세를 보면, 1944년까지 조선내 공장수는 전년에 비해 약 1,100여 개 감소했지만, 공장당 노동자 숫자는 1943년의 128명에서 1944년에는 201명

---

11) 여기에 제시된 조선내 주식회사 본점의 모든 자본금을 합한 것으로 공업회사만을 따지고 본다면 수치는 더욱 상승할 것이다. 그만큼 조선의 공업이 군수회사로 집중되어 있다는 것을 말한다. 조선내 주식회사 본점자본금은 김인호, 『태평양전쟁기 조선공업연구』(1998), 379쪽 참조.

[표 2-7] 조선의 현원징용 상황

구분 일시	징용 사업체				징용 인원			업체당 징용 인원		
	공장	광산	기타	계	계	공장 [추계]	광산 [추계]	인원	공장당 [추계]	광산당 [추계]
1944. 08	73	56	-	129	147,480	124,647	22,792	1,143	1,707	407
1944. 11	72	71	1	144	153,580	-	6,100	1,066	1,731	407

비고: 징용인원 항목은 1944년 8~11월간 징용광산수에 징용인 증가분을 나누어서 얻은 인원을 기준으로 계산한다. 그것은 1944년 8월부터 11월까지는 현원징용된 공장이 없고 광산업체의 징용만 실시되었다고 보기 때문이다.

출전: ① 1944년 8월의 통계는 「第85回帝國議會答辯資料」(『朝鮮近代史料研究集成』4), 147쪽.
② 1944년 11월의 통계는 「第86回帝國議會答辯資料」(近藤釖一 編, 『太平洋戰下ノ朝鮮』5), 173쪽.

으로 급증하고 있다.[12] 나아가 중요공장노동자 수도 1943년 6월에는 16만 2,668명이었지만 1944년 10월에는 무려 25만 4,074명으로 증대했다.[13] 따라서 약 9만 명 정도의 현원이 군수공장[중요공장]으로 징용되었다는 것을 추측할 수 있다.

한편 1944년도 현원징용상황을 보면 [표 2-7]과 같다. 즉 당시 공장의 현원징용자 숫자는 1944년 2월에서 8월간 약 12만 4,647명으로 추산된다. 그 인원은 1944년 10월경 당시 조선내 중요공장 노동자 숫자인 25만 4,074명[14]의 약 50%를 점하는 것이다. 그리고 그 인원을 현원 징용대상 업체당으로 환산하면 각각 8월에는 1,707명, 11월에는 1,731명이었다.

그런데 현원 징용대상 업체당 평균 노동자수가 1,700여 명이라는 것은 사실상 믿기 어려운 수치이다. 즉 1944년 말까지 조선내에서 노동자를 기껏 200명 정도 고용할 수 있는 자본금 100만 원 이상의 산업회사는 통틀어도 212개소였고,[15] 1938년의 경우도 조선내에서 노동자 200인

---

12) 김인호, 「태평양전쟁기 일제의 조선 기업정비 정책」(『한국근현대사회연구』1, 1998. 1), 87쪽, [표 10] 참조.
13) 김인호, 위의 논문(1998.1), 86쪽, [표 9] 참조.
14) 「第85回 帝國議會答辯資料」(『朝鮮近代史料研究集成』4), 151쪽.
15) 朝鮮銀行調査部, 『朝鮮經濟統計要覽』(1949), 73쪽.

이상을 고용한 공장이 107개소16)에 불과했다는 점에서 그러하다. 따라서 군수회사로 현원징용된 인원은 적게는 9만 명 많게는 12.5만 명에 이른다고 볼 수 있다.

한편 1945년 1월에는 〈군수회사법〉에 입각하여 조·일 사이에 관계있는 업종은 이미 1차 지정으로 완료되었기에 2차에서는 조선내에만 관계한 업체를 2차로 지정하였다.17) 이 때 총 55개 사가 지정되었는데, 실제로 새로이 지정된 것은 44개 사이고, 나머지 11개 사는 제1회 지정업체 가운데서 기존업체 소속의 별개 사업장·공장이 추가로 지정된 것이기에 신규지정은 아니었다.18) 새로 추가된 44개사의 구성은 조선본점회사 30개소, 지점 10개소이고, 본점회사 자본금은 총 1억 3,750만 원이었고, 회사당 자본금은 458.3만 원 정도이다.

2) 조선공업의 전면적인 국책회사화

[표 2-8]를 보면, 제1차 지정에 비해 제2차로 지정된 회사의 단위규모가 매우 축소되는 것을 발견할 수 있다. 즉 제2차로 지정된 본점회사의 평균자본금은 456만 원으로 제1차 때의 3,796만 원에 비한다면 12%에 불과하다. 그만큼 〈군수회사법〉 적용범위가 확대되고 있다는 것이다.

또한 제1차 지정은 주로 경금속·철강·제철업 등이었지만, 제2차 지정업체는 기계공업, 석탄광업을 포함하는 광업·소형로제철과 전기제강을 포함하는 제철업이 주류를 이루고 있고, 그밖에 화학공업·내화물공업이 지정되고 있다.〔부록 참조〕

이와 관련하여 아베 총독은 "조선의 기계·금속공업의 현재 사명은 중차대한 것이다. 그러나 현실에서 이들 산업의 실제 생산수준은 그다지 만

---

16) 印貞植,「朝鮮人企業의 現勢」(『三千里』, 1940.10), 74~75쪽.
17) 『殖銀調査月報』(1945. 1·2 합집), 19쪽.
18) 東洋經濟新報社,『大陸東洋經濟』(1945.5.1), 23쪽.

[표 2-8] 조선내 군수회사법 적용업체 분석

구 분		제1차 지정(A)	제2차 지정(B)	B/A(%)
회사수[개사]	총 수	55	44	-
	본 점	36	30	-
	지 점	19	14	-
자본금[만원]	총 액	426,921	152,370	35.69
	본 점	136,655	13,750	10.06
	지 점	290,266	138,620	47.76
회사당 자본금 [만 원]	전 체	7,762	3,463	44.61
	본 점	3,796	458	12.06
	지 점	15,403	9,901	64.28

비고: ① 지점[회사당] 자본금은 일본 본사의 것이기에 실제투자금은 아님. ② 지정시기 : 제1차 지정은 일본=1944.1, 조선=1944.12이고, 제2차 지정은 일본=1944.4, 조선=1945.1.
출전: 본 항목의 부록 [표 1] [표 2] 참조.

족스럽지 못하다. 따라서 금번에 지정을 통하여 적극적으로 이들 사업의 내실있는 결실을 맺도록 일단의 열성을 경주해야 할 것이다"19)라고 하여 조선에서 그 동안 저위에 있던 기계·금속공업의 성장을 추동해야 한다는 입장을 표명하고 있다. 그것은 연합군의 일본본토 폭격으로 인해 본토에서 거의 파탄지경에 이른 금속·기계공업을 조선에서 급속히 육성해야 한다는 절박한 사정에 따른 것이었다.

또한 1945년 8월 9일에는 1944년 3월 1일부로 시행규칙이 발효된 조선의 〈중요공장사업장관리령〉을 기반으로 하여 총독부 관리공장을 확대하였다. 즉 종전에 지정대상은 을종 조선업뿐이었지만 이제는 기계공업·금속공업으로 확대하여 약 80개 공장이 추가로 지정되었다.20)

한편 일본에서는 외형상 민유민영의 운영방식에서 생길지 모르는 국가통제의 누수를 막기 위해 군수관리부를 설치했는데 조선에서는 이러한 특별한 기구[군수관리관]를 설치하지 않고 총독부 공무관(工務官)으로 하여금 군수관리관에 상당하는 임무를 수행하도록 했다.21) 그만큼 조선

---

19) 東洋經濟新報社, 『大陸東洋經濟』(1945.5.1), 24쪽.
20) 『每日新報』(1945.8.9).
21) 『殖銀調査月報』(1945.1~2 합집), 19쪽.

의 공업은 철저한 총독부의 지배 아래 놓여 있었다는 것을 보여준다.

요컨대 1944년 말에 들어서면서 조선의 '생산증강'은 군수생산책임제와 〈군수회사법〉 등을 축으로 전개되었는데 '군수생산책임제'는 단기적・설비내적 증산논리가 구체화한 것이었고 〈군수회사법〉은 그 적용대상이 자본금 25만 원 이상의 회사나 조합원 10인 이상의 조합에만 적용되었기[시행령 29조1항, 시행규칙 13조] 기준에 미치지 못하는 업체는 〈군수충족회사령〉과 〈공장사업장관리령〉 등으로 흡수하였다. 이에 일제는 조선 내 중요사업체 대부분을 군수회사-군수충족회사-총독부관리공장으로 일원화하여 전면적인 국책회사화를 꾀하게 된 것이다.

4. 〈군수회사법〉의 업종별 실행내용

1) 경금속업

경금속업체 가운데서 이 법에 의하여 군수회사[생산책임제]로 지정된 업체를 보면 [표 2-9]와 같다.

[표 2-9] 군수회사로 지정된 조선내 경금속회사

구분	회사명	창립	자본금[만 원]	배당률	자본계통	생산책임자
제1차 지정	조선주우경금속	43.12	80,000	미	주우금속	矢部忠治
	삼정경금속	41.12	45,000	무	삼정광산	淡輪雅信
	조선신강금속	39. 8	50,000	무	신호제강	淺田長平
	조선경금속	38. 9	15,150	무	소화전공	安西正夫
	조일경금속	43.11	40,000	미	고하전공	磯邊愉一郎
	삼릉마그네슘	42.12	5,000	미	삼릉화성	池田龜三郎
	일본마그네슘금속	34. 6	4,000	무	일본질소	白石宗城
제2차 지정	조선알루미	43. 3	9,000	6	일본질소	白石宗城
	일본마그네	35. 6	5,000	8	일본고주파・	高橋省三

출전: 東洋經濟新報社, 『大陸東洋經濟』(1944.4.1); 동(1945.2.1)

즉 [표 2-9]에 의하면 지정회사는 대부분 1938년 이후 창립되었고, 그 가운데서도 1941년 이후가 많다. 그만큼 태평양전쟁에서 경금속 증산의 필요성이 증가했다는 것이다. 또한 자본금은 총 2억 5,315만 원이고 회사당 평균자본금은 2,813만 원 정도인데 철강업 관련회사와는 달리 모두 조선에 본점을 둔 회사였지만 자본계통은 일질이나 주우·삼정 등 주로 일본 재벌자본 계통이다. 즉 외형상 조선본점이지만 실질적인 주인은 일본 재벌자본이라는 점과 조선의 경금속업이 일본의 요구에 매우 충실하게 적응하도록 구성되었다는 것을 보여준다.

2) 철강업

전쟁 개시국면에서 철강 생산방식은 '설비확장을 통한 생산력 확충'이 주축이었지만, 파국국면에서는 기존의 설비를 확충할 자금 및 자재가 부족한 상황에서 먼저 기업정비로 유휴설비를 발생시키고 그것을 이용하거나,[22] 아울러 설비의 신설을 불허하고 '군수생산책임제'에 입각하여 주어진 설비내에서 단기간에 최대로 증산하도록 했다. 즉, '철강군수생산책임제'(1944.4)의 핵심은 보통강(압연용 강괴·후판·기타 강재)을 중심으로 책임생산량을 정하여 증산을 강제하고, 업자의 손실은 보상금으로 해결한다는 것이었다.[23] 보상금 지급방식은 기준생산량 이상의 초과분을 누진적으로 산정하여 지급하는데, 기준생산량을 변경할 수 있는 경우는 물동계획이 개정되어 원재료·자재의 배당량을 변경해야 하는 경우와 해당공장의 책임이 아닌 이유로 목표를 채우지 못한 경우로 제한하고 있다. 보상금 조정기준은 다음과 같다.

① 증산시 연료·노동력을 많이 사용한 경우

---

22) [岸信介 商相 衆議員法案委答辯, 1943.2.8], 『經濟情報』8(1943.6), 40쪽.
23) 『殖銀調査月報』(1944.6), 44쪽.

② 보상금을 얻기 위해 다른 공장 또는 다음 생산기간의 감산을 고려하지 않은 경우
③ 다른 품종의 생산을 저해한 경우
④ 생산품 규격 또는 재질을 매우 저하시킨 경우
⑤ 기타 장려금 교부에 적당하지 않은 경우24)

[표 2-10]에서 〈군수회사법〉의 지정대상이 된 철강회사는 경금속 생산업체와 마찬가지로 대부분 1938년 이후 창립되었고, 그 가운데서도 1941년 이후가 많은데 일본원철과 이연특수제철은 1943년 후반기에 창립을 보았고, 1차 지정된 8개사 가운데 5개사가 지점회사이다.

또한 제1차 지정회사 자본금은 총 10억 6천만 원이고 그 가운데 조선본점회사의 자본금은 총 9천만 원으로 지점자본의 10%에도 미치지 못한다. 또한 본점회사당 평균자본금은 3천만 원이다. 즉 태평양전쟁 후

[표 2-10] 군수회사로 지징된 조선 내 철강업체

구분	회사명	창립	자본금(만원)	배당률	자본계통	생산책임자
제1차 지정	▶일본제철	1934.1	800,000	7	-	豊田貞次郎
	▶삼릉제강	1917.4	100,000	8	삼릉중공업	中村道方
	고주파중공업	1936.1	50,000	7	-	有賀光豊
	▶무산철광개발	1939.12	50,000	5	삼릉광업	佐佐木高之助
	조선제철	1941.11	30,000	미	대동제강	鵜澤新五
	유선(遊仙)광업	1938.3	10,000	8	동방탄광	福本貞喜
	▶일본원철	1943.11	10,000	미	고주파중공업	有賀光豊
	▶이연특수제철	1943.7	10,000	무	이연광학	市村 淸
제2차 지정	일본무연탄제철	1943.3	5,000	무	-	백낙승
	조선주우제강	1944.6	6,000	무	주우금속	春日弘
	조선제강	1937.6	2,000	5	조선정미	加藤平太郎
	조선전기제강	1940.8	2,000	7	금자주강	金子鑄鋼
	북선제강	1938.2	3,000	9	-	福武吉太郎
	▶동경제강	1887.2	30,000	10	-	矢吹省三
	이원철산	1918.2	3,000	6	-	松宮淸
	시천제철	1943.9	1,000	무	-	是川銀藏

---

24) 『殖銀調査月報』(1944.6), 44쪽.

반기 조선에 대한 일본의 철강증산 요구가 그만큼 격렬했다는 것이다.

한편 [표 2-10]에서 제2차 지정회사는 대부분 조선본점회사로 구성되어 있고 제2차 지정업체가 주로 조선내 회사나 본점을 대상으로 한 것을 알 수 있다. 그리고 본점회사의 총자본금은 2,200만 원을 7개사로 평균하면 회사당 자본금은 평균회사당 300만 원 정도로 나타나는데 제1차 지정 본점회사의 평균자본금의 10%에 불과하다. 즉 제2차 지정회사는 제1차 지정대상보다 훨씬 규모가 적은 회사까지도 포함했다는 것을 알 수 있고, 그만큼 지정범위가 확대되었다는 것이다. 또한 자본계통은 닛지츠나 스미토모·미쓰비시과 같은 재벌자본 계통이 주류를 형성하는 것으로 보아, 당시 조선의 철강업은 철저히 일본 재벌의 요구에 기생하고 있다는 것을 알 수 있다.

4. 나가며

이상의 논의를 정리하면 다음과 같다.

1) '군수생산책임제'와 〈군수회사법〉은 태평양전쟁 후반기 일본이 전쟁국면에서 수세로 몰리면서 제해권·제공권의 재탈환을 획책하려는 이른바 총력증산정책의 연장에서 나온 것이다. 즉 1943년 이후 연이어 패퇴를 거듭하던 일본은 제공권의 회복을 위해 항공기·선박의 집중적인 육성를 획책한 이른바 철강·석탄·경금속·항공기·선박 등 '중점산업'의 급속한 증산시스템을 구축하려고 본법을 실시했으며 특히 생산책임량제도는 일본공업의 기술적 낙후성을 고려하기보다는 군사적 필요량에 무조건 적응하도록 한 것이다. 그 결과 1944년 전반기에는 단기적으로 어느 정도 생산량이 상승했으나 후반기 이후 급속도로 파국상태에 직면했다.

2) 본법은 〈군수충족회사령〉과 더불어 〈공장사업장관리령〉에 입각한 지정대상을 민간사업체까지 확대하여 군수회사-군수충족회사-총독부 관리공장으로 일원화하여 이들을 전면적으로 국가통제 아래에 묶어두면서 국책을 수행하도록 하는 조치였다. 즉 본법은 기존 민유·민영 형태 민간회사의 이윤독점주의를 제거하고, 기업 생산라인에 대한 국가통제를 실현하여 일본정부[총독부]의 증산명령을 단기간에 실현할 수 있도록 한 것이었다. 그런데 일본에서는 〈공장사업장관리령〉이 본법에 흡수되었지만 조선에서는 전쟁 말기까지 본법과 더불어 계속 실시되고 있었다는 점에서 조선에서의 '관치통제'가 초법적으로 자행되고 있었다는 것을 보여준다.

3) 조선에서 본법의 적용을 받는 업체는 항공기·선박 제조업체보다는 경금속·철강 등 원자재 제조업체가 중심이었다. 아울러 경금속업은 주로 조선본점자본이 많았고, 철강업은 지점자본이 많은 것으로 나타나는데, 본점회사라고 하더라도 일본 재벌자본과 연계된 것이 많았다는 점에서 조선의 생산증강정책이 내수자립을 위한 것이라기보다는 일본의 요구에 철저히 기생하고 있다는 것을 말해 준다.

4) 본법은 단순한 물자의 수량적 증산만이 아니라 기업정비·현원 징용과 같은 노동력 분배나 기업구조의 재편성을 동반했다는 점이다. 즉 당시 조선에서 실시된 기업정비로 중요공장 72개소와 광산 72개소 등 총 144개의 업체가 통·폐합되었는데 여기서 염출된 인원과 개인공장의 정비 등에서 염출된 약 9만~13만 명 정도의 노동자가 이들 중점산업에 동원된 것으로 파악된다.

5) 조선의 군수생산책임제는 군수회사법이라는 법적 근거가 없이 초법적으로 실시된 것이었고, 지정대상 업종도 일본보다 많았다는 점이다. 그나마 1944년 10월에 〈군수회사법〉이 실시되면서 비로소 법적 근거를 얻었으나 실시과정에서 본토법 체계를 무시한 총독부의 관권이 지배하고 있었다는 점이다. 특히 자금조정이나 근로관리에 관한 통제권은 철저

히 군수대신의 소관으로 두었다는 점에서 조선총독이 자율적으로 군수회사법체제를 운영할 여지를 줄였고, 나아가서는 조선공업에 대한 일본의 금융 지배를 강화하는 역할을 수행하고 있었다고 할 수 있다.

요컨대 〈군수회사법〉은 기업운영과 생산주체와 생산기구 그리고 생산방식에 대해서 철저한 국가성의 확립에 목표를 두고 모든 산업체를 군수회사화함으로써 병영화된 기업 위계질서를 확보하여 단기-총력증산을 획책한 것이었다. 조선에서 이 법 적용이 늦었다는 것은 조선에 대한 배려라기보다는 그만큼 총독부에 의한 강권적·관치적 통제가 깊숙이 진행되고 있었던 결과에 기인한다고 할 수 있다.

[부록 1] 군수회사법(법률 제108호, 1943.10.28)

제1조 : 본법은 병기·항공기·함선 등 중요군수품, 기타 군수물자의 생산·가공·수리를 위한 사업이나 여타 군수충족상 필요한 사업에 대해서 그 경영의 본뜻을 명확하게 하고 그 운용을 강력하게 함으로써 전력증강을 도모하는 데 목적을 둔다.

제2조 : 본 법에서 군수회사라는 것은 병기·항공기·함선 등 중요군수품 기타 군수물자의 생산·가공·수리를 하는 사업[이하 군수회사라 칭한다]을 운영하는 회사로서 정부가 지정한 것을 말한다.

제3조 : 군수회사는 전력증강의 국가요청에 응하여 전력을 발휘하고 책임지고 군수사업을 수행하도록 해야 한다.

제4조 : 1) 군수회사는 명령이 정하는 바에 따라 생산책임자를 선정해야 한다.
2) 군수회사가 생산책임자를 선임하지 않을 때는 정부의 명령에 따라 생산책임자를 임명한다.
3) 생산책임자는 정부에 대해서 군수회사의 책무수행시 회사를 대표하며 책임을 진다.
4) 생산책임자가 회사를 대표하는 것과 업무집행이나 그것에 수반된 사항에 관해서 필요한 사항은 칙령으로 정한다.
5) 군수회사가 선임 또는 임명된 생산책임자를 해임할 경우 정부의

인가를 받지 않으면 효력이 없다.
       6) 정부가 생산책임자를 부적격하다고 인정할 때는 해임할 수 있다.
제5조 : 1) 생산책임자는 본점 혹은 군수산업을 운영하는 공장 또는 사업장에서 업무와 관련한 생산담당자를 임명할 수 있다.
       2) 생산담당자는 정부에 대하여 생산책임자가 지휘하는 데 따라 담당업무의 수행에 책임을 진다.
       3) 정부는 생산책임자에게 생산담당자의 배치나 해임에 관해서 명령할 수 있다.
       4) 생산담당자의 직무권한에 관해 필요한 사항은 명령으로 정한다.
제6조 : 1) 명령에 따라 생산책임자 및 생산담당자 등 군수회사가 운영하는 군수사업에 종사하는 자는 〈국가총동원법〉에 의해 징용된 것으로 간주한다.
       2) 전항에 규정된 자의 업무종사와 관련한 필요한 사항은 명령으로 정한다.
제7조 : 군수회사의 직원 및 기타 종업원은 그 담당업무에 종사함에 있어서 생산책임자 및 생산담당자의 지휘에 따라야 한다.
제8조 : 정부는 군수회사에 대하여 기한·규격·수량·기타 필요한 사항을 지정하고 군수물자의 생산·가공·수리를 명령할 수 있다.
제9조 : 정부는 군수회사에 대해서 수주·발주, 설비신설·확장·개량, 원료·재료의 취득·사용·보관·이동, 기술 개량·공개, 시험연구, 기타 사업운영에 관해서 명령 혹은 처분을 내리며, 정부가 지정한 사업 이외 사업의 운영에 대해 제한·금지를 할 수 있다.
제10조 : 정부는 칙령에 따라 군수회사에 대해서 근로관리 및 자금조정·경리에 관한 필요한 사항을 명령할 수 있다.
제11조 : 정부는 군수회사 또는 군수사업의 수행과 관련이 있는 자에 대하여 그들 사이의 군수사업 수행상 필요한 협력관계를 설정하도록 명령할 수 있다.
제12조 : 정부는 칙령에 따라 군수회사에 대하여 정관 변경, 사업의 위탁·수탁·양도·양수·폐지·휴지·합병·해산, 사업에 종속하는 설비·권리 양도·기타의 처분에 관해서 필요한 명령을 할 수 있다.
제13조 : 정부는 제8조·제9조·제11조 및 제12조의 규정에 의한 명령·처분을 할 경우, 필요하다고 인식될 때는 칙령에 따라 군수회사[제11조의 군수사업 수행에 관계있는 자를 포함]에게 보조금교부·손실보상·이익보증을 할 수 있다.
제14조 : 군수회사의 업무집행·주주총회·사원총회·사채권자 집회의 소집

및 결의. 기타 군수회사의 운영에 관해서는 다른 법률의 규정에 구속되지 않고 칙령에 의하여 별단에서 정하는 것을 할 수 있다.

제15조 : 정부는 필요하다고 인정할 때 칙령에 따라 통제·단속 등에 관한 법률규정의 적용을 배제 혹은 특례를 만들 수 있다.

제16조 : 정부는 군수회사에 대해서 감독상 필요한 명령을 하거나 처분할 수 있다.

제17조 : 1) 정부는 군수회사의 사업운영에 관하여 고사(考査)를 할 수 있다.
2) 전항의 고사에 관하여 필요한 사항은 명령으로 정한다.

제18조 : 1) 정부는 군수회사의 업무·재산 상황에 관하여 보고받거나 해당관리로서 사무소·공장·사업장·기타 장소에 임검하여 업무상황 혹은 장부·서류·설비·기타 물건을 검사할 수 있다.
2) 전항의 규정에 따라 해당관리가 임검검사를 할 경우에는 그 신분을 보이는 증표를 휴대해야 한다.

제19조 : 정부는 본법 혹은 본법에 기초해서 한 명령이나 그것을 기반으로 한 명령 혹은 처분의 효과의 확보상 지장이 있다고 인정될 때는 군수회사의 취체역 혹은 감사역을 해임하거나 업무를 집행할 사원의 업무집행권을 박탈할 수 있다.

제20조 : 1) 생산책임자 또는 생산담당자가 직무를 게을리 하고 책임을 수행하지 않은 때는 다음의 징계를 할 수 있다.
    1. 해임
    2. 견책
2) 징계는 정부의 군수생산책임심사회의 의결에 의해서 정한다.
3) 군수회사는 명령에 따라 징계 해임처분을 받은 생산책임자 또는 생산담당자·취체역. 기타 법인의 업무를 집행하는 자가 중역인 때는 해임 또는 업무집행권을 박탈하고 기타는 해고한다.
4) 군수회사는 정부지시에 따라 전 항의 규정에 해당하는 자에 대하여 퇴직금 전부 혹은 일부를 지급하지 않는다.
5) 군수회사는 정부의 지시에 따라 견책처분을 받고 그 정황이 심각한 자의 급여를 일정하게 삭감한다.
6) 징계처분을 공시한다.
7) 군수생산책임심사회에 관한 규정은 칙령으로 정한다.
8) 군수사업을 운영하는 회사·기타 법인·군수사업과 관련한 통제회 혹은 통제회사는 명령에 따라 징계·해임 처분을 받은 중역에 대하여 그 취

체역 기타 법인의 업무를 집행하는 사람은 해임하거나 업무집행권을 박탈한다. 다만 정부의 허가를 받은 경우에는 그렇지 않다.

9) 군수사업을 운영하는 회사, 기타 법인 또는 군수사업과 관련한 통제회 혹은 통제회사는 징계·해임 처분을 받은 자를 처분이 있는 날로부터 2년간 이사·취체역 기타의 법인업무를 집행할 중역으로 일할 수 없다. 다만 정부의 허가를 받은 경우에는 그렇지 않다.

제21조 :1) 군수회사 직원·종업자가 이유없이 생산책임자 또는 생산담당자의 지휘를 따르지 않을 때는 다음과 같은 징계를 할 수 있다.

    1. 견책
    2. 훈고

2) 징계는 정부가 생산책임자 혹은 생산담당자의 보고에 따라 행한다.

3) 군수회사는 정부의 지시에 따라 견책의 처분을 받고 그 내용이 심한 것은 일정급여를 삭감하며 일정기간 승급을 정지한다.

제22조 : 본법 가운데 필요한 규정은 칙령에 따라 군수사업을 운영하는 자로서 회사 이외의 것이나 군수충족상 필요한 군수사업 이외의 사업을 운영하는 회사나 사람에게도 준용할 수 있다.

제23조 : 다음 각호중 하나에 해당하는 자는 2년 이하의 징역 또는 삼천 원 이하의 벌금에 처하고 사정에 따라서는 징역이나 벌금을 같이 부과할 수 있다.

    1. 제9조 규정〔전 조의 규정에 의해 준용되는 경우도 포함한다〕에 기초하여 나온 명령이나 같은 조항의 규정에서 처분·제한·금지한 것을 위반을 한 자.

    2. 제10조 규정〔전 조의 규정에 의해서 준용되는 경우도 포함한다〕에 의한 명령을 위반한 자

    3. 제11조 규정〔전 조의 규정에 의해서 준용되는 경우도 포함한다〕에 의한 명령을 위반한 자

    4. 제12조 규정〔전 조의 규정에 의해서 준용되는 경우도 포함한다〕에 의한 명령을 위반한 자

제24조 : 다음 각호 중 하나라도 해당되는 자는 천 원 이하의 벌금에 처한다.

    1. 제16조의 규정〔제22조의 규정에 의해 준용하는 경우도 포함한다〕에 기초하여 나온 명령이나 같은 조항의 규정으로 처분한 것을 위반을 한 자.

    2. 제18조 가운데 제1항의 규정〔제22조 규정에 의해 준용하는 경우도 포함한다〕에 의한 보고를 하지 않거나 허위보고를 한 자.

제25조 : 제18조 제1항의 규정〔제22조의 규정에 의해 준용하는 경우도 포함한

다)에 의하여 해당 관리의 임검검사를 거부하거나 방해 혹은 기피하는 자는 6개월 이하의 징역이나 500원 이하의 벌금에 처한다.

제26조 : 법인 대표자 혹은 법인 혹은 대리인·사용인 기타 종업자가 그 법인 또는 그 사람의 업무에 대해서 제23조·제24조를 위반하는 행위를 하는 때, 행위자를 처벌하는 이외에도 그 법인 또는 사람에 대하여 각 조에서 규정한 벌금을 부과한다.

부칙
본법의 실시일은 칙령으로 정한다.

[부록 2] 군수회사법 시행령(칙령 제928호, 1943.12.15)

제25조 : 주무대신은 군수회사의 운영에 관하여 특별한 필요가 있을 때 명령에 따라 다음의 법률 기타 시행에 관한 칙령중 통제·단속 등에 관한 규정의 적용을 배제하고 또한 특례를 만들 수 있다.
　　항공기제조사업법, 조선사업법, 자동차제조사업법, 중요기계제조사업법, 유기합성사업법, 제철사업법, 경금속제조사업법, 석유업법, 인조석유제조사업법, 가스사업법, 전기사업법, 광업법, 산금법, 석유자원개발법, 일본제철주식회사법, 제국광업개발주식회사법, 제국석유주식회사법, 일본 발송전주식회사법, 염전매법, 시가지건축물법, 공유수면매립법, 삼림법, 공장법.

부칙
본령은 군수회사법 시행일부터 시행한다.

[부록 3] 군수회사법 시행규칙(부령 제357호, 1944.10.28)

제1조 : 1) 조선총독이 〈군수회사법〉 제2조 제1항 규정에 의해 군수회사를 지정할 때 군수사업을 운영하는 회사에 대해서 다음 사항을 기재한 지정영서를 교부한다.

        1. 회사 명칭 및 소재지.
        2. 군수사업의 종류 및 해당 군수사업을 하는 공장·사업장의 명칭 및 소재지
        3. 기타 필요 사항
     2) 전 항의 규정은 조선총독의 동항 제2호 혹은 제3호에 제시된 사항을 변경하거나 군수회사 지정을 취소할 때 준용한다.
     3) 조선총독 제1항에 따라 지정영서를 교부할 때 해당 회사명을 공시하고 해당 회사명이 변경된 경우나 해당회사에 관한 군수회사 지정을 취소하는 경우도 마찬가지다.
제2조 : 1) 군수회사는 전조 제1항에 따른 지정영서를 교부받을 때부터 2주 이내에 생산책임자를 선임하고 조선총독에 신고해야 한다.
     2) 전 항에서 정하는 바 주어진 기간내 생산책임자를 선임하지 못했을 때는 조선총독이 생산책임자를 임명할 수 있다.
제3조 : 전 조의 규정은 생산책임자가 결원이거나 군수회사〈군수회사법〉제4조 제5항 규정에 의해서 생산책임자를 해임할 경우도 준용한다.
제4조 : 생산책임자는 해임 또는 조선총독의 인가에 의한 사직을 제외하고 그 직위를 그만 둘 수 없다.
제5조 : 1) 조선총독은〈군수회사법〉제4조 제6항에 따라 생산책임자를 해임할 때 해당 군수회사에 그 취지를 통지한다.
     2) 제2조 규정은 전 항 규정에 의한 생산책임자의 해임통지가 있을 때도 준용한다.
제6조 : 1) 생산책임자 생산담당자를 임명할 때는 지체없이 조선총독에게 신고해야 한다.
     2) 생산책임자 생산담당자의 직무권한을 정할 때는 지체없이 조선총독에 신고하고 그것을 변경하는 경우도 마찬가지다.
     3) 조선총독은 전 항의 규정에 의해 신고 받고 생산담당자의 직무권한 가운데 필요한 것에 대해 변경을 명령할 수 있다.
제7조 :〈군수회사법〉제13조에 의하여 보조금을 청구할 군수회사는〈군수회사법〉제8·9·11·12조 규정에 의한 명령 혹은 처분을 받은 후 3개월내 청구해야 한다. 다만 특별한 사유가 있어 조선총독의 승인을 받을 때는 해당 명령사항의 이행 후 혹은 해당 군수회사의 영업연도를 마친 후 3개월 내 청구할 수 있다.
제8조 :〈군수회사법〉제13조에 의해 손실보상을 청구할 때 군수회사는〈군수회사법〉제8·9·11조 또는 제12조의 규정에 의한 명령 혹은 처분을 받

은 사항의 이행을 종료한 다음 3개월내 청구해야 한다. 다만 특별한 사유가 있어 조선총독의 승인을 받을 때는 손실이 발생할 때마다 또는 해당 군수회사의 영업연도가 마친 후 3개월내 청구할 수 있다.

제9조 : 〈군수회사법〉 제13조에 의해 이익보증을 위한 계약을 청구할 군수회사는 〈군수회사법〉 제8·9·11조 또는 제12조의 규정에 의한 명령 혹은 처분을 받은 후 3개월내 청구해야 한다.

제10조 : 군수회사 〈군수회사법〉 제13조의 규정에 의해서 보조금교부·손실보상 혹은 이익 보증을 청구할 때는 다음 사항을 기재한 청구서를 조선총독에 제출할 것

  1. 군수회사의 명칭 및 소재지
  2. 청구의 기초가 되는 명령의 요지
  3. 청구의 이유
  4. 청구 금액에 관한 사항
  5. 기타 필요하다고 인정되는 사항

제11조 : 군수회사 운영상 다음에 제시된 법령 가운데 적용 배제하거나 특례를 만들어야 할 사항은 별표에서 나타난 대로 한다.

  1. 〈군수회사법〉시행령 제25조에서 제시된 법률 및 그 시행과 관련한 칙령, 조선총독부령 또는 조선총독부 고시
  2. 〈군수회사법〉시행령 제26조에 제시된 칙령 및 그 시행과 관련한 조선총독부령 또는 조선총독부 고시
  3. 1944년(소화 19) 제령 제32호 제2항에 의한 통제·단속 등에 관한 제령 및 그 시행과 관련한 조선총독부령 또는 조선총독부 고시
  4. 전 각호에 제시된 이외의 조선총독부령 및 그 시행에 관련한 조선총독부 고시

제12조 : 일본본토 및 조선에 걸친 본점 또는 군수사업을 운영하는 공장 혹은 사업장을 가진 군수회사 및 생산책임자가 조선에서 사업과 관련한 〈군수회사법〉 또는 그 시행에 관련한 명령에 의해 주무대신에 보고 혹은 신고해야 할 것은 동시에 그 사본을 조선총독에 제출해야 한다.

제13조 : 〈군수회사법〉 제18조 제2항의 증표는 별기양식〔생략〕에 의한다.

제14조 : 〈군수회사법〉시행령 제29조 제1항 규정은 회사는 25만 원 이상, 조합은 조합원 10인 이상의 것으로 한다.

제15조 : 전 각 조의 규정은 군수사업을 운영하는 자로서 회사 이외의 것에 그것을 준용한다.

부칙
본령은 발포날부터 시행한다.

조선총독 〈공장사업장관리령〉에 의한 관리공장·사업장을 운영하는 회사 기타 사람에 대한 〈군수회사법〉 제2조〔〈군수회사법〉시행령 제30조 제1항에서 준용할 경우를 포함〕의 규정에 의하여 지정을 할 때는 제1조 제1항 또는 제2항〔제15조에서 준용하는 경우를 포함〕의 지정영서에 기재하게 되는 공장사업장에 대해서는 지정영서의 교부일부터 〈공장사업장관리령〉에 기초한 관리는 폐지하는 것으로 간주한다.

〔부록 4〕 군수회사 제1차 지정대상 회사의 자본규모 및 생산책임자

회사명	창 립	자본금〔만원〕	배당률	자본계통	생산책임자
조선전업	43.8	341750	7	일본질소	久保多豊
압록강 수전	37.9	100000	6	일본질수	久保多豊
▶일본질소	06.1	450000	8	-	榎並直三郎
▶소화전공	24.10	244000	8	-	鈴木忠治
조선전공	43.12	100000	미	소화전공	鈴木忠治
조선주우경금속	43.12	80000	미	주우금속	矢部忠治
삼정경금속	41.12	45000	무	삼정광산	淡輪雅信
조선신강금속	39.8	50000	무	신호제강	淺田長平
조선경금속	38.9	15150	무	소화전공	安西正夫
조일경금속	43.11	40000	미	고하전공	磯邊愉一郎
삼릉마그네슘	42.12	5000	미	삼릉화성	池田龜三郎
일본마그네슘금속	34.6	4000	무	일본질소	白石宗城
삼정유지화학	37.6	20000	무	삼정본사	池淵祥次郎
▶일본제철	34.1	800000	7	-	豊田貞次郎
▶삼릉제강	17.4	100000	8	삼릉중공업	中村道方
고주파중공업	36.1	50000	7	-	有賀光豊
▶무산철광개발	39.12	50000	5	삼릉광업	佐佐木高之助
조선무연탄	27.2	50000	8	동양척식	人見次郎
삼척개발	36.4	45000	5	일전흥업	大石直治良
조선제철	41.11	30000	미	대동제강	鵜瀞新五

회사명	창 립	자본금[만원]	배당률	자본계통	생산책임자
조선유연탄	39.11	19150	3	동양척식	新貝 肇
유선(遊仙)광업	38.3	10000	8	동방탄광	福本貞喜
▶일본원철	43.11	10000	미	고주파중공업	有賀光豊
▶이연특수제철	43.7	10000	무	이연광학	市村 淸
▶일본광업	29.4	471825	6	만주중공업	藤田正輔
▶삼릉광업	18.4	203700	9	삼릉본사	小村千太郎
▶일철광업	26.5	150000	4	일본제철	豊田貞次郎
▶주우광업	37.6	80000	7	주우본사	三村起一
조선석유	35.6	50000	8	일본질소	木村義雄
소림광업	34.2	50000	8	-	小林采男
일질광업개발	29.9	16000	무	일본질소	榎並直三郎
조선인조석유	35.3	10000	무	일본질소	御所 靜
동방광업	34.9	7500	9	욱 산업	松永 亨
조선전기야금	39.9	4500	무	○○공업	片○勉
[조선질소비료?]	40.10	5000	미	○○○○	憲川恒一郎
일본탄소공업	40.1	5000	5	일본고주파중공업	石川 等
▶보국코발트	43.12	6000	미		川崎芳熊
▶삼정광산	11.12	40000	9	삼정본사	川島三郎
▶종연공업	44.9	32000	8	삼정본사	津田信吾
▶동경지포전기	04.7	31000	10	삼정물산	波守豊治
조선비행기공업	44.10	50000	미		박흥식
조선기계제작	37.6	80000	7	일본강관	橫山公雄
▶일본차량	96.8	20000	10	-	岩垂捨三
조선중공업	37.7	15000	5	삼릉중공업	襄(?)田兪吉
용산공작	19.8	10000	9		田川常次郎
조선항공공업	44.10	10000	미		眞原勝平
▶삼릉화성공업	34.8	110790	7	삼릉광업	池田龜三郎
조선질소화약	35.4	20000	8	일본질소	大石武夫
일질고무공업	44.9	3000	무	일본질소	白石宗城
▶일질연료공업	41.7	50000	6		白石宗城
조선특수화학	43.7	1000	미	일립제작소	北山直太郎
조선세멘트	36.2	14000	7	우부산업	原 安一
조선소야전세멘트	34.12	7500	무	소야전시멘트	安藤豊祿
조선천야세멘트	36.7	3000	7	천야시멘트	煙惣之助
▶소야전시멘트	81.5	43340	6		狩野宗三

[부록 5] 군수회사 제2차 지정대상회사의 자본규모 및 생산책임자

회사명	창립	자본금(천 원)	배당률	자본계통	생산책임자
▶일본내화재료	1937.7	6,000	8	일본강관	白石元次郎
일본무연탄제철	1943.3	5,000	무	-	백(천)낙승
일본마그네	1935.6	5,000	8	일본고주파	高橋省三
▶일본강관	1912.6	257,000	8	천야동족	淺野良三
일본정공	1938.9	1,000	무	조선화학총포	岩谷二郎
▶일립제작	1920.2	700,000	9	만주중공업	小平浪平
▶광양정공	1935.1	31,000	9		池田善一郎
소화정공	1942.10	4,000	무	일청방적	西本直民
조선주우제강	1944.6	6,000	무	주우금속	春日弘
조선제강	1937.6	2,000	5	조선정미	加藤平太郎
조선동지전(朝鮮東芝電)	1945.1	5,000	미	동경지포	高橋恒裕
조선이연항재	1943.1	1,000	무	이연공업	岡秀寶
조선화공창	1944.12	2,000	6	홍중중공	弘中良一
조선화학제조	1937.2	10,000	6	일본화약제조	上野行藏
조선타이어	1941.5	4,000	무	일본타이어	石橋正二郎
조선무수주정	1937.6	5,000	4	동양척식	岸常二
조선운모개발	1939.9	3,000	무	일립제작	中島武雄
조선송하전기	1944.12	1,000	미		澤邊武雄
조선전기제강	1940.8	2,000	7		金子鑄鋼
조선전선	1941.3	5,000	무		高橋協
조선유지	1933.10	20,000	무	일본유지	齊藤靖彦
조선피혁	1911.9	3,000	8		賀田以武
조선중기공업	1944.5	5,000	무	소림광업일철	佐武信夫
조선알루미	1943.3	9,000	6	일질	白石宗城
조선착암기	1937.12	1,000	5	식은	進蒙(?)鼎
북선제강	1938.2	3,000	9	-	福武吉太郎
▶동경제강	1897.2	30,000	10	-	矢吹省三
동양전선	1944.7	8,500	미	조선식은	板坂左之助
▶중외광업	1932.4	17,000	7	중외산업	原安三郎
중천(中川)광업	1937.3	2,000	9	-	中川太郎

회사명	창립	자본금[천원]	배당률	자본계통	생산책임자
▶명치광업	1908.1	30,000	7	安川합명	松本幹一郎
삼성광업	1928.3	5,000	6	삼정광산	黑田近雄
보광광업	1932.4	10,000	3	-	有賀光則
▶대동광업	1937.7	20,000	8	협화상사	今井彌八
이원철산	1918.2	3,000	6	-	松宮淸
시천제철	1943.9	1,000	무	-	是川銀藏
▶冲전기	?(19.8)	60,000	8	安田保善	小澤仙吉
▶중앙전기	1939.12	500	8	삼릉전기	鴨下來吉
▶탕천(湯淺)축전지	1918.4	16,000	무	삼정물산	小山文吉
봉천무연탄	1934.2	5,000	-	藤本증권	福井武二郎
종연서선중공업	1939.5	1,000	8	종연공업	倉知四郎
▶디젤 자동차	1937.4	7,700	무	일립제작	田中案山子
▶대일본방적	1889.6	147,000	10	寺內합명	小寺源吾
▶제국섬유	1907.7	64,000	9	安田保善	岩村淸一

출전: 東洋經濟新報社, 『大陸東洋經濟』(1945.5.1).

제5장
기업정비와 회수

1. 들어가며

　1942년 이후 일본본토에서는 기업정비가 본격적으로 추진되면서 "거의 모든 기업이 폐쇄되어 버렸고 섬유산업 등의 설비의 대부분은 파철화되어 철강생산에 사용되었다"1)고 한다. 따라서 기왕의 조선 공업사 연구에서도 이러한 본토의 상황과 마찬가지로 조선의 기업정비는 "조선인 중소공업이나 가내공업에 큰 타격을 입히고 민족자본의 소멸을 초래한 것" 이상의 평가를 하기 힘든 것이었다.2) 예를 들어 가지무라 히데키는 1941년 이후 각종 물자통제 및 기업정비, 미쓰비시・군시 등 독점자본에 의한 합병 등으로 평양메리야스는 '전업'과 '기업합동'으로 거의 질식단계에 접어들었으며 폭압적인 정비에도 불구하고 조선인 자본은 어떠한 저항도 보이지 않았다고 하였다.3) 또한 '개발론'적 인식에서 접근한 경우에도 당시 기업정비는 "조선인 자본에 대한 일대 타격"4)이라고 이해한 것을 볼 때 그만큼 '기업정비=조선인자본의 몰락'이라는 인식틀은 좀처럼 뛰어넘기 힘든 것이었다.
　그러나 최근의 연구에서 이러한 가혹한 기업정비에도 불구하고 상당

---

1) 中村隆英, 『昭和經濟史』(岩波書店, 1986), 140쪽.
2) 朴玄埰, 「한국자본주의와 민족자본」(『한국의 사회경제사』, 한길사, 1987), 143쪽.
3) 梶村秀樹, 「일본제국주의하 조선자본가층의 대응」(『韓國近代經濟史硏究』 四季節, 1983), 472쪽.
4) 安秉直, 「한국에 있어서의 경제발전과 근대사 연구」(『제38회 역사학대회 발표요지』, 1995), 134쪽.

수의 조선인 자본이 잔존하였다는 사실이 밝혀졌다. 우선 주익종의 경우 가지무라가 지적한 전시 이후 평양메리야스업의 '질식'은 사실이 아니며 조선인 자본의 자발적인 대응으로 정비위기에 몰리면서도 매도거부 등 저항을 보였다고 하고, 총독부도 굳이 강제적으로 통폐합하지 않았다는 것이다.5)

그런데 기왕의 연구들은 '조선인 자본의 잔존'을 설명하는 데도 대부분 조선인 자본의 능동성을 강조한다든가 토착경제·토착시장의 존재를 확인하려는 데서 비롯된 것이었기에 정책적 동기에서 조선의 중소공업을 '확대'해야 하는 필연성이나 조선인 자본이 전시경제에 참여한 측면은 소홀하게 다루었다고 여겨진다.

특히 총독부가 자행한 최대의 기업정책 변화라고 볼 수 있는 기업정비 문제는 당시 조선인 자본의 운명과 동향을 설명하는 데 중요한 분석 대상임에도 그 자체로 구체적인 해명을 시도한 연구가 아직 없는 실정이다. 따라서 본 항목에서는 총독부의 기업정비정책을 추진과정과 결과를 분석함으로써 기업정비정책이 조선에서 어떠한 정책적 구상하에서 어떠한 모습으로 전개되고 그 결과는 무엇인지 살펴보고자 한다.

2. 기업정비정책의 수립

1) 기업정비령(1942.6)과 '중소기업의 육성대책'

1940년 이후 일본본토에서는 각종 경제통제가 강화되면서 비군수산업에 대한 정비정책이 시작되었다. 즉 1940년 11월에는 「직물제조업자정

---

5) 그 결과 해방 때까지도 200여 명이 평양메리아스공업 조합원의 자격을 유지했다고 보았다.[주익종, 「일제하 평양메리아스업에 관한 연구」(서울대 경제학과 박사 학위 논문. 1994), 229쪽]

비요강」이 발표되고 1941년에는 메리야스·기계철강제품·농기구·자동차수리·가공·자동차부분품·자전거·소조선업·선박용금물·신철·경금속·주물·법랑유기·유리·도자기·제혁·수산피혁·의혁·셀룰로이드가공·제교세제·과자·연탄 등 20여 건의 정비요강이 발표되었다. 특히 태평양전쟁 이후는 〈중요산업단체령〉에 입각하여 산업별로 통제회가 설립되고 중소기업의 정비도 개시되었다. 이에 상업조합의 공판기준이 입안되고 임의조합공인(1941.7.29)·〈기업허가령〉(1941.12) 등에 이어 1942년부터 기업정비를 단행하여 석유판매업·석탄판매업·자전거판매업·귀금속상·시계점·도자기상·유리상·금물상·포목상·양품잡화점·양복점 등 상업분야를 정리하였다.6) 또한 중소공업에서도 화학·기계·방직업 정비가 시작되었다.

이에 총독부도 「중소상공업대책요강」(1941.1.4)을 공포하여 조선 중소공업에 대한 정비방침을 표방했다. 「요강」에 따르면 우선, 육성대상으로는 군수산업과 국민의 최저생활 유지에 필요한 생필품 산업으로 하고 이들을 유한회사·소조합 등 법인조합·회사 등으로 조직화하여 경영합리화 및 기술향상을 꾀한다는 것이었다. 이를 위하여 군수하청, 금융소통, 수입대체공업의 장려, 상공상담소의 확충 등의 대책을 제시하였다.7) 둘째로 규제대상으로는 설비의 과소로 품질향상과 생산력 증진이 곤란한 분야와 경영·기술의 불량으로 활용이 어려운 부분으로 하고 특히 노동력 재편차원에서 전업이 불가피한 것을 우선적으로 전환한다는 것이었다. 이를 위해 동업자의 공제, 직업소개소 및 직업훈련소의 강화, 직업연락원의 설치 등의 대책이 제시되었고, 이와 함께 지도기관으로 '중소상공업대책위원회'를 총독부에 설치하도록 했다.8)

그런데 조선의 상황에서는 전자에 해당하는 기업와 후자의 기업을

---

6)〔岸信介 商相 衆議員豫算委 答辯, 1943.2.9〕,『經濟情報』8, 1943.6), 56쪽.
7)『殖銀調査月報』(1941.3), 62~3쪽 및 「朝鮮於中小商工業對策」(『大野綠一郎文書』5), 297~302쪽.
8) 末松玄六,「中小工業問題に於ける內鮮比較」(『總督府調査月報』, 1941.3), 39쪽.

구분할 지침이 불명확하였다. 즉 조선의 중소공업 특히 1940년대 급성장한 중소공업은 대부분 전자에 의한 것인 반면, 그 규모는 오히려 후자에 속하였기 때문이었다. 따라서「요강」〔실시요령 제1조6항〕에서는 "가급적 종래의 기업체를 변경시키지 않고 개인의 창의와 연구를 장려하며 공업조합 결성 등 조직화에 노력할 것"이라 함으로써 '중소기업의 육성차원의 정비대책'을 강조하였다.

그런데 태평양전쟁이 발발하면서 조선 내적으로도 1940년대 이후 비군수계열의 중소공업의 증대, 원료부족, 유사기업의 난립, 공장의 지역적 편중 등 기업정비의 필요성이 대두하였다.9) 이에 조선에도 기업정비를 위한 예비조치로서 의미를 가진 〈기업허가령〉(1941.12.26)이 공포되었다. 그런데 〈허가령〉에서 "기업정비로 발생하는 사업을 위탁할 경우 총독부는 생산력 확충계획을 기준으로 수탁자의 특수한 능력을 참작하여 허가여부를 결정한다"고 하고,10) "정비는 단순히 원료난에 처한 비군수산업이나 소비재 산업을 대상으로 하지 않고 적어도 엔블록의 종합적 생산력 확충차원에서 지정된다"고 하여 일방적인 중소기업의 정비를 표방하지는 않았다.

한편 〈기업정비령〉(1942.6.15)은 기왕의 민간자치방식의 정비대책을 "주무대신이 직접 감독에 의한 정비"로 전환하고자 한 것이었다. 그런데 〈기업정비령〉이 공포되었지만 총독부는 계속해서 기존의 '중소기업육성대책'이라는 구도에서 벗어나지 않고서 "자치적이며 발전적인 정리·통합"을 계속하기로 하였다. 즉 총독부가 "조선의 경제건설은 행정적 지도와 업자의 자각과 협력으로 충분히 목적을 달성할 수 있기에 〈기업정비

---

9) "조선에서도 중소기업자의 양적 비중이 압도적으로 크다는 것 중소공업의 지반이 平和産業〔비군수산업 : 필자〕에 있다는 것 따라서 전시하 자재물자의 입수난부터 영업이 계속해서 곤란해지는 것 등 이들 제점에 있어 내지와 하등의 차이가 없다".〔巴山基洙〔창씨이전명 李基洙〕,「朝鮮中小企業問題の現段階」(『朝鮮總督府調査月報』, 1942. 8), 5쪽〕
10)『殖銀調査月報』(1942.2), 27쪽.

령)의 공포는 단순한 법제의 정비이며 정리방법도 업자의 자주를 원칙으로 한다"11)고 한 것이나 정비를 하더라도 "생산성의 향상을 위해 발전적으로 통합하는 것이지 소극적이고 억제적인 통합은 결코 아니다"12) 하여 법제적인 정비이며 설사 정비가 있어도 불필요한 업종만이 정리될 것이라는 사실을 분명히 하였다.

따라서 아직 조선에서는 기존 중소기업·비군수 산업에 대한 '육성론리'가 계속 선전되었다. 실제로 기업정비가 진행되었다고 해도, 그 방법은 주로 중소기업을 합동하여 조합·회사 등 법인화하는 것이었고, 그 내용도 일본본토는 주로 제2종 공업[군수·중화학공업 방면]이었지만 조선은 아직 소운송업·제면업·상업 및 1종[비군수산업]과 3종[잡공업]공업 또는 배급부문에 머무는 것이었다. 목적면에서도 일본본토는 노동력 동원이나 설비회수와 관련이 있었지만13) 조선은 정책적으로나마 '경영합리화' 혹은 '생산력 확충'을 표방하고 있었다.

물론 조선에서도 「전력증강기업정비요강」(1943.6)이 발표되기 전까지 기업정비를 위한 몇 가지 예비적 조치가 있었다. 예를 들어 〈산업설비영단법〉을 조선에도 시행한 것[조선의 경우는 중요물자영단, 1942.1]이나 갱생금융제도의 실시에 따라 '구업무자산평가절차'가 발표된 것을 들 수 있다.14) 더불어 금속류에 대한 〈강제양도명령제〉(1942.9)를 실시하여 공장·사업장·점포·사무소 등 지정설비에 대한 강제회수를 시작한 것15)이나 「전력증강기업정비요강」이 공포되자마자 「유휴설비조치요강」

---

11) 『每日新報』(1942.5.24), 2쪽.
12) 『殖銀調査月報』(1942.8), 20쪽.
13) "1942년 근로보충을 위한 국민동원 계획은 금후 전망 및 과거 근로보충 상태 나아가 물자동원 계획과 연관을 생각하여 수립되었는데 중요산업에 대한 충족은 1942년도에 들어 호전되고 있고 중요산업은 금일 군수품 생산상 95% 이상으로 완전히 충족된다. 이들 급원은 국민학교 졸업생·중등학교 졸업생 혹은 청년단체·중소상공업의 전폐자 또는 배치전환·조선동포의 근로 등이다."[小泉 厚相 衆議員豫算委 答辯 (1943.2.2), 상동, 56쪽]
14) 「更生金庫制度と更生金融制度」(『經濟月報』, 1942.10), 21~23쪽.
15) 『日帝侵略下韓國三十六年史』13(1942.9.8), 225쪽.

(1943.7)을 공포하여 유휴설비에 대한 '파철화(SCRAP)' 방침을 세운 것은 그러한 예비조치의 하나라고 볼 수 있다.

그렇지만 전체적으로 보면「중소기업정비요강」·〈기업허가령〉·〈기업정비령〉은 중소기업육성정책의 기본틀을 벗어나지 않는 범위내에서 전쟁수행이나 조선경제의 '자급'에 기여할 수 없는 기업들을 선별적으로 정리하겠다는 것이었다.

2)「전력증강기업정비요강」(1943.6)과 정비정책의 입안

1943년 2월 일본군이 과달카날에서 철퇴하면서 이후 일본에게는 극히 불리한 전쟁상황이 되었다. 이에 제81회 의회(1943.1) 이후 '결전태세의 확립', '필승전력증강' '중점주의 통제' 등으로 표현되는 생산력 확충 및 물동계획이 강화되면서 기업정비대책도 '결전'이라는 명목하에 전체 산업에 걸쳐 진행될 상황이 전개되었다.16) 즉 종래와 같은 단순한 업종별 기업통폐합, 경영난 완화, 중소기업 중심의 정비만이 아니라 전쟁수행을 위한 물동이나 엔블록내 생산력 배치와 연결되면서 이른바 산업구조의 재편수단17)으로서 기업정비대책이 추진된 것이었다.

이에「전력증강기업정비요강」(1943.6.1)에서는 정비방법부터 종전과 자못 다른 것이었다. 즉 종래 정비요강은 업종마다 정비령이 발동되어 전체적인 방침하에 개별기업을 정비하는 것이었지만 본「요강」이후는 정비대상을 업종별로 구분하는 대신, 산업부문별로 전쟁에 대한 공헌정도를 따져서 제1종〔비군수부문〕,18) 제2종〔군수부문〕, 제3종〔잡공업 부문〕

---

16) 粟屋幸衞,「中小企業整備問題について」(『朝鮮工業組合』, 1943.10), 8쪽.
17) 이와 관련하여 당시 총독부 상공과 사무관인 粟屋幸衞은 "승리의 열쇠는 첫째도 둘째도 전략물자의 생산증강이다. 그러나 자재·자금·노동력에 한하고 있는 현상에서 생산·배급 등에 대한 적극적인 중점주의는 현하 전시경제의 절대적 요청이다. 이에 전 산업부문에 걸친 산업재편성과 그것을 위한 기업의 정비 및 통합이 요청되었다"라 언급하였다.〔粟屋幸衞,「中小企業整備問題について」(『朝鮮工業組合』, 1943.10), 3쪽〕

및 배급부문 등 4부문으로 나누고 단위공장은 조업·전용·보유·폐휴 등 4종류로 나누어 공장마다 비율을 정하여 정비하게 되었다.

둘째로 정비범위도 달랐다. 즉 중소기업만을 정비하는 것이 아니라 이제는 비록 대공업이라 하더라도 전쟁에 간접적으로 공헌하지 못하는 것은 배제하였고, 정비대상도 전체산업으로 확장하였다. 따라서 군수부문도 계열화가 되지 않았으면 모공장·자공장 등으로 정비하여 '중점산업'으로 통합되도록 했다. 또한 '중점산업'은 다른 산업보다도 우선적으로 기업정비로부터 약탈된 자재·설비·노동력을 할당받도록 했다. 예를 들어 1943년 이후 일본이 전쟁에서 제공권을 탈환하기 위해 항공기산업을 중점육성하면서 '항공기 전력증강에 필요한 경금속 증산용 자재·기계 및 설비 등 우선 처리에 관한 건'을 발표하여 알루미늄·알루미나·마그네슘 등도 군수품으로 취급하고 「설비기계동원실시요강」(1943.11)을 발표하여 항공기의 증산을 위하여 다른 데서 가동중인 설비도 동원하도록 한 것이다. 요컨대 「전력증강기업정비요강」 이후 일본본토의 기업정비는 종전처럼 규모에 따라서 결정되는 것이 아니라 전체 산업을 대상으로 하여 전용 가능한 금속량·설비·노동력 등을 고려하여 결정되었고 업종별로 구체적인 상황을 감안한 것이라기보다는 일률적으로 비율을 정해서 정비하게 되었다.[19]

한편 일본본토에서 본격적으로 기업정비가 추진됨에 따라 조선도 그것에 상응하는 조치가 필요했다. 이에 1943년 10월 26일 기업정비위원회 제1회 위원회가 개최되고 심의결과는 「기업정비기본요강」으로 입안되어 공포되었다.[20] 이 「요강」에서 제시된 정비방침은 "전쟁수행에 필요

---

18) 제1공업부문이라는 것은 노동력 및 설비의 전용활용과 금속회수를 크게 기대할 수 있는 산업으로서 조업공장·전용공장·보유공장·휴폐공장 등 4부류로 세분되었다. 조업공장은 전쟁수행에 필요한 국민의 최저생활을 유지하기 위한 것이고 전용공장은 군수공업 등으로 전용활용하는 것이며 보유공장은 국방상 혹은 재해 등을 대비하여 보유하는 것이었다. 휴폐업공장은 금속회수를 위한 것이다.
19) 川端嚴, 「中小企業整備問題」(『朝鮮工業組合』, 1943.10), 14쪽.
20) 이 요강은 서두에 기업정비기본방책이 자리잡고 이어 배급부문 정비요강과 중소공

한 부문은 확장하여 생산력을 높이고 비군수산업, 공리적 또는 투기적으로 성장한 사업, 경영난에 처한 기업 등은 각종 요강으로 강력히 통·폐합한다는 것"이었다.21) 즉 조선의 「기업정비요강」은 일본의 「전력증강기업정비요강」의 목적을 그대로 반영한 것이었다. 하지만 조선의 「기업정비요강」을 일본본토의 그것과 비교하면 몇 가지 측면에서 차이가 있었다.

우선 정비의 주체로서 일본본토는 통제회가 중심인 반면22), 조선은 통제회가 없었을 뿐 아니라 〈상공조합법〉이 공포되지 않았기 때문에 총독부 기업정리위원회가 주도하였다. 따라서 일본본토보다 더욱 '관주도'의 정비가 예고되었고 정리절차도 국가통제의 원칙이 철저히 적용되었다. 예를 들어 "조선에서 기업정비 계획은 반드시 국가 또는 전업상담소 등의 지도를 받아 공업조합 등 동업자 단체가 세운다"23)고 한 것에서도 알 수 있다. 그 이유는 "조선에서 정리사업을 감당할 역량이 없는 조합이 많고, 관청이나 전업상담소 등의 알선기관이 있어도 이용방법을 모르는 경우가 많았기 때문"이라고 했는데 본질적인 이유는 기업정비의 주체를 민간조직으로 할 경우 총독부에 의한 일원적인 통제가 어려워진다는 것 때문이었다.

또한 정비기준도 일본본토는 설비·기계대수·생산실적 등을 참작하여 표준을 정하고 그것에 따라 정비하는 것이었지만, 조선은 국가적 필요를 전제로 하여 기업의 생산성〔경제성 및 기술성〕에서 구하는 이른바 '능률기준'에 입각한 정비, '증산정책'에 기여하는 정비를 특별히 강조하

업정비요강 등 정비방법을 명기하는 한편 특별조치로 기업정비에 수반한 공조시설·종업원·재정금융조치 요강이 부속됐다.
21) 山地靖之, 앞의 글(『朝鮮實業』, 1943.8), 3~5쪽.
22) 통제회가 계획하고 상공업조합이 조합법에 근거하여 실행하는 것이었다.〔鹽田咲子, 「戰時統制下の中小商工業者」(『戰爭と國家獨占資本主義』〈體系 日本現代史 4〉, 1979), 250쪽〕
23) 〔구업무자산의 평가절차〕「更生金庫制度と更生金融制度」(『經濟月報』, 1942.10), 5쪽.

였다.

둘째로 조선의 경우는 "제1종과 제3종 공업의 엄밀한 구분이 곤란하고 제1종에 속하는 것이 유난히 적기 때문에 정리계획도 제2종 공업부문의 확충과 중소상공업자의 정리"24)로 귀결되었다. 결과적으로 볼 때 중소상공업자는 대부분 소공장이나 개인영업체로 나타난다. 특히 조선에서는 배급기구의 정비는 일단 용이했으나 공업분야의 부문별 정리요강이 공포되기까지는 상당한 시일이 지체되었다.25) 마침내 1944년 2월 18일 일본본토에서 〈제2종 부문 기업정비에 관한 건〉이 공포되어 군수공업 특히 항공기산업 관련분야의 정비가 전개되자 총독부도 제2종 공업부문의 「기업정비조치 및 기계공업정비요강」을 공포하여 항공기의 증산을 위한 기업정비를 시작했다. 즉 총독부로서는 생산력 확충을 위해 조선의 공업을 육성해야 하고 더불어 일본본토의 본격적인 기업정비 대책에도 조응해야 했다는 점에서 그러한 갈등을 본토와 같이 정비대책을 추진하되 생산력의 확충에 적극적으로 기여하는 방식으로 해결하려는 것이었다.

3) 정비정책의 추진과정

이상의 경과로 1944년 2월부터 일본본토와 조선에서 본격적인 기업정비가 시작되었다. 즉 1944년 2월 18일에는 총독부 기업정비위원회 간사회에서 자산평가 기준 등 8개 항목이 결정되었고 곧바로 36업종에 대

---

24) 山地靖之, 앞의 글(『朝鮮實業』, 1943.8), 3~5쪽.
25) 그 이유에 대해서 조선인 경제이론가 이기수는 다음과 같이 언급했다. "상업은 비교적 간단한 방침으로 결정될 수 있어도 공업은 여러 연구사항이 남아 있다. 상업신체제는 결국 상업의 수수료주의화와 배급기구의 계통 정비차원에서 대개 이루어졌기 때문에 이론적 논의는 별반 없다. 그러나 공업은 산업의 배치계획, 조선에서 발전할 만한 공업분야 선정 등이 우선 결정되어야 한다. 따라서 산업재편 문제는 매우 복잡하다."[李基洙, 「朝鮮中小工業問題의 現段階」(『總督府調査月報』, 1942 8), 32쪽]라고 하여 조선의 생산력 확충에 기업정비가 구체적으로 기여할 수 있을 것인지에 우려를 표명했다.

한 정비요강이 발표되었다. 그리고 제1차 정비기간은 1944년 2월 21일부터 6월말까지였다. 그러나 지방의 경우는 시일이 지체되어 1944년 3월 이후 비로소 진행되었다. 서울은 1944년 7월에 비로소 제1차 정비가 단행되었고, 경북 김천에서는 1944년 10월에야 제1차 기업 정비업종이 발표되었다.

제1차 기업정비 업종을 보면, 총독부 소관업종으로 제3종 공업중에서 제약업·유비제조업·유리제품제조업·제사업·진면제조업·양곡가공업·소주제조업·아미노산공업·인쇄업 등 10업종이 지정되었고, 총독부와 도 공동소관 업종으로 제3종 공업중에서 견인견직물업·메리야스업·피복제조업·가구제조업·일본나막신제조업·과자제조업·제면업 등 7업종 등이 지정되어 총 지정업종은 17업종이었다. 즉 지정업종에는 일본본토와 달리 주로 잡공업·섬유업 등 비 군수산업이 대거 포함되고 금속·기계공업 등은 포함되지 않았다.[26]

그리고 부문별로 보면 상업체는 주로 도 소관으로 정비하도록 한 반면, 공업체는 주로 총독부소관[도 공동소관 포함]으로 정비하도록 했다. 그것은 당시 배급통제가 주로 도 행정조직을 따라 이루어진 반면, 엔블록에 대한 물자유출을 위하여 중요산업 및 생필품공업의 재편대책이 추진되었던 사정에 따른 것이었다.

그런데 제1차 정비는 극히 부분적이었기에 곧바로 제2차 정비가 계획되었다. 제2차 정비안은 제1차 정비기간이 끝난 1944년 6월 정리위원회의 '답신안' 형식으로 결정되었는데 구체적인 실시는 8월부터였다. 제2차 정비업종을 보면, 총독부 소간의 정비업종은 식육가공업[통조림과 식료품제조업 제외]·경화유제조업·지방산제조업·글리세린제조업이었고, 총독부[도 공동소관] 소관업종은 제3종 공업중에서 제면 및 피모가공업 등 6업종이었다. 제2차 정비안에서 특기할 것은 경화유·지방산·글

---

26) 末松玄六, 「中小企業問題に於ける內鮮比較」(『總督府調査月報』, 1941.3), 1쪽.

리세린제조업 등 화학공업 방면의 정비대상이 늘어난 반면, 식육을 이용한 식료품제조업은 정비대상에서 배제되었다. 자세한 내용은 알 수 없으나 화학공업에서 대상이 늘어난 것은 조질의 경우처럼 화학공장이 급속히 병기제조업체로 전환되고 있었던 상황에서 비롯된 것이라 추정되며, 식육업이 배제된 것은 통조림·햄과 같은 전시보급품의 증산정책이 강화되고 있었기 때문이라 할 수 있다.27)

제2차 정비업종이 발표되면서 지방별로도 기업정비가 활발하게 진행되었다. 『식은조사월보』의 기록에 의하면 1944년 7월 부산부에서는 제1차 정비 14업종에 이어 제2차 기업정비 업종을 발표하고 전체 업체중에서 60%를 정리하고자 했는데, 정비규모는 전폐업자 약 1만 명, 재고품 및 설비매상액고는 1,900만 원 정도로 예측되었다. 그리고 충북 청주부는 1944년 9월 19일 도 기업정비위원회에서 제1차 기업정비실시안을 결정했는데 정비의 결과 총 14업종 1,570개 점포 가운데서 58%인 918점포만 잔존하였다. 그리고 10월에는 제2차 정비를 단행하여 식료품 외에도 15업종을 정리했다. 강원도 원주지역에서도 1944년 9월에 제1차 기업정비로 관내 원주군 내 기업의 49%, 횡성군 내 45%, 평창군 내 35%, 영월군 내 70% 정도의 기업이 정리되었다.28)

제2차 정비의 결과 특히 지방산업이 받은 타격이 컸고,29) 중소상공업자들로 하여금 식민통치에 대한 불만을 자극하기에 충분하였다. 총독부도 업자들의 불만을 우려하여 「기업정비기본요강」에 각종 공조시설에 관한 조항을 두어 불만을 미연에 해소하려 하였다. 「기업정비기본요강」에 제시된 방침을 소개하면 다음과 같다.

기업정비에 있어 당해업자 또는 잔존업자의 단체 혹은 통합체로 전폐업자에 대한 잔존업자의 부담능력 한도내에서 실적보상 및 생활원호의 공조금을 교

---

27) 「總督統治終末期の實態」3(『朝鮮近代史料研究集成』3), 318쪽.
28) 『殖銀調査月報』(1944. 10·11), 64쪽.
29) 『殖銀調査月報』(1944. 8), 59쪽.

부하게 하고 생활원호의 공조는 필요에 따라 국가가 보상한다. 전폐업자의 영업자산에 관해서는 그 신청에 따라 별도로 정하는 영업권적 가치를 가미시킨 평가기준에 의해서 조선산업물자영단에서 매수하고 이 경우 실적보상 공조금과의 관계를 참작한다.(「기업정비기본요강」 제2조, 요령 제5항)

그 핵심적인 내용은 전·폐업자의 자산에 대한 공정한 평가나 잔존업자의 공조조치 등이었다. 그리고 구체적인 공조조치는 「기업정비기본 기본요강」에 부속된 「공조시설조치요강」에 제시되었다. 즉 공조시설은 전·폐업자에 대한 공조금과 전·폐업자의 자산설비 매수 등으로 구성하고, 공조주체는 어디까지나 잔존업자 단체로 하여 이들이 공조자금(실적보상 공조금 및 생활원호공조금) 전부를 폐업자에게 교부하도록 한 것이었다.

그것은 기업정비에서 발생된 불만을 공조라는 명목으로 잔존업자에게 부담시켜 총독부의 기업정비 예산을 절감하고 그 부족액만큼 잔존업자에게 전가하자는 것이었다. 그런데 정작 전·폐업자의 설비 및 자산에 대한 매수는 물자영단이 맡았고, 잔존업자는 필요한 경우에만 영단이 알선하여 폐업자의 설비를 이용하도록 해서 잔존업자는 자의적으로 물자를 이동하거나 설비를 장치를 할 수 없도록 했다. 요컨대 기업정비에 따른 부담은 잔존업자나 폐업자가 지고 물자의 집중과 기업정비의 실질적 운용은 영단이 장악한다는 것이었다.

한편 1945년 이후 연합군의 B29폭격이 본격화되자 1945년 4월부터 경성·부산·평양 지역에 대한 주요건물·학교·설비의 소개(疏開)가 시작되자 총독부는 그것과 연동하여 「도시소개에 따른 기업정비 요령」을 공포하여[30] 기존의 기업정비 조치에도 불응하거나 지연움직임을 보였던 잔존업체에 대한 기업정비를 획책했다. 「요강」에 따르면 소개에 따른 기업정비 방식은 종전의 기업정비 요강과 대체로 일치하지만 실시요령 제1조1항에서 "토지건물설비(기구·기계장치)는 원칙적으로 중요물자 영단

---

30) 『每日新報』(1945.5.19).

에서 사들이지만 소개에 의한 영업보상금은 주지 않는다"고 하여 최소한 도의 공조규정마저도 폐기하고 말았다. 소개에 의한 기업정비 규모에 관해서는 자료관계상 정확한 규모를 알 수 없다.

4) 기업정비에 관한 논란

1943년 10월 26일자로 총독부 기업정비위원회는 앞서의 「기업정비기본요강」과 더불어 「중소기업정비요강」도 결정하였다. 이 「중소기업정비요강」은 「기본요강」의 취지와 동일하게 1·3종 공업부문을 중심으로 하며 경영기술 및 능률이 불합리하고, 통제할 때 폐해를 일으키는 것은 정리하는 대신에 기술 및 경영 등이 우수한 자는 배양한다는 것이었다.

그러나 조선의 중소기업 정비는 일본본토와 같이 대대적으로 진행될 수 없었다. 당시 총독부 당국의 언급을 빌리면 "조선의 중소공업은 조선경제가 독자적으로 유지될 만큼 형성되지 않았기에 무용하시 않으며 산업진흥상 일본본토와 같은 정리는 오히려 부작용이 크다"[31]는 것이었다. 나아가 당시 경전 사장이자 조선상의 회장인 호즈미 신로쿠로는 기업정비가 "유지육성이라는 것과는 떨어져 근본적인 개혁을 한다면 일본본토의 어떤 사람들처럼 후회할 사태가 발생할 것"[32]이라 하여 전면적인 기업정비에 대한 우려를 비쳤다. 아울러 공업조합연합회 상무 니시자키 쯔루시(西崎鶴司)는 "조선산업에서 중소기업의 비중이 비교적 높기에 중소기업을 박멸한 결과는 생산의 감퇴일 것"[33]이라 하여 기업정비와 생산력 확충계획 사이의 모순을 지적하기도 하였다. 즉 이들의 공통된 입장은 중소기업을 전·폐업하기보다는 증산차원에서 중소기업의 유익성을 고려하라는 것이었다.

---

31) 前川勘夫, 「朝鮮中小工業對策に關する若干指標的調査」上(『總督府調査月報』, 1943. 7), 2쪽.
32) 「企業整備を訊く」(『朝鮮工業組合』, 1943.7), 53쪽.
33) 「大東亞戰下工業組合の新使命」, 『朝鮮工業組合』, 1943.1), 16쪽.

그 결과 총독부 정무총감 다나카 다케오(田中武雄)는 "조선은 일본본토와 그 사정을 달리하고 국토계획의 견지에서도 조선에서 육성해야 할 기업이 존재해야 할 뿐 아니라 시국하 일본본토 공업의 추세와 해륙수송의 현황 등에 대처하여 조선의 자급체제를 확립하기 위해서 일층 '육성'이 절실한 기업도 상당하다. 따라서 본토에서 강력히 진행되는 대규모 기업정비와 궤를 같이 해서 정비할 대규모 기업은 조선에 거의 없다"[34]라고 하여 조선에서 비록 기업정비가 추진된다고 하더라도 전면적인 기업정리나 압축으로 귀결되지 않음을 분명히 하였다.

또한 외형적으로나마 자발적인 정비원칙이 천명되기도 하였다. 그것은 『조선상공신문』에 게재된 '기업정비 실시공고'[1943. 6.14]에서도 "반도의 기업정비에 있어서 총독부의 방침은 작년에 실시된 〈기업정비령〉의 발동 같은 강권적인 조치는 피하고 기업자의 창의를 존중하며 자주적인 정비를 촉진할 방침이다"[35]라고 한 것이나 식산국장 가미타키(上瀧基)가 "〈기업정비령〉은 어떤 사람으로부터 어떤 사람에게 필요한 경우에는 양도 혹은 합병 등 요컨대 정리통합이라는 것을 강행할 수 있는 법령이다. 그렇지만 가능한 한 자발적인 정리통합을 하게 하고 부득이한 경우 발동할 방침"이라고 한 것에서도 나타난다.[36]

3. 정비정책의 성격

1) 노동력 동원수단으로서 기업정비

태평양전쟁 이후 일본본토에서 이용가능한 노동력은 급격히 고갈되

---

34) [1943.6.14. 田中武雄 政務總監의 企業整備에 대한 담화], 朝鮮工業組合聯合會, 『朝鮮工業組合』, 1943.7), 43쪽.
35) 朝鮮工業組合聯合會, 『朝鮮工業組合』(1943.7), 34쪽.
36) 上瀧基, 「朝鮮産業に就て」, 『朝鮮實業』(1942.7), 17쪽.

었다. 따라서 일본본토에서는 기업정비가 노동력동원을 위한 하나의 수단이었다.37) 그러나 조선의 경우 〈기업허가령〉·〈기업정비령〉이 공포되었음에도 불구하고 노동력 동원과 기업정비 사이의 연관관계는 아직 미미한 것이었다. 따라서 제1차 기업정리위원회에서 다나카 정무총감도 "조선의 상공업은 아직 일본본토처럼 많지 않을 뿐 아니라 노동력도 아직 농산어촌에서 공급하기가 일본본토처럼 어렵지도 않다"38)고 강변할 수 있었다. 또한 제2차 생산력 확충계획〔실시요령〕에서도 노동력 문제에 대해서는 주로 〈임금통제령〉 운용이나 근로환경 개선 등의 문제가 주로 지적되었지 기업정비는 전혀 논의되지 않았다.

그러나 1944년부터 조선에서도 노동력이 절대적으로 고갈하는 상황이 되었다. 그것은 1944년 들어 돌연 징용·징병·정신대 등 병력 및 노동력 동원이 강화된 것에도 이유가 있었다. 즉 1944년도 노동력 동원계획 인원은 134만여 명으로 1941년도의 42만 5,400명에 비해 무려 3배 증가하였는데39) 이 가운데는 일반인과 여성·학생〔초등학생 포함〕에 대한 동원이 크게 늘었다.40) 또한 조선질소 본궁공장 등의 군수공장도 예외가 아니어서 노동자 가운데 현역입영률이 1944년 20%에서 1945년 5월에는 40%로 증가하였다.41)

따라서 「기업정비기본요강」에서는 "기업정비로 발생한 전·폐업자 및 종업원은 각기 기능과 경험을 활용할 수 있도록 하며 군수 기타 '중점산

---

37) "작년(1942)봄 각의에서 결정한 중소상공업 및 소매업의 정비는 과잉 배급기구의 정비와 긴급산업에 대한 노동력 전출을 위한 것이었다. 특별히 중요산업부문에서 노동력의 충족은 종래와 같이 농촌에서 보충하는 것이 곤란하기 때문에 중소상공업 방면에서 상당히 전출해야 한다. 따라서 기업정비에서 종래와 같이 실적주의를 토대로 하여 유력한 것은 남기고 취약한 것은 정비한다는 형식적 방침을 배제하고 중요방면으로의 노동력공출이라는 것을 생각해야 한다."[岸信介 商相 衆議員豫算委 答辯(1943.2.9),『經濟情報』8(1943.6), 56쪽]
38) 『殖銀調査月報』(1943.12), 34쪽
39) 朝鮮總督府,「昭和15年度 勞務者 需給計劃」(『日本陸海軍省文書』32).
40) 『日帝侵略下韓國三十六年史』13, 676·679·709쪽.
41) 小林英夫,「1930年代 植民地工業化の諸特徵」(『土地制度史學』71,1976.4), 44쪽.

업'으로 배치전환 및 귀농을 강구할 것"42)이라 하여 기업정비와 노동력 동원문제를 결합하였고 이어서 종업원조치방책을 통하여 구체적인 시행 방식을 지정하였다. 즉 노동력 배치는 "종업자가 가진 기능과 경험을 활용하고 동일기업에 속하는 조선내 다른 사업장으로 전환하는 경우를 제외하고는 가급적 이동구역을 줄일 것"이라 하여 가능한 동일업종으로 배치한다든가, 소재지 주변으로 동원하도록 하여 생산력의 유실을 최대한 막자는 것이었다. 이것은 조선의 노동력이 고갈되었다기보다는 태평양전쟁 이후 징병·징용 등으로 해외동원이 증가하여 조선내에서 노동력을 추가로 염출하기 어려웠기 때문이었다.43) 그 결과 1944년 2월에 업체 및 현원징용이 제1차 기업정비와 함께 단행되었는데 그 실적을 보면 [표 2-11]과 같다.

우선 업체징용은 1944년 11월까지 공장의 경우 총 73개소 광산의 경우는 71개소에 시행되었는데 공장의 경우는 시기적으로 2~8월 사이에 거의 완료된 것으로 나타난다. 그리고 8월 이후 11월은 주로 광산업체에 대해 징용이 실시되었던 것으로 보인다. 또한 징용자수는 1944년 2월부터 8월까지 6개월 동안 14만 7,480명이었고 이후 3개월 동안은 6,100명 정도 증가하는 데 그쳐서 공장 현역노동자에 대한 징용은 제1차 기업정비 기간에 해당하는 2월에서 8월 사이에 집중적으로 이루어졌다는 것을 보여준다.

둘째로 공장의 현원징용자 숫자는 같은 기간 약 12만 4,647명으로 추

---

42) 『殖銀調査月報』(1944.9), 54쪽
43) 이는 1944년 10월 총독부 근로동원과가 작성한 〈제86회 제국의회 답변자료〉(1944. 10)에서 '조선에서의 농업경영은 내지에 비해서 조방적이어서 그것의 집약화과정에서 증산의 여지가 다분하다. 따라서 지금까지의 농촌 노동력의 광공업 부문 동원에 의한 농촌생산에 대한 영향은 적지는 않지만 근소한 것에 불과하다'고 하여 1944년 말도 조선내 노동력 사정은 고갈상태는 아니라고 했다.[『第86回 帝國議會答辯資料』(近藤釰一 編, 『太平洋戰下ノ朝鮮』5), 171쪽] 小林英夫는 '조선에서 노동력 부족은 사실상 중소공업의 조업을 어렵게 했고 이에 중소공업의 정비가 단행된 것'[小林英夫, 『「大東亞共榮圈」の形成と崩壞』(御茶の水書房, 1975), 455~456쪽]으로 설명하고 있는데 이것은 일본의 경우를 그대로 조선에 적용한 오해이다

[표 2-11] 조선의 현원징용 상황

구분 일시	징용사업체				징용인원			업체당 징용인원		
	공장	광산	기타	합계	합계	공장 [추계]	광산 [추계]	평균인원	공장당 [추계]	광산당 [추계]
1944. 8	73	56	-	129	147,480	124,647	22,792	1,143	1,707	407
1944.11	72	71	1	144	153,580	-	6,100	1,066	1,731	407

비고: 징용인원 항목은 1944년 8~11월간 징용광산 수에 징용인원 증가분을 나누어서 얻은
　　　인원을 기준으로 계산한다. 그것은 1944년 8월부터 11월까지는 현원징용된 공장이 없고
　　　광산업체의 징용만 실시되었다고 보기 때문이다.
출전: ①1944년 8월의 통계는 「第85回 帝國議會答辯資料」(『朝鮮近代史料研究集成』4), 147
　　　쪽. ②1944년 11월의 통계는 「第86回 帝國議會答辯資料」(近藤釰一 編, 『太平洋戰下ノ朝
　　　鮮』5), 173쪽.

산되는데 그 인원은 1944년 10월경 당시 조선내 중요공장 노동자수인 25만 4,074명44)의 약 50%를 점하는 것이다. 그리고 그 인원을 현원징용 대상업체당으로 환산하면 각각 8월에는 1,707명, 11월에는 1,731명이었다. 그런데 현원징용 대상업체당 평균 노동자수가 1,700여 명이라는 것은 사실상 믿기 어려운 수치이다. 즉 1944년 말까지 조선내에서 노동자를 기껏 200명 정도 고용할 수 있는 자본금 100만 원 이상의 산업회사는 통틀어도 212개소였고,45) 1938년의 경우도 조선내에서 노동자 200인 이상을 고용한 공장이 107개소46)에 불과하였다는 점에서 그러하다.

따라서 현원징용자 대부분이 업체징용이나 대공장에서 염출된 노동력이라고는 볼 수 없다. 즉 [표 2-11]에 나타난 징용업체와 현원징용자 통계는 각각 별개로 보아야 할 것이다. 바꿔 말해 현원징용 인원은 징용대상업체인 73개소 이외의 공장에서도 상당히 이루어졌다는 사실이다. 산술적으로 볼 때 기능인 12만 4,647명의 동원을 위해서는 사장을 포함한 15인 정도의 영세공장 8,309개소를 정리할 때 가능한데 그것은 1943

---

44) 「第85回 帝國議會答辯資料」(『朝鮮近代史料研究集成』4), 151쪽.
45) 朝鮮商工會議所, 『朝鮮經濟統計要覽』(1949), 73쪽.
46) 印貞植, 「朝鮮人企業의 現勢」(『三千里』, 1940.10), 74~5쪽.

년 당시 조선내 총 공장수가 1.4만여 개 정도로 나타나는 것에 대해 약 59%에 해당하는 것이다. 그것은 [표 2-11]에서 1944년도의 전력수용 가구가 4만 4,965호로서 1943년도의 9만 3,123호에 비해 약 52% 감소한 것과 거의 근사치로 나타나는 것을 볼 때 주된 감소업체인 가내공업 및 개인영업체의 정리인원이 징용된 것으로 추정할 수 있다. 요컨대 1944년 이후의 현원징용은 제1차 정비기간에 집중되었으며 그 내용도 설비보다는 기술인력의 동원에 더 큰 비중이 있었고 징용업체 이외에도 다수의 중소공업에서 기능인력의 약탈이 자행되고 있다는 것을 알 수 있다.

2) 설비동원 수단으로서 기업정비

(1) 자원회수정책에서 금속회수정책으로의 전환

1938년부터 일본본토에서는 기획원내 자원회수위원회를 중심으로 특별회수를 단행하는 한편, 물자회수를 위해 물자별 일원적 배급기구의 정비, 회수업자의 지도통제를 추진하였다.47) 이에 1938년부터 조선에서도 각 도별로 폐품회수단체가 결성되었으나 전국의 일원적 조직이 없는 이유로 효과적으로 운용될 수 없었다. 이에 1939년 1월 각 도 산업과장회의에서 호즈미 신로쿠로(穗積眞六郞) 식산국장은 폐품 회수기관의 강화를 통한 회수증대를 결정하면서 전국에 걸친 폐품회수를 강조했고,48) 4월에 미나미 총독도 도지사회의에서 폐품활용・대체품 이용장려를 천명하였다.

그러나 폐품의 수집을 체계적으로 수행할 전조선적인 조직망이 결여

---

47) 商工省 總務局,「所管事項に關する行政方針及施設事項」(1941.12), 42~3쪽 :『日本陸海軍省文書』40.
48) 1939년중 조선에서의 폐품회수고는 총 2,775만 3,716貫 액수로는 1,196만 4,710원이었다. 회수율이 가장 높은 폐품은 섬유류로써 297만 2,817관, 액수로는 284만 4,977원이었고 이어서 고무류가 218만 8,120관에 132만 3,299원. 비철금속・깡통 등은 각각 88만 9,194원, 30만 1,878원 정도였다.『殖銀調査月報』(1940.8), 94쪽)

되어 효과를 볼 수 없었다.49) 이에 총독부는 선내회수 고철의 합리적인 이용과 배급을 통제하기 위하여 조선폐품회수회사를 설립하고(1940.9. 17) 총독부가 관청 및 공공단체의 각종 철·강제품의 회수를 1940년 4월 1일부터 실시하기로 하였다. 그와 더불어 총독부는 폐품을 재생할 수 있는 공장의 설립도 추진했는데 [표2-12]는 1938년부터 설립된 조선내 폐품 재생공장을 적요한 것이다. 그 내용을 보면 섬유·종이·고무공장 등 당시 사용제한 상태에 있는 물품 그리고 경공업 제품이 대부분이었는데 그것은 1930년대 후반 원자재 사용제한이 강화되고 소비재의 생산이 격감함으로써 이것을 보전하는 차원에서 설립된 것으로 여겨진다.

한편 일본본토의 1941년도 4/4분기 물동계획은 비 군수산업에 대한 배당감축, 수입두절 물자의 대체품 증산, 중요물자의 회수철저 등 본격적인 태평양전쟁을 위한 것이었다.50) 이에 1941년 8월 12일에는 〈금속회수령〉을 공포하여 금속공출이 마치 '애국심의 발로'인 것처럼 선전하면서 다기·화로·종교용구 등 사용중인 물품도 공출하였고 이른바 파철 후 재생(SCRAP AND BUILD)이라 하여 비 군수산업을 대대적으로 정리하고 정리로 발생하는 유휴금속을 회수했다. 이에 조선에서도 금속회수가 본격화되었다.

그런데 아직은 기업정비를 통한 금속회수를 내용으로 한 1943년 이후의 금속회수와는 성격이 달랐고, 가정용 물자에 대해서도 강제회수보다는 여전히 자발적인 회수가 명목적으로나마 강조되었다. 그럼에도 회수대상이 주로 생필품으로 이용되는 철·동 또는 황동·적동 등을 함유한 물자였으며 특별회수도 "현용품 회수에 중점을 둘 것"51)이라고 하여 일반 조선인이 사용하고 있는 물자도 회수하는 것으로 귀결되었다.

회수방법은 회수기관인 조선회수자원통제주식회사(1941.10.31)가 설

---

49) 『殖銀調査月報』(1939.2), 80쪽.
50) 商工省總務局, 「所管事項に關する行政方針及施設事項」(1941.12), 앞 자료 40, 13쪽.
51) 商工省總務局, 「議會に於ける問題となるべき事項」(1941.12), 앞 자료 40), 45·48쪽.

치되어 수집 지정업자 43명이 회수를 실행하는 것이었다. 고철류는 조선
철유설통제위원회가 사무를 행하고 회수기관으로 각도에 자원회수상업
조합을 설치하였다.

이에 총독부는 1942년 2월에 서울에서 철·동제품의 특별회수를 단
행하고 1943년 5월에는 〈금속회수위원회규정〉을 제정하고 국고계약으로
금속류 특별회수비 보조금을 350만 원에서 850만 원으로 확장하는 등 전
면적인 금속회수를 획책했다. 특히 1944년부터는 항공기공업·조선공업
등 '중점산업'의 육성이 강조되면서 금속회수도 종래의 철·동·유기 등
의 회수와 더불어 항공기 산업에 필수자재인 백금(1944.11)·니켈(1945.
3)·은(1945.3) 등의 회수가 강요되었다.52) 이처럼 금속회수도 물자통제
의 진전과 더불어 그 내용적 특징을 변화시켜 가고 있었던 것이다.

(2) 금속회수에서 기업정비를 통한 설비회수로 전환

1943년 이후 태평양전쟁의 전세가 뒤바뀌면서 일본본토는 격심한
자재난에 봉착하였다. 이에 일본본토에서는 대량의 금속회수를 단행하
고자 〈금속회수령〉(1943.8.12)을 개정하였고 특히 「전력증강기업정비요
강」(1943.6) 이후 기업정비가 본격화되면서 모든 방면에서 유휴설비
및 자재를 총동원하기로 했다. 그러한 정책변화는 기시 노부스케 상공
대신이 〈금속회수령〉의 개정으로 금속회수와는 비교될 수 없는 정도의
대량의 금속회수를 위하여 설비회수를 단행하겠다고 언급한 데서도 잘
나타난다.53)

---

52)『每日新報』(1944.11.12) 및 (1945.3.11).
53) "전력증강을 위해 올해는 종래 금속류회수와는 비견될 수 없는 많은 양의 금속회수
를 추진해야 한다. 따라서 각 산업·철도·궤도에서 모여진 것을 회수할 방침이다.
유휴미동설비는 물론 가동중인 것도 전력증강에 직접 도움을 주며, 회수율이 높은
시설은 빠뜨리지 않고 회수하고 기타 전주라든가 건축물 등도 눈에 띄게 좋은 것은
발견하여 회수할 생각이다. 종래는 산업설비영단이나 금속회수회사 등에서 회수했
지만 여러 문제가 있어서 빠르게 회수가 되지 않았다. 이후로는 정부가 한다는 성격
을 분명히 하여 강력히 회수할 것이다."(岸信介 商相 衆議員決算委 答辯, 1943.2.16).

[표 2-12] 조선내 폐품 및 재생공장 설립상황

일 시	회사	지 역	대 체 품 업
1939. 1	群山製袋工業(株)	群山	뽕나무 껍질,보리짚,休紙이용
1939. 2	朝窒水産工業(주)	雄基	鰮油로부터 아미노산 추출 醬油제조
1939. 5	朝鮮纖維再生工業	京城	각종 섬유 표백, 換綿, 二等品 정리
1939. 9	興亞제재株式會社	順川	지방의 조선송을 제재함
1939. 6	北鮮製紙	吉州	낙엽송에서 인견펄프를 추출
1939. ?	조선탄닌(주)	?	絹,柳,針葉樹,廢펄프액을 이용 代用탄닌 생산
1939. 7	朝鮮護謨調帶(주)	釜山	代用 皮革 생산
1939. 9	조선섬유가공회사	仁川	각종 섬유폐품이용 작업복제작
1939.12	애국섬유재생(주)	京城	각종 섬유폐품이용 재방사 방적
1940. 4	갱생공업(주)	京城	屑革이용 재생피혁 대용피혁 제조
1940. 5	반도재생섬유	平壤	재생사 제조판매
1940. 6	大田재생면사	大田	재생면사
1940. 6	종방	新義州	폐지이용 재생종이 제조
1940. 7	平壤주물회사	平壤	재제선업자 합동
1941. 1	大阪정강제지	〃	休紙이용 재생종이 제조
1941. 7	沙里院합동정미소	沙里院	부산물인 碎米를 이용 水飴 제조
1941. 9	北鮮製紙	新義州	펄프폐액을 이용한 無水酒精 생산
1042. 1	人和성냥공장	群山	성냥부스러기를 재생하여 공장연료이용
1942. 6	朝鮮油脂	淸津府	경화유에서 양초제조
1942. 6	古着販賣統制會社	京畿道	고착류의 전면적 사정
1942. 6	日窒係 工場	滿浦津	톱밥이용 煙炭제조
1942. 8	朝鮮物産馬山工場	慶南	樂樂織 수출동결로 대마모포제조
1942.10	三王製紙	京畿道	京城府의 廢紙(1개월 10관)이용

출전: 殖銀調査部, 『殖銀調査月報』; 經濟警察課, 『經濟治安週報』(1941); 동, 『經濟治安日報』(1942).

    일본본토에서 설비회수가 전개되자 조선에서도 이에 조응한 조치를 취하였다. 그것은 첫째로 유휴금속제품의 회수뿐만 아니라 「유휴설비조치요강」(1943.7)을 발표하여 기업정비에 의한 설비의 전용을 꾀하는 것이었다. 「요강」의 핵심은 총독부가 지정한 제품 및 설비에 대해서 유휴·미완성 정도를 파악하고 군수산업으로 집중하자는 것이었다. [표 2-13]은 「요강」에 따라 유휴시설로 지정된 물자와 설비내역을 정리한

『經濟情報』8(1943.6), 40쪽]

것이다.

지정대상은 주로 "금제품 및 사용제한중인 물품, 배급과잉인 제품, 사치품류, 가격통제로 운영이나 영업이 불가능하게 된 설비, 고급의료상 및 요리음식점 등 '공익에 반하는 업종'과 사용제한·배급통제·사치품 금령에 따른 제품 및 업체"라고 했지만 실제로 대부분은 조선인의 생필품을 제조하는 산업이었다.

두번째 조치는 일본본토와 같이 〈금속회수령 개정령〉(1943.9.1)을 공

[표 2-13] 유휴-미완성 설비에 따른 업종분류

분류	상태	업 종
1	상 당	정곡업·피복제조업·메리야스·양말·軍手제조업
2	어느 정도	온유비·철공·방적 공업·유리기구제조업
3	조 금	식물유·제과·국수·제면·방직업·모자·염색·세탁·비누·소다·양초·진유기·제재·목공·제판·인쇄·제지
4	거의 無	수산품·양조업·우유·제약·요업

출전:前川勘夫,「朝鮮中小工業對策に關する若干指標的調査」下(『總督府調査月報』,1943.8), 11~13쪽.

포하여 설비회수의 대상을 구체적으로 지정하는 것이었다. 즉 조선에서 지정된 업체 및 물자는 일본본토에서 지정한 81업종[54] 이외에 새로이 연 또는 연성분을 포함하는 것으로 철물 18종, 동물 25종, 연물 14종 그리고 도·부·읍·면 등 공공단체에 속하는 설비 등이 추가되어 일본본토보다 많았다. 더불어 〈개정령〉 제7조에서 "지방장관이 회수지정물건을 철거하거나 인수할 때 본래의 소유자나 점유자는 거부할 수 없다"고 하여 철거·인수에 대한 원소유자의 대항력을 전면적으로 부정하였다. 따라서 〈개정령〉은 총독부가 자유자재로 비 군수산업을 정리할 수 있는 수단이 되었다.

한편 조선에서 설비 회수대책이 본격화되자 제82회 제국의회(1943.

---

54) 『殖銀調査月報』(1943.11), 29쪽.

6.15~18)는 기업정비 추진기관으로 조선산업물자영단〔중요물자영단으로 명칭이 변경됨〕을 설립할 것과 정부출자·채권원리보증·손실보상 등을 결정하였다. 여기서 결정된 영단의 업무는 군수〔제1종 공업〕부문의 유휴설비 및 휴업중인 공장의 인수, 잔존업자에 대한 보상, 공조금 대부, 폐업자의 자산인수, 금속회수, 중요물자의 매입·보유·매각, 산업물자의 가격조정 등이었다.

그런데 조선경제의 현실을 감안하여 중요물자영단(1943.12.23)의 업무는 원래의 계획에서 전폐업자에 대한 갱생자금 융통, 물가대책에 따른 가격의 조정이 추가되고 대신 생필품 및 생산력 확충설비의 신설, 확장은 제외되었다.55) 반면 영단에서 기계 등을 매수할 경우 가격이 고철가격과 거의 차이가 없었고 소유자에 대한 손실보상도 없었기 때문에 설비회수를 당하는 기업은 파산할 수밖에 없었다.56) 그것을 면하기 위해서라도 기업가들은 군수물자의 생산에 전력을 기울여야 했다.

그렇지만 이러한 「유휴설비조치요강」이나 〈내성 금속회수령〉에도 불구하고 전용대상으로 지정된 모든 설비를 파철화(SCRAP)하기 어려웠다. 그것은 먼저, 1942년 7월 대동아경제심의회에서 조선을 북방 엔블록의 생필품 및 원료 자급기지화 한다는 계획이 천명되고 특히 1942년 6월에 고이소 구니아키(小磯國昭) 총독이 조선에서 소비재 산업을 극력 확충할 것이라고 했기 때문이었다. 그것은 다음과 같은 총독부 당국자의 언급에서도 확인된다.

> 이들 업종을 스크랩화하는 것은 신중을 기해야 한다. 대개 재건이 힘들기 때문에 이러한 의미에서 예를 들어 도시의 대장간 같은 것은 일소한다는 공식론에는 포함되지 않으며 또 피복·메리야스·양말 등 군수제조업 같은 것은 상당히 유휴설비가 있지만 현재 휴지하는 것은 모두 스크랩하는 것은 지나친 것이 아닌가. 모름지기 어느 날에는 반도가 대동아의 의료를 책임지는 날

---

55) 『殖銀調査月報』(1944.1), 21쪽.
56) J.B. Cohen(大內兵衛역), 『戰時戰後日本經濟』上(岩波書店, 1950), 97쪽.

이 올지도 모르기 때문이다.57)

또한 카미다키(上瀧基) 식산국장도 조선에서는 설비회수를 단행할 만한 유휴설비가 그다지 많지 않다는 점을 들어 영단의 활동에 의미를 부여하지 않았다.58)

그러나 1944년에 들면 상황은 크게 바뀌었다. 그것은 일본본토・조선 등지에서 전면적인 기업정비가 단행되었기 때문이었다. 즉 종래까지 금속회수는 기업정비가 실시되지 않은 까닭에 민간 또는 관공서・공장 등의 금속제 소비생활품・고철 등 금속붙이 수집에 한정되었으나 이제 본격적으로 기업정비가 단행되면서 설비회수가 가능했던 것이다.59) 이에 제1차 기업정비가 추진되는 1944년 3월 총독부는 장래 유휴설비의 발생이 예상되는 23업종과 그와 연관된 35개 품목의 물자를 〈금속회수령〉에 의거하여 회수물건으로 지정하여 경금속・철강산업으로 전용하기로 하였다.60) 이는 제1차 기업정비대상인 16업종에 7업종이 추가된 것이었다. 또한 지정물자로는 위 사업체들이 사용할 수 있는 거의 모든 기

---

57) 前川勘夫,「朝鮮中小工業對策に關する若干指標的調査」下(『總督府調査月報』, 1943. 8), 11쪽.
58) "일본본토에서는 소위 미동 유휴설비 금액이 25억 원 이상에 이른다. 이것을 전부 국가가 필요로 하는 곳에 활용하고자 산업설비영단을 조직했다. 그런데 조선에서는 오늘날 [공업의] 발달이 지체되고 있는 관계상 미동 유휴설비라는 것이 그리 막대한 것이 아니라고 생각된다."[上瀧基,「朝鮮産業に就て」(『朝鮮實業』, 1942.7), 15쪽]
59)「轉用に力點」(『經濟月報』, 1944.4), 10쪽.
60) 그 내역을 보면 다음과 같다. 1) 사업부문: 제사업・방적업・직물업・메리야스업・絲布工業・眞綿製造業・주물공업・제약업・고무제품제조업・비누제조업・硬化油製造業・油脂製造業・유리제품제조업・범랑유기제조업・제재업・정미정맥 등 양곡도정업・조미료제조업・과자제조업[사용직공 10인 이하 제외]・제분업[穀粉製造業 포함]・제면업・주류제조업・청량음료제조업・인쇄업. 2) 물자부문 : 전기・가스・급배수・난방냉방설비・軌條・鋼素・고압용기・貯藏槽・燒窯・蒸氣機關・증기터빈・蒸氣罐・內燃機關・鐵塔・運搬機・傳導裝置・汎用水力機・전기기기・광학기기・도량형기・시험기・공구・기계날・미싱・용접기기・금형・理化學機器・인쇄기계[활자 및 동판 등]・제본기계 또는 가공기계, 기타 제조 및 가공에 관련된 기기 및 장치, 이상의 것의 부분품 및 부속품 등이었다.[『經濟月報』(1944.4), 9쪽]

계류가 망라되었다. 아울러 일본이 전쟁에서 패색이 짙어지던 1944년 7월에는 총독부가 제2차 기업정비와 더불어 「결전회수요강」을 공포하여 더욱 가혹한 설비회수를 실시하였다. 그런데 징용된 설비물량이 어느 정도인지는 자료의 제약으로 알 수 없다.

요컨대 총독부의 물자동원대책은 1930년대 폐품회수에서 1940년 이후는 금속회수로 확대되었고 1943년 이후는 기업정비와 연계된 설비회수로 확장되었다. 즉 설비회수는 1943년 이후 총독부의 공업정책이 설비의 확장이나 기계화보다는 기존설비 안에서 일방적인 노동력의 착취로 수량적인 물자증산을 획책하게 된 것과 같은 맥락에서 실시된 것이라 할 수 있다.

4. 기업정비정책의 결과

1) 전체적인 정비상황

기업정비대책으로 인해 어느 정도 업자가 정비되었는가에 대해서는 구체적으로 알 수 없지만 부분적 자료로 추계를 내면 [표 2-14]와 같다. 우선 조선 남부의 경우 1943년 6월의 공장수는 총 1만 176개였는데 1944년 6월에는 9,323개로 약 853개소(8.4%)가 감소했고 북부는 약 383개소가 감소했다. 따라서 공장공업의 감소는 그다지 큰 것이 아니었다는 것을 볼 수 있다. 그런데 노동자수는 14% 증가했는데 그것은 단위공장의 규모가 커진 것을 보여주며 기업정비가 주로 합동방식으로 전개되었다는 것을 추측할 수 있다. 그러나 이 자료는 조사대상에 문제가 있고 시기가 제1차 정비기간에 해당하는 것이기에 '정비의 규모를 설명하는데 정확성이 떨어지는 것이다. 따라서 좀더 근접한 통계치를 얻기 위해 당시 1944년도 업종별 전력수용 가구의 추이를 검토하고자 했다. 그것은 극히 영세

[표 2-14] 공장 및 노동자수의 남북 비교(1943.6)

지역 연도	조선 남부		조선 북부		전체 조선	
	업체수	노동자수	업체수	노동자수	업체수	노동자수
1943.6	10,176(69.3)	257,780(50.3)	4,566(30.7)	230,968(49.7)	14,742	519,124
1944.6	9,323(69.2)	300,520(50.8)	*4,183(30.6)	290,974(49.2)	*13,506	591,494

출전: 京城商議, 『朝鮮經濟統計要覽』(1949), 150~151·134쪽.
비고: ① 1944년 6월의 노동자수는 1945년 1월 총독부 지도과에서 조사한 것으로 대체함. ② 1944년 6월 조선 북부의 업체수는 조선 남부의 감소율을 감안한 수치임.

한 업종을 제외하면 전력수용을 하지 않고는 공업생산이 불가능했다고 보기 때문이다.

우선 [표 2-15]에 따라 전체적인 전력수용 가구의 상황을 보면 1944년은 총 4만 4,965호로 1943년도의 9만 3,123호에 비해 약 52% 정도 감소하였다. 지역적으로 보면 조선 북부의 경우 1943년 3만 6,160호에서 1944년에는 1만 1,183호로 격감하여 감소율이 70%에 달했고 조선 남부의 경우는 5만 6,963호에서 3만 3,782호로 감소하여 감소율이 40% 정도였다. 즉 전력수용호의 감소율인 52% 정도의 기업이 1944년도 정비과정에서 정비된 것으로 추정할 수 있다. 아울러 남부보다는 북부에서 정비가 보다 강력했다고 할 수 있다.

둘째로 업종별로 보면 조선 북부는 금속·방직·인쇄·잡공업·광업·기타공업에서 전력수용 가구가 크게 감소한 반면, 조선은 방직·금속·기계·요업·화학·제재·식료품·잡공업 등은 오히려 상승하고 광업이나 기타 업체에서 크게 감소하였다. 그러나 업종별로 큰 감소가 없는 것으로 보아 조선의 기업정비는 일정한 규모 이상의 업체에서는 그다지 영향을 준 것이 아니라는 것을 말한다.

그런데 주목해야 할 것은 전력수용 가구가 주로 '기타업체'에 집중되고 있었다는 사실이다. 그 상황을 보면 1943년의 경우 7만 6,338호에 달했던 '기타업체'가 1944년에는 2만 7,808호로 4만 7,576호가 감소하여 감소율은 64%에 달했다. '기타업체'가 구체적으로 의미하는 업종이 무엇인

[표 2-15] 업종별 전력수용자 숫자

구분 연도	1943			1944			증감상황		
	조선북부	조선남부	계	북부	남부	계	북부	남부	계
금속공업	773	883	1,661	543	890	1,433	-230	+7	+223
기계기구	269	355	624	366	434	800	+97	+79	+176
요 업	100	135	235	121	183	304	+21	+48	+69
화학공업	177	330	507	233	382	615	+56	+52	+108
제재목재	800	909	1,709	917	975	1,892	+117	+66	+183
중공업계	2,119	2,612	4,736	2,180	2,864	5,044	+61	+252	+313
방직공업	552	632	1,184	522	635	1,207	-30	+3	-27
인쇄제본	187	242	429	187	244	431	-0	+2	+2
식료품	2,966	4,927	7,893	3,106	5,078	8,181	+140	+151	+291
잡공업	1,245	518	1,763	1,051	570	1,621	-194	+62	-132
경공업계	4,950	6,319	11,269	4,866	6,527	11,393	-84	+218	+134
*기타업체	28,760	47,578	76,338	3,855	23,953	27,808	-23,953	-23,625	-47,578
광 업	250	209	459	190	110	300	-60	-99	-159
농수산업	76	245	321	95	278	373	+19	+52	+71
총 계	36,160	56,963	93,123	11,183	33,782	44,965	-24,997	-23,181	-48,178
총지수	100	100	100	31	59	48			

비고: 지수는 1943년을 100으로 한 것.
출전: 朝鮮銀行調査部, 『經濟年鑑』(1949), Ⅳ~208 : 『朝鮮經濟年』(1948), Ⅲ~174·175쪽.

지는 기존의 관변자료나 통계로는 알 수 없지만 기타업체 총계가 농수·축산·광공업을 제외한 것이 분명한 것이라는 점에서 주로 상업과 개인영업체를 지칭하는 것으로 볼 수 있다. 이것으로 볼 때 1944년 이후의 기업정비는 주로 '기타산업〔개인영업체 및 상업〕'에 집중되었다는 것을 추정할 수 있다.

그것은 샤브쉬나의 증언에서 "1944년 봄부터 중소기업·기술자·가내공업·소상인·공장주, 구체적으로는 옷수선소·구두방·시계점·상점 등이 급격히 몰락했다"고 한 것이나61) 식산은행 당국자가 "조선의 메

---

61) 증언내용을 보면 다음과 같다. "이미 1943년에 당국에 의해 채택되었던 '공업과 상업의 재조직에 대한 기본안'〔전력증강기업정비요강을 말하는 것으로 보임: 필자〕은 전쟁에 필요한 것들을 생산하라"는 무거운 공출의무를 기업들에게 부과하였다. 中小企業들은 그 안을 이행할 수 있을 만큼 잘 돌아가지 않았기 때문에 대기업에 먹혀

리야스업은 평양을 중심으로 발전했고 대부분은 개인영업체이며 제1차 정비(1943.3 완료)로도 잔존하는 것도 거의 개인영업체이다. 이에 제2차 정비의 목표는 개인영업을 억제하여 통합·합병·매수로 회사조직으로 대체하는 것"이라 한 것과도 일치한다.62) 따라서 1944년 이후 본격화된 기업정비는 공장공업보다는 가내공업·개인영업체의 희생을 동반한 것이었다는 것을 확인할 수 있다. 이것을 근거로 조선인 가내공업자의 정리상황을 추정해 보면 1943년의 조선인 가내공업자 총 36만 7,869명에서 52.2%에 해당하는 19만 1,292명이 정리된 것으로 보인다.

이런 현상은 일본본토의 경우도 유사하다. 즉 일본본토의 경우도 기존의 공장공업보다는 주로 영세한 개인영업체가 집중적으로 정리되었다는 점이다. 즉 [표 2-16]에서 일본본토의 상황을 보면 1944년 2월 29일까지 잔존공장은 11만 5,221개로서 정비 이전의 47% 정도로 나타난다. 그런데 정비 이전의 업체수가 24만 3,572개소인데 비해 1942년 말까지 일본본토 내에 운영되고 있던 공장공업이 12만 6,392개라는 것을 염두에 둘 때 정비전의 업체총수에서 공장수를 공제한 11만 7,140개는 공장공업이 아닌 '비공장 규모'의 개인영업체라는 결론을 얻게 된다. 그리고 이 개인영업체수 11만 7,140개와 정비 압축된 12만 8,351개가 수적으로 비슷하다. 따라서 일본본토에서 전 업체의 53%가 정비되었지만 정비내용은 공장공업보다는 '비공장 규모'의 개인영업체가 많았다는 것을 알 수 있다.

그것을 업종별로 보면 좀더 정비의 규모를 알 수 있다. 우선 경남지역의 인쇄업 정비사례를 보면 [표 2-17]과 같다.

계속 도산해 나갔다. 전쟁시기의 도시 중산층, 즉 기술자와 가내 수공업자·소상인·공장주들의 생활은 급격히 악화되었다. 당국이 그들에게 부과했던 어려운 과제들은 흔히 그들을 파산으로 내몰았다. 이러한 과정은 특히 1944년 봄부터[기업정비가 개시된 시기로 보임: 필자] 갑자기 두드러졌다. 거의 모든 거리마다 닫혀진 옷수선소·구두방·시계점 상점들을 날마다 볼 수 있었다"(파냐이사악꼬브나 샤브쉬나 (김명호 역), 『식민지 조선에서』(한울, 1996), 201쪽 : 『1945년 남한에서』, 30쪽)
62) 『殖銀調査月報』(1944.7), 24쪽.

[표 2-16] 일본본토의 기업정비 상황[제1종·제3종](1944.2.29)

업 종	총업체	잔존업체	정리업체	정리율
섬유관계	177,728	72,968	104,760	59%
금속관계	1,828	475	1,353	74%
화학관계	3,512	1,658	1,854	53%
연료관계	144	48	96	67%
식료품관계	60,366	40,072	20,296	33%
계	243,572	115,221	128,351	53%
1942년 말 공장공업수	126,392	1942년 말 개인영업체[추정]수	117,140	-
개인영업체 정리비율	91.26%			

비고: ① 1942년도 개인영업체 추정치 계산은 정리 전 총업체에서 1942년 말 공장공업수를 공제한 것. ② 정리업체 총수는 총업체에서 잔존업체를 공제한 것. ③ 개인영업체 정리비율은 개인영 업체 추정수/정리업체 총수로 계산함.
출전: ① 업종별 상황은 鹽田咲子,「戰時統制下中小商工業者」(『戰爭と國家獨占資本主義』(『體系日本現代史』4), 1979), 253쪽. ② 공장수는 大內力 外篇, 『日本における資本主義の發展』(1958), 397쪽.

[표 2-17] 경남지역 인쇄업정비 사례

지 역	기존업체[업자]	재편형태	잔존업체·업자[개소]	정비율[%]
晉州府	5개소	3개소를 회사화	3	40
統營郡	6개소	5개소를 회사화	4	33
南海郡	2명	1조로 통합	1	50
昌原郡	2명	1조로 통합	1	50
密陽郡	3명	1 영업소화	1	66
釜山府	3명[일부]	모두 회사로 통합	1	66
釜山府	2명	1 영업소화할 것	1	50

출전: 八田彌市郞,「慶南地域の印刷業整備狀況」(朝鮮工業組合聯合會, 『朝鮮工業組合』, 1944.9).
비고: ① 1943년 6월 이후의 경남지역 인쇄업 정비상황을 기록한 것임. ② 원문에서 진주부의 인쇄업 정비결과는 "5개소중 3개소는 회사조직"이라는 간결한 용어로 기록되었기에 그것이 5개 업체 가운데서 3개를 합동하여 하나의 회사로 하는 것인지 아니면 3개소 각각 회사로 하는 것인지 불분명하다. 그래서 여기서는 3개소를 합동하여 1개 회사로 한 것이라 보았다.

[표 2-18]을 보면 피혁공업의 정비도 경남지역 인쇄업의 사정과 마찬가지였다. 다만 차이가 나는 것은 인쇄업은 군단위로 정비통합이 이루어지는 반면 피혁공장은 도 단위로 이루어지고 있다.

이상에서 조선의 기업정비 과정을 살펴보면, 다음과 같은 결론을 얻을 수 있다. 첫째는 조선과 일본본토의 기업정비는 주된 대상이 개인영

[표 2-18] 피혁공장 정비상황

지역	지역 현황	정비율
경기도	12공장 중 10개 통합 朝日皮革을 渡邊工場 통합, 잔여 9공장 일원화	83%
전라북도	半島製革社를 중심으로 나머지 3공장 통합	75%
경상북도	日鮮皮革工場을 중심으로 나머지 4공장 통합	80%
경상남도	馬山工場에 釜山工場을 합병	50%
평안남도	平壤毛皮組合工場을 중심으로 나머지 2공장 통합	67%
함경남도	海東皮革社에 나머지 1공장 통합	50%

출전: 總督府 警務局 經濟警察課, 『經濟治安週報』(1942.6.8), 5쪽.

[표 2-19] 식민지 말기 조선내 비 군수공장 공업추계

1) 1943년 6월경

조선내 총공장	전체공장 노동자수 [규모별]				중요 공장		비군수 공장		
					노동자수	공장수	노동자수	공장수	비중
(A)	30인이상	30인이하	계(B)	평균	계(C)	[추계]	B-C	38.6인공장	[%]
13,293	382,497	130,410	512,907	38.6	162,668	4,313	350,239	8,980	67.6

출전: ① 중요공장 노동자수(1943.12) : 『朝鮮近代史料硏究集成』(4), 152쪽. ② 전체공장 및 노동자수(1943.6) : 朝鮮銀行調査部, 「朝鮮經濟統計要覽」(1949), 133·138쪽.

2) 1944년 10월경

조선 전체			중요 공장		비군수공장		
공장수 (A)	노동자수 (B)	평균 B/A=D	노동자수 C	공장수[추계] A-F=G	노동자수 B-C=E	공장수[추계] E/D=F	비 중
12,187	591,494	48.53	254,074	5,234	337,420	6,953	57.1

비고: 여기서 중요공장은 생산력 확충산업이나 군수산업을 포함.
출전: ① 전체공장수 1943년 6월로 계산(『朝鮮經濟統計要覽』, 149쪽]. ② 노동자수는 1945년 1월 총독부 지도과 조사(『朝鮮經濟統計要覽』, 134쪽]. ③ 중요공장의 노동자수는 1944년 10월[제85회帝國議會說明資料, 『朝鮮近代史料硏究集成』4, 151쪽].

업체였다는 점이다. 따라서 기업정비에도 공장수의 변동은 크지 않았다는 것이다. 둘째, 일본본토의 정비율이 53%로 조선과 대동소이하다는 점이다. 따라서 1944년 이후의 조선의 기업정비는 일본본토의 정비와 내용적으로 일치하는 것임을 확인할 수 있다.

셋째, '정비'에도 불구하고 8·15까지 외형상 비군수공장 형태의 공장

이 많이 잔존하고 있었다는 것이다. 즉 [표 2-19]에서 보듯이 1943년 6월경의 전체 1만 3,293공장 가운데서 공장당 평균 노동자수인 38.6인 이상의 노동력을 고용하고 있는 공장은 8,980개소(67.6%)로 추계된다. 그리고 1944년 10월에는 57.2%인 8,436개소의 비 군수공장으로 보인다. 물론 추계이기에 정확성에 문제가 있으나, 적어도 식민지 말기까지 형태상으로나마 비 군수공장이 적어도 전공장의 5~60%는 되는 것으로 볼 수 있다.

넷째로 기업정비의 결과 공장당 노동자수가 급증하는 등 기업규모가 커지고 있다. 즉 [표 2-20]을 보면, 공장당 노동자수는 1940~1942년간은 41.3명에서 26.1명으로 급속히 줄어든 반면, 기업정비가 시행된 1943년 이후 27.3명에서 48.5명으로 상승하여 단위공장의 규모가 크게 확대되고 있었다. 요컨대 기업정비는 거의 영세한 개인영업체나 가내공업에 대해서 적용되었으며, 그 결과 공장수는 거의 변화가 없고 오히려 단위공장의 노동자 숫자가 증가하고 있었다. 당시 조선의 기업정비는 기업합동 방식이 주축이었다는 것이다.

2) 업종별 기업정비 상황

(1) 기계공업

1940년 이후 조선에서 중화학공업이 증가하자 기계수요도 증가하였다. 그러나 일본본토에서도 군수산업이 집중적으로 육성되면서 조선으로 기계 및 원자재를 이출할 여력이 없었다. 또한 조선내에서 기계류의 생산확충도 자재난으로 여의치 않았다. 그나마 증산도 공작기계나 특수기계보다는 부분품 생산에 그쳤으며[63] 기술로나 규모면에서 상당히 낙후되었다. 이로 인해 조선내에서 기계업이 점하는 비중은 극히 낮았고 기계의 보수마저도 일본본토에 의존해야 할 처지였다.[64] 또한 생산조직

---

63) 『朝鮮産業年報』(1943), 42쪽.

[표 2-20] 1940년대 조선 현지공장 추이

구분 연도	공장수 [개소]	지 수	노동자수[명]	지 수	공장당 노동자수[명]	지 수
1940	7,142	100	294,971	100	41.3	100
1941	10,889	152	301,752	102	28.3	69
1942	12,699	177	331,181	112	26.1	63
1943	13,293	186	362,953	128	27.3	66
1944	12,187	171	591,494	201	48.5	117

비고: 1943·1944년은 각각 그해 6월의 통계. 1944년도 공장수는 추정치임. 추정방법은 남조선의 공장수 감소분 10,176-9,323=853개소를 백분율[8.32%]로 하여 1943년 공장수에 대입하여 1944년도 통계를 냄.
출전: 1943년 수치는 朝鮮銀行調査部, 『朝鮮經濟年報』(1948), 공업항. 1940~1943년은 『朝鮮經濟統計要覽』(1949), 69~70·133쪽.

면에서도 대기업과 중소기업간의 자본적 기술적 연관이 결여되면서 중소기계공업은 "현저히 무력한 존재"65)로 전락했다. 이에 총독부는 일본본토의 도쿄 시바우라와 히다치 등 기계공장을 유치하여 비행기·디젤자동차·전기로 주강·전기기계 등 특수기계와 각종 공작기계를 생산하기로 하고, 기계류의 결손과 생산위기를 극복하기 위해 중소업체를 정비하여 대공장에 편입하기로 했다.

기계공업 정비과정을 보면 우선 일본본토에서는 이미 1940년 「기계철강제품공업정리요강」을 통첩하여 기존공장을 능률과 설비가 우수한 공장으로 통합하기로 하고66) 곧바로 「협력공업정비실시요강」(1941.11: 27)을 발표하여 하청기업으로 재편하였다. 이에 총독부 또한 「소상공업대책요강」1941.1)을 공포하였다. 그것은 우선 설비가 취약하여 생산력증진이 곤란한 것은 적당한 규모로 통합하고, 기술·경영의 불량으로 활용이 곤란한 것은 정리한다는 것이었다. 아울러 하청공장과 발주공장을 유기적으로 결합하여 증산을 꾀한다는 것이었다.67) 그러나 아직은 하청

---

64) 『朝鮮年鑑』(1945), 128쪽.
65) 『殖銀調査月報』(1944.6), 14쪽.
66) 「朝鮮における機械工業の實情と其の對策」(『殖銀調査月報』, 1944.4), 9쪽.
67) 즉 유기적 결합은 중소 하청업자의 자율적인 의사에 의한 것이 아니라 협력공장에

화·발주조정 등이 중심이었고 본격적인 정비는 진행되지 않았다. 그것은 조선의 "중소 기계공업의 능력이 취약하고 또 설비능력이 큰 부분은 군수로 나가고 있기에 정리할 여지가 없기 때문"68)이라는 것이다.

그런데 1943년 6월에 「전력증강기업정비요강」이 공포되면서 「기계공업정비요강」도 입안되었다. 총독부가 내세운 정비이유는 조선의 중소 기계업자가 "본토제품의 이입에 의한 생산과잉만을 토로하고 경영의 합리화와 기술의 향상에는 냉담한 태도를 보이면서 공업조합의 활용은 기피하는 등 자치통제의 효과를 거두지 못한다"는 것이었고 그래서 "〈기업정비령〉에 의한 관치통제를 실시해야 한다"는 것이었다.69) 그러나 사실은 일본본토에서 국가주도적인 기업정비 대책이 전개되면서 그동안 총독부가 동원력 증강을 위해 선전해 온 '자치통제'의 논리와 모순을 일으켰기 때문이었다.

이에 실질적인 기업정비는 1944년 초에 비로소 시작되었다.70) 즉 1944년 2월 18일 본토가 제2종 공업부문의 정비 및 이를 구체화한 「기계공업정비요강」을 공포하면서 정부차원의 정비를 전개했다. 이러한 일본본토의 움직임에 편승하여 조선도 정비계획을 입안하였다. 즉 「제2차 기업요강」(1944.7.3)에서는 "종래 생산확충에 편승하여 기술과 설비를 무시하고 확장했던 중소 기계공업을 발주실적이나 기술을 기준으로 정비하여 고능률의 기업으로 집중한다"71)고 하고 금속업 관련 11종 및 공작기계 등 5품목을 정비대상으로 지정하였다.

　대해 생산책임을 강제하는 것과 발주공장은 협력공장에 대해 공장운영상에 필요한 일정한 발주량을 확보한다는 것을 내용으로 했다. 예를 들어 요강에서 협력공장은 지정 발주공장에 의한 수주품 이외의 것을 생산할 때는 발주공장의 승인을 받도록 했고, 발주공장은 하청공장에 대해 기술지도·자재·노동력·동력 등의 확보와 경영개선·기술지도·금융원조·기계공구 등의 대여 등의 책임을 지도록 한 것이다.
68) 『殖銀調査月報』(1944.4), 7쪽.
69) 『殖銀調査月報』(1942.10), 27~8쪽.
70) 『殖銀調査月報』(1944.4), 7쪽.
71) 『殖銀調査月報』(1944.9), 32쪽.

[표 2-21]은 1943년 7월 이후 1945년 1월까지 조선내 기계업 정비 사례를 정리한 것이다. 먼저 정비원인을 보면 총 9건의 사례중에서 총독부 고시나 도 당국의 지령에 의해서 정비된 것은 1건이고 나머지는 대개 요강에 기초하여 자발적으로 정비된 것으로 보인다. 또한 정비방법은 주로 기업합동이 대부분이며 특기할 것은 정리 압축은 인쇄업과 농기구제조업 등 2업종밖에 없었다. 그리고 인쇄업의 정비는 노동력의 40%를 감축하기 위한 정비로 조사된 것으로 보아 기업정비와 노동력 동원문제가 연결되어 있다는 것을 알 수 있다.

정비내용은 큰 회사나 조합이 중심이 되어 개인영업체를 통합하는 경우나 중소업자간의 통합이 주된 것이었다. 그리고 재편형태는 조합보다는 오히려 회사가 많았는데 합동체의 자본금은 주로 전조선 단위의 농기구통제회사나 도 단위의 남선기공·평북중공업 등은 100만 원 이상으로 나타나고 통영조선이나 대구항공기 등 단위지역별 합동체는 18~35만 원 선이었다.

[표 2-21] 조선내 기계공업의 정비상황[공업조합 결성은 제외]

지역	연도	원인 및 주체	정비방식	경영재편형태	정비의 성격	통합자본금
전 선	43. 7	각 도 인쇄업자	정리	-	노동력 40% 절감	?
전 선	44.12	농기구제조업자	정리	전국농기구계조통제회사	全鮮 8업자를 통합	350만원
해 주	43. 6	농기구생산업자	결합	黃海道농기구생산통제조합	-	?
대 구	44. 7	중소기계공업자	통합	大邱항공기공업(주)	항공기산업 하청을 위한 합동	18만원
강 릉	43.11	도당국 통합지령	통합	신조합 창설	江陵鐵工所土體 個人經營합동	?
대 전	45. 1	도내 철공업자	합동	南鮮기공(주)	-	150만원
신의주	43. ?	철공광물업자	통합	平北重工業(주)	-	300만원
통 영	43. 7	읍내 造船철공업자	통합	統營造船有限會社	小造船所의 통합	35만원
포 항	43. 7	造船철공업자	통합	造船鐵工工組	회사화 추진	?

출전 : 『殖銀調査月報』 해당 연월별, 각 지방별 사례를 종합함.

(2) 소운송업

중일전쟁 이후 연료의 자급력이 낮았던 일본은 현실적으로 자동차의 생산 그 자체를 통제하기보다는 대체연료의 개발에 중점을 두었다. 그러나 대체연료의 공급이 원활하지 못하고 가솔린의 배급정지·전환자재 능력의 부족 등으로 수송력은 격감하였다.72) 따라서 총독부는 〈조선소운송업령〉(1940.1)과 「정비요강」(1940.6.25)을 발표하여 다른 업종보다 일찌감치 소운송업의 정비를 개시하였다.

「요강」의 핵심은 첫째, 전조선의 700역 및 2,200개소의 소운송점을 조선운송의 지사로 통폐합하고 대신 부나 도청소재지에는 특수상황을 참작하여 조선운송의 지사 이외에 합동회사(1역2회사)를 인정하는 것이었다.73) 둘째, 정비를 마치 민간업자가 주도하는 것처럼 보이기 위해 '집약적성회'라는 것을 설립하고 지방별 조성회가 정리계획을 세우게 했다. 셋째, 영업권 평가기준으로 차급 1톤당 46전, 소구급 1톤당 2원 63전으로 하고 이러한 기준 위에서 예전의 '실적'을 감안하도록 했다.74) 넷째로 1역 2회사 지역에 설립되는 합동회사의 설치기준도 마련했는데 여기서 회사형태는 도유명에 의한 주식회사로 하고 자본금은 이익금의 1/2을 6~7%로 환원한 금액으로 제한하여 조선운송의 지부로 합동하는 것이었다.75)

그리고 합동에 참가하지 않는 점포는 대화전 총독부 체신국 영업과장의 언급처럼 "소운송업의 일원화에 위배해서는 안되며 결코 지정 점포와의 대립을 용납하지 않을 것"이라 하여 총독부의 운송업 통제에 적극적으로 협조하도록 하고 나아가 "장래에는 조선 운송과 정비할 것은 말할 것도 없다"고 하여 조만간 강제적인 정비통합을 추진하겠다는 입장을 피력했다.76)

---

72) 『朝鮮年鑑』(1945), 158쪽.
73) 『殖銀調査月報』(1940.6), 131쪽. 예를 들어 경성은 1940년 4월 19일부로 운송인조합에 가입한 41점중에서 31점이 경성운송합동회사로 합동하고 있다.
74) 이 때의 실적이란 시행전 1개년(1939.1.15~1940.1.14)의 발송 및 도착화물의 수량을 기초로 하고 영업수익의 다과·전업-겸업별·점주 계속 여부·발송도착별취급화물종류·장래성 등을 감안하는 것이었다. [『殖銀調査月報』(1940.8), 127쪽]
75) 『殖銀調査月報』(1940.8), 128쪽.

한편 정비상황을 보면 「요강」(1940.6.25)이 발표된 이후 약 한 달 남짓 동안 국사철 소재 1,025점포 가운데서 매수 389점포[38%], 진행중인 188점포[18%], 불응 156점포[15%], 폐업 234점포[24%], 한정희망 56점포[5%]로 총 업체의 85%가 통합되었다.[77]

그리고 9월 25일까지 폐업 236점포, 한정희망 44점포, 자가운송으로 전환 24점포로 총 304점포가 정리되었다. 통합대상 가운데서 매수는 692점포이고 불응자는 19점포에 불과하였고 그나마 4점포는 매수중이며 6점포는 실적없는 유명무실한 것이었다. 따라서 통합률은 99%에 달하였다.[78] 당시 일본본토에서 1940년부터 약 2년여 동안 겨우 80%를 통합한 것[79]과 비교할 때 조선에서는 매우 급속했다고 볼 수 있다. 여기서 주목할 것은 통합을 불응한 점포가 7월에는 155점포, 8월에도 95점포 정도였으나 9월에는 19점포로 격감한 것이다. 그것은 정비 초기단계에서 불응점포가 많았지만 불과 3개월 만에 19점포 이하로 급락하였다는 것에서 총독부의 정비가 급속하고 강권적이었다는 것을 보여준다.

이러한 1차 통합 이후 총독부는 곧바로 각지 1역2점포에 의해 구성된 총 39개 합동운송회사를 22지역 29역으로 통합하였다. 따라서 1941년 1월 당시 1역1점포로 운영되는 곳은 253점포로 모두 조선운송이나 국제운송[조선 북부] 산하에 소속되었고 이외에 종별·지역별·범위별 한정면허를 받는 업자가 13점 32업자로 총 면허자는 한정면허 45점포, 1역2점제 형태의 22개소 합동회사 등 총 69점포였다.[80]

그러나 이러한 22개사도 얼마 되지 않아 조선운송으로 통폐합되었다. 그것은 태평양전쟁 이후 동남아 자원의 확보와 침략전쟁에 필요한

---

76) 『殖銀調査月報』(1940.8), 128쪽.
77) 『殖銀調査月報』(1940.9), 131쪽.
78) 『殖銀調査月報』(1940.11), 126쪽.
79) 일본에서는 1941년과 1942년에 걸쳐 소운송업자의 집약통합을 추진하여 1942년 12월 1일 현재 숫자가 1,836점포로 종래 8천여 점포에서 약 1/5로 감소하였다.[堀木鐵道監. 衆議員法案委 답변. 1943.2.19],『經濟情報』8(1943.6), 66쪽].
80) 『殖銀調査月報』(1941.3), 94쪽.

육운통제가 강화되고 또한 연료소비규제·차량징발 등으로 차량이 절반이나 감소했기 때문이었다. 예를 들어 조선운송 대구영업소는 대체연료인 카바이드의 1941년 9월분 배급량이 1942년 2월에야 비로소 배급되면서 연료부족으로 인해 보유차량 29대 가운데서 겨우 3대만 운행되는 상황이었다.[81]

마침내 1942년 2월 1일에 나머지 22개 합동회사 가운데 21회사가 영업을 정지하고 이를 조선운송에 합병하는 이른바 제2차 합동이 시작되었다.[82] 요컨대 소운송업의 정비는 방법적으로 분산된 업자를 1차합동으로 22개소로 통합하고 결국 조선운송으로 21개사마저 통합하여 소운송업을 일원화하는 것이었다.

3) 섬유업

1942년부터 본격화된 일본본토의 섬유업정비는 형식적으로나마 '민간자치'에 입각하도록 했지만,[83] 실제로는 국가가 적극적으로 개입하여 대부분의 섬유설비를 파철화(scrap)하여 철강생산이나 군수공업으로 집중하는 방식이었다. 그러나 조선에서는 방직공장이 수적으로나 생산액으로나 오히려 확대되었다. 그것은 고이소 구니아키 총독이 '산업시책'(1942.6)에서 "단순히 일본본토에 대한 의존에서 탈피하는 것에 머무르

---

81) 『經濟治安週報』(1942.4.11), 5쪽.
82) 『日帝侵略下韓國三十六年史』13(상권)(1942.3), 81쪽 : 『殖銀調査月報』(1942.4), 81쪽.
83) 井野 農相이 중의원 법안위에서 답변한 내용(1943.2.15)에 의하면 "지난번 전국의 製絲業者·短纖維業者를 모아서 제사회사의 통합을 종용했지만 그것은 정부측에서 적극적인 호소에 의한 것이 아니라 업자 자체가 '현재의 전력 및 석탄의 배급 기타 자재의 공급상황을 보아 2백 수십의 공장이 그대로 분립하고서는 도저히 지탱할 수 없다는 것 그리고 그것으로 인해 어떻게 하든지 이러한 기업 전체가 하나로 되어 정리해야 할 것은 정리하여 원활한 경영을 기하도록 한다'는 것이어서 정부로서도 가능한 한 진력하여 업자의 마음을 보아 기업정비령같이 강권으로 기업통합을 꾀하지 않고 업자의 자치를 통해서 실시할 방침이다"고 했다.[『經濟情報』8(1943.6), 67쪽]

지 않고 태평양전쟁 이후 엔블록에서 긴급하게 요구할지 모르는 소비재 수요를 준비할 것"이라고 한 것에서 보는 것처럼 조선의 방직공업은 정비보다는 오히려 '육성대상'으로 지목되었다. 1944년 이후에도 '중점산업'에 대한 지원이 강화되는 속에서도 섬유업의 생산액은 명목적으로 늘고 있었다. 그러한 정황은 다음 글에서 잘 드러난다

> 유지공업 및 양곡가공업 같은 것은 정비 압축되기에 이르렀다. 그러나 본토에 있어서는 정비의 제1진이었던 섬유공업이 조선에서는 입지조건이나 또 의료의 일정량이 생필품으로 중시되는 것으로 보아도 과도한 정비를 행하지 않으며 오히려 섬유자재의 증산과 함께 고율의 생산을 기도하였다.[84]

따라서 정비방식도 생산력의 유실을 저지하는 기업합동방식이 주된 것이었다. 예를 들어 제1차 메리야스업 정비(1943.3.19)에서 조선내 722업자가 174업자로 압축되었는데 정리의 결과 "유한회사·소조합의 건설이 활발하였다"고 한 것에서도 나타난다.[85] 1942년 이후 직물업 정비에 관한 몇 가지 사례를 적요하면 [표 2-22]와 같다. 우선, 앞의 사례를 기계업 정비사례와 비교하면 직물업 정비가 가진 특징이 드러난다. 즉 기계업의 정비는 주로 '기업합동→공업조합→회사화'라는 단순한 형태인 데 비해, 직물업 정비는 다양한 형태로 진행되었다. 예를 들어 평양메리야스 공업조합은 조합원 가운데서 직기수 5대 이하인 업자 즉 영세 가내공업이나 개인영업체를 대상으로 정비가 이루어지고 있다. 또한 군산은 기업합동으로 주식회사가 발족했고, 청주는 기업합동으로 조합이 결성된 후 다시 조선피복주식회사의 충부지부로 재편되고 있다.

그밖에 대구·군산·광주·평양의 직물조합은 조선직물공업조합의 지부로 재편되었다. 즉 정리 압축된 것은 전북 모자업·평양 메리야스업·부산 면포업 등이었고 대개는 공업조합으로 재편하거나 조선피복주

---

84) 『殖銀調査月報』(1944.6), 43쪽.
85) 『殖銀調査月報』(1943.8), 41~42쪽.

[표2 -22] 직물별 기업정비 상황

지역	일자	정비내용	정비 방식
釜山	42. 8	1綿絲配給 50玉이하 업자 42명 정리	정리압축
平壤	43. 6	메리야스업 자치정비, 평양메리야스공업조합원 172명중 직기 5대 이하 70명 통합	정리합동
忠州	44. 2	업자들 서로 합동하여 충주염색가공공업조합(1944.2.28) 신설	법인화
釜山	44. 4	동력미싱 30대를 정비단위로 한다는 道방침에 입각, 피복공업 자치적 통합	자치통합
宣川	44. 7	大東양말공장 및 東興양말공장은 금번 모두 軍下請工場으로 지정	군수하청화
群山	44. 8	全北 피복생산자 제1회 기업정비, 群山被服合資會社 설립	회사화
大邱	44. 9	大邱纖維組合[慶北메리야스工組,慶北직물공조,慶北피복공조]해산, 慶北支部설립	지부로 재편
仁川	44. 9	종래 仁川복장조합을 임의조합에서 仁川복장잡화소매 상업조합으로 개조	법인화
淸州	44. 9	企業整備로 자본금 100만 원의 忠北피복공업조합 설립.	법인화
淸州	44.10	忠北 피복공업조합 해산, 조선 피복공업조합 忠北 지부 발족	지부로 재편
全州	44.10	全北 모자 제조업정비요강 결정, 모자 제조업자 190명중 79%를 정비계획	정리압축
대도시	44.12	조선직물공업조합에서 大田·光州·大邱·釜山·平壤에 각각 6개 지부를 설치	지부로 재편

비고 : 기간은 1943년 6월부터 1945년 2월까지 사례.
출전 : 『殖銀調査月報』해당월판.

식회사·조선직물공업조합의 지부로 재편되었다. 또한 선천의 양말공장 은 군수하청공장으로 재편되었다. 지역적으로 보면 조선중부·남부의 직물공장에 대한 정비가 북부에 비해 많았다. 요컨대 직물업의 정비는 기업합동에 의해 기존업자를 조합 및 회사로 적극 포섭하는 것이었고, 정비대상은 평양이나 부산의 경우처럼 영세 개인영업체나 가내공업이 많았다고 본다.

5. 기업정비에 대한 조선자본가의 인식

1) 민간단체의 기업정비대책과 총독부의 대응

1942년 11월에 조선상의는 총독부에 기업정비대책과 관련한 건의안 을 제출하였는데 그것은 기업정비에 대한 민간자본가의 이해를 집약한 것이었다. 그 내용을 보면 다음과 같다.

첫째로 기업정비의 방법에 관한 것이었다. 건의안에 따르면 정비는 "총독부에서 해당사업의 정비방침을 결정하되 각 도마다 중소상공업편성협의회를 설립하고 이것을 이용하여 현지실정을 파악하자"는 것이었다. 또한 그 하부기관으로 "각 상공회의소 단위로 민간중심의 기업정비위원회를 설치하여 여기서 총독부의 정비방침에 따라 지역별로 정리계획을 수립하도록 하자"는 것이었다.86) 그러나 이러한 조선상의의 건의는 받아들여지지 않았다. 즉 조선의 기업정비는 총독부 국·과장으로 구성된 기업정비위원회가 요강을 입안하였고 공업조합 등 민간자치조직은 실행만을 담당할 뿐이었다.

둘째, 전업에 관한 건의였다. 즉 대상을 선정할 때 지나치게 실적에 기대지 말고 인적 조건[연령·건강·자산·기능·희망]·물적 조건[위치·설비]를 감안할 것이라 하여 '실적기준'에 의한 할당으로 차별을 당하는 중소기업의 이해를 대변하고자 했고 전환한 자에 대해서는 생활안정을 위해 잔존업자, 조합 및 국가가 이들을 보호하자고 했다. 또한 갱생자금의 대출수속을 간소화하고 긴급자금제도를 활용하여 소액대차의 정리를 쉽게 할 수 있게 하며 상공회의소에 소액금융제도를 설치하자는 것이었다. 특기할 것은 동남아 방면으로의 계획적인 전업을 요청한 것이었다. 그러나 이러한 제안도 증산과 동원이 지상목표인 현실에서는 효과가 없었다. 아울러 갱생금융 또한 1944년의 〈기업정비자금조치법〉 등 부동자금 흡수대책이나 잔존자 및 중요산업 위주의 금융정책으로 말미암아 효과를 발휘할 수 없었다.

그런데 당시 동남아로 전업하려는 조선인업자는 의외로 많았다. 예를 들어 1942년 원산상의가 실시한 설문에 따르면 전업 희망업종은 총응답자 435명 가운데서 '언제든지 돌아올 수 있는 간단한 상업'은 25명, 군수공장 노동자는 40명, 생산력확충산업 노동자는 10명, 관청·회사의

---

86) 朝鮮工業組合聯合會, 『朝鮮工業組合』(1943.1), 42쪽.

사무원은 34명, 은행·금융·보험의 사무원은 11명, 귀농은 11명, 건축 토목사업 38명, 만주농업개척민 4명, 기타 84명인데 대해서 '중국·남양 및 기타 해외로 이주'를 응답한 인원은 총응답자 435명 가운데서 156명 으로 36%에 달하였다.[87]

또한 1942년 6월 20~25일간 부산부가 동남아로 이주할 기업자들의 신고를 받았을 때 출원한 45명의 면모를 보면 주로 반물상·과자상·섬유상 등 중소기업가였다.[88] 이처럼 동남아로 진출하기를 희망하는 업자가 많았던 것은 우선 동남아라도 진출해서 통제를 피해 보려는 측면과 아울러 일본의 점령을 기화로 동남아에 진출하여 원료부족을 해소하고 자본축적을 꾀하려는 당시 조선인 자본의 의식을 반영한 것이었다. 그러나 1943년 이후 동남아가 다시 연합군에 탈환되면서 이주계획은 실현되지 못하였다.

셋째, 잔존기업의 육성에 대한 건의였다. 즉 기업체의 적정한 배치계획이나 적정규모로 육성대책을 가하여 기업능률 및 배급력을 제고하고, 임의조합을 가급적 빠른 시일내 상공조합이나 공업조합으로 개조하여 비조합원의 가입을 독려하자는 것이었다. 당시 조선에는 1930년대 후반 이후 '중소공업육성대책'이 지속된 결과 1942년까지 6천여 개의 임의조합이 잔존하고 있었다. 따라서 총독부로서도 이들을 법적으로 조합화할 필요가 있었다. 이에 1941년 7월에 이미 임의조합에 대한 법인 조직으로서 공인조치가 있었고 이들에게 배급통제권을 위임하여 배급통제를 수행하도록 했다.

요컨대 건의안은 조선경제의 현실을 감안하고 중소기업가 및 민간단체의 적극적인 참가에 의한 자치적 정비를 요구한 것이었다. 그러나 총독부의 대응은 결과적으로 관제적이고 강권적인 기업정비로 귀착되었다. 그것은 기업합동에서 자치정비보다는 관권에 가탁한 정비가 훨씬 많

---

87) 『經濟治安週報』(1942.6.29), 9쪽.
88) 『經濟治安週報』(1942.7.13), 12쪽.

왔다는 점에서도 확인되고 있다.[89]

2) 중소상공업자의 기업정비에 대한 인식

1941년 2월에 총독부 상공과, 경성부 권업계, 경성상의, 경기도 경찰부, 재단법인 조선경제연구소의 후원 아래 국민총력경성제국대학연맹 소속의 스즈키 다케오가 서울에 있는 개인영업체자들에 대해 기업정비에 관한 설문조사를 실시했다.[90] 이에 설문결과를 보면 기업정비에 대한 당시 중소자본가의 인식동향이 대체적으로 드러난다.

우선 영업전망에 관한 설문결과를 정리하면 [표 2-23]과 같다. 즉 개인영업체자 가운데서 앞으로 '영업상황이 낙관적일 것'[비교적 낙관 및 낙관 포함]이라고 응답한 인원은 789명으로 총 응답자의 75.4%였고 개인상업자도 75.3%에 달했다. 한편 민족별로 보면 공업은 조선인 응답자 가운데 73%, 일본인 응답자 가운데서 79%, 그리고 상업은 조선인응답자 가운데 73.6%, 일본인 응답자 가운데 75%가 각각 '낙관적'이라는 응답을 하였다.

[표 2-23] 개인 중소상공업자에 대한 설문조사 결과[영업전망 관련 응답]

구분\응답	공업				상업			
	일본인		조선인	계	일본인		조선인	계
낙관	43	4.1	89	8.5% · 132 12.6%	86	5.0	233 13.5	319 18.5
비교적 낙관	270	25.8	387	37.0 657 62.8	346	20.2	628 36.6	974 56.8
비교적 비관	76	7.3	140	3.3 216 10.6	105	6.1	263 15.5	368 21.6
비관	7	0.6	135	13.4 142 14.0	7	0.4	46 2.7	53 3.1
계	396	37.6	651	62.2 1,047 -	544	31.7	1,170 68.3	1,714 -

출전: 總督府 警務局 經濟警察課, 『經濟治安週報』(1942.6.8), 5면.

---

[89] 이른 자료지만 1940년 12월에 발표된 조선상의의 기업 합동조사를 보면 자발적 합동은 39건중에 11건에 불과하고 관의 장려 및 지도로 된 것이 20건으로 나타났다. (『殖銀調査月報』(1941.2), 72쪽)

[90] 京城商工會議所, 「商工經營懇談會速記錄」(『經濟月報』, 1942.7), 부록 1쪽.

즉 조선인 업자보다 일본인 업자쪽에서 낙관적인 응답이 많았다. 이처럼 대다수 개인기업은 장래의 영업상황이 호전될 것으로 믿고 있는데 그것은 당시 개인기업이 '중소기업육성대책'에 고무되고, 전쟁특수에도 상당한 기대를 걸었다는 것을 말한다. 특히 일본인업자가 낙관적인 응답을 많이 했다는 면에서 총독부의 중소기업육성정책에 대한 기대가 조선인보다 컸다는 것이다.

둘째, 전업에 관한 설문결과를 정리하면 [표 2-24]와 같다. 즉 개인영업체자 가운데서 '전업불가'와 '생각해 본 일 없다'라는 응답이 각각 총응답자의 74%에 달하였다. 또한 민족별로 보면 일본인은 300명 가운데서 70%에 해당하는 209명이 전업을 반대하는 입장이었고, 조선인은 667명 가운데서 76%에 해당하는 507명이 반대하였다. 따라서 전업에 대해서는 조선인의 반대율이 일본인보다 높다. 그리고 전업에 관심이 있는 업자중에서도 그것을 준비하고 있다는 응답은 31명으로 3%에 불과하다

[표 2-24] 개인 중소 상공업자에 대한 설문조사 결과(전업 및 기업합동 관련응답)

구분 \ 응답	전업에 대한 설문					기업합동에 대한 설문				
	일본인		조선인		계	일본인		조선인		계
생각해 본 일 없다	96	10.0%	373	38.6%	469	89	10%	398	44.7%	487
관심가지고 있다	84	8.6	136	14.0	220	77	8.7	81	9.1	158
준비중·연구중	7	0.8	24	2.4	31	43	4.8	128	14.4	171
반 대	113	11.7	134	13.8	247	28	3.1	46	5.2	74
계	300	31.2	667	68.8	967	237	26.6	653	73.4	890

출전: 朝鮮經濟研究所, 『京城府內中小商工業實態調査報告』1(1942.8), 86~87쪽.

셋째로 기업합동에 관한 설문결과를 보면, 개인기업자 가운데서 '기업합동반대'와 "생각해 본 일 없다"라고 한 응답이 각각 74명·487명으로 합해서 총 응답자수의 63%에 달하였다. 또한 민족별로 보면 일본인은 237명 가운데서 117명(70%)이 반대하였고, 조선인은 653명 가운데서 444명(68%)이 반대하였다. 따라서 기업합동문제에서 일본인이 조선인보

다 반대율이 높다. 그리고 기업합동에 관심있는 업자중에도 그것을 준비하고 있다는 응답은 74명으로 8.3%에 불과하였다.

그런데 다른 지방의 경우는 경성부의 설문결과와 다소 차이가 있다. 예를 들어 원산에서 실시한 설문조사결과를 보면 [표 2-25]와 같은데 전체적으로 기업합동을 희망하는 응답이 반대하는 응답보다 수적으로 많았다. 즉 서울[경성]에서 기업합동에 반대하는 비율이 60%를 넘었던 것과 대조적이다. 그것은 원산이라는 지역사정에 따른 것으로 여겨진다. 즉 1940년대 이후 원산이 조선북부 공업지역의 신흥거점으로 인식되면서 원산북항 및 공단확충 등에 이어 주우알루미・일본원철 등 대자본이 침투하고 있었고, 이에 편승하여 당지 자본가들이 합동하여 이들과 하청관계를 확대하려 했던 사정을 반영한 것으로 볼 수 있다. 반면 전업에는 대부분의 업자가 반대했는데 반대율이 경성보다 높았다. 그리고 전업이 어려운 사유로 [표 2-25]에서 보듯이 가족부양・노령・체력 등의 이유 이외에도 특수기능에 익숙하여 전업에 대한 두려움 등이 열거되었다. 그런데 '자본의 빈약'을 이유로 든 인원도 329명에 달하였다.

[표 2-25] 원산지역의 기업합동 및 전업관련 설문결과

1) 기업합동 및 전업 찬반여부

구분	희 망	반 대	연구・준비중
기업합동	221	207	555
전 업	180	1,110	109

2) 전업 반대사유

사 유	응답자	비율
가족이 많아 전업이 어렵다	241	16
자본의 빈약	329	22
체력이 약하여 다른 직업이 불가능	170	12
특수기능이 익숙하여 다른 일 불가	439	30
노 령	176	12
기 타	109	7
계	1,464	100

출전: 警務局 經濟警察課, 『經濟治安週報』(1942.6.29), 8면.

사유는 총독부의 '전업강화책'에도 불구하고 경영난 해소, 배급확대와 같은 실질적인 혜택이 업자에게 주어지지 않았기에 선뜻 전업할 의욕을 가지지 못한 것이었다.

이상을 정리하면 먼저 총독부의 기업정비에 대해서 전체적으로는 중소업자들은 '반대'하는 입장이었고, 그 이유에 대해서는 경성상의가 주최한 상공경영간담회에서 다음과 같이 지적되었다. 먼저 전업에 대해서는 '아직 재고가 있어 그다지 급하지 않다는 것'이었고 기업합동에 대해서는 '기업합동을 해도 배급이 잘되리라는 보장이 없다고 업자들이 우려하고 있는 점'을 이유로 들고 있다. 그리고 전체적으로 업자들이 '총독부의 중소기업 유지육성 방침에 고무된 것'[91]을 이유로 들었는데 당시 총독부가 기업정비와 중소기업육성정책을 병행하고 있었음에도 개인기업가들은 중소기업육성정책과 기업정비는 서로 상충되는 것으로 보고 있다는 것을 말한다.

요컨대 당시 개인상공업자들은 대체로 경영난·배급난에도 불구하고 기업의 현재 상태를 급격히 변화하는 것은 바라지 않았다는 것이다. 그러나 정비를 한다고 하더라도 일본인업자는 기업합동을, 그리고 조선인 업자들은 전업을 더욱 싫어했는데, 그것은 조선인업자의 경우 전업보다는 기업합동이 자신의 기계 및 설비를 보존할 수 있는 길로 믿는다는 것이고, 일본인의 경우는 전업을 통해 군수산업으로 적극 참가하려는 의식이 강했다는 것을 보여준다.

6. 나가며

1940년대 이후 중소기업대책은 1930년대 후반과 같은 포괄적 육성이 아니라 '중점산업의 육성을 위한 비군수산업의 정리대책'과 '군수·생필품 등을 확보하기 위한 중소공업의 육성대책'이 착종하는 것이었다.

---

91) 「商工經營懇談會速記錄」 앞의 자료(1942.7), 24쪽.

즉 「중소기업정비요강」(1941.1)에서 군수 기타 전쟁수행상 직접 필요한 물자 및 국민생활 최저한도의 확보에 필요한 부문은 '육성'하고 설비과소로 품질향상이나 증산이 곤란한 것은 '정리'한다는 것이었다. 그런데 조선의 공업사정으로 볼 때 전자와 후자를 뚜렷하게 구분하기가 곤란하였다. 왜냐하면 특히 1940년대 급성장한 중소공업은 대부분 전자를 위한 것인 반면, 규모는 오히려 후자에 속하는 것이 대부분이기 때문이었다. 물론 기업정비로 인해 메리야스업 등은 큰 타격을 입었다. 그러나 대부분의 조선인 중소공업은 양적으로 증가하였다.

그러나 1943년 이후 일본군의 패색이 완연해지면서 「전력증강기업정비요강」(1943.6)이 공포되었고, 그 결과 조선에서도 본토와 같이 본격적인 기업정비 국면이 개시되었다. 따라서 이제 조선의 기업정비도 산업구조의 재편이나 '중점산업'에 노동력 및 설비를 집중하는 수단으로 이용되었다. 그런데 기업정비 본래의 의미에서 본다면 일반 경공업품을 생산하는 중소기업은 몰락하는 것이 당연하였다. 그러나 실제의 정비에서는 총독부의 증산정책에 부응하는 공장공업의 형태를 갖춘 중소기업의 경우는 무차별적으로 도태되지 않았다. 1944년도 공장공업수에서 그것을 그것은 다름아니라 조선의 기업정비대책에서는 일본본토와 달리 조선의 생산력동원을 위하여 '중소기업조직화' 및 '기업가의 관제화'가 중시되고 특히 이들의 정치적 동요를 막아 식민통치의 안정도 유지해야 하는 것 때문이었다.

그런데 주목해야 할 것은 겉으로 공장공업의 감소가 크지 않다고 해서 조선인 자본이 언제까지나 보호·육성되었다고는 볼 수 없다. 즉 당시 적으면 수만 많으면 수십 만에 이르는 것으로 보이는 비공장공업인 개인영업체나 가내공업은 기업정비로 철저히 파괴되고 말았다는 점이다. 그것의 정리규모는 자료부족으로 정확한 계산이 힘들지만 1944년도에 업종별 전력수용호가 1943년에 비해 52.2% 감소하는 것으로 보아 1943년도 조선인가내공업자 추계인 36만 7,869명에서 19만 1,292명이 정리된 것으로 짐작된다. 그것은 일본본토의 경우에서도 확인되고 있다. 그런데 기업합동에 따른 업체감소율이 평균 60~80%로 나타나는데 실제의 개인영업체에 대한 정비는 훨씬 강도가 높았을 것으로 보인다.

요컨대 1943년 「전력증강기업정비요강」으로 인해 결정적으로 타격을 받았던 조선인 자본은 의외로 공장공업보다는 개인업체 중심의 영세한 공업군이었다. 그것은 당시의 공장공업의 전반적으로 일제의 침략전쟁과 관련하면서 성장한 것이었다는 점에서 민족경제 수립의 토양으로서 이용하는데는 한계를 가질 수밖에 없었고, 광범한 개인기업군의 파탄은 해방 이후 극심한 물자결핍을 초래하여 국민의 생필품마저 외국에 의존하도록 했으며, 말단 경제기구의 파탄은 공업국가로 발전하는데 자본재의 결핍, 산업균형[안정도]의 약화를 초래하여 장기간 농업일변도의 산업구조를 가진 세계에서 최빈국 대열에 한국을 위치 짓는 데 큰 기여를 하는 것이었다.

제6장
1945년 서울[경성부]소개

1. 들어가며

 일제말기 특히 1945년은 일제 식민통치의 최종국면과 지배의 역사적 귀결을 극명하게 보여주는 시점이다. 최근 일제 말 전시하 조선사회에 관한 연구가 풍성하게 쏟아지면서 그 동안 연구가 미치지 못했던 1940년대 조선사회의 실상이 하나하나 규명되어 가고 있다.[1]

 그런데 기왕의 연구성과는 주어진 자료의 제한으로 주로 1940년대 초반 단계의 연구에 머물러 정작 8·15 직전의 실상은 거의 손대지 못하고 있으며, 그나마도 추론수준에서 시간의 공백을 메우는 경우가 많다. 즉 해방전후 조선경제의 흐름을 종합적으로 검토하여 연구업적을 낸 김보영도 특별히 해방후 남한의 경제위축은 남북 경제교류 단절과 엔블록 이탈로 발생한 원료부족·기술부족 등에서 찾음으로써 식민지 말의 실상과 관련짓지 못했다.[2]

 미군정기의 경제정책에 관한 방대한 연구업적을 낸 김기원[3] 또한 식

---

1) 1940년대 식민정책과 관련한 주요 박사학위 논문을 보면, 배성준, 「일제하 경성지역 공업연구」(서울대 국사학과 박사학위논문, 1998) : 변은진, 「일제전시파시즘기(1937~1945) 조선민중의 현실인식과 저항」(고려대 사학과 박사학위논문, 1998) : 곽건홍, 「일제의 전시노동정책 연구」(고려대 사학과 박사학위논문, 1998) : 김영희, 「1930, 40년대 일제의 농촌통제정책에 관한 연구」(숙대 사학과 박사학위논문) : 최유리, 「일제말기 내선일체론과 전시동원체제」(이대 사학과 박사학위논문, 1995) 등을 들 수 있다.
2) 김보영, 「해방후 남북 교역에 관한 연구」(고려대 경제학과 박사학위논문), 70쪽.
3) 김기원, 『미군정기 경제구조』(푸른산, 1990).

민지 말 조선사회에 대한 현장감 있는 해석보다는 관변측 통계의 정리에 집중되면서 8·15 이후 남조선(남한) 경제구조와 관련지었기에 군정시기 남조선 경제구조에 대한 깊이 있는 천착에도 불구하고 8·15 직전 상황과의 접목에는 여러 가지 비약이 따랐다.

그러나 선험적으로 알려진 해방 이후 남한경제의 위축은 8·15가 아니라 오히려 1944년 중반 이후 일련의 기업정비와 도시소개의 결과였다. 이는 8·15 이후 역동적으로 기업이 신설된 데서도 알 수 있다. 또한 해방 이후 실업률 증가가 마치 전쟁종결 혹은 8·15해방의 결과라는 사실로 귀착되면서 8·15의 역사적 의미를 폄하하고, 실제의 역사적 현장감을 훼손하는 결과를 초래했다.

8·15 직전 조선인 경제영역은 일제의 제반정책의 결과로 급속히 고갈되었고, 8·15를 기점으로 급속히 재건된다고 보는 편이 보다 사실에 가까운 지적일 것이다. 물론 그 위축이 엔블록 이탈에서 발생한 결과라는 측면을 완전히 무시할 수 없는 것이지만 적어도 8·15직전 단말마 같은 일제의 폭력적 식민지지배정책에 위축원인이 크다고 하겠다.

일제 말의 서울지역 실상은 상대적으로 다른 지역에 비해 풍부하지만 실제로 분석한 경우는 매우 소략한 느낌이다. 그나마 구체적인 실태연구보다는 해방후 사회와 식민지 사회와 어떠한 입장에서 볼 것인가 즉 '수탈론'이니 '근대화론'이니 하는 연구성과도 적어도 이 시기에 대한 구체적인 실상 검토를 토대로 한 것은 적다. 또한 각론 수준의 연구로 배성준의 경성지역 공업에 관한 일련의 연구가 독보적이지만 그나마도 대략 1942년까지 연구가 진행되었고 8·15까지 연장되지 못했다.

요컨대 본 연구는 식민지 말기 1945년 4월부터 약 2개월 동안 전개된 서울지역 도시소개정책의 추진과 전개 그리고 그 결과를 분석하여 최종단계의 식민도서 서울의 파멸과 조선경제 파탄의 실태 그리고 도시소개의 내면에 포함된 식민지적 수탈성을 해명하고자 하는 것이다.

2. 일본의 소개정책과 실태

　1943년 2월 과달카날군도에서 받은 타격은 이후 전체 전선에 걸쳐서 일본군의 패퇴를 알리는 신호탄이었다. 이에 이미 일본에서는 1942년 10월 대도시의 방위강화를 명분으로 〈방공법〉을 공포하고 방공공지와 공지대의 지정을 시작하였다. 그러나 B29의 직접적인 공습을 받으면서 기존 공지(空地)의 보존만으로는 대도시의 화재를 막을 길이 없었다. 이에 어린이·노인을 위시하여 각도 중요시설 등을 대도시로부터 소개하는 일이 조급했고, 이에 1943년 9월 내각의 결정으로 중앙관청의 지방소개 방침이 나왔으며 12월에는 내각에서 〈방공법〉을 개정하고 「도시소개실시요강」을 결정하였다.

　1944년도에 들어서면서 공습에 의한 화재를 막는 소방활동을 용이하게 하기 위하여 도시밀집지대의 건물을 사전에 강제적으로 파괴하는 건물 소개를 시작하였다. 1944년 1월 26일 내무성은 방공법에 입각하여 도쿄와 나고야의 지정구역 내 건축물에 대하여 소개명령을 내렸다. 이에 3월 말까지 동경에서 15개소, 나고야에서 8개소의 지정구역 내 건축물 강제철거가 시행되었다. 제1차 구역지정 이후 3월 20일에는 제2차, 4월 17일에는 제3차 지정, 5월 4일에는 제4차 지정이 있었다. 아울러 제2차 지정이 이뤄지기 전인 1944년 3월 3일에는 각의를 열어 「결전비상조치요강」을 결정하고 일반소개라고 불리는 건물소개·인원소개·시설소개 등 세 종류의 소개를 전개하였다.

　또한 1944년 봄부터는 연고에 의해 노인이나 어린이를 소개하도록 했고, 그러한 소개가 여의치 않자 1944년 6월 30일에는 각의에서 대도시에 남아 있는 모든 어린이에 대해 강제적으로 집단소개를 실시토록 했다.[4] 이에 도쿄에서는 다마를 제외한 도내 국민학교 어린이 3학년 이상이 그 대상이 되고 도내 각 구별로 담당 소개처(부현 단위)가 할당되었으며 소개는 방학기간에 하도록 했다. 이리하여 아동소개 제1진은 군마현 묘기쵸에 소개된 이타바시구 내의 우에이타바시 제3국민학교 등 5개 학교의 아동들과 도쿄도 내 미즈호쵸(瑞穗町)에 소개한 시나가와구(品川區) 내의 세이난(城南) 제2국민학교 어린이들로서 소개사업은 8월 4일 실시되었다.5) 이후 학동소개가 계속되었지만 공습이 강화되자 소개처마저 안전하지 못해 야마나시현 코우후에 소개된 메구로구(墨區)의 월광원국민학교 어린이처럼 보다 깊은 오지로 재소개 되는 경우도 있었다.

1944년 7월20일에는 문부성이 도쿄 이외 오사카·요코하마·가와자키·에비스·고베·니자키·나고야·모지·오쿠라·도바다·와카마스·야하다 등의 12개 도시에 아동집단 소개를 지령하고 국민학교 초등과 3년 이상 학생 중 고향이 없어 연고에 의한 소개가 어려운 약 40만 명의 학생을 낯선 농촌지방으로 강제 소개를 시행했다. 이에 부모와 떨어진 어린이들이 낯선 시골농가의 헛간이나 누에치는 광, 닭장 등에 주거해야 했고, 도시에 잔류한 소개대상 인원들도 소개로 남은 폐자재를 이용하여 폐허가 된 울타리 혹은 지하에 굴을 파 임시지붕을 만들어 기거하는 등의 비참한 생활을 하고 있었다.6)

이렇게 파상적 공습과 그에 따른 소개로 1945년 5월의 도쿄인구는 50%, 6월에는 31%로 감소한 것으로 나타난다.7) 아울러 소개과정에서 공습으로 많은 사상자가 나기도 했다. 예를 들어 오키나와로부터 소개중이던 소개선 오마마루(大馬丸)가 미국잠수함의 공격을 받아 어린이 7천 명이 사망하는 일도 있었다.

---

4) 藤原彰 編, 『戰爭と民衆』〈日本民衆の歷史 9〉(三省堂, 1975), 221쪽.
5) 昭和史硏究會, 『昭和史事典(1923~83)』(한국논문자료원, 1984), 325쪽.
6) 中村隆英, 『昭和經濟』(日本經濟新聞社, 1976), 237쪽.
7) 위와 같음.

3. 경성부 소개정책의 입안과 소개의 실태

1) 경성부 소개정책의 입안과 소개기구

1945년 이후 연합군의 B29에 의한 일본 본토폭격이 본격화되고 특히 3월 19일 나고야 지역에 대한 연합군의 제2차 공습에 관한 대본영의 발표가 있은 다음, 조선에서도 공습에 따른 방공태세 확립이 강조되었다. 이에 3개월 남짓을 일본에 머물며 공습의 실황을 지켜본 엔도 정무총감이 3월17일 귀임하여 '연합군의 조선반도 상륙'과 '소이탄공습'에 대비한 도시소개를 적극 추진하기로 하였다. 그런데 총독부의 「도시소개요강」이 결정되기 전인 3월 26일부터 이미 경성부 소이탄공격에 취약한 의류의 자진소개를 단행하기로 결정하고 한 세대가 중량 15관 이내의 의류품 뭉치 두 개를 한도로 29일까지 시행하도록 했다.[8]

도시소개는 3월 30일 총독부 방위총본부 내에 소개대책위원회가 구성되고 방공도시를 위한 도시소개를 추진하면서 본격화되었다. 대책위원회 구성원은 조선생명보험 사장인 한상용을 위시하여 고문 10명, 위원 35명, 간사 20명 등 총 55명이었는데, 당일 제1회 대책위원회가 열려 일본본토에서 공포된 〈방공법〉을 모태로 조선 내 대도시의 건물·인구 밀집지대에 새로이 방공공지〔방공지대〕와 방공공지대〔방공도로〕 조성을 목적으로 한 7항목의 도시소개 방침을 결정하였다.[9] 여기서 방공공지는 적의 소이탄공격에 의해 화재가 발생하여 시가지 전체로 인화되는 것을 방지하기 위하여 주택 밀집지역의 건물을 헐어내어 넓은 광장을 만드는

---

8) 『매일신보』(1945.3.26), 2면.
9) 여기서 1) 소개 이유〔공습으로부터 시민의 안전과 재산의 보호〕, 2) 소개 대상도시 〔서울·평양·대구〕, 3) 건조물 철거방식, 4) 관청·학교 등 공공건물 및 인원의 소개방안, 5) 인원소개방식, 6) 생필품 소개방식, 7) 기타 등의 7가지의 소개방침이 설정되어 있다.〔『매일신보』(1945.4.1), 2면〕

것이고, 방공공지대는 특별한 재난이 발생할 때 방화나 방재를 위하여 넓고 길게 조성한 소방도로를 말하는 것이다.

이에 대책위의 방침을 구체화하여 4월 5일에는 〈방공법〉 제5조 2항 즉 "조선총독이 방공상 필요한 경우 〈칙령〉이 정한 방에 따라 일정한 구역을 지정하여 구역내의 주택·건물 또는 영업소 기타의 업무장소의 이전을 명할 수 있다"고 한 조항과 5조6항 즉 "도지사는 칙령이 정한 바에 의하여 그 구역 또는 지구내에 존재하는 건축물에 대하여 그 사용 또는 양도 기타의 처분에 관하여 필요한 명령을 할 수 있다"라는 조항을 근거로 「조선내 중요도시 소개요강」을 공포하였다. 여기서 소개완료 기간은 4월부터 6월까지로 책정되었다. 이어서 4월 4일과 5일 양일간 각도 경비과장 회의를 총독부에서 개최하여 구체적인 소개 실무장식이 논의되었고, 마침내 4월 7일에 경성부·부산부·평양부외 인천이 새로이 소개지구로 추가되었으며 4월19일에는 2차 지정을 통해 경성부내 지정지역도 확대되었다.10) 경성부 제1·2차 소개 지정된 경성의 소개공지대를 정리하면 [표 2-26]과 같다.

즉 1차 고시지역은 주로 종로와 종묘 그리고 서울역 주변 등 서울지역 가장 번화한 도심 상공업 지역이나 철도역사가 중점적으로 지정되고 있다. 그리고 2차 고시지역은 적용범위가 크게 확대되고 서울지역의 부심지나 대규모 도로변이 모두 적용되고 있으며 특히 철로 연변지역을 중점적으로 공지대(방공도로)화하는 의도가 나타난다. 그리고 4월 19일 총독부 고시로 제2차 소개공지대의 지정과 더불어 중요시설을 부근으로 소개하는 이른바 소개공지도 함께 지정하였다.

[표 2-27]을 보면 소개공지는 주로 중구·용산구·종로구 등 각각 관공서와 공업시설, 그리고 상업체가 밀집한 곳에 집중적으로 지정되고 있다. 공지면적은 30~50m 정도로 이는 중요시설을 소개한다는 의미보

---

10) 『매일신보』(1945.4.19), 2면.

[표 2-26] 총독부 지정 경성부 내 소개공지대

지정일	번호	지대명	기점	종점	폭(미터)	길이(미터)
제1차 지정	1	鐘路西四軒町線	鐘路5丁目	西四軒町線	50	1,100
	2	宗廟大和町線	宗廟	大和町2丁目	50	1,180
	3	慶雲町南山町線	慶雲町	南山町3丁目	50	1,800
	4	京城驛竹悏町線	京城驛	竹添町3丁目	30(일부철도선로양측)	1,080
	5	京城驛岡崎町線	京城驛	岡崎町	30(철도선로동쪽)	1,400
제2차 지정	6	大和町新堂町線	大和町2丁目	新堂町	40	1,680
	7	京城驛旭町線	吉野町1丁目	旭町2丁目	40	1,080
	8	太平通線	太平通2丁目	太平通2丁目	50	380
	9	古市町三板通線	古市町	三板通	30	500
	10	岡崎町線	岡崎町	岡崎町	40	300
	11	元町大島町線	元町2丁目	大島町	40	330
	12	靑葉町線	靑葉町2丁目	靑葉町	40	190
	13	西界町線	西界町	西界町	40	220
	14	天然町松月町線	天然町	松月町	40	480
	15	內資町社稷壇線	內資町	社稷町	40	350
	16	齊洞町嘉會町線	齊洞町	嘉會町	30	900
	17	淸涼理驛回基町線	典農町	回基町	30(철도선로서쪽)	1,100
	18	永登浦驛跨線橋線	永登浦町	新吉町	30(철도선로북쪽)	150
	19	道林町線	道林町	道林町	30(철도선로남쪽)	70

출전: 『朝鮮總督府官報』, 제5449호 및 제5459호, 1945년 4월 7일 및 19일자.

다는 중요시설 주변에 밀집된 건축물이나 인원을 소개하여 중요사업장을 화재나 공습으로부터 보호하기 위한 조치였다. 이외에도 '소공지대(小空地帶)'라고 하여 시설이나 가옥이 밀집된 지역을 대상으로 폭 10~20m 규모의 방공도로를 경성시내 15

[표 2-27] 경성부내 소개공지

위치	중요시설 주변구역(m)
중구 지내 9개소	30~50
종로구 지내 8개소	30~50
동대문구 지내 1개소	50
성동구 지내 1개소	50
서대문구 지내 5개소	30~50
용산구 지내 5개소(이 가운데 1개소의 일부는 마포구역 내에 있음)	30~50
영등포구 지내 1개소	30

출전: 『朝鮮總督府官報』5459(1945.4.19).

개소에 신설하기로 하고 소개지역을 고시하였다. 요컨대 지정된 구역은 경성부내 대부분의 대로변과 중요사업장 밀집지역에 해당되고 있으며 소개공지 중에는 철로연변 지역이 많이 지정되었고, 소공지대는 인구밀집지역이 많이 지정되었다.

한편 소개기구로서 경성부는 사람과 건물에 관한 '소개사무'를 담당하는 소개사업소를 부민관 소강당에 설치하고 4월10일부터 소개작업에 착수했다. 또한 부내 8구에 각각의 소개지도소를 설치하여 각종 민원을 해결하도록 하고, 민심의 이반을 우려하여 각 경찰서 혹은 경성역에 소개상담소를 설치하는가 하면 소개수송사무소에서 소개에 필요한 생활필수품의 수송을 지원하도록 했다.11) 경성부 소개를 측면에서 뒷받침하기 위하여 경기도 상공경제회에는 '경성부소개촉진협력회'를 각 경찰서에는 협력회 지부를 나아가 정회(町會)에는 분회를 두어 소개지원 사무를 실시하였다. 그리고 경성부에다 상호협조를 위한 소개연락위원회를 설치했다.12)

한편 재정-금융적 뒷받침을 위해 1945년 4월 29일에 경성부 소개예산으로 8,541만 원을 편성하였고, 경성부 직제중 공영부(工營部)를 방위부(防衛部)로 개정하여 방공·방호·전재·토목 및 상하수도를 담당하도록 하였다.13) 이러한 관 중심의 소개정책을 효과적으로 추진하기 위해선 조선인의 협력이 요구되었다. 이에 '조선은 일본과 달리 자발적 소개를 우선하다'고 선전하는 한편 국민총력조선연맹을 이용하여 '자발적' 소개를 추진하고자 했다. 총독부의 요구에 따라 연맹은 중요도시의 소개를 촉진하기 위해 「중요도서 소개협력운동요강」을 설정하고 조선연맹 사무국에 소개협력본부를 그리고 소개구역의 부연맹에는 소개협력 실천부 및 소개추진연락협의회·소개촉진협의회 등을 설치하여 소개 지원사업

---

11) 『매일신보』(1945.4.9), 2면.
12) 『매일신보』(1945.4.6).
13) 『조선총독부관보』(1945.4.27).

[표 2-28] 경성부내 소개공지대

순번	지대명	기점	종점	폭	길이
1	明倫町線	明倫町4丁目	明倫町4丁目	15m	150m
2	蓮建町鐘路6丁目線	蓮建町	鐘路6丁目	20	1,000
3	孝悌町忠信町線	孝悌町	忠信町	15	450
4	仁義町蓮池町線	仁義町	蓮池町	15	200
5	南大門通2丁目鐘路6丁目	南大門通2丁目	鐘路6丁目	10	2,450
6	永樂町2丁目光熙町2丁目線	永樂町2丁目	光熙町2丁目	20	1,550
7	大和町2丁目大和町3丁目線	大和町2丁目	大和町3丁目	15	150
8	明治町2丁目本町2丁目線	明治町2丁目	本町2丁目	15	250
9	光化門通宗廟線	光化門通	薰井町	20	1,650
10	淸進町鐘路1丁目線	淸進町	鐘路1丁目	15	250
11	昭格町苑西町線	昭格町	苑西町	20	1,050
12	樓上町通仁町線	樓上町	通仁町	15	400
13	穚南町平河町線	僑南町	平河町	15	350
14	旭町線	旭町2丁目	旭町1丁目	20	480
15	三坂通線	三坂通	三坂通	10	250

출전:『조선총독부관보』5459(1945.4.19).

에 혈안이 되었다.14)

그런데 경성부의 소개로 인해 소개자들은 경기도나 강원도·충청북도로 이주가 많았다. 경성부가 '소개는 피난민이 아니며' '나라를 위한 것'15)이라고 한 데도 불구하고 당지 행정기구에 상당한 부담이 되었고, 이에 각종 소개민 규제가 나왔다. 예를 들어 경기도 지역의 인 시설 포화를 우려하여 경기도는 도령으로 〈건물규제규칙〉을 공포하여 건물의 신축·개축·증축·수선 등은 도지사 허가를 받도록 하고 위반자는 처벌키로 하였다.16)

---

14)『매일신보』(1945.4.30).
15)『매일신보』(1945.4.9), 2쪽.「모리 경성부 경비과장의 언급」.
16)『매일신보』(1945.4.17), 2쪽.

또한 강원도도 연고소개 이외 소개자에 대한 대책으로 춘천·평강·
금화·홍천·원주·통천·고성 등지를 소개지로 지정하고 소개가옥 신
축을 위해 17~18만 석의 재목을 준비하는 등의 구체적인 조치를 취했
다.17) 그러나 열악한 강원도의 생산수준에 비해 소개민에 대한 식량·
수도·전기 등 각종 물자배급 문제가 발생함으로써 강원도지사가 소개
수입인원의 제한조치를 들고 나오기도 했다.18)

2) 건물소개의 절차와 실태

조선에서 실시된 도시소개는 소개대상을 기준으로 ① 대도시로부터
군수공장을 소개하는 생산소개와 ② 도시 밀집지역의 건물을 철거하여
공백지대를 만들고 불길이 번지는 것을 막은 건물소개, ③ 직접생산자가
아닌 노인이나 어린이·임신부 등을 이동시켜 인적 피해를 최소화하고
도시교통 기타의 혼란을 방지하는 인원소개, 그리고 인원소개에 필수적
으로 동반된 생활필수품 소개 등으로 구성된다.

먼저 건물소개는 앞서 보았듯이 4월 7일과 19일의 총독부 고시로 소
개공지대 19개처, 소개공지 7개 구역 30개처, 소개공지대 15개처 등 총
64개처의 소개가 추진되었다. 일단 지정지구로 결정되면, 구역소에서 가
옥·건물조사를 한 후 지정업자를 통하여 빈집을 철거하도록 했다. 특히
중요건물 주위를 헐어내어 광장을 만들거나 폭이 약 50m에 이르는 '방
공공지대'라는 넓고 긴 길을 만들어 소방자동차 통행이나 주민대피에 용
이하도록 하며, 소개할 때는 가옥입구에 백묵으로 '소(疎)'라고 써서 건물
소개를 하도록 했다.

그런데 경성부의 경우 현재 사람이 살고 있는 건물의 소개는 일정기
간 유예하여 이전이 끝나면 소개하도록 했지만19) 실제로는 명령이 떨어

---

17) 『매일신보』(1945.4.17).
18) 『매일신보』(1945.4.7), 2쪽.

지면 곧바로 가재도구를 짐차에 싣고서 타지로 이동해야만 했다.20)

건물소개 절차는 4월 7일과 8일 양일간에 걸쳐 도지사가 소개 지정지구의 고시내용에 따라 양도명령서를 해당 동회(町總代: 지방은 면장)를 통하여 소유자에게 전달하고 난 다음 지정업자가 건물 및 인원소개를 추진하고 철저한 강제 명령에 입각하여 주어진 철거기간의 엄수가 특히 강조되었다. 아울러 4월 14일에는 경성·평양·부산 등지의 건축규제 구역을 지정하고 도지사로 하여금 도시를 갑지구와 을지구로 구분하였다. 갑지구인 도심에는 원칙적으로 건물신축을 불허하고 을지구는 필요에 따라 부분적으로 신축을 허가하는 대신 주요도시 이외에는 소개자 수용을 위하여 본규제를 실시하지 않도록 했다.21)

그리하여 제1차 지정지구 건물소개는 5월 10일까지, 제2차 지정지구는 5월 21일을 기한으로 완전히 철거하도록 했다. 이에 1차 철거를 위해 4월 30일 지구내 건물 전체에 대해 양도명령서가 교부되었고, 5월 1일부터 철거가 시작되었으며 절서최고는 5월 4일까지였다.22)

경성부의 소개에는 학생으로 구성된 공작대가 동원되었고,23) 전시교육령(칙령 320호) 및 동 시행규칙(부령 151호)에 의해 7월 1일부터 학도동노대가 조직되어 식량증산·군수생산·방공방위 등 소위 전시 긴급한 사무에 투입되었다.24)

건물소개가 어떻게 진행되었는지 종합적으로 작성된 자료가 없어 구체적인 실상은 알 수 없지만 다만 『매일신보』에 서울지역의 소개가 어떻게 진척되고 있는지 소개한 글이 있다.

방공공지를 만들기 위해 집을 헐기 시작한지 여러 주를 싸우는 도시 경성의

---

19) 『매일신보』(1945.4.10), 2면, 「강제라고 오해치 말라. 안심하고 자진협력」.
20) 中村隆英, 『昭和經濟史』(日本經濟新聞社, 1976), 237쪽.
21) 『매일신보』(1945.4.16).
22) 『매일신보』(1945.4.30).
23) 『매일신보』(1945.5.13).
24) 『조선총독부관보』(1945.7.1).

얼굴은 선을 그은 듯이 달라져 가고 있다. 우선 외모에서 집이 헐려 널찍널찍한 길이 생기고 오랫동안 살던 이웃과 작별하고 또는 대대로 지켜 내려오던 가게문을 선 듯 닫고 이사간 것은 개인적으로는 애석한 일이다. 소개하는 전환의 큰 사업에 대하여 지금까지의 모든 것을 일체로 내놓고 소개에 전면 협력을 아끼지 않는 부민의 당당한 태도는 참으로 훌륭하다고 아니할 수 없다. 제1차로 헐어내게 지정된 구역은 각 경찰서 단위의 특별 공작대와 부내 중등 이상 학도근로대들의 작업으로 운반 정리는 5할 정도가 진행되고 있는 성과를 거두고 있다. 허는 집 수효가 가장 많은 제1공사사무소와 제2사무소 관내인 종로구 일대의 소개가옥은 완전히 외형이 없어졌고, 오직 남은 것은 헐어낸 목재와 그 뒤치다꺼리뿐이다.25)

이러한 강력한 소개로 인해 자칫 전쟁말기에 빚어질 조선인의 민심이반과 반일의식이 큰 문제였다. 이에 4월 23일에는 아베 총독이 각 도 경찰부장회의를 소집하여 소개에 따른 민심이반을 염려하여 대책을 마련하도록 지시했다.26) 또한 경성부도 '소개는 도피가 아니다' '적을 맞이하여 쳐나갈 준비를 하는 것' '소개는 필승의 적전공세'27)이며 '내지는 강제적 소개지만 조선은 자발적 소개'28)라는 등 소개에 대한 경성부민의 자발성을 제고하려는 이념공작을 전개하는가 하면 민심이반을 염려한 각종 선심성 행정편의와 소개에 따른 철저한 보상을 선전하였다. 아울러 인천부의 경 공동상회를 열어 소개지구 내 부민들의 원호금을 위해 부민 전체가 1원씩 갹출하는 등29) 민심이반을 방지하려는 시민운동도 획책하였다.

물론 민심이반을 저지하는 가장 적극적인 방법은 철저한 보상을 약속하거나 장려금을 지불하는 것이었다. 이에 경성부는 건물소개에 따른 보상을 위하여 관계 道에 설치되는 소개대책본부[소개 실행본부]의 손실

---

25) 『매일신보』(1945.5.17).
26) 『매일신보』(1945.4.24).
27) 『매일신보』(1945.4.7).
28) 『매일신보』(1945.4.16), 「모리 경비과장의 담화」.
29) 『매일신보』(1945.4.23).

보상위원회가 상세히 조사하고 일정한 기준을 정하여 부가 건물 및 토지를 사도록 하고, 본인이 자발적으로 건물을 헐어내거나 지정지구로 지목되어 강제로 건물을 철거해야 할 때는 철거비를, 건물을 헐어 다른 집을 지을 경우는 이설비를, 이전할 곳이 없는데도 불가피하게 이전하는 경우는 이전비를 지급하도록 했다. 또한 철거 후 나온 자재는 자가로 이용할 수 있게 하고 불가피하게 소용될 곳이 없으면 관계관청이나 주택영단이 전부 사들이도록 했다.30)

그리고 토지나 가옥의 매각대금은 원래 소유주가 희망하는 은행이나 회사에서 특수예금증서로 받도록 했다.31) 즉 매각대금을 치러 소유주의 불만을 무마하면서도 현금보다는 예금증서를 통하여 실행함으로써 조선 내 유동성의 확대를 저지하도록 한 것이었다. 또한 부민세를 내지 않거나 군인유가족·응징가족에 대해서는 경성부가 이전비와 철거비 이외에 특별한 이전장려금을 지급하도록 했다.

3) 인원소개의 내용과 실태

「조선내 중요도시 소개요강」에 의하면 일반적인 인원소개는 공지지구로 지정된 지역의 인원에 대한 강제소개와 기타 지구에 거주하는 인원의 자발적 소개가 있고 가능한 연고소개와 농촌소개가 강조되었다. 특별히 「요강」에는 서울지역의 인원소개는 원칙상 자발적으로 한다는 조항을 명시했는데, 특히 공지지역으로 지정된 곳에서도 자발적 소개가 강조되어 실제로 자행되는 강제성을 은폐하고자 했다.

일단 경성부는 반드시 소개해야 하는 인원을 다음과 분류하였다. 즉 ① 지방에 일가친척 혹은 연고자가 있는 사람 가운데 노인·유아·임산부, ② 서울지역 아닌 곳에 직업이 있는 사람, 남편이 다른 지방에서 근

---

30) 『매일신보』(1945.4.7).
31) 『매일신보』(1945.4.8).

무하고 있는 가족, ③ 기업정비로 말미암아 전·폐업할 사람과 가족, ④ 타지에서 생활비를 벌어들여 생활하는 사람, ⑤ 일정한 생업이 없는 사람, ⑥ 자녀의 교육을 시키고자 경성에 와서 살고 있는 사람, ⑦ 업무의 필요상 단신으로 남아서 각 직장의 합숙 또는 하숙을 볼 수 있는 사람의 가족, ⑧ 그밖에 서울에서 거주할 필요가 없는 사람과 그 가족 등이었다.32)

다만 ① 관공서, ② 군수 및 생활필수 물자의 생산 및 배급 관계업무, ③ 교통·운수·통신, ④ 전기·가스·수도, ⑤ 의료·위생, ⑥ 토건, ⑦ 보도, ⑧ 금융, ⑨ 경비·방공관계, ⑩ 생활필수업무 식당·목욕탕·이발소 등 각종 수선업, ⑪ 기타 특별사정과 관련된 업무에 종사하는 사람은 전출을 억제하고자 했다.33) 다만 자진소개나 중요기관 직원의 지방전출의 경우는 각 부와 구역소에서 발급하는 지방전출신고서 기재항목을 채운 다음 전출지의 애국반장과 정총대의 도장을 받아 구역소에 제출하도록 했다.

한편 주목할 것은 후루이치(古市) 경성부윤이 '지역지구에는 방공요원만 남고 나머지는 지방으로 전출하여 결전식량 증산에 힘쓸 것'34) 그리고 '농업증산을 위해 소개자에 대하여 농경지를 우선적으로 지급할 것' 등을 언급한 것처럼 총독부의 소개정책은 도시인원의 지방소개를 통해서 식량을 증산한다는 것과 같은 생산력확충 문제와 밀접히 연관되고 있었다. 이에 관한 모리(森) 경비과장의 담화는 더욱 구체적이다.

결국 소개라고 하는 것은 도시로부터 전쟁이 무서워 도망하는 것은 절대로 아니다. 일억 동포가 전투 배치를 더욱 충실히 하기 위한 수단으로서 바로 전력증강에 기여하지 않으면 안된다. 당국에서도 전출자의 직업을 알선하고 직업을 전환함에 있어서도 여러가지 주선하고 있다. 그리고 도시로부터 지

---

32) 『매일신보』(1945.4.7), 2쪽.
33) 『매일신보』(1945.4.10: 4.11: 4.15), 「종업원은 소개치말고, 직장 직혀라」.
34) 『매일신보』(1945.4.4), 2면.

방으로 전출해 나가는 사람들은 군수생산과 식량증산에 정진하든지 지방의 공공단체에 협력해야 지방민의 교화에 노력하여 주기 바란다.35)

즉 조선 주요도시의 소개는 공습에 대비하면서도 일면에서는 전시 급무인 생산력확충의 수단으로 추진되었다는 사실이다. 그것은 도시민을 강제적으로 동원하여 증산하는 것은 민심안정에 큰 누가 된다고 보고 여러 차례 자발성을 언급하면서 자연스럽게 지방 군수공장이나 농업증산에 도시인을 동원하려는 숨은 의도가 나타난 것이었다. 그런데 평소 농업지식이 거의 없는 도시민에 대하여 무조건 결전증산을 명분으로 토지를 배분할 수 없었다. 이에 농촌지역으로 소개하는 도시민의 경우는 일반농지보다는 주로 공한지 이용이나 개간을 담당하도록 하고 일부 노동력은 농촌노동력으로 전환을 시도하였다.36)

한편 총독부는 지정으로 서울 및 소개 대상지역에서 잔류해야 하는 필수노동자들을 위한 집단 거주시설[7평 정도의 간이주택] 1천 호를 각 관계도시에 조성하기로 하는가 하면 지방소개자를 위하여 경기·충청·강원·황해 지역에 약 4천 호를 조성하기도 했다. 그리고 이 계획은 사정에 따라 2·3차 계속하기로 했다. 그리고 생산력 확충을 위한 노동자주택의 경우도 약 5천 호를 새로 조성하려는 계획을 추진하였다.37)

이렇게 볼 때 대체적인 서울지역 소개인원을 추정할 수 있다. 평양과 부산을 포함한 것이기에 오차는 있겠지만 소개의 중심이 서울이었다는 점을 감안하면, 서울지역에서 소개된 생산직 노동자 가운데 총독부가 만든 간이주택에 입주할 숫자가 1차로 4천 호였고, 따라서 세 차례 계획된 점을 고려하면 총 1.2만 호가 이 곳으로 소개되었다고 볼 수 있다. 그리고 잔류노동력을 위해 1천 호가 조성될 것이라고 한 데서 가족이 소개하

---

35) 『매일신보』(1945.4.16), 2면.
36) 『매일신보』(1945.4.17), 2면, 「소개에 최선의 계획[충북도지사의 담화]」.
37) 『매일신보』(1945.5.8).

고 단신으로 남은 잔류 필수인원이 약 4천 명 이상으로 추정된다. 즉 7평 정도의 간이주택이라고 할 때 대략 4명 정도가 동거한 것으로 보기 때문이다. 따라서 이들 가족 약 4천 호, 아울러 생산력 확충을 위한 노동자 주택을 5천 호 신축한다고 한 것에서 약 5천 호의 노동력이 지방으로 이주한 것으로 추정할 수 있다. 따라서 2.1만 호 정도의 생산직 노동력이 서울로부터 완전소개 혹은 잔류소개한 것으로 추정된다. 따라서 노동자당 4인 가족을 기준으로 볼 때 액 8.4만 명이 생산력 확충과 관련하여 소개되었다고 할 수 있다.

그런데 이것은 단순한 추정이고 실제로는 일반가옥이나 여관·공회당 혹은 연고지 등에 집중적으로 소개되었기에 이들보다 훨씬 많았다고 할 수 있으며, 적어도 10만 명 이상 소개된 것으로 추정된다. 특히 농촌 등 식량증산을 위해 동원된 소개인원은 이들보다 더 많았을 것으로 보이며, 학교나 기업소개로 발생한 인원으로 고려한다면 수십만 명 이상이었다는 점은 쉽게 추정할 수 있다.

한편 총독부의 인력을 대거 지방으로 전출함으로써 소개의 실효를 높이는 정책도 추진되었다. 즉 1945년 4월에 총독부는 전시행정의 철저한 간소화와 지방 제1선 행정의 강화 확충을 목적으로 1실47과를 1실36과로 축소하고 고등관 가운데 20%, 판임관 가운데 50% 등 약 400명을 지방으로 전출하는 기구개편과 인사이동을 단행하였다.[38] 그리고 5월 15일 부로 학동[초등생과 중학생] 소개가 시작되었다.

한편 인원소개와 동반된 각종 편의시설이 약속되었다. 즉 소개자는 '지방소개전출증명서'를 가지고 가면 관에서 거주할 토지와 가옥을 알선하고, 취직·전학을 쉽게 하며 '우선배급'과 우선적 의료혜택을 부여하고 이전이 용이하지 않은 경우 여관·학교·공회당 등을 정부가 알선하고, 평양 등지에서는 새로이 임시주택을 건설하도록 했다. 또한 인원소개에

---

38) 『매일신보』(1945.4.18), 2면.

필수적으로 동반되는 생필품 소개를 위하여 소개지구의 교통국에 소개본부, 그리고 다시 적당한 지역에 소개수송사무소를 설치하여 역이나 정거장까지 짐을 수송하도록 했다.39)

이에 4월 17일에 경성에 소개수송 사무소가 개설되어 수송신청 및 승차권 교부·수송일 지정을 담당하였고, 같은 날 「철도운송특별방침」이 공포되어 소개인원과 그 가족, 생활필수품의 우선수송과 임시열차 운행을 결정하고 이삿짐 운임으로 보따리 하나에 1원씩 징수하는 한편 수하물은 무료로 수송하기로 했다.40)

그리고 4월 10일에는 「소개에 따른 주택대책요강」을 결정하여 소개 입주자를 임시와 항구로 구분하고 기존의 요릿집과 별장의 활용도를 높이며 필요한 경우 중요 물자영단이 해당건물을 구입하도록 하며 소개 인원에 대한 국가적 주택알선을 약속했다. 또한 주택소유자에 대하여 대여기간 동안 입은 손실이나 중요 물자영단이 받은 손실은 국고로 보조하기로 했다. 그런데 급속한 소개로 발생하는 악질브로커의 모리와 전세금 폭등 경향이 나타났다. 이러한 상황은 당시 총독부 경무국의 조사에서도 드러난다.

> 최근 소개를 실시하는 데 총후의 전우애를 다하야 당국을 감격시키는 사례가 적지 안혼 중 일변에는 부득이하야 실시되는 소개를 기화로 악질브로커가 암약하고 또한 불난 집에 도적질하러 들어가는 것가튼 악한 마음으로 폭리를 남겨 택지 건물을 살려고 하는 자가 만타. 또는 소개하는 사람의 짐을 싸 주는데 폭리를 탐하는 자가 있고, 전세라는 명목으로 전세를 터문이 없시 올리는 자가 적지 안타.41)

따라서 총독부는 이와 같은 경향을 억제하고자 〈지대가임통제령〉과

---

39) 『매일신보』(1945.4.9), 2면.
40) 『매일신보』(1945.4.18), 2면.
41) 『매일신보』(1945.4.16).

〈9·18가격정지령〉을 토대로 강력히 전세금 등귀를 억제하는 한편 항구적인 소개민 이주대책으로「건축물의 이용통제요강」을 공포했다. 이「요강」은 소개자에 대한 주택공급을 원활히 하기 위해 빈집과 새로운 건축물을 대여하거나 철거·개축·이전할 때 건물소유자명·주소·소재지·용도·다다미수·집세·계약금·차주의 주소·직업·연령·동거자씨명·연령·관계·차주의 전세이유 등을 도지사에 신고토록 하고, 임대를 철저히 허가제로 한다는 조치였다.42)

한편 4월 13일에는「학교소개실시요강」을 공포하여 지정지구 내 국민학교 아동의 연고소개 및 생도의 집단소개 그리고 학교시설의 이전 소개를 추진하기 위하여 기존학교 수용의 한도를 철폐하고, 계열이 다른 학교로의 전학을 용인하도록 했다.43) 여기서 연고소개는 국민학교 아동의 경우 연령이 낮아 주위 친지편에 소개하는 것이고, 집단소개는 학부모의 동의하에 교사가 약 백 명 가량의 아동들을 데리고 안전한 곳으로 집단적으로 소개하는 것이었다. 일본본토의 경우 이러한 어린이를 대상으로 하는 연고소개와 집단소개가 널리 자행되고 있었으나 조선에서는 자료관계로 구체적 사례를 아직 발견할 수 없다. 또한 학교시설 소개는 타지역 학교중 시설의 여유가 있는 곳에 일부 학교시설 혹은 학급단위로 이전하는 것이었다.

그런데 건물소개와는 달리 생필품 소개는 사실상 부진을 면치 못했다. 즉 경성부 의료품〔옷가지·이불 등〕소개는 이미 3월 26일에 결정되어 29일까지 완료하기로 했으나 전혀 먹혀들지 않았다. 그것은 생필품 소개가 '항간에 그대로 징발을 당하는 것'으로 소문이 돌았던 이유였다.44) 이에 경성부는 어쩔 수 없이 4월 15일까지 의료품 추가소개를 계획하고, 조선미곡창고주식회사에 모두 보험에 가입되었고, 수령을 원할 때에는

---

42) 『매일신보』(1945.4.12), 2면.
43) 『매일신보』(1945.4.13).
44) 『매일신보』(1945.4.11), 2면.

언제고 지급이 가능하다는 광고를 통하여 소문을 진정시키고자 했으나 이것 또한 제대로 실행되지 못했다.45)

4) 기업소개와 그 실상

중요 산업지역의 소개와 관련하여 경성·평양·부산 등의 대규모 도시소개와 아울러 나진·청진 등 중요 공장·군수시설이 존재하는 지역에서도 중요도시의 소개와 같은 건물·인원·의료소개와 더불어 군이 지정한 대공장 중에서 도심에 있는 것을 산악지역으로 이전하는 이전소개도 진행되었다.46) 그리고 지정된 공지지구의 업체가 다른 곳에 이전할 때 기업허가를 계속 유지할 수 있도록 했다. 그렇지만 현실적으로 영세업체가 타지에서 계속 영업하기란 현실적으로 불가능한 상황이었다.

한편 이전소개와 더불어 기업정비의 연장선에서 기업자체를 아예 철거하는 조치도 이어졌다. 그것과 연동하여 「도시소개에 따른 기업정비요령」이 공포되었다.47) 그 내용은 다음과 같다.

「도시소개에 따른 기업정비 요령」
1. 방침
  가) 도시소개로 건물이 헐리는 구역에서 기업정비의 대상이면서 아직 남아 있거나 또는 전폐업이 결정되지 않은 자는 이 기회에 가능한 폐업할 것.
  나) 현재 진행 중인[전폐업자로 결정되었지만 그 수속이 끝나지 않은 것] 기업정비 대상자의 토지와 가옥 그밖에 재산을 매입하는 것은 종래와 같이 〈기업정비취급규정〉에 의해 처리하며, 금후 착수할 기업 정비 대상은 토지. 가옥. 영업에 대해 소개규정에 따른 손실보상을 하고, 그 외의 자산 매입은 기업정비취급 규정대로 할 것.

---

45) 『매일신보』(1945.4.26), 2면.
46) 『朝鮮日本人活動關調査』(胡北社, 1977), 74쪽.
47) 『매일신보』(1945.5.19).

2. 실시요령
  가) 기업정비에 의하여 이미 전폐업자로 결정된 자에 대한 조치
    1) 토지·건물·설비(기구·기계·장치)는 원칙으로 '조선중요물자영단'에서 사들인다. 따라서 소개에 의한 영업보상금상인에 한하여 2년분의 순이익금을 주는 것은 주지 않는다.
    2) 지금까지의 '조선중요물자영단'에 팔기로 신청하지 않은 업자(주로 소매자)의 토지·건물은 소개사업 규정대로 취급한다.
  나) 소개를 계기로 전·폐업하려는 자에 대한 조치.
    1) 토지·건물의 매입 또는 영업보상금의 급부는 소개사업 규정대로 한다.
    2) 토지·건물 이외의 영업용 설비는 조선중요물자영단에서 살 수 있지만 영업권리금을 더 주는 것은 소개로 인해 주는 영업보상금 수준을 고려하여 적절히 참작하여 구제한다.
    3) 소매업자의 일반 집기평가액에 의하여 진열장 등을 사들이는 것은 적용하지 않는다.
    [註] 그런데 이 항목은 소개를 기화로 전·폐업을 하려는 사람은 물론 기업정비 이후 잔존업자로 결정된 사람이 본 소개를 기회로 전·폐업을 하려는 경우도 적용된다.

 이러한 도시소개가 어느 정도 진척되자 경성부내 기업소개도 본격화되었다. 특히 그 대상은 기업정비에 불응하거나 지연 움직임을 보였던 잔존업체였다. 그런데 소개에 의할 경우 기업정비보다 훨씬 강도높게 진행되었다. 즉 「요강」에 따르면 소개에 따른 기업정비 방식은 종전의 기업정비 요강과 대체로 일치하지만 실시요령 제1조항에서 "토지건물설비(기구·기계장치)는 원칙적으로 중요물자 영단에서 사들이지만 소개에 의한 영업보상금은 주지 않는다"고 하여 소개로 발생한 영업손해에 대한 최소한도의 공조마저도 거부하고 있다.
 소개에 의한 기업정비 규모는 자료관계상 정확히 알 수 없다. 다만 제1차 소개로 가장 조선인들이 많이 영업소나 공장이 많았던 종로 지역이 소개공사를 진행한 결과 '이전의 외형은 다 사라지고 남는 것은 목재와 뒤치다꺼리뿐'이라는 언급에서 많은 조선인 중소영업체가 소개로 인

[표 2-29] 남조선 주요지역 사업장 및 노동자 수

구분 \ 지역	1944년 6월		1946년 11월		감 소 율	
	사업장수	노동자수	사업장수	노동자수	사업장	노동자
서 울	2,337	66,898	1,123	35,763	0.52	0.47
경 기	1,159	63,625	698	19,753	0.40	0.69
인 천	442	31,345	143	7,858	0.68	0.75
개 성	100	2,570	92	1,885	0.08	0.27
기 타	608	29,710	463	10,010	0.24	0.66
충청북도	222	6,583	137	3,970	0.38	0.40
청 주	79	1,976	52	1,219	0.34	0.38
기 타	143	4,607	85	2,751	0.41	0.40
충청남도	441	14,219	209	5,550	0.53	0.61
대 전	153	4,809	38	2,106	0.75	0.56
기 타	288	9,410	171	3,444	0.41	0.63
전라북도	679	18,389	437	7,299	0.36	0.60
군 산	105	3,854	129	2,628	0.23	0.32
전 주	81	2,163	59	1,888	0.27	0.13
기 타	493	12,372	249	2,783	0.49	0.78
전라남도	1,040	24,843	581	10,138	0.44	0.59
목 포	101	3,091	70	1,393	0.25	0.55
광 주	184	6,586	116	3,925	0.37	0.40
기 타	755	15,166	389	4,820	0.48	0.68
경상북도	1,424	29,085	788	12,314	0.45	0.58
대 구	446	12,694	293	7,071	0.34	0.44
기 타	978	16,391	495	5,243	0.49	0.68
경상남도	1,618	61,565	1,032	20,378	0.36	0.67
부 산	749	33,467	375	12,325	0.50	0.63
마 산	91	3,038	65	1,242	0.29	0.59
진 주	88	1,129	91	776	0.03	0.31
기 타	690	23,931	501	6,035	0.27	0.75
강 원 도	331	13,480	212	6,391	0.36	0.53
춘 천	60	1,908	41	1,429	0.32	0.25
기 타	271	11,572	171	4,962	0.37	0.57
제 주 도	72	1,833	32	603	0.56	0.67
총 계	9,323	300,520	5,249	122,159	0.44	0.59
서울+대도시	5,016	175,528	2,693	81,508	0.46	0.54

출전: 조선은행 조사부, 『조선경제 연보』(1948).
비고: ① 서울지역의 기업정비가 1944년 7월부터 시작되기에 위 표에서 1944년 6월은 기업정비 이전의 기업체 수를 말하는 것으로 보아도 무방하다. ② 감소율은 기업정비와 기업소개

하여 명맥을 상실하고 만 것을 예상할 수 있다. 특히 일본본토에서처럼 도시지역 인원소개로 인해 군수공장의 소개도 불가피했다는 점48)에서 본다면 조선의 경우도 공장지대에 기업정비와 기업소개로 서울지역 사업장 및 노동자 수가 어느 정도 감소했는지는 다음 [표 2-29]로 추정할 수 있다.

먼저 서울지역의 사업장 추이를 살펴보면 1941년 2,774개소에서49) 1944년 6월 23일 2,337개소로 약 499개소가 감소했다. 그것은 전쟁으로 인해 서울지역의 기업이 적극적으로 통·폐합한 결과였는데 그것은 서울 그리고 해방직후 엔블록 이탈에서 오는 각종 원료·경영난으로 인해 감소한 것을 포함한다.

지역노동자가 1940년 4만 9,958명에서 1944년에는 6만 6,898명으로 약 16천 명이 증가한 데서 공장당 생산규모가 확대된 것을 증명한다. 물론 기계설비 충용을 통한 생산규모 확대는 속단할 수 없다.

그런데 1946년 11월에는 1,123개소로 감소하여 1944년에 비해 약 52% 감소하고 있다. 그런데 노동자 감소율은 1946년 3만 5,763명으로 47% 감소했다. 남조선 전지역의 경우는 1944년 9,323개소에서 1945년에는 5,234개소로 약 44% 감소했고, 노동자는 59% 정도 감소했다. 이것을 서울지역과 비교하면 서울지역은 남한 전체 사업장 감소율보다 8% 높은 반면 노동자 감소율은 오히려 남한 전체 노동자 감소율보다 12% 낮은 것을 알 수 있다. 또한 서울·부산·인천 등 도시소개 대상지역 내 사업장은 전국평균보다 높은 50~60%대의 감소율을 보이지만 이 지역 인근 도지역은 오히려 전국보다 훨씬 낮은 30~40%대의 감소밖에 보이지 않는다. 즉 기업소개로 인해 상당수의 기업이 인근 道지역으로 이전함으로써 상대적으로 감소율이 미미한 것으로 파악된다. 또한 노동자수의 경우도 서울·인천·부산 등지는 60~70%대의 높은 감소율을 보이

---

48) 中村隆英, 『昭和經濟史』(日本經濟新聞社, 1976), 237쪽.
49) 京城商工會議所, 『京城における工場調査』(1943).

고 있다.

　여기서 8·15 직전 서울지역 공업의 특이한 특징을 발견하게 되는데 그것은 기업소개나 기업정비로 유난히 많은 기업체가 정리되고 있지만 전쟁물자 생산력 확충을 위하여 노동력 동원은 오히려 강화되고 집중적으로 이뤄지고 있다는 사실이다. 즉 격렬한 기업소개와 정비 그리고 생산력 확충을 위한 노동력 동원이라는 두 가지 대비되는 경제현상은 결국 일제가 태평양전쟁 동안 실시한 조선의 생산력 확충정책이 설비범위 내에서 최단기간 내 노동집약적인 증산을 꾀한 결과였다.

　반면 서울을 제외한 대도시 사업장은 남조선 평균이 44%보다 낮은 41%의 감소율을 보이고 있다. 또한 노동자 감소율은 남조선 평균 59%와 거의 일치하는 58%를 보여주고 있다. 즉 대도시라고 해서 기업정비 혹은 소개가 활발하게 전개된 것은 아니었다. 섬유공장이 집중된 대구나 개성·청주 지역은 그다지 큰 변화를 보이지 않고 있는 데서도 알 수 있다. 한편 내제노 기왕의 연구는 해방후 기업감소의 원인을 일제 엔블록 이탈에서 발생한 원료부족 등을 주로 지적하고 있는데 사실은 이미 8·15 직전 상당수 조선인 기업이 퇴출당하고 있었던 원인이 중요하다. 그것은 [표 2-29]에서도 간접적으로 추론할 수 있다.

　그런데 소개지역으로 지정된 서울과 부산 그리고 최후결전을 위해 전비가 강화되던 제주도는 평균 50%를 웃도는 감소율을 보이고 있다. 즉 서울지역 기업감소와 기업소개 문제가 밀접한 관련을 맺고 있다는 것이다. 그렇다면 서울지역에서 어느 정도 기업들이 감소했는지 살펴보자.

　[표 2-30]은 서울지역 기업의 해산과 신설상황을 보여주고 있다. 여기서 당시 서울지역 은행·회사의 신설·해산 상황은 첫째로 신설회사가 해산회사보다 많은 것으로 나타난다. 즉 1944년의 경우 신설은 606개소, 해산은 305개소로서 신설이 갑절이나 많다.

　둘째로 신설회사의 자본금 규모가 해산회사보다 크다는 점이다. 즉 회사당 불입금을 보면 해산회사는 1944년 773만원인 반면 신설회사는

[표 2-30] 서울지역 은행·회사 신설 및 해산상황

구분	해산사수	공칭자본			불입자본	회사당불입액
연도	[개소]	해산	감자	계	계	천원
1944	305	233,356	8,436	241,792	128,243	792.8
1945	84	41,059	587	41,646	33,258	495.8
1946	33	7,470	-	7,470	6,305	226.4
구분	신설사수	공칭자본			불입자본	회사당불입액
연도	[개소]	신설	증자	계	계	천원
1944	606	502,791	250,624	753,415	498,023	82108
1945	212	68,676	51,540	120,216	192,847	909.7
1946	366	1,650,982	163,657	1,814,639	668,310	1,826.0

출전: 조선은행조사부, 『조선경제연보』(1948), III~185쪽.

822만원이었고, 1945년에서 해산회사 당 불입금이 496만원인 반면 신설회사는 910만원에 달하고 있다. 그렇다면 서울지역의 기업이 1945년 해방직후 1944년보다 급속히 증가해야 하는 것이다. 그러나 위 [표 2-30]에서 1945년도 서울지역의 기업체 수는 1944년에 비해 매우 적다. 이러한 모순현상은 왜 나온 것일까.

그것을 알기 위해서는 기업정비·소개대상을 정확히 이해할 필요가 있다. 즉 위 [표 2-30]에서 법인회사 신설은 1945년 해방 이후에도 많았지만 전체적인 기업체 수는 감소한다는 것을 보여주고 있으며, '법인화'한 기업체는 증가하되 기업정비로 광범한 영세영업체가 몰락한 것을 말하고 있다.

한편 [표 2-31]에서 전력수용호 추이를 보면 중공업이나 경공업은 대체로 기업 정비기간에 증가하지만 주로 상업과 개인영업체로 여겨지는 '기타업체'는 급속한 감소세를 보인다. 즉 1943년의 경우 7만 6,338호에 달했던 '기타 업체'가 1944년에는 2만 7,808호로 4만 7,576호가 감소

[표 2-31] 업체별 전력 수용자수

연도\업종	1943			1944			증감 상황		
	조선북부	조선남부	계	북부	남부	계	북부	남부	계
중공업계	2,119	2,612	4,736	2,180	2,864	5,044	+61	+252	+313
경공업계	4,950	6,319	11,269	4,866	6,527	11,393	-84	+218	+134
기타업체	28,760	47,578	76,338	3,855	23,953	27,808	-23,953	-23,625	-47,578
광 업	250	209	459	190	110	300	-60	-99	-159
농수산업	76	245	321	95	278	373	+19	+52	+71
총 계	36,160	56,963	98,123	11,183	33,782	44,965	-24,997	-23,181	-48,178
총지수	100	100	100	31	59	48			

비고: 지수는 1943년을 100으로 한 것.
출전: 조선은행조사부, 『경제연감』(1949), 208·209쪽 : 『조선경제연보』(1948), 174·175쪽.

하여 감소율은 64%에 달했다. '기타업체'가 구체적으로 의미하는 업종이 무엇인지는 기존의 관변자료나 통례로는 알 수 없다. 다만 기타업체 총계가 농수산·축산·광공업을 제외한 것이 분명한 것이라는 점에서 주로 상업과 개인영업체를 지칭하는 것으로 볼 수 있다. 이것으로 볼 때, 1944년 이후의 기업정비는 주로 '기타산업[개인영업체 및 상업]'에 집중된 것을 추정할 수 있다. 그는 당시 소련 경성주재 부영사 부인이었던 샤브쉬나가 "1944년 봄부터 중소기업·기술자·가내공업·소상인·공장주 구체적으로는 옷수선소·구두방·시계점·상점 등이 급격히 몰락했다"고 한 증언에서도 알 수 있다.[50] 한편 도시소개를 통해 서울지역의 기업

---

50) 증언내용을 보면 다음과 같다. "이미 1943년에 당국에 의해 채택되었던 『공업과 상업의 재조직에 대한 기본안』[『전력증강기업정비요강』을 말하는 것으로 보임: 필자]은 전쟁에 필요한 것들을 생산하라는 무거운 공출의 무를 기업들에게 부과하였다. 중소기업들은 그 안을 이행할 수 있을 만큼 잘 돌아가지 않았기 때문에 대기업에 먹혀 계속 도산해 나갔다. 전쟁시기의 도시중산층, 즉 기술자와 가내수공업자·소상인·공장주들의 생활은 급격히 악화되었다. 당국이 그들에게 부과했던 어려운 과제들은 흔히 그들을 파산으로 내몰았다. 이러한 과정은 특히 1944년 봄부터[기업정비가 개시된 시기로 보임: 필자] 갑자기 두드러졌다. 거의 모든 거리마다 닫혀진 옷수선소·구두방·시계점·상점들을 날마다 볼 수 있었다."[파냐이사악 꼬브나 샤브쉬나(김명호 역), 『식민지 조선에서』(한울, 1996), 201쪽 및 『1945년 남한에서』(상동).

이 어떤 타격을 받았는지 구체적으로 알려지지 않지만 자료의 제약으로 다만 [표 2-32] 조선내 제재업의 동향을 통해서 그 윤곽을 추정해 보자.

[표 2-32] 조선내 제재업의 동향

시기별 특징	연 도 별	공장수	증감상황	노동자수	증감상황
기업정비 직전	1943.4~1944.3	1,359	-	14,598	-
기업정비 기간	1944.4~1945.3	1,074	-285	8,985	-5,640
기업소개 기간	1945.4~1946.3	576	-498	5,886	-3,072
해방후 기간	1946.4~1947.3	542	-34	11,315	5,429

기업정비 직전 1944년 3월까지 조선 남부의 제재업체는 1,359개소, 노동자는 1만 4,598명이었지만 기업정비를 통하여 1,074개소로 약 285개소 감소하고 있고 노동자수도 약 5,640명 감소했다. 그리고 기업소개 기간에는 다시 약 498개소 감소하고 있으며 노동자수도 전년에 비해 3,072명 감소했다. 그러나 해방 이후에는 공장은 급감했지만 노동자는 급증하는 묘한 상황이 되었는데, 그것은 해방후 광범한 실업난으로 인해 제재업 방면에 노동력이 누적된 상황을 반영한다. 즉 조선내 제재업은 기업정비와 기업소개 그리고 해방후까지 시종일관 감소를 보이며, 기업소개 기간에 가장 큰 타격을 받고 있다.

한편 1946년 11월 15일 서울시 실업 원인조사에 의하면 총 실업자 3만 9,233명의 실업원인이 '기업도태나 기업단축에 의한 것으로 보아도 대과가 없을 것이다'[51]라고 조선은행 조사부 담당자가 언급한 것처럼 기업의 도태와 조업단축이 큰 원인이었다. 실제로 해방후의 기업감소 현상은 8·15에 의해 엔블록 이탈에서 오는 원자재난과 같은 이유도 있을 것이지만 오히려 기업체 신설빈도는 해방후 증가하는 것으로 위 [표 2-20]

30쪽)
51) 『朝鮮經濟年報』 I (1948), 203쪽.

에서 확인할 수 있었다.

　그렇다면 기업감소의 주원인은 일제하 기업정비와 기업소개와 같은 일련의 기업도태정책에 기인한 것임을 알 수 있다. 요컨대 기업정비와 기업소개정책은 겉으로만 보면 기업을 통폐합하고 정리하는 정책으로 보이지만 그 내용은 공히 일제가 생산력의 극대화를 겨냥하고 있었다는 점을 알 수 있다. 따라서 기업정비나 소개의 와중에서도 서울지역의 법인기업은 오히려 증가한 반면 개인영세업체는 시국을 명분으로 한 파괴가 강도높게 자행되는 상황이었다.

4. 나가며

　이상의 내용을 정리하면 다음과 같다.
　첫째, 소개(疏開)란 전재나 재난으로부터 주요도시의 시민생명과 재산, 그리고 중요물자 및 시설을 안전한 곳에 피하여 피해를 최소화하기 위해 실행되는 정책이다. 이에 경성부 지역에서만 소개공지대 19개처, 소개공지 15개처, 소개공지대 7구역 30개처 등 총 64개 처의 건물·인원·학교·학동 소개가 전개되었고, 그 결과 경성부 지역이 크게 변모된 것으로 알려지고 있다. 그렇지만 어느 정도 달라졌는지 정확히 알 수는 없다.
　다만 단편적인 자료를 토대로 볼 때 종로·중구·용산 등 행정관청이나 공업시설 그리고 인구가 밀집된 상가 주변지역에 집중적인 소개가 진행되었으며, 경성지역 대로변이나 철로변 50m 이내는 대부분 철거된 것으로 보인다. 불과 2개월 동안 시행된 도시소개로 "도시의 옛 모습이 형체도 없이 사라졌다"는 『매일신보』의 기사처럼 소개는 매우 강도높게 시행된 것을 알 수 있다.

둘째, 그런데 총독부의 경성지역 도시소개정책은 그러한 의미만이 아니라 생산력 확충계획, 즉 도시민의 농촌지역 소개를 통한 식량증산과 조선인 기업을 최종적으로 정리하여 군수산업에 병합하는 이른바 생산력 확충과도 밀접한 관련을 가지고 있다. 이에 경성지역에서 소개된 노동자를 수용하기 위한 집단 거주시설이 1차만 약 4천 호가 경기·충청·강원·황해 지역에 조성되었고, 새로이 서울에 잔류한 노동자를 수용하기 위한 간이주택 1천 호, 그리고 지방에 노동자 간이주택 5천 호가 신축될 예정이라고 한 점을 미루어 약 8.4만 명 정도의 노동자 및 그 가족이 서울지역에서 소개된 것을 추정할 수 있다. 그와 더불어 연고지 자진소개나 학동소개, 농촌 등 식량증산을 위해 동원된 소개를 모두 합치면 경성부 소개인원은 수십만 명을 헤아릴 수 있다

셋째로 도시소개는 서울지역 특히 조선인의 반전·반일을 극단적인 도시소개를 통하여 무력화하려 한 하나의 안보논리라는 생각을 바탕으로 한 것이다. 이는 소개는 피난이 아니며 전력증강을 위한 수단이라는 이데올로기 공작을 벌이면서 조선인의 염전(厭戰)의식을 차단하고자 하였다.

넷째로 조선의 도시소개는 인원소개·의료소개·건물소개·생산소개 등으로 전개되었는데 일본본토는 주로 강제소개와 더불어 필요한 경우 연고지에 따라 연고소개가 전개되는 등 상황에 따라 탄력적으로 소개사업을 시행했지만 조선의 경우는 겉으로 자발적 소개를 원칙으로 한다는 언급에도 불구하고 대부분 강제적으로 소개하였다. 평양·부산 이외에도 청진·나진과 같은 주요 군수공장 밀집지역이나 인천과 같은 수송 중점 지역의 소개도 강력하게 추진되었다.

다섯째, 구체적으로 경성지역의 기업소개는 이전 1944년 7월부터 시작된 기업정비의 연장선으로 이용되었다. 즉 1945년 5월부터 기업소개가 시작되면서 기업정비분을 포함하여 해방 직전까지 약 50~70%의 기업체가 감소한 것으로 여러 자료를 통하여 추정할 수 있다. 즉 기업정비

와 소개의 결과 경성지역 영세 중소영업체의 절반 이상이 파괴되고 말았다는 것이며, 기업정비에 필적하는 소개가 전개되었다는 것은 제재업체의 변동(소개기간 50% 감소)을 통해서도 알 수 있다. 다시 말해 해방 후 기업체 감소는 8·15해방에 의한 엔블록 이탈도 원인이지만 그보다는 해방 직전 일련의 기업정비와 도시소개로 인해 발행한 사태라는 점을 확인할 필요가 있다.

제7장
조선공업의 대외성과 조선인 자본의 침략성

1. 들어가며

　기왕의 연구에서 일제하 조선경제를 논할 때는 대체로 일제의 상품시장화・노동력수탈, 그리고 군수공업화정책에 의한 공업구조의 파행성과 기형성 또는 대일예속성 측면이 크게 강조된다.[1] 그것은 지나치게 식민지 경제의 역사성을 일본경제와 조선경제라는 단선적인 관계 속에서 주목한 결과라 할 수 있는데 적어도 침략전쟁 이후 일제는 조선경제를 일본본도만이 아니라 중국 혹은 만주 등의 역내산업과 깊은 관계를 맺게 하여 북방엔블록의 자급체제를 구축하는 데 총력을 기울이고 있었다. 그 과정에서 일제는 북방엔블록의 자급정책의 연장선에서 조선경제의 재편성을 도모하게 되었고, 그 결과 1940년대 조선공업은 세계사적인 격동인 태평양전쟁을 배경으로 하여 종전까지 일제의 상품판매시장화정책에 종속되었던 구조에서 이제는 북방엔블록의 보급창화하고 있었다.
　이처럼 조선경제의 대외적 성격이 강화되면서 상대적으로 일본인 자본가보다 열등한 처지에 있던 조선인 자본가들은 식민지 콤플렉스에서 탈출을 모색하면서 중국이나 만주와 같은 후진지역에 대한 '아류제국주

---

1) 대표적인 연구업적인 朴玄埰,「해방전후의 민족경제의 성격」,(『한국사회연구』, 한길사, 1983. 6) : 安秉直,「1930년대以後 朝鮮에 侵入한 獨占資本의 正體」(『韓國近代史論』1, 지식산업사, 1987) 등을 비롯하여 대체로 공업의 기형성이나 파행성 측면을 강조한 연구가 많다.

의'적 침략의식을 노골적으로 드러내었고, 일부의 자본가들은 일제의 침략전쟁에 종군하면서 만주나 중국, 나아가 동남아지역에 진출하는 등 일제의 침략을 후원하거나 그들로부터 각종 특혜를 받으면서 점령지 민중의 고혈을 착취하는 '반역사적' 자세를 보여주었다.

조선공업에 대한 기왕의 연구성과는 주로 공업자원 약탈문제나 일본상품의 판매시장 문제 혹은 군수공업화에 따른 일본 독점자본의 진출문제 등 대체로 일본본토 경제와 직접 관련된 문제 혹은 공업화의 내적 동인에 관해서 관심을 집중한 듯하다.2) 하지만 1990년대 이후 '대동아공영권[엔블록]'이라는 보다 큰 틀에서 당시 공업의 실태나 성격을 검토하려는 연구가 일부 진행되었다.

먼저 가와이 가즈오(河合和男)와 윤명헌은 당시 총독부는 조선공업을 일본·만주·중국 경제와 유기적으로 연결하려고 했으며,3) 조선 내적으로도 군수물자 증산을 위해서 조선인 공장을 확대하여 식민통치의 안정세력으로 재편하고자 했음을 지적했다. 이승렬은 당시 일본 군부내에서 반 황도파-중도적 통제파의 입장을 견지한 우가키 가즈시케(宇垣一成) 총독의 '조선공업화' 구상은 일본을 정공업, 조선을 조공업, 만주를 '농업지대화'한다는 '일·선·만 경제블록 구상'에 입각한 것으로, 이는 반 독점자본적 경향을 가진 관동군의 만주공업화정책과 대립되는 것이라 보았다.4) 이 연구는 단순한 식민지와 본국의 지배수탈이라는 등식을 넘어 블록 내부의 생산력 조건과 정책담당자의 정치적 입지와 같은 객관적 조건에 주목하는 색다른 접근법을 보여주고 있다. 그렇지만 여전히 일제와 조선간의 단선적인 지배와 수탈, 그리고 조선인의 대응이라는 시각에서

---

2) 安秉直, 「1930년대以後 朝鮮에 侵入한 獨占資本의 正體」,(『韓國近代史論』1, 지식산업사, 1987) : 金洛年, 「식민지 조선의 공업화」,(『한국사』14, 한길사, 1994) 및 「일본 식민지투자와 朝鮮경제의 전개」(동경대 경제학 연구과 박사학위청구논문, 1992.11).
3) 河合和男·尹明憲, 『植民地期の朝鮮工業』(未來社, 1991).
4) 이승렬, 「1930년대 전반기 일본 군부의 대륙침략관과 '조선공업화' 정책」(『국사관논총』67).

논의된 것이었다.5)

물론 일본에서는 조선공업의 대외적 성격과 세계사적 규정력을 강조한 연구가 오래 전부터 있었다. 우선 하라 아키라6)는 기왕의 실상폭로·참상소개 수준의 일본경제사 틀을 깨고 일본본토와 식민지·점령지의 물류관계를 점검하면서 엔블록의 운영원리와 공영권 지배논리를 검토했다. 그리고 엔블록 붕괴원인을 일제 식민지 물자유통 구조의 치명적 결함 속에서 파악함으로써 엔블록을 총괄하는 태평양전쟁기 일본경제사의 인식틀을 재구성했다. 하지만 그의 연구는 선구적인 업적임에도 피지배 지역의 역동성이나 대응문제에는 면밀한 언급이 없다는 점이 지적되고 있다.

이후 고바야시 히데오는 대동아 전역에 걸쳐 일제가 자행한 공영권 수립공작과 그것에 대한 식민지 점령지역의 대응과 저항문제와 관련하여 주목할 만한 연구성과를 내었다.7) 아울러 야마모토 유조는 치밀한 통계분석을 기초로 하여 엔블록 전반에 걸친 자원배분 관계와 생산력 구조를 살피면서 엔블록 내 생산제체의 파행성과 대외의존성, 그리고 식민지 일반의 무제한적 생산약탈에 관한 면밀한 분석을 시도했다.8) 그런데 고바야시의 연구 또한 기왕의 연구처럼 여전히 제국주의의 식민지 지배정책 범주 내에서 지배와 저항이라는 인식틀을 고수함으로써 건조한 정책우선론·구조결정론과 같은 이분론을 견지하고 있다. 결국 방대한 연구성과에도 불구하고 엔블록 내부의 유기적 변화와 동인 그리고 식민지 점령지역의 다양한 대응(협조와 동화, 그리고 대응과 조응과 같은)방식을 생동감있게 그릴 수 없었다. 아울러 식민지 문제가 일본 현대사의 일부

---

5) 아울러 이같은 뿌리깊은 수탈과 개발, 지배와 예속이라는 일도양단의 식민지 경제인식은 소위 식민지근대화론의 실증공세에 고전하는 빌미가 되기도 했다.
6) 原朗,「大東亞共榮圈의 經濟的實態」(『土地制度史學』71, 1976, 原朗 편, 「일본의 전시경제」(『日本の戰時經濟』, 東京大出版會, 1995)).
7) 小林英夫,『「大東亞共榮圈」の形成と崩壞』(御茶の水書房, 1975).
8) 山本有造,『日本植民地經濟史研究』(名古屋大學出版會, 1991) ;「大東亞共榮圈とその構想構造」(古屋哲夫編,『近代日本のアジア認識』, 東京大學人文科學硏究所, 1995).

로 다뤄졌다는 점에서 조선문제를 본격적으로 다룰 수는 없었다. 요컨대 기왕의 연구에서는 수탈과 저항, 개발과 예속이라는 이분법적 인식이 강하게 나타나고 있으며, 특히 당시 공업화의 기본적인 동인인 조선공업의 '대외성'과 엔블록 내부의 경제적 연관문제에 대한 연구가 무척 소략하다는 것을 알 수 있다.

한편 조선인 자본의 대륙침략성에 관한 기왕의 연구를 보면 1930년대의 사정은 지수걸·이승렬 등이 만주사변 이후 조성된 '만주붐'에 관한 연구업적을 내고 있지만9) 1940년대에 관해서는 손과지의 연구10) 이외에 일부 연구를 제외하면 찾을 수 없다. 손과지는 당시 상해거주 조선인들의 총체적인 생활상을 복원하면서 일부에서 조선인과 일제가 결탁하여 중국침략에 나서고 있는 측면을 강조하고 있다. 하지만 어떤 구조에 의해서 그러한 현상이 발생했는지 또는 그것의 역사적 변동상을 유기적으로 설명하는 데는 무척 아쉬움이 남았다.11) 그러므로 본 항목에서는 민족경제의 토양이 전혀 마련되지 못한 상황에서 전쟁의 영향으로 조숙하게 대외지향적 침략성을 노골화한 1940년대 조선공업의 역사적 성격, 그리고 당시 조선공업의 대외적 성격이 강화되면서 비롯된 조선인 자본가의 침략행태를 분석하고자 한다.

2. 조선공업의 대외적 성격

1) 엔블록의 소경제권으로 분할

먼저 1940년대 조선경제가 대외적·침략적 성격은 당대 일제가 영·

---

9) 池秀傑,「1930년대 前半期 부르주아 民族主義者의 '民族經濟 建設戰略'」(『國史館論叢』51, 1994).
10) 宮田節子, 『朝鮮民衆と皇民化政策』(未來社, 1985).
11) 손과지, 『일제시대 상해 한인사회 연구』(고려대 사학과 박사학위논문, 1998.6).

미제국과 버거운 전쟁을 수행한 것에 기인하였다. 당시 일본은 이들 제국과 전쟁을 수행하는 데 일본본토의 생산력만 가지고는 역부족이었다. 이에 식민지의 적극적인 협력과 물자동원이 필요했고 그 일환으로 엔블록의 경제적 분할[자급권 분할]을 획책하였다.

이미 태평양전쟁 직전에 일본 상공성은 '국제정세에 따라 일본 자급권을 핵심으로 하여 제1·제2의 보급권을 외연으로 하는 동아공영권의 강인한 자급태세를 확립'[12]을 강조하고 일·만·지를 일체화하여 종합적 산업건설계획['일만지산업개발 5개년계획']을 개시하겠다는 의지를 표방했다. 그리고 1942년 4월 4일에는 종래 일·만·중국을 중심으로 한 국토계획을 '대동아' 전지역으로 확대하고자 하고 이에 「국토계획대강소안」(1942.4.4)을 책정하여 엔블록 안의 산업·문화·교통 및 인구계획·토지 등 제반에 걸친 종합적 개발계획을 추진하였다. 그것을 종합화하기 위하여 '대동아건설심의회'를 소집하여 '국방자원의 확보와 증산 15개년 계획'을 명시한 「대동아경제건설기본방책」[제4부회, 1942.5.14]을 입안하였다.[13]

이것의 추진과정에서 도조(東條) 내각이 "팔굉일우(八紘一宇) 정신을 현현하고 각 나라와 지방의 경제력을 종합적으로 발휘"하기 위하여 제기한 '공영권 확립의 3원칙'(1942.5.28)도 그러한 경제적 분할의 당위성[14]과 종래 일본본토 중심의 '생산력 확충'방식에서 엔블록 안의 점령지·식민지의 블록별 자급력을 강화하여 종합적인 전력확충과 동원을 꾀하겠다는 정책의지의 표현이었다.

그 결과 이후 일본의 엔블록 경제전략이 크게 수정되었다. 즉 종전의 전략은 일·만·화북 등 북방생활권을 중심으로 공업을 육성하고, 동남아는 보급권으로 삼아 종합적인 생산력확충을 추진하는 것이었다.[15] 여

---

12) 「所管事項に關する行政方針及施設事項」(『日本陸海軍省文書』40, 商工省 總務局, 1941.12), 29쪽.
13) 山本有造, 「「大東亞共榮圈」とその構想構造」(앞의 책, 1995), 564~565쪽 참조.
14) 『每日新報』(1942.5.31), 1면.

기서 북방생활권은 공업을 근간으로 국방경제의 완성을 사명으로 하는 것인 반면, 남방〔동남아〕보급권은 농업 및 자원지로서 북방 엔블록〔생활권〕을 보조하는 것이었다.16) 그런데 이제는 자급단위를 조선·대만 등 특정한 지역에 국한하지 않고 엔블록을 북변경제지구〔일본을 중심으로 하는 해양제도〕·대륙경제지구〔조선·만주·화북·화중〕·남방경제지구〔대만·화남·프랑스령 인도차이나·말레이시아·동인도·보르네오·미얀마〕17) 등 3개의 자급권역으로 분할하고 조선·대만을 각각 지역을 결합하는 병참루트로 삼아 '경제적 자급체'를 건설하기로 했다. 그리고 이들 지역을 싸고 있는 연해주·호주·뉴질랜드·인도 등을 외곽의 '배양'지역으로 재편하려는 것이었다.

이러한 '분할'을 토대로 대동아건설심의회 제5·6부회는 「대동아산업건설기본방책」〔광업·공업 및 전력건설〕을 수립하고 다음과 같은 북방엔블록의 경제건설 지표를 세웠다.(1942.7.23)18) 우선 일본본토는 정밀공업·기계공업·병기공업에 중점을 두는 것과 함께 기타 중화학공업 및 광업·전력을 확충하며 조선·대만의 '본토화'를 지향하여 중화학공업을 증강한다는 것이었다. 특히 조선은 '광공업 및 전력에 관한 방침'을 통하여 화북·만주의 마그네사이트광 및 반토항암·명반석 등을 연결하여 경금속〔알루미늄·마그네슘〕을 증산하고, 수력발전을 확충하여 금속·카바이드·소다 공업과 연계할 것을 요청하였다. 그리고 농업·임업·수산업·축산업에 관한 방책을 통하여 일본본토에 필요한 식량증산과 동남아 식량을 대용하는 문제가 강조되었다.19) 그 결과 이들 산업의 증대를 위한 제2차 생산력확충계획이 시작되었다.

---

15) 商工省 總務局,「所管事項に關する行政方針及施設事項」(1941.12)(『日本陸海軍省文書』40), 29쪽.
16) 『朝鮮經濟年報』(1941·1942 합집), 309쪽.
17) 中村靜治,『日本工業論』(ダイヤモンド社, 1943), 323쪽.
18) 中村靜治,『日本工業論』(1943), 325~326쪽.
19)「決戰體制確立と朝鮮經濟の再編成」,『朝鮮產業年報』, 1943), 20쪽.

둘째, 만주국도 "광업·전력 및 제철·화학 공업을 진흥할 것"이라 하여 종래 광업·전력 및 식량·사료20) 등 원자재 보급지화정책을 넘어서 중간재 생산산업의 육성을 계획하였다. 그렇지만 부속품·부분품 중심의 생산이 강조된 결과 '중화학공업력의 종합적 육성과 물자자급'을 목표로 했던 '만주국 산업개발 5개년 계획'의 의미는 퇴색하고 말았다.

셋째로 중국의 경우는 "광업 및 제염업 발전사업을 꾀하고 더불어 석탄·전력 등에 의존하는 제철·화학 공업 등 중화학공업을 진흥할 것"이라 하면서 생산력 확충에 소요되는 원료공급지로 철·석탄 등의 공급력을 높이자고 했다. 또한 종래 대외의존도가 높았던 소비재를 자급하기 위하여 경공업을 확대하기로 했다.21)

요컨대 엔블록의 경제단위별 분할정책은 종래 원료보급지인 동남아를 하나의 가공공업지대로 재편하는 한편 조선 또한 북방 엔블록의 물자보급 기지로 재편하여 태평양전쟁과 중일전쟁을 동시에 수행할 수 있도록 현지에서 직접 전쟁물자를 조달하겠다는 것이었다.

그리한 분할은 조선을 중심으로 북방 엔블록에 대해서 무자비한 생산력 수탈을 자행하기 위한 포석이기도 했다.22) 즉 침략전쟁의 장기화로 나타난 일본본토의 생산력 고갈문제를 엔블록에 대한 물자유출의 차단을 통해 완화하고, 그 부담은 조선이 대신하도록 하는 것이었다. 그것은 다음 인용문에서도 알 수 있다.

대동아전쟁의 발발이래 내지〔일본본토〕 경제는 남방의 개발 및 대동아전쟁의

---

20) 商工省 總務局, 「議會に於ける問題となるべき事項」(1941.12, 『日本陸海軍省文書』40), 2쪽.
21) 막으로 동남아는 "광업 및 석유산업에 중점을 두고 각종 특산물의 가공공업을 일으키며 수력발전에 의한 알루미늄 공업을 확충하는 것"이었다. 그것은 종전까지 탄·면화·석유·고무 등 원료개발과 수탈을 꾀하려는 것에서 진전하여 알루미늄 제품 등을 직접 현지에서 가공하겠다는 의도로 풀이할 수 있다.
22) "대동아전쟁의 발발 이래 일본 본토경제는 남방(동남아:-필자)의 개발 및 대동아전쟁의 병참활동에 여념이 없어 종래대로 섬세하게 대륙의 상황을 살필 여유가 없었던 이유에서였다."(『朝鮮産業年報』(1943), 29쪽).

병참활동에 여념이 없어 종래대로 섬세하게 대륙의 상황을 살필 여유가 없었다.23)

남방권 편입에 따른 동아공영권의 확대에 의해서 대륙전진병참기지로서 조선의 사명은 종식을 고하는 것이 아니라 오히려 가중되고 있다. 공영권의 핵심이 종래 대륙에서 해양으로, 북방권에서 남방권으로 이행하는 금일에 있어서도 북방대륙권 또한 건설과정인 한에는 그 부분에 대한 조선의 경제권 관계에 대한 중요성은 종래와 하등 변화가 없다. 오히려 대동아전쟁[태평양전쟁:-필자]하 "대륙은 조선이 인수한다"라고 하여 일본으로 하여금 후방의 우려를 벗어버리고 그 전체의 자세를 태평양으로 향하게 하는 것이 매우 필요한 이상, 대륙전진병참기지로서 조선의 사명은 일층 강화되어야 한다.24)

위 인용문에서 주목할 것은 "조선이 대륙을 인수한다"는 부분이다. 그것은 마치 조선을 북방 엔블록의 맹주로서 위치지운다는 고무적이고 기만적인 조어(造語)이다. 하지만 실제로는 일본본토가 연합군의 공습으로 인해 생산설비의 확장 및 엔블록에 대한 물자공급도 어려워진 상황 아래서 북방 엔블록 가운데서 전장이 되지 않은 조선이 일본본토의 부담을 대신할 수 있도록 조선인들의 자발적인 협력을 획책하려는 것이었다.

이에 총독부는 "자급체제를 구축함으로써 지역경제의 대일의존을 극소화하고 자급률의 증가를 바탕으로 엔블록 경제의 안정을 도모할 것"이라고 하여 식민지의 경제안정과 생산력 증진을 획책하였고, 제2회 대륙연락회의라든가 동아경제조선간담회(1942.9.26)도 북방 엔블록에 대한 식량보전·군수공업 확장에 필요한 원료를 완전히 공급하기 위한 철광석 및 특수광물의 증산, 수력발전의 확장, 화학공업의 발전 등을 통하여 일본본토에 대한 과도한 물자의존 관계를 청산하도록 요구하였다.25) 북방엔블록에서 조선의 역할을 강조한 대목은 1942년 말경에 작성된 『조

---

23) 『朝鮮産業年報』(1943), 29쪽.
24) 東洋經濟新報社, 『年刊朝鮮』(1942), 18~19쪽.
25) 『每日新報』(1942.9.27), 2면.

[표 2-33] 엔블록내 조선의 생산력 비중 (단위: 천 톤)

물자명	엔 블 록				조 선				조 선 비 중		
	1941	1944	증감액	증감률	1941	1944	증감액	증감률	1941	1944	증감률
알 코 올	73,000	133,100	50,100	82%	1,500	2,000	500	33%	2%	1.5%	-0.5%
동	75.5	121.7	46.2	61	3.5	1.2	-2.3	-67	4.6	1	-3.6
연	24	55.4	31.4	131	9	6	3	50	37.5	1.1	-36.5
普通鋼鋼	4,700	4,550	-150	-3	80	119	39	49	1.7	2.6	0.9
普通鋼鍛鋼	190	234	44	23	6	4	-2	-33	3.2	1.7	-1.5
普通鋼鑄鋼	247	339	92	37	10	15	5	50	4.0	4.4	0.4
가성소다	258.5	255	-3.5	-1	12	19	7	58	4.6	7.5	2.9
소 다 회	141	336.6	195.6	139	3.3	7.2	3.9	118	1	2.1	1.1
보 통 선	4,700	5,751	1,051	22	250	822	572	229	5.3	14.3	9.0
알루미늄	74	196.9	122.9	166	3	32.3	29.3	977	4.1	16.5	12.4
아 연	61.5	82	20.5	33	6.5	11	4.5	69	1	13.4	12.4
텅스텐광	6	7	1	17	5.4	6	0.6	11	90	65.7	-24.3
시 멘 트	7,100	5,239	-1,861	-26	1,240	1,200	-40	-3	17.5	23.0	5.5
유 안	1,835	1,403	-432	-24	505	468	-37	-7	27.5	33.3	2.8
철 광 석	3,700	11,000	7,300	197	2,100	4,100	2,000	95	56.8	35.0	-21.8
마그네슘	3.9	11	7.1	182	0.38	3.9	3.52	926	9.8	35.5	25.7
石 綿	2.5	15.4	12.9	516	2	5.5	3.5	175	80	35.5	-44.5
雲 母	0.16	0.46	0.3	188	0.16	0.16	0	0	100	34.8	-65.2
螢 石	42.8	120.2	77.6	181	42	61	19	45	98.1	50.7	-47.4
鱗狀黑鉛	20	57.3	37.3	186	20	30.5	10.5	53	100	53.3	-46.7
土狀黑鉛	73	136.2	63.2	87	73	73	0	0	100	53.6	-46.4

비고: 알코올의 물량단위는 킬로리터.
출전: ① 1944년은 近藤釖一 편, 『太平洋戰下ノ朝鮮』 5(1964. 11), 3~5쪽. ② 1941년은 『大野綠一郎 關係文書』 5, 81~83쪽.

선경제연보』에서 구체적으로 언급되고 있다.

국방산업을 포함한 대륙경제 자급자족 체제의 확립은 대륙 각지의 산업개발의 현단계에 비춘다면 각지의 장단점을 보충하는 유기적 연계를 도모할 때 비로소 가능할 것이다. 그렇기 않고 각지가 그 정치적인 속성을 고집하고서 고립적인 자급경제를 주장하는 한에 내지의존은 의연히 지속될 것이다. 그러므로 대륙 각지의 인적・물적 산업적 구조의 성격은 과거의 물자교류에서 보는 것처럼 각지 당국자의 구상이나 시책여하에 따라서는 일체적인 결합을 가능하게 하는 상황이 될 뿐만 아니라 각 지역의 특성발휘도 또한 그것에 의해서 가능할 것이다. 열거한다면 북선의 제철업은 점결탄인 동만의 밀산탄과 결부하고 만주의 제(諸)공업은 조선의 화학약품에 의존하지 않으면 안되며, 마찬가지의 현상이 북지와 선만에도 존재한다. 따라서 대륙경제의 종합화는 그 소질을 충분히 하며 핵심은 그 추진여하에 달려 있는 것이다.26)

이리하여 조선경제가 엔블록에서 차지하는 역할은 크게 확대되었다. [표 2-33]은 태평양전쟁 시기 조선의 광공업 생산력이 엔블록 내에서 어느 정도 규모를 차지하고 있었는지 보여준다. 이것을 보면 태평양전쟁 이후 남방권의 편입으로 엔블록 내 조선경제의 생산력 비중은 전반적으로 낮아지고 있지만 생산력은 2~3배 이상 급증했다. 즉 1944년까지 블록내 중요물자 21품목 중에서 조선에서 10~60%까지 담당하는 품목이 12품목에 달하고 있다. 그처럼 조선경제는 태평양전쟁의 성패를 좌우할 정도로 중요한 것이었다.

2) 조선서부 공단의 확충과 대중국 무역의 확대

(1) 시국대책조사회 답신

그러한 일제의 북방엔블록 자급정책을 전개할 수 있었던 조선 내적인 조건도 있었다. 즉 이미 중일전쟁 직후에 '시국대책조사회'가 수립한 조선과 중국과의 경제적 연관 확대방침이 그것이다. 그것은 중일전쟁이후 국제수지 역조, 본토의 생산력 고갈 및 군수생산 집중에 따른 원자재 가격의 등귀 등으로 일본이 계속 조선에 상품공급력을 유지할 수 없던 상황에서 조선을 필두로 대륙권의 자급력을 높여 내적으로는 생필품의 자급과 밖으로는 침략전쟁의 수행에 필요한 전략물자를 공급하려는 것이었다. 이후 종래 산업간 연관이 거의 없던 북중국과의 경제연계가 크

---

26) 「北方圈の再檢討と朝鮮經濟」,(『朝鮮經濟年報』, 1941·1942합집), 316쪽.

게 강조되었다.

지나[중국]의 경제개발은 여러 해 병화와 천재로 인해 피폐가 극에 달하고 지나 특히 북중국 대중의 구제문제로서 보아도 초미의 급무인 것과 함께 日滿支경제권 확립의 견지에서도 긴급한 것인데 그 계획의 수립 및 실시에서 극히 각 지방에 있어 개발계획을 종합 조정하여 권내에서 중요 부족물자의 충족과 더불어 각 지역간의 모순 상극을 조정하여 상호 완전한 협력 공영을 구현하는 것이 필요하다. 그런데 다행히 조선은 지나와 특히 북중국와 경제적 상극이 덜 생기고 있을 뿐 아니라 지리적·자원적으로 극히 밀접한 관계를 가지고 있다. 이에 조선은 북중국의 경제개발에 협력하는 동시에 상호의 존의 관계를 일층 긴밀화함으로써 국책에 순응하고자 한다.27)

여기서 '조사회'는 일차적으로 선-중간 운송력 확장을 위해 '해운시설 및 명령항로를 확충을 요청했는데 여기서 제시된 명령항로는 서선-천진항로, 서선-청도항로, 북선-부산-상해항로, 북선-부산-북지항로 등 5개였다. 모두 조선과 북-중중국을 연결하는 것28)이었는데 육운 중심 교류를 전개하는 선·만

[표 2-34] 북중국산 원료로 전용품목

품 목	원자재	원래의존지
제 철 업	철광·석탄	만주·일본·조선
소다공업	공업염	조선[천일염·전오염]
방직공업	미면급면	조선자급
방직공업	인면급면	일본
양모공업	양 모	조선[자가용]·일본[대판]
피혁축육	피혁·축육	조선[각 도]

출전:「朝鮮總督府時局對策調査會諮問答申書」 (軍需工業ノ擴充ニ關スル件, 1938.9): 京城商工會議所, 『京城における工場調査』 (1941), 38~43쪽.

사이의 경제적 연관과는 다른 방식이었다.

아울러 「답신안」에서도 '조선과 지나 특히 북중국과의 경제적 상극이 덜 생기고 있다'고 언급했듯이 조선의 자본·기술과 중국의 원자재를 결합하여 병참보급 및 자급기지 역할을 충실히 할 수 있도록 하려는 의도

---

27) 『朝鮮總督府時局對策調査會諮問答申書』《軍需工業ノ擴充ニ關スル件》(朝鮮總督府 1938.9, 『일제하 지배정책사자료집』16, 고려서림[영인본]), 59쪽.
28) 『朝鮮總督府時局對策調査會諮問答申書』《軍需工業ノ擴充ニ關スル件》, 50쪽.

가 나타난다. 아울러 조선-중국간의 산업연관를 위하여 제철업·소다공업·양모 등에서 적극적으로 북중국의 자원을 이용하는 것이었다. 이에 기왕의 원료구입선을 중국으로 옮기려는 시도가 있었다.

또한 북중국이 추진하는 기계·화학·자동차·화학비료 등 중요공업육성정책에 조선이 적극적인 협력을 하도록 하는 것이었다. 협력의 목적은 단순한 물자확보만의 문제는 아니었다.

> 현재 북중국의 금속-기계공업은 볼 만한 것이 없고 투자액도 각종 공업의 2% 정도에 불과한데 앞으로 지하자원 개발에 수반하여 필연적으로 광산용 기계의 수요증가가 예상되지만 원활한 공급이 안되면 도저히 높은 효율을 기할 수 없다. 이에 지리적으로 최고위를 점하며 기업상 여러 유리한 조건을 형성한 조선에서 목하 대두기인 본업종에 일층 적극적인 진흥방도를 강구하여 조선내의 수요충족에 기하고 더불어 북중국에 대한 우수한 기계공급을 꾀함으로써 중국의 자원개발에 도움을 줄 것.29)

요컨대 공업화에 필요한 원료를 중국에서 확보하는 것만 아니라 조선내 독점자본의 이윤하락을 당시 발흥하는 중국의 공업에 대한 투자를 통하여 극복하자는 것으로 당시 '자문답신서'를 작성하는 조선 민간자본의 이해가 일정하게 반영된 것이기도 하다.

(2) 서선 공업시설의 확충

이처럼 '시국대책조사회'의 답신안 혹은 각종 총독부의 시책 등에서 중국과의 경제적 연계가 강조되고 있었다. 그렇지만 아직은 화북과의 연계가 미미한 상황에서 본격적으로 조선 서부에서 중화학공업이 발전하지 못했다. 주로 수입두절을 만회하기 위한 대체품공업 가운데 일부 공장이 증설될 뿐이었다.

그러나 1940년대에 들면서 태평양전쟁을 전후하여 조선에서 국토계

---

29) 「朝鮮總督府時局對策調査會諮問答申書」〈軍需工業ノ擴充ニ關スル件〉(1938.9), 65쪽.

획이 진행되고(1940.10) 특히 압록강 유역의 전력개발이 본격화되자 신의주·다사도 등 평북지역과 각종 자원이 풍부한 평양·진남포·승호리 등 평남지역 및 황해도 황주 등지에 각종 기반시설을 구축하고자 했다. 이처럼 서부지역이 정책적으로 주목받는 이유에 대해 공업협회는 당시 다음과 같이 설명하고 있다.

> 조선의 중공업지대는 신의주·평양 등 서선을 중심으로 한 발달에 기초하여 재편성될 모양이다. 따라서 금후의 중공업지대는 서선에 중점을 두는 것과 함께 동 방면의 매장자원 개발에 필요한 광산용 기계제조 공업의 발달을 꾀하고 나아가 방대한 전력을 이용하여 특히 카바이드 제조공업과 그 원료공업을 일으키며 또한 운송설비로서 대륙 간선철도를 확충하기로 했다. 여기에 반도조선이 병참기지인 중요사명 이외에도 중공업의 특수사명을 가지게 된 것은 괄목할 만하다.30)

즉 수풍 등지의 막대한 전력과 그리고 서선지방의 지하자원을 이용하여 카바이드 및 기초소재산업을 육성하고 대륙간선철도를 통하여 북방 엔 블록과의 경제적인 연계를 강화하려는 데 대한 대단한 기대감의 표현이었다.

이리하여 평양에서는 1940년부터 3년 계속사업으로 서평양의 60여만 평[당시 영등포공단은 40만 평]을 공단용지로 조성하여 일본 본토공장을 유치하는 한편, 곧바로 구정리 일대에 약 25만평 규모의 제2공단 조성사업을 시작하였고(1940.8) 총 630만 원을 들여 공단용지 및 간선도로·운하 등을 건설했다.(1940.4) 특히 제8회 전선공업자대회(1941.10.25)에서 대동강 간석지를 공단으로 조성하자는 건의안이 제시된 다음 '서선지방공업입지공동조사위원회'(1942.8)와 '평남공업지구대책위원회' (1942.10) 등이 설립되어 항구적인 공단용지 확보대책이 활발히 논의되었다.

---

30) 朝鮮工業協會, 『朝鮮工業協會會報』(1940.5), 16쪽.

『식은조사월보』에서 당시 "민간자본의 움직임이 활발하다"[31]는 기록처럼 당시 총독부의 공업정책은 '식민지 자본의 직접동원'을 특별히 강조하고 있었던 상황이었다. 이후 평양은 "전 조선 제일의 철공소재지"[32]라는 평가에 걸맞게 소화전공을 위시한 주물·철공산업체가 많았는데 이것은 평양·순천·개천 등지에 무연탄이 풍부했던 이유도 있었다. 더불어 압록강 수전에 힘입어 종연화학·알루미늄정련 등 전력다소비 업체가 설립되었고 승호리에는 그 지역의 석회석을 겨냥한 소야전시멘트가 설립되었다. 그밖에 소화비행기제작소·제국산소·일본곡산 등 대공장이 들어서면서 이 지역은 일본의 '5대 공업지 가운데 하나'로 평가되기도 했다.[33]

진남포는 1941년부터 행정구역을 18.5㎢서 1백여㎢로 확장하고 2천만 평의 임항공단을 건설하기로 했다.[34] 아울러 1941년까지 서선 중앙철도와 동·북부의 무연탄 개발 철도를 확장하고 화력발전소를 완성하였다. 특히 수풍전력을 송전하기 위해 1941년 3월에 수풍-평양-진남포에 이르는 엔블록 최대의 22만 kw급 송전선을 가설하였고 조선과 만주에 대한 송전을 개시하였다(1941.9). 이에 해상운송에 의한 각종 제철·제강 원료의 반입이 유리하여 조선제강·조선전공·일본광업진남포제철소 등이 설립되었고, 일산화학·이연금속 마그네슘·동해전극 등 대공장이 들어섰다. 경공업 방면에서는 기존의 제분·정미공장이 1944년까지도 존립하였다.

신의주는 전시 이전에는 주로 압록강 유역의 목재를 원료로 한 왕자제지와 제재공장·성냥공장·제유공장 등이 있었지만 전시 이후에는 압록강 수전은 물론이고 풍부한 수자원을 바탕으로, 특히 다사도에 알루미늄 공업 및 전기정련산업이 입주했다.[35] 다사도는 1938년부터 이미 「항

---

31) 『殖銀調査月報』(1941.12), 24쪽.
32) 島元勸, 「西朝鮮の槪觀」(『朝鮮』, 1941.7), 6쪽.
33) 『朝鮮年鑑』(1945), 144쪽.
34) 『殖銀調査月報』(1941.3), 99쪽.

만확장 5개년사업」이 추진되었고, 1939년 11월에 신의주와 양시・다사도에 대한 시가지 계획이 시작되면서 1,019만 평에 이르는 공단용지가 조성되었다. 한편 1940년대 이후, 조선의 소비재 자급대책이 강화되면서 일본내 경공업의 이주가 증가하고 1944년에는 종방 등 대규모 섬유공장이 건설되었다.36)

평양・진남포・신의주 공단에 이어 1943년 이후는 해주・사리원에 공단조성 사업이 진척되었다. 이 지역은 평양・진남포 등과 비교할 때 '인공적 입지조건이 빈약'37)했지만 해주항의 경우, 진남포와 더불어 만주와 연결되는 종단항이자 대안인 산동성의 풍부한 원자재를 획득할 수 있는 지리적 이점이 있었다. 따라서 1943년에 해주항이 준공되었고, 1940년 12월에는 철강수급을 위해 해주・사리원 사이 78.4킬로의 황해선 협궤를 해주・계동 사이 80킬로의 광궤로 확장하였다.38) 이에 1942년부터 해주와 사리원에 기업체가 급증하고 있다. 특히 중공업 방면에서 기존의 주변 석회석 광산을 배경으로 시멘트공업이 확상되고, 조선제철 겸이포 공장에서 소요되는 원광처리는 해주에서 하도록 하여 겸이포공단과 해주공단을 연결하는 제철산업 일관화가 전개되었다. 또한 경공업으로 식료품・방직업체가 입주하였는데, 그것은 당시 조선 북부의 경우, 농산자원이 취약하여 경공업의 성장 여력이 없었지만 이 지역은 연백평야의 풍부한 농산자원을 이용할 이점이 있었다. 그리고 1943년 이후 일본본토에서 경공업정리정책이 본격화되자 동양제사 등 일본 본토공장이 이주하기 시작했다.39)

이러한 서부 조선지역의 시설확충과 더불어 공업화의 핵심시설인 발

---

35) 『殖銀調査月報』(1941.3), 82쪽.
36) 『朝鮮年鑑』(1945), 145쪽.
37) 島元勸, 「西朝鮮の槪觀」(『朝鮮』, 1941.7), 4쪽.
38) 『殖銀調査月報』(1941.3), 95쪽.
39) 특히 동양제사 사리원공장의 조업이 개시되면 당시 양복지・모포・메리야스・재생양모 등 수요의 90%를 자급할 것으로 예측되었다.(『殖銀調査月報』(1943.7), 55쪽)

전력 확대를 위하여 압록강 유역의 전력개발에 박차가 가해졌다. 특히 1940년 6월부터 수풍발전소의 송전방침이 확립되고 1941년 8월에는 제1호기에서 9월에는 제2호기에서 송전이 시작되었고 1943년 1월 7일에는 수풍 제4호기까지 송전을 개시했다. 그러나 조선에서 육성되는 산업이 주로 전력 다소비형 산업임을 감안할 때 기존의 전력만으로는 도저히 수요를 충족할 수 없었다. 이에 총독부는 1945년의 전력수요가 거의 공급수준에 이르고 1946년은 연 7억 내지 24억kwh 정도의 전력이 부족할 것으로 예상하고40) 이것에 대비해 발전력 강화를 꾀했다.

이에 총독부의 발전계획은 기존의 부령수력·원산수력·금강산수력·보성강수력·만전수전·부전강수력·장진강수력·운암수력·영월화력 등에서 1943년 기왕의 전력을 1946년까지 65만 6,300kw를 증강하기로 하고 계속사업인 허천강 수력, 강계 제1·2·3·4호기, 한강수력[청평·화천], 남조선 제1호기, 수풍, 서두수수력, 압록강 운봉수력 등의 확장으로 1943년 55만 8,600kw에서 92만 6,700kw로 확장하기로 했다. 특히 최종 완료단계에는 총 172만 4,800kw의 발전과 종국적으로 237만 3,600kw의 발전을 전망하였다.41) 이 가운데서 압록강 연변의 발전계획이 총 198.4만kw로 전 계획전력의 83.6%를 생산하는 것이었다.

그런데 이것은 단순히 압록강이 수력발전에 적절했다는 이유 이외에도 총독부의 차후 공업화 방향이 신의주·평양·겸이포·사리원·서울·인천·수원·군산으로 이어지는 황해공업 블록에 집중되고 있음을 간접적으로 반영한 것이다.

한편 운송문제의 해결을 위하여 '종합국토계획'의 일환으로 1940년 8월부터는 15~20년간 계획으로 대륙루트 및 지방도로를 확충하고자 했는데 예상비용만도 10억 원을 헤아렸다.42) 철도운송의 경우 종래의 산

---

40) 「總督統治終末期の實態」3(『朝鮮近代史料硏究集成』3, 朝鮮史料硏究會), 325쪽.
41) 「第86回 帝國議會答辯資料」(近藤釰一 編, 『太平洋戰下ノ朝鮮』5), 65~67쪽.
42) 『殖銀調査月報』(1940.10), 144쪽.

업·척식·철도의 범주를 벗어나 중요물자의 개발 및 중화학공업 등 군수산업의 증대, 대륙 병참기지로서 일본과 중국을 잇는 대륙루트로서 수송력 극대화 등이 과제로 주어졌다.43) 이를 위해 일본과 '대륙권'의 일원적 운송체계를 위한 '동아교통신체제'가 실시되었다(1941.10.1). 따라서 조선총독부 철도국을 비롯하여 대만총독부 교통국, 화북·화중의 양철도, 우선·상선·일본해기선·대련기선·동아해운·만항·중항의 관계자들이 모여 '일만지연락운수협정'[전문 112개조 하물관련 87개조 수소하물 관련 116개조]을 조인하였다(1940.8.30).

1943년 이후 전세의 불리에 의한 통신불통, 통관절차의 복잡 등 교역에 큰 장애가 생기자 선만간의 통관간소화 조치(1943.10.1)가 발표되어 선양[新京]에 대륙철도운송협의회 사무국이 설치되었다(1943.6). 또한 1944년 7월부터 매월 운수통신성 기획국에서 남조선 중계전가 화물운송을 과제로 '내선만지수송연락회'를 개최했다. 이후 이 두 협의회가 군용 및 전가화물의 철도 수송계획을 결성하고 물자의 중요도에 따라 운송을 통제했다.44) 1944년 4월 24일에는 일본과 대륙간의 수송력 증강에 관하여 야마시타(山下)내각의 행정사찰이 부산·마산·여수·목포 등 남조선 지역과 원산 등 북선 지역 항만에서 실시되었으며, 일본본토가 '일·만국경통관'을 원칙적으로 폐지하여 전시수송의 원활을 기하고 일·만 양국간에서는 일·만 양생필품 관세의 상호면제, 교역물자에 관한 관세수속의 간소화, 환사무·무역단속의 간소화를 꾀했다(1944.5.1).

또한 조선에도 1944년 7월 1일부로 국경통관을 폐지하고 소하물 및 화물의 세관소재역을 24개소에서 26개소로 확장하고 차급화물의 전면적인 '발착지통관주의'를 채택했다.45) 또한 연락화물 및 외국화물 운송의 단속을 간소화했다.46) 이처럼 1940년대는 공단조성과 더불어 운송체

―――――――
43)『朝鮮産業年報』(1943), 62쪽.
44)「第86回 帝國議會 答辯資料」(近藤釼一 편,『太平洋戰下ノ朝鮮』5), 149쪽.
45) 당시 일본에서는 개항통관주의를 만주에서는 전면적인 발착지 통관주의를 채택하고 있었다.[『조선연감』(1945), 155쪽]

계·전력개발 등이 조선서부를 중심으로 활발하게 전개되었다.
 요컨대 1940년 이후 조선 서부에는 신의주·평양·진남포·겸이포·해주를 잇는 조선 서북부 공업지역이 급팽창하여 만주·일본본토·북선을 잇는 북부공단과 함께 조선공업의 중심지로 자리잡았다. 그리고 조선 북부 공업지역이 철광석·마그네사이트 등 자원개발을 통해 철강·마그네슘·텅스텐·화학공업이 크게 발전한 반면, 서부블록은 압록강수전을 기반으로 알루미늄제련·공작기계공업 등이 성장하였다. 이에 각종 명령항로를 통하여 새로이 편입된 중국 관내지역과의 경제적 연계가 추진될 상황이었다. 그것은 일제가 엔블록 자급체제를 강화하기 위한 소경제권 분할정책 특히 환황해권을 위효하는 북방 엔블록의 자급적 경제구조를 구축하려는 전략의 소산이었다.47)

(3) 중국과의 교역상황

이러한 서선공단과 기반시설의 확충과 더불어 중국과의 교역량이 크게 증가했다. 당시 총독부가 중국 등지와의 경제교류에 얼마나 관심을 가졌던 가는 만주·중국 등과 사회-문화적 교류를 목적으로 설립한 '조선흥아구락부'(1941.11.30)48)의 임원진이 문화계 인사가 아닌 조선은행 총재와 식산은행 대표가 각각 회장과 부회장이었다는 사실에서도 드러난다.
 태평양전쟁 이후에는 본격적인 대중국 물자교류가 전개되었다. 이에 1942년 12월 17일에는 북방경제권의 결집과 조선과 화북의 물자교류를 증대한다는 명목으로 '조선화북교역회의'가 총독부에서 개최되었고 1943

---

46) 『朝鮮年鑑』(1945), 156쪽.
47) 중요한 사명에 비출 때 북한에서 서선으로 이어지는 산업경제의 기구 및 건설의 구상은 일본해와 황해를 불가분의 것이다.〔島元勸,「西朝鮮の槪觀」(『朝鮮』, 1941.7), 2쪽〕
48) 그날 위의 회가 밝힌 설립목적은 1) 중화민국 및 만주국에서 오는 조선시찰단에 대한 편의 제공, 2) 재선 화교 및 만주인과의 懇親융화, 3) 중화 및 만주사정의 소개, 4) 조선사정의 대 만주 소개·선전, 5) 지도원 양성, 6) 제반 필요사항 등이었다.〔『식은조사월보』(1942.2), 25쪽〕

[표 2-35] 조선의 대외수이입 상황 [단위: 천 원]

지역 연도	북방엔블록		남방엔블록		외 국		합 계	
	가액	비율	가액	비율	가액	비율	가격	비율
1937	79,524	62.06	14,438	11.27	32,734	25.55	128,139	100
1938	80,426	59.76	23,024	17.11	29,714	22.08	134,583	100
1939	98,975	62.24	19,392	12.19	39,141	24.61	159,031	100
1940	112,123	50.88	50,923	23.11	56,131	25.47	220,652	100
1941	112,778	65.52	41,272	23.98	17,149	9.96	158,345	100
1942	112,672	90.00	11,369	9.08	1,157	0.92	115,074	100
1943	184,722	85.91	28,055	13.05	2,237	1.04	211,776	100
1944	185,449	99.32	1,267	0.68	0	0.00	186,716	100
1945	121,260	99.26	909	0.74	0	0.00	122,170	100
합계	2,451,677	74.34	353,060	13.03	642,547	12.18	1,436,486	100

비고: 북방엔블록에는 일본본토를 포함함.

[표 2-36] 조선의 대외수이출 상황 [단위: 천 원]

지역 연도	북방엔블록		남방엔블록		외 국		합 계	
	가액	비율	가액	비율	가액	비율	가격	비율
1937	96,986	85.59	4,152	3.66	12,172	10.74	113,098	100
1938	162,897	96.33	1,777	1.05	4,428	2.62	169,067	100
1939	261,668	96.92	2,430	0.90	5,877	2.18	269,911	100
1940	186,193	90.14	2,029	0.98	18,327	8.87	206,385	100
1941	173,246	93.91	3,560	1.93	7,669	4.16	184,464	100
1942	187,198	97.28	4,386	2.28	851	0.44	192,434	100
1943	182,931	95.47	8,670	4.53	0	0.00	192,100	100
1944	186,047	97.53	4,719	2.47	0	0.00	190,772	100
1945	70,898	100	0	0.00	0	0.00	70,898	100
합계	1,508,63	94.90	31,724	2.00	49,324	3.10	1,589,129	100

출전: 『朝鮮貿易年表』 각년판, 『朝鮮經濟年報』.
비고 : 북방 엔블록은 중국·만주·관동주·일본. 남방 엔블록은 타이·미얀마·인도차이나·화란령 동인도 등. 외국은 비아시아 지역으로 대신함.

년 2월 15일부터 3월 4일까지 본격적으로 대련·청도·제남·남경·상해 각지에서 선화무역관계관민간담회·선산견본전시회를 개최했다. 또한 관동주와는 1943년 3월 5일 서울(경성)에서 식료품무역간담회가, 4월 20일에는 신의주에서 선만무역좌담회 그리고 4월 21일에는 서울에서 대륙연락회의가 개최되어 대북방 엔블록과의 무역촉진 문제가 논의되었다.

이러한 전략 아래서 조선경제 특히 북부 및 조선 서부지역의 공단은 북방 엔블록과 보다 밀접한 관계를 형성하게 되었고, 그러한 관계는 무역구조 속에서 더욱 선명해졌다. 먼저 1937~1945년 시기의 수입액과 비율을 보면 [표 2-25]와 같다. 즉 조선의 총수입에서 북방 엔블록의 비중은 1941년까지 50~65%를 차지했지만 태평양전쟁 직후인 1942년에는 90%대로 급상승하였고, 1944년 이후에는 99% 이상이었다.

반면에 수출의 경우는 수입상황과는 좀더 달랐다. 즉 [표 2-35]에서 1937년 86%인 대북방 엔블록 수출비중이 1938년에는 96%로 상승하고 있다. 이미 중일전쟁으로 인한 대북방 수출붐이 조성되었음을 알 수 있다. 그러다가 1940년에는 90%로 하강하였는데 특히 수출액면에서도 약 7천1백만 원 정도 감소하였다. 그것은 1939년 대 한발 이후 대일 식량수출이 급감한 데 기인한 것으로 여겨지는데, 태평양전쟁이 발발한 직후인 1942년에는 다시 97%대로 급상승하고 있다. 한편 남방엔블록과의 무역관계를 보면 총독부나 각종 간담회를 통하여 남방 엔블록과 경제적 연관 강화가 예견되었지만 수입면에서는 1940년을 정점으로 이후 비중이 하락하고 있고, 수출 또한 1943년을 정점으로 평균 2%에 머물고 있다.

정리하면 수입은 태평양전쟁 이후, 수출은 중일전쟁 직후부터 급상승하고 있다. 즉 수출붐과 침략전쟁의 향방은 조선의 무역구조에서 예민하게 반응하고 있다는 것을 알 수 있다. 급기야 패전단계인 1945년에는 북방 엔블록으로만 수출될 뿐이었다.

북방 엔블록 속의 지역별 수입동향([표 2-37])을 보면, 대만주 수입은 1941년까지 48%에서 36%로 하락하다가 태평양전쟁 단계인 1942년에서 1944년까지 58%에서 85%로 급상승하고 있다. 즉 태평양전쟁 단계에서 만주산 물자의 조선내 반입이 급증하고 있다는 사실을 말하고 있다.

[표 2-37] 북방엔블록 각지와의 수입상황   (단위: 1천 엔, 비율: %)

지역 연도	관동주		만주국		중국		총합계	
	가액	비율	가액	비율	가액	비율	가격	비율
1937	6,929	5.41	62,228	48.56	10,368	8.09	128,139	100
1938	10,158	7.55	58,051	43.13	12,217	9.08	134,583	100
1939	8,182	5.14	80,459	50.59	10,334	6.50	159,031	100
1940	10,385	4.71	84,284	38.24	17,454	7.92	220,652	100
1941	10,343	6.01	63,602	36.95	38,833	22.56	158,345	100
1942	9,638	7.70	73,777	58.93	29,257	23.37	115,074	100
1943	12,345	5.74	134,577	62.59	37,800	17.58	211,776	100
1944	0	0.00	158,894	85.10	26,555	14.22	186,716	100
1945	0	0.00	64,114	52.48	57,146	46.78	122,170	100
합계	67,979	4.65	779,986	53.30	239,964	16.40	1,436,486	100

출전:『朝鮮貿易年表』각년판.

한편 중국의 경우도 1937년 8.1%에서 1940년까지 7.92%로 거의 변동이 없다가 다음해에는 22.56%로 증가, 그리고 1942년에는 23%로 최고점에 달하고 있다.

그리고 수출의 경우는 만주의 경우 1937년 6,222.8만 원에서 급증하여 1939년에는 1937년의 4배인 2억 2,810.2만 원으로 정점에 달했다가 1944년까지 1억 5,102.7만 원 정도로 비중이 감소하고 있다. 대신 중국에 대해서는 1937년 484.2만 원에서 1943년 4억 764.6만 원까지 약 10배 이상 상승했다.[49] 반면 대일이출은 1938년 7억 1,054만 원에서 1944년 7억 2,883.6만 원으로 변화가 적다. 즉 1940년대는 기본적으로 일본과의 무역이 중심이었지만 중국과 만주와의 무역이 점차 큰 비중을 보이기 시작했다는 사실을 보여준다.

그렇다면 수출입관계를 통해서 당시 조선경제의 역사적 성격을 살펴보자. [표 2-38]에 의하면 1930년대까지 조선의 수출입액은 계속해서 입

---

49) 조선은행조사부,『조선경제연보』(1948), Ⅲ-44쪽. [표 54] 국별 수출입품액고표 참조.

[표 2-38] 조선과 일본본토의 북방 엔블록(만주국·관동주·중국)무역액 〔단위:천원〕

지역 연도	1941		1942		1943		1944	
	조선	본토	조선	본토	조선	본토	조선	본토
수입	112,778	859,000	112,672	1,222,000	184,722	1,322,000	185,449	1,707,000
지수	100	100	99	142	164	154	164	199
수출	173,276	1,675,000	187,198	1,513,000	183,430	1,299,000	186,047	1,122,000
지수	100	100	108	90	106	78	107	67

출전: 1941~1944년의 외국무역액 통계는 朝鮮銀行調査部, 『朝鮮經濟年報』(1948), Ⅲ~43·44쪽에서 총수출입액(일본본토·중국·만주국 수출입액)을 계산함. 1941~1944년 '관만지' 무역통계는 中國·滿洲國의 수출입 통계로 대신함. 본토수출입 통계는 原朗, 「大東亞共榮圈의 經濟的實態」(『土地制度史學』71, 1976), 19쪽.

초(入超)였고, 입초액은 1932년에 3,248만 원, 1937년에 1,504만 원에 달했다.[50] 그러나 중일전쟁 이후 1940년대는 계속해서 출초(出超)를 기록하고 있다. 반면 일본본토의 대북방 엔블록 무역은 계속해서 입초였고, 수입증가율은 일본이 조선보다 높은 데 비해, 수출증가율은 조선이 높아 대조적이다. 이는 일본본토가 담당해야 할 북방 엔블록에 대한 물자공급 부담을 조선에서 대신 떠맡게 한 결과로 볼 수 있다.

이상을 정리하면 1) 전쟁과 수출입과의 관계는 밀접하며 태평양전쟁 시점에 들어 조선의 무역구조가 철저하게 기존의 일본과 더불어 중국과 만주국 등 북방엔블록으로 획일화되고 있다는 점. 그 가운데서도 대중, 대만주 무역비중이 증대했다는 점이다. 2) 수출면에서 만주와는 중일전쟁으로 중국과는 태평양전쟁으로 각각 수출붐이 조성되고 있다는 점이다. 즉 1)과 2)는 일제가 본토의 북방권 물자공급의 부담을 줄이면서 중국침략에 조선인 자본의 동원하려고 한 결과라고 할 수 있다. 3) 태평양전쟁 시기에는 대중국 수입이 급증한다는 점이다. 또한 조선의 대체품 공업과 중국의 원자재를 결합하고자 하는 자급정책의 연장선에서 파생

---

50) 내용을 보면 1940년에 573만 원이 출초였지만 1943년에는 2,941만 원의 출초로 급증했고 1944년에도 405만 원이 출초였다.(大藏省 管理局, 『日本人の海外活動に關す る歷史的調査』〈朝鮮編〉11-10), 48~49쪽, [표] 참조)

된 것으로 볼 수 있다. 이처럼 조선산 제품의 대북방 엔블록 수출이 급속하게 증가하면서 물자의 수출과 함께 전쟁붐에 고무된 조선인 자본가들은 대륙에 대한 직접투자도 증가하기에 이르렀다.

3. 조선인 자본가의 '대륙침략'

1) 조선인 자본가 계급의 침략동반 논리

1940년대 일본이 총력전체제를 강화하기 위해서는 경제적 강압만이 아니라 조선인의 자발적인 동원을 위해서라도 이데올로기적인 합리화를 병행해야 하였다. 특히 수탈범위를 만주와 중국·동남아로 확장하고 식민지의 물자동원을 강화하기 위해서는 전쟁의 의미를 보다 동양인의 정서에 접근시킬 필요가 있었다.51) 따라서 일본의 침략전쟁은 '성전'이요, "정의의 전쟁이며 조국의 이상"으로 미화되었고,52) 아울러 가혹한 경제수탈도 또한 구미제국의 원료·상품시장에서 벗어나 대동아 자주경제를 구축하는 데 필요한 '수입대체공업화정책'으로 묘사되면서 마치 '반서구제국주의적 자력갱생' '자유주의경제 모순극복'53)의 수단으로 선전되었다. 그와 더불어 일본의 침략논리도 동아신질서론에서 동아공영권론으로 그리고 대동아공영권론54)으로 비약하고, 그과 관련하여 종전 '내선일체론'을 더욱 관념화하여 조선을 마치 시고쿠나 홋카이도처럼 황국의 일

---

51) 「大東亞戰下工業組合の新使命」(『朝鮮工業組合』, 1943.1), 14쪽.
52) 〈臨時中樞院會議における總督訓示, 1941.12.10〉, 『太平洋戰下の朝鮮』1, 63쪽. 이러한 동양인의 평화를 위한 전쟁으로 미화하는 것은 이미 1940년 이후 노골적으로 추진되어 오던 전쟁 홍보논리였다. 예를 들어 1940년 9월 16일 임시 도지사회의 총독훈시에서도 '동양인의 평화를 위한 성스러운 전쟁'으로 중일전쟁을 묘사했고 태평양전쟁도 이와 같은 맥락에서 聖戰으로 규정했다.[『殖銀調査月報』(1940.12), 64쪽]
53) 渡邊銕藏, 「統制經濟主義の再檢討」(『朝鮮及滿洲』, 1935.10), 18쪽.
54) 橘川文三의 경우 이미 1937년부터 일본은 대동아공영권의 구축작업을 시작했다고 보고 있다.[「大東亞共榮圈の理念と實態」(『岩波講座 日本歷史』21, 1977), 267쪽]

부로 만든다는 이른바 '제2의 일본화론'을 선전하기 시작했다.55)

이러한 상황에서 친일 조선인 자본은 이 같은 침략이데올로기를 전폭 수용할 뿐 아니라 일본의 침략논리 위에 식민지인이라는 열등의식마저 가미되면서 더욱 광적인 형태의 침략논리를 전개했다. 삼천리사 사장 김동환(金東煥)이 행한 임전보국단 개회사를 보면 그러한 입장이 잘 드러난다.

> 그 동안 우리도 사변[중일전쟁:필자] 이래 5개년 동안을 두고 성전에 참가하여 직접 간접으로 피도 흘리고 돈도 바치고 노력도 보태어 들였지요. 그러나 여러분. 우리 냉정히 생각해 봅시다. 황군장병 십일만명이 죽었는데 조선사람은 겨우 세 사람이 죽었고 국채소화의 힘도 본토의 어느 일현만 같지 못하고 그밖에 무엇무엇 모두 다 빈약하였다고 고백하지 않을 수 없습니다.… 이렇게 국민정신을 통일하고 그런 뒤 노력과 물자와 돈을 바치고 그리고 난 뒤 할 일이 있습니다. 그것은 피를 바치는 일이외다. 우리의 생명을 전장에 바쳐야 하겠습니다. 황군장사의 모양으로 우리도 전장에 나아가 우리나라 일본제국을 방위해야 할 것입니다56)

즉 일본군인은 11만 명이 죽었는데 조선인은 겨우 세 명만 죽었으니 부끄러워 얼굴을 들 수 없으며, 그러한 수치를 이기기 위해서는 물자뿐 아니라 생명까지도 일본을 위해 던져달라고 호소하는 것이었다.

이러한 인식변화에 기초하여 1940년대 조선인 자본가들은 이제는 자신이 침략전쟁에 적극적으로 참가함으로써 본토의 운명과 자신의 운명을 일체화하는 이른바 '1차적 공영권론'·'제2의 일본화론'·'침략전쟁동반론'으로 변화하였다. 구체적으로 어떤 자본가 집단에서 그러한 인식의 분화현상이 일고 있었는지 구체적으로 알 수 없지만 1943년의 제9회 공업자대회에서 대외진출방책이 크게 강조되었던 사실에서 그러한 조선인

---

55) 朝鮮總督府 情報課, 『新しき朝鮮』(朝鮮行政學會, 1944.4.25), 82쪽.
56) 金東煥, 「臨戰報國團結成에 際하여(開會辭를 겸하여)」(『三千里』, 1941.11), 16~17쪽.

자본가의 욕구를 알 수 있다.57) 즉 여기서 증산과 더불어 북방 엔블록이나 남방 엔블록과의 경제적 연계를 강화하자는 의안이 다수 제기되었다. 제6회 대회에서 본토와의 연계를 통한 중소기업·비군수산업의 증강이 주된 의안이었던 것과 비교하면 제9회 대회에서 제기된 의안은 조선을 '엔블록의 생산력 기지화'하자는 조선인 자본가들의 희망이 담겨진 것이었다. 특이한 것은 북방권과 기왕에 경제적 연관을 맺고 있는 인천·함흥·신의주 상의는 주로 북방권과의 무역관계나 중공업진전 문제를 논의한 반면 부산공업구락부는 남방자원에 대한 유입력 확보와 적산의 민간이용 문제를 강조하고 있다. 이것은 남방원료를 주로 이용하고 있는 부산지역과 북방권에 시장을 두고 있는 함흥·인천 지역에서의 기본적인 경제인식을 수준을 반영한 것으로 본다.

이러한 침략주의 논리는 이른바 1차적 공영권론, 북방권의 수장론 혹은 전쟁동반론으로 나타났다. 그러한 인식은 당시 식은 조사부의 전승범(全承範)이 "북방권은 '제1차적 공영권'으로서 공영권의 중심이 되어 자주적 입장에서 동남아권을 배양할 새로운 책임을 부하하게 된 것에 큰 의의가 있다"58)고 언급한 것도 같은 맥락이다. 그리고 이는 '대동아국토계획'(1942.2) 이후 일본이 조선을 '북방 엔블록'의 '중요물자자급지화'·'생필품공급지화'하려는 데 대한 조선인 자본가의 논리적 대응이었다. 이러한 제1차적 공영권론은 관변 잡지·언론 등을 통해 '조선은 북방권의 조장(組長)59)'이라는 등 다양한 모습으로 확산되었고, 특히 1940년대 이후

---

57) 조선인 자본가들은 다음과 같은 의안을 제기하고 있었다. 조선의 수출품 생산증가 요망[공업협회] 만지방면 조선제품수출수속간편화[인천공협] 남방자원의 유입확보 요망[부산공업구락부] 북방권의 중공업화진전요망[함흥상의] 多獅島港 준공 축항확장계획요망[신의주상의]『殖銀調査月報』(1943.11), 26~28쪽].
58) 全承範,「北方建設과 朝鮮工業」(『朝光』79(8-4)(1942.4),『植民地資料叢書』6), 564쪽.
59) 東洋經濟新報社 편,『朝鮮産業年報』(1943), 28쪽의 서설「決戰體制의 確立과 朝鮮經濟의 再編成」에서 일본과 조선 그리고 북방 제지역의 침략동원상 위치를 각각 隣組나 애국반 조직에 비유하면서 '대동아공영권이라는 하나의 町內에서는 총대라는 위치에 있는데 이러한 총대로서의 내지와 가장 밀접한 관계에 잇는 町內의 모범적인 애국반

조선자본가들의 침략전쟁 동참의 논리적 귀결로서 각광을 받게 되었다.

또한 1940년대 조선인 공업인식은 침략동반축적론을 포함하고 있었다. 이러한 인식은 조선공작주식회사 사장 하준석(河俊錫)이 이 회사를 설립할 때 행한 창립연설에서도 나타난다.

> 지금은 지나사변[중일전쟁: 필자]은 이미 1개년 여를 경과하여 제삼기작전에 이행하여 피의 장기항전에 대응하기 위하여 군수자재의 제조확충은 더욱 긴절을 요하는 터인데 아조선은 대륙의 일부로서 지리적으로 만주국·북지[화북: 필자]를 접하여 전시는 물론이요 평시에 있어도 각종 기계류의 많은 수요에 응치 않으면 안된다. 이때에 있어 전시평시를 불문하고 금후 우리 조선에 약속된 역할은 비상히 중차대한 바가 있다. 오인은 여기에 감한 바 있어 총후국민으로서 견실한 창의를 다하야 전시체제의 정비를 다하기 위하야… 전시중에 있어서는 제국전투능력의 확충강화에 공헌하며 평시에서는 중대업의 진흥발전에 기여코저 하는 바이다.60)

그것은 침략전쟁을 자본축적의 기반으로 삼겠다는 것이었고 그것을 위하여 적극적으로 생산력 확충에 참가하겠다는 것이었다.61)

2) 조선인 자본가의 대륙침략 실상

일부 조선인 자본가는 일제의 침략전쟁을 자본축적의 절호의 기회로 받아들였다. 그 벅찬 감격을 당시 경성방직 사장 김연수(金秊洙)는 다음과 같이 회고했다.

조직이자 또한 그렇지 않으면 안되는 것이 大陸隣組이다. 따라서 조선이야말로 大陸隣組의 조장이라는 위치에 있는 것'이라 했다.
60) 『三千里』(1939.4), 44쪽.
61) "대동아전쟁 완수에 필요한 경제적 수요를 완전히 충족할 수 있도록 함은 재계인의 영광스러운 책무이다. 이를 위하야는 멸사봉공의 신념으로 국책에 순응해서 생산확충에 봉사해야 한다. 이렇게 하자면 전력을 다해서 2배 3배로 능률을 향상해야 한다. 여기서 우리황제의 위대한 정신력을 본받아야 한다."[『每日新報』(1942.1.18), 4면, 「경제인의 결전태세」7, 漢銀支配人 玉山友彦[王友彦으로 추정]의 말]

일본군이 파죽지세로 상해와 남경 등지를 점령하자 그 곳의 중국인 경영의 방직공장들이 거의 폐문상태여서 직포난은 날로 격심해 갔다. 이 무렵부터 만주에서 인기를 끌로 있던 불로초표 광목이 이번에는 화북일대로 그 세력을 뻗쳐 경성방직은 크게 신장하게 되었다. 그것은 중국인들이 적대국가인 일본 제품을 기피하는 데서 생긴 현상이다. 이 뜻하지 않은 국제무대에서 각광을 받으면서부터 경성방직은 생산에 박차를 가하여 즐거운 비명을 올리고 있었다. 이대로 전진만 한다면 경성방직은 이제 한국의 경성방직이 아니라 동양의 경성방직이 되는 날도 그리 멀지 않을 것 같았다.62)

적어도 중일전쟁이 실제로 조선인 자본가에게 자기자본의 증식에 실질적인 이익을 주는 것이었다는 점을 직접 피부로 체험하고 있었다는 것이었다.

이러한 차원에서 군수산업의 확충을 겨냥하거나 만주로 진출을 꾀하는 조선인 자본이 크게 증가하였다. 예를 들어 민규식의 동방식산주식회사(東方殖産株式會社),63) 이병철의 삼성상회(三星商會),64) 경성방직의 남만면업(南滿綿業), 박흥식의 조선비행기공업주식회사(1944.10.26)65) 등이 그것이었다. 개성지역 사례처럼 중소자본도 자발적으로 합동하여 송도항공기주식회사[松都航空機]를 설립하고 조선비행기주식회사의 하청공장이 되기도 했다.66) 특히 경성방직은 만주에 이어 화북에도 공장 건설계획을 1930년대부터 추진하고 있었다.67) 이러한 적극적인 중국진출

---

62) 한국일보사 편, 『財界回顧』1(원로기업인 편1)(1981), 94쪽.
63) 이 회사는 만주에서 주로 식산산업에 참가했다고 한다.〔『三千里』(1940.6), 70쪽〕
64) 삼성상회는 일본이 중일전쟁을 감행하면서 엔블록이 확대하자 전 삼성그룹의 회장이었던 이병철이 1938년 3월에 대구 仁橋洞에 설립한 무역회사였다. 이 회사는 사과·밤 같은 청과물이나 오징어 등의 건어물을 만주・중국에 수출함으로써 이익을 보고 있었다고 한다.〔第一製糖株式會社, 『第一製糖四十年史』(1993), 111~112쪽〕
65) 朴興植·木村義雄·朴忠重陽·張元稷相·山口重政·原俊一·芳賀文三·小林采男·韓相龍·穗積眞六郎·閔奎植·金季洙·頭山淸·朴春琴·白川樂承 등 조선인 유력산업가 들이 자본금 5천만 원으로 설립한 것이고, 1944년 8월 19일 총독부로부터 정식인가를 받았다.〔『日帝侵略下韓國三十六年史』13, 939쪽〕
66) 『殖銀調査月報』(1944.9), 80쪽.
67) 京紡은 이미 1930년대 중반 화북지방에 공장을 건설할 계획을 세웠고 이후 입장이

등의 요인으로 경성방직은 사세를 크게 확장할 수 있었다. 경성방직의 당기순이익 동향을 보면 1936년에는 6~7만 원이었지만 1939년에는 63만 6,873원, 1945년에는 무려 100만 3천여 원이었다.[68] 그리고 고정자산(토지·건물·시설)은 1934년에는 불과 30만 원이었지만 1945년에는 43배에 달하는 1,173만 원이었다. 자본금도 창립당시 25만 원이었으나 1942년에는 1천만 원, 1945년에는 1,300만 원이었다.

특히 태평양전쟁이 기정사실화 되는 가운데 개별적 전쟁참가가 아니라 이제는 조선인 자본이 집단적으로 전쟁에 참가했다. 이러한 움직임은 '반도의 완전한 병참기지화'·'반도의 무장화'[69]를 표어로 한 임전보국단(臨戰報國團)·흥아보국단(興亞報國團) 결성으로 나타났다. 이들 조직이 조선인 대자본의 경제적 이해를 그대로 대변하는 것은 흥아보국단의 발기인으로 김연수·박흥식·고원훈 등 조선인 대자본가가 주도하고 있었다는 점에서도 나타난다.[70] 아울러 임전보국단 창립취지문에서도 "반도가 특히 물심 공히 병참기지됨의 진가를 발휘하는 것은 이 기회를 놓치고는 재차 얻지 못할 것"[71]이라고 하여 조선의 병참기지화라든가 조선인의 전쟁참가는 조선인 자본의 자본축적에 천재일우의 기회가 될 수 있다고 한 것에서도 나타난다.

일본이 패망할 때까지도 일본의 침략전쟁에 적극적으로 기여하는 것에 의해 '제2의 일본인'으로, '대동아의 지도자'로 거듭나야 한다는 인식은 큰 변화를 찾아보기 힘들었다. 그것은 1944년 말 평안북도 상공회의

바꾸어 만주 蘇家屯에 南滿紡績을 세우기로 하여 1939년 12월 16일 경성에서 창립총회(자본금 1천만 원)를 가졌다. 1940년 27만여 평에 공장을 착공하고 1942년에 준공하여 1943년부터 조업했다. 이 회사는 방기 3만 5천 추, 직기 1천 대 노동자 2천 명을 보유하고 있었다.(京城紡織株式會社,『京紡70年史』(1989.12), 107~101쪽 참조)
68)『京紡70年史』(1989.12), 120쪽.
69) 〈임전대책협의회 안내장〉,『三千里』(1941.11), 47쪽.
70) 특히 興亞報國團은 申興雨 등의 '臨戰國策協力會'와 결합하여 임전보국단(1941.10.22)으로 확장되어 경제·사상·교육·언론·문화에 걸친 종합적인 애국운동 기구가 되었다.(『治安槪況』(1941),『大野綠一郎文書』5, 207쪽)
71) 〈臨戰報國團 設立趣旨書〉,「臨戰報國團 結成에 際하여」(『三千里』, 1941.11), 16쪽.

소 부회장이었던 金岡東元의 언급을 보면 잘 드러난다.

> 일측이 지원병제로부터 최근에는 학도지원병제, 다시 징병제에 열렬한 충실을 바치엇으며 군수물자 기타 식량증산에 또 근로보국에 정성을 바쳣다. 그러나 이와가치 충성을 다하는 것은 '대동아십억민족의 지도자'가 된다는데 그 단순한 목표를 둔 것은 아니다. 오직 황국신민으로서 마땅히 할 바를 한다는 그것뿐으로 거기에는 티끌만한 사심이 잇슬리없다.72)

이것은 비록 전쟁에서 패망하는 상황에서도 본토와의 연결고리를 완전히 끊고서는 재생산이 불가능했던 조선인 자본의 상황을 대변하는 것으로 볼 수 있다.

[표 2-39] 1939년 상해지역 중요 조선인 기업   [단위: 만 원]

성 명	회사명	업 종	자본금	성 명	회사명	업 종	자본금
봉재룡	삼하융업	철강	40	이태현	-	"	3
김형식	삼덕양행	제약	8	안준생	-	"	3
장두철	반도무역공사	무역	5	김창화	금화양행	김창화	3
손창식	동해양행	정밀기계수리	3	임승업	임성공장	임승업	3
김수인	문기공예창	만년필	2	박동언	영화무역	무역	?
백이순	동신양행	잡화, 양곡	5	위혜림	혜신양행	무역	?
김하종	덕태창	〃	2	박일석	-	위안소	3
계춘건	-	〃	3	김일준	-	"	2
김상용	구룡공사	무역	3	이창조	-	"	2
김인갑	-	〃	2	이상우	-	"	2
최영택	-	〃	20	이치운	-	"	2
한규영	한영무역공사	〃	3				

출전: 楊昭全 편, 『關內地區朝鮮人反日獨立運動資料彙編』(1987, 한국논문자료원), 95~96쪽 및 「上海に於ける九千同胞の活躍を見る」(『三千里』, 1943.3), 96~109쪽.

---

72) 『每日新報』(1944.9.14).

그러한 조선내 조선인 자본가의 침략동반 논리와 더불어 적극적으로 중국으로 진출한 부류가 있었다. 침략전쟁 이후 조선인 자본가의 상당수가 전쟁에 직접 참가하고 일본의 점령지에 각종 기업체·영업점을 건설하는 것으로 침략의 실행했다. 물론 그 이전에도 중국에는 많은 조선인들이 이주하여 생업을 벌이고 있었다. 1930년대까지 상해에서는 의료·인삼·잡화·마포·상업·양주·사진·어업·농업·설탕판매·이발 등 주로 개인기업에 기초하여 소규모 영세기업가들이 자영업 형태로 중국에 진출하여 이들을 합쳐 40여 개로 나타난다.73)

[표 2-39]에서 1939년까지 상해지역에는 철강·제약·무역·정밀기계수리·만년필·잡화·식품업 이외에도 전쟁경기에 편승한 댄스홀·카페·위안소·무역거래·양품거래 등 주로 무역품 거래업이나 위안소와 같은 영업체가 상당히 존재했다. 이들 기업은 자본금 평균 2~3만 원 정도의 비교적 소규모 개인기업 형태로 운영되고 있었다. 특히 전쟁경기에 따라 조선인이 경영하는 위안소도 증가하고 자본금 면에서 일반 기업체와 비슷한 2~3만 원에 달하고 있어, 조선인 자본가에 의한 조직적이고 대규모적인 위안소 운영을 엿보게 한다.

하지만 1940년 이후 중국에서 남경 괴뢰정부가 수립되자 이러한 분위기를 틈타 상해·남경 등지로 다수의 조선인 기업가가 상당한 자본과 기술 그리고 일제의 후광을 받고 침투하였다. 당시 중국에 침투한 조선인 자본에 대하여 대동아사[삼천리사]의 화중특파원 박거영은 다음과 같이 묘사하였다.

> 여기 상해에도 우리 반도동포가 각 부문에 걸쳐서 활약하는 것이 적지 않다. 가령 거대한 아파트에 사무실을 정하고 수십 명의 외국인을 사무원으로 이용하며 수백만 원의 융통자본을 운용하는 회사도 설하여져서 실제적으로 국책에 응하여 산업경제 방면에 위대한 업적을 이루고 있어 진실로 기쁘다.74)

---

73) 손과지, 앞의 박사학위논문, 103쪽.

즉 중국에 침투한 조선인 기업이 자본금이나 노동력 면에서 이전에 비해 규모가 무척 커졌고, 자본금도 단위기업당 수백만 원에 달하는 것도 있다는 것이다. 구체적인 실상을 보기 위해 1943년경 중국의 남경·상해·소주·무석 등지에서 활동한 주요한 조선인 자본가를 소개하면 [표 2-40]과 같다.

우선 중국 남경·상해 지역의 조선인 자본가들이 이주한 시기를 보면 주로 1935~1936년과 1938~1939년경이었다. 그것은 일본이 중국침략을 음모하거나 중일전쟁 이후 일본이 본격적인 점령정책을 시작한 시간과 일치하는 것이었다. 실제로 상해지역 조선인 동향을 보면 1936년까지 1,797명으로 증가하던 것이 1938년에는 일약 3,138명으로 증가한 것으로 조사된다.[75]

둘째로 자본가들의 출신지역은 대부분 평양·정주·태천·선천·의주 등 조선서부 지역이다. 그것은 앞에서도 언급했듯이 '시국대책조사회'에서 북중국과의 경제적 연계가 강조되고, 특히 1940년대 이후 총독부가 조선 지방공업의 육성을 천명하면서 조선 서부지역에 대한 대대적인 공업단지 건설이 진행되면서 조선서부의 공업력과 중국원자재의 결합이 크게 요청된 결과로 볼 수 있다.

셋째로 이들의 정치적 역할과 관련하여 의미심장한 것은 임승업·이태현·장승복·임광정 등의 움직임이 주목된다. 그들은 회사를 운영하는 자본가로서 중일합작사업을 확대하고 정치적으로도 '대동아공영권수립공작'에 적극적으로 참가하여 중국 재계와 정계에 영향력을 행사하는 등 전형적인 침략전쟁의 '전위대(前衛隊)'로 활동한 인물이었다.

넷째로 이들의 면모를 보면 또 하나의 특징으로 이들 조선인 기업가 가운데 창씨명을 기재한 사람은 총 20명 가운데서 3명뿐이다. 중국침략

---

74) 朴巨影(大東亞社 중국특파원), 「蘇州, 無錫, 南京の朝鮮財界人の活動を見て」(『三千里』, 1943.3), 106쪽.
75) 손과지, 앞의 박사학위논문, 47쪽.

[표 2-40] 중국 상해·남경 지역의 주요 조선인 자본가(1943년 현재)

성 명	출신	회사명	위치	개업연도	사업내용
奉命石	平壤	三河興業(株)	上海	?	알루미늄·식료·직물매매[자본금70만원]·철공업[100만 원], 지점 10개
林承業	平壤	京華産業(株)	〃	1941	中國人과 합작, 정미·택시업 운영(1943), 조선-중남 중국과 무역
朴東彦	?	永和貿易公司	〃	1935	성냥공장[25만 원]·석탄광[50만 원]·직물[십수만 원] 운영.
金亨植	牙山	佛慈藥廠	〃	1935	製藥業, 지점 500여 개소, 중일전쟁 후 200여 개소 온존.
韋惠林	宣川?	惠新洋行	〃	1931	생사·차를 미국이나 일본본토에 수출.
崔泳澤	?	永華貿易公司	〃	1924	印度絹 거래, 벽오지와 특산품 무역
李泰鉉	?	大利洋行	〃	1929	興亞院의 지시로 대동아건설공작에 적극가담, 정치적 영향력 행사.
辛錫福	?	東興會社	〃	1941	본점자본 100만원, 상해는 金貞基[전무]담당. 조선인 중심회사
李東旭	義州	遠東公司	南京	1934	천진에서 무역업, 南京에는 1939년 개업
柳本壽泳	?	福記洋行南京支店	〃	?	자본금 20만 원 종업원 100명, 南京미곡조합간사, 南京맥주조합장
李致顯	延白	德盛泰公司	〃	1939	무역업
梁桂俊	義州	榮昌公司	〃	1936	제남과 청도에서 大昌公司 운영, 1938년 영창공사 개업
金仁湖	泰川	維新當洋行	〃	1938	전당포·인쇄업 운영
林光政	平壤	林工務所	〃	1939	平壤工業學校 졸업, 中國에서 日中合作社業 추진, 토목건설업 관여
秦繁	?	伊藤運輸公司	〃	1938	벽오지 물자운송 영업
張承福	?	三福屋 洋行	〃	1939	농산물 관련 사업운영, 軍國的 觀念이 현격함
金村壬石	定州	三大洋行	〃	1939	1939년 이주 대농장 경영, 철공장·정미업으로 사업확장.
山田啓男	宣川	南京피복공장	〃	?	軍指定工場[자본금 15만 원]. 중국인 노동자[100명], 미싱 500여 대
安田愼吾	和順	大京公司	蘇州	1937	1937년 이주 자본금 30만 원 중일합작사 토산물·오지물자무역
朴贊彬	?	長江精米所	無錫	?	조선의 정미업자 大山과 제휴, 연산 36만 톤, 새끼공장 운영

비고: ① 創氏 이전 이름을 기록하는 것이 원칙이나 본명을 알 수 없는 경우 창씨명으로 기록함. ② 大東亞社 중국특파원 朴巨影에 의하면 安田愼吾 외에도 蘇州에는 金家公司[金守仁], 中支産業社[金井勇], 三河興業支店[江嶋命], 廣信洋行[林輝三], 興源公司[吉田], 復興公司[國本], 蘇州洋行[遠山], 三和洋行[花村] 등이 유력한 조선인 실업가로 소개되었으나 자세한 사정을 알리지 않아 생략하였다.

출전: ①「上海に於ける九千同胞の活躍を見る」및「南京實業家の群像」,「蘇州,無錫,南京の朝鮮 財界人の活動を見て」(『三千里』, 1943.3), 96~109쪽에서 참조. ②『光化』(1941.11), 上海: 光化社.

의 경우 조선인명이 일본식 이름보다 훨씬 유리했을 것이라는 정황 이외에도 창씨를 한 사람들은 주로 남경지역에 진출한 사람들로서 일본재벌과 관련을 갖는다든가 혹은 군수공장 운영 등 침략전쟁과 밀접히 관련되어 있다. 물론 창씨명이 적혀있지 않다고 해서 침략전쟁과 관계없는 것은 물론 아니다. 다만 창씨명이나 그들의 활동내역 그리고 기업개설 일자 등을 종합할 때 적어도 상해지역보다 남경지역으로 조선인들이 진출한 시기가 비교적 늦다는 점을 알 수 있다. 즉 상해는 중국에서 장기간 활동했던 자본가인 반면 남경은 침략전쟁과 함께 급히 이식된 자본가들이 많았다는 점을 보여준다.

한편 조선인 자본가들 각개의 면모를 보면 그들의 자본축적 상황을 대체적으로 알 수 있다. 우선 임승업은 1939년 당시 임성공사(林盛公司, 자본금 3만 원)를 세워서 잡화·양품을 생산하던 사람인데, 1941년엔 중국실업가와 합작하여 조선과 중남중국 사이의 무역을 추진하는 경화산업을 운영하였다. 이 때 이미 성냥공장(자본금 25만 원)·석탄광(자본금 50만 원)·직물(십수만 원) 등 약 1백만 원에 가까운 자본금을 보유하고 있다. 당시 기록에서도 그의 기업이 '준국책회사'와도 같은 존재라고 했듯이 경화실업의 설립에는 총독부 사무관 하라타 이치로(原田一郎)의 적극적인 지원을 받았다. 즉 당시 조선인 자본의 중국침투는 단순한 자본가의 자본축적욕에 의해서 진행된 것이 아니라는 것을 재삼 증명해 주고 있다.

> 京華産業은 오십일인의 주주로 된 자본금 10만원의 주식회사로 1941년 8월 1일에 당국의 인가를 얻어 9월 10일에 창립총회에서 완전한 성립을 보게 되었다. 도반상취인조합의 조합원을 모체로 한 조선상공업계에 있어서 대표적 기관으로 조선 및 중남부 중국과 물자무역을 주로 한 準國策會社라 할 수 있다. … 동회의 창립까지는 총독부 하라다 사무관의 힘이 컸음을 특기하지 않을 수 없다.76)

---

76) 〈현지산업계의 거두 1〉, 『光化』(上海:光化社, 1941.11), 7쪽.

그리고 1943년에는 중국실업가와 합작하여 정미업·택시업까지 진출하고 있다.

이태현 또한 1939년경에는 자본금 3만 원 정도의 소규모 무역업을 하고 있었으나 1943년에는 상해에서 대리양행의 주주로서 실질적으로 회사를 운영하여 수십만 원의 자본금을 동원할 수 있는 재력가로 변해있었다. 특히 흥아원과 결탁하여 대동아 건설공작에 적극 가담하였고, 당지에서 강력한 정치적 영향력을 가지고 있는 실력가가 되어 있었다. 1943년 당시 그에 대한 「삼천리」의 소개문을 보면 분명히 알 수 있다.

> 실업계와도 일방 연결되면서도 동시에 日中合作이라는 커다란 정치적 무대에서 제공작을 활발히 전개하고 있는 이태현씨를 소개하고자 한다. 그는 1929년 상해에 온 이후 대리양향 등 대회사의 중역으로 있으면서 수십만원을 동원할 수가 있었고 그 보다도 대동아건설공작에서 열혈남아인 그는 현재 ㅇㅇㅇ과 興亞院의 지시하에서 공작에 분주하다.77)

유수영(柳本壽泳)도 미쓰비시재벌로부터 금융자본을 융통하여 복기양행 남경지점장으로서 미곡이나 식료업 등에 관여하는 등 해당지역으로 일본 재벌자본이 침투하는 데 첨병역할을 하고 있었다. 또한 김인호(金仁湖)는 불과 5천 원의 자본으로 출발하여 일본 재벌자본과 연계하여 전당포와 인쇄업을 운영하여 막대한 자본을 축적했고, 산전계남의 피복공장도 군수지정공장이 되어 노동자 100명을 보유했고 미싱수만도 500여 대에 달하는 등 침략전쟁과 연관된 산업분야에서 막대한 자본축적을 하였다.

김형식은 1935년 삼덕양행을 설립하여 제약업을 운영했는데, 1939년에는 자본금이 8만 원에 달하고 있었다. 그리고 1943년에는 불자약장을 가지고 전중국에 약 500여 개의 지점을 가지는 대규모 제약회사를 발

---

77) 「上海に於ける九千同胞の活躍を見る」(『三千里』, 1943.3), 100쪽.

돋움한 것이 나타난다.

1939년 자본금 40만 원으로 철강을 주로 취급하던 봉재룡의 삼하흥업주식회사는 1943년에는 그의 친족으로 보이는 봉명석이 운영하고 있었고, 철공업의 경우 이미 자본금이 100만 원을 넘고 10개의 지점을 둔 큰 회사로 성장했으며, 그 외에도 알루미늄이나, 직물매매방면에 약 자본금 70만 원을 투자하고 있다. 즉 약 4년 만에 40만 원이던 자본금이 170만 원으로 4배 이상 증대된 것을 알 수 있다.

요컨대 조선인 자본가의 중국침투는 거의 일본의 중국침략과 때를 같이하는 것이었고 이들 자본가들은 일본의 국책사업이나 원자재 확보, 운송업에 투신하면서 자본을 축적하고 나아가 정치적으로도 일본이 추진하던 '대동아공영권수립공작'에 적극 가담하여 일본의 침략전쟁을 측면에서 지원하고 있었다.[78]

4. 나가며

1930년대 초기 일제의 조선공업정책은 조선인의 항일투쟁에 대응한 식민통치의 안정문제와 깊이 관련되어 있었고, 공업생산도 일제의 상품시장화 전략을 측면에서 지원하는 데 머물렀다. 하지만 1940년대의 공업정책은 그러한 조선 내적 동인과는 별도로 중일전쟁-태평양전쟁이라는 대외적 요인에 크게 영향을 받게 되었다. 즉 일제는 중일전쟁의 장기화 그리고 태평양전쟁의 개전으로 영-미연합군 진영과 전쟁을 해야 할

---

[78] 이와 같은 의미에서 조선인으로 중국의 王靖衛 괴뢰정부하에서 지방관리로 활동하면서 일본의 침략전쟁을 측면지원하는 인물도 있었다. 예를 들어 宋天成은 일본군 육군소장이라는 현역군인 신분으로 중국 안휘성 南陵縣長이 되어 '공영권 수립'에 혁혁한 공적을 쌓았다고 했는데[『每日新報』(1944.11.26)] 이처럼 자본가들만이 아니라 직접적인 정치관료로서 침략전쟁에 참가한 조선인도 상당한 것으로 추정된다.

상황에서 일제본토의 생산력만으로는 전쟁을 계속하기 어려웠던 것이다. 그래서 일제는 전쟁수행을 위해 식민지 및 점령지에 대해 자발적인 협력과 물자동원을 획책하였고 그 일환으로 엔블록을 일-만-중국 지역을 넘어 동남아까지 확장하면서 역내를 소경제권으로 분할[북변경제지구·남방경제지구·대륙경제지구]하여 안정적인 자급체제를 구축하면서 물자동원을 꾀했다. 그 과정에서 일제는 조선에서 기왕의 '상품시장화 전략'과 더불어 전쟁에서 절실히 필요한 경금속·알루미늄·철강 등 '군수대용자재' 및 점령지역의 안정적인 소비재 공급력을 확대할 목적으로 각종 공업시설을 확충했다. 이른바 조선공업을 '북방 엔블록의 보급창 혹은 물동기지'로 재편하려는 전략이었다.

한편 1940년대 엔블록 강화로 비롯된 조선공업의 확충은 조선내 공업구조의 급속한 변화를 동반했다. 특히 '조선공업의 대외적 성격'은 조선내 신흥공단의 구축상황에서도 극명히 드러난다. 즉 1930년대까지는 주로 만주와 관련된 북선 공업지대와 조선내 수요에 기초한 경인·남선 공업지대가 외양을 갖추고 있을 뿐 조선공업의 외연적 확장은 그다지 두드러지지 않았다. 하지만 1940년대는 중국지역과 관련된 서선공단[신의주-평양-해주-인천 라인] 그리고 동남아 자원과 관련한 영남 및 남선공단[진주-마산-부산-대구 라인]이 새롭게 조성되었다. 이를 뒷받침하기 위한 전력사업도 기왕의 북선공단[원산-흥남-청진-나진-웅기]을 겨냥한 장진강 부전강 발전력 이외에도 서선공단을 겨냥한 수풍발전소·운봉발전소 등 압록강 하류지역의 발전사업이 강화되고 청평·화천 수력, 영월 화력 등도 조선 남부지역의 소비재 공업 확충을 겨냥하여 신설되거나 확장되었다.

아울러 조선공업이 침략전쟁과 밀접한 관계를 맺으면서 전쟁에 동원된 조선인 기업과 자본의 증가하였다[경성방직의 남만면업, 삼성의 선만무역, 기타 중국내 상해·소주·남경 지역의 100여 업체]. 이들은 일제가 추진한 엔블록 자급정책의 틈을 비집고 침략전쟁에 적극 참가하면서 막대한 자본을 증식할 수 있었다. 그들은 중일전쟁을 기화로 만주와 중국에 뿌리를 박고, 태평양전쟁 단계에는 자본금을 적게는 수 배 많게는 수십 배 증식하고 있었다. 그리고 축적의 방식도 일본 재벌자본에 의탁하거나 흥아원과 긴밀한 관계를 맺으면서 침략자의 일원으로서 중국에서 자본축적을 발판을 열어갔던 것이다.

전체적으로 볼 때 1940년대 조선공업의 모든 변화는 엔블록의 자급체제 구축이라는 일제의 정책적 동기와 전쟁 수행과정에서 점령지나 식민지의 제반조건과 다양한 요구가 결합하면서 나타났다는 점이다. 바꿔 말하여 1940년대 조선공업의 성격이 무조건 많이 만들어 많이 동원한다는 식의 단순한 수탈이 아니라 엔블록을 유지하는 데 필요한 제요소들을 조선이라는 중요한 거점에다가 구축하고 엔블록을 안정적으로 유지하도록 하여 전쟁을 유리하게 전개하겠다는 일제측의 의도와 깊이 관련되어 있었다. 그런 의미에서 일제의 1940년대 조선공업정책은 본래 조선인 자본가와 조선내 공업민을 파괴하려는 것으로 일관된 것이 아니었다.

조선인 공업은 오히려 블록경제의 틈을 비집고 일제측의 전략을 나름대로 해석하면서 대응하였는데, 특히 주목할 것은 조선인 공업과 조선인 자본가들이 새로운 상황에 대응하여 일제와 협조노선을 분명히 하는 '침략전쟁동반론'으로 무장한 것이며, 실제 대다수 조선민중이 초근목피하는 상황에도 크레졸로 금고의 돈냄새를 닦아내야 할 정도로 막대한 자본을 축적하고 있었다는 점이다.79)

요컨대 당시 조선 경제를 주체가 상실된 침략주의적 식민지 경제로 규정할 수 있으며 해방후 그러한 대외지향적 침략성은 재벌중심의 패권

---

79) 김성곤의 삼공비누는 군수용 세숫비누 및 물비누 등을 생산하였는데 배급통제 하에서도 너무나 많은 수요자가 몰리는 바람에 들어오는 돈을 정리할 수 없어 부엌에도 돈을 흩어놓아야 했으며 돈을 세느라 부인이 며칠 동안 일어서지 못했고 돈냄새를 없애기 위하여 크레졸에 뿌릴 정도로 호황이었다고 한다.[성곡교육문화재단,『성곡 김성곤 전기』(인하대학교 출판부, 1995), 87~8쪽]

주의 경영, 단기적 투기적 자본축적 논리로 이어졌고, 식민지성은 과도한 대일·대미의존적 경제구조로 계승되면서 남한 자본주의의 정상적 발전을 저해하는 결과를 가져왔다고 본다.

제8장
제2차 생산력확충계획과 중점산업(1942~1945)

1. 들어가며

　　식민지하 '조선공업화'의 역사적 의미를 분석할 때 반드시 짚고 넘어가야 할 대목이 바로 '생산력확충계획[이하 '생확계획']'이다. 당시 조선에서 실시된 '생확정책'은 이른바 조선공업화 정책의 의미를 설명할 때 중요한 변수이면서, 어쩌면 전시공업정책의 핵심이었다고 볼 수 있다. 나아가 그 성과 여부는 오늘날 일제의 식민지 개발정책에 대한 역사적 평가를 수행할 때 각종 '식민지미화론'이나 긍정적 담론을 유도하는 빌미가 될 수도 있었다.

　　그런데 기왕의 연구에서는 연구자의 입장과는 전혀 상관없이 생확계획 자체에 대한 연구도 소략한 상황이다.1) 나아가 '공업화' 문제를 논할 경우에도 그 역사성은 거세되고 양적인 생산지수만을 생산력 동향으로 설명하는 경향이었다. 이에 자연히 '공업화' 논쟁은 산업성장의 지수 즉 공장수나 노동력의 양적 통계적 생산지수의 결과 '분석에 무게가 두어지는 결과가 되었다.2)

---

1) 현재 생산력확충계획과 관련된 연구는 김인호, 「조선에서의 제1차 생산력확충과 대용품공업화」,『사총』49, 1999.6) 정도이다.
2) 생산지수를 통하여 조선공업의 근대적 성격을 규명한 기왕의 연구성과로는 허수열, 「日帝下 조선의 産業構造」,(『國史館論叢』36, 1992.10) ; 金洛年, 「식민지 조선의 공업화」,(『한국사』14,. 한길사, 1994) ; 堀和生, 「30년대 朝鮮工業化의 재생산조건」,(『近代朝鮮의 經濟構造, 비봉, 1989) 등을 들 수 있고, 安秉直·中村哲,『近代朝鮮工業化의 硏究』(一潮閣, 1994)는 그러한 연구경향을 종합적으로 이론화한 글이다.

적어도 '공업화'라는 명칭은 독립국가라든가 부유한 선진국일 경우 '내실'있는 경제발전과 근대화를 설명하는 개념으로 사용할 수 있다. 그런데 자체적인 공업프로그램이 존재하지 않고 발생된 잉여의 대부분이 인위적으로 유출되어 재생산을 위해 비축되지 않는 단순한 공업의 외형적 팽창 현상을 과연 독립국가에서 나타나는 공업화 현상과 병치할 수 있을까? 폴 사무엘슨이 "공업화는 풍요의 결과라기보다는 오히려 원인"[3] 이라고 했던 것처럼, 전혀 풍요의 원인으로 작용할 수 없었던 식민지 공업화를 엄밀한 의미의 공업화로 볼 수 있을까. 오히려 조선인의 풍요로운 삶을 철저히 붕괴하고 파괴하는 공업정책으로서 조선공업화가 선전되고 있는 것은 아닐까? 따라서 본 연구는 일제가 추진한 생확계획의 내용을 규명함으로써 그것이 조선경제에 대하여 어떠한 변화를 동반했으며 1940년대 조선공업의 대외적 성격을 어떤 형태로 강화하고 있었는지 살펴보고자 한다.

2. 제2차 생산력확충계획의 수립

1) 계획추진의 배경

태평양전쟁이 발발하자 일본본토는 1941년도 4/4분기의 물동계획부터 비군수용 물자의 배당감축, 수입대체공업의 확대, 산업물자의 회수 등을 강조하고 물동계획의 기준도 종래 외화보유량에서 사용가능한 선박량으로 전환하는 등 중요물자의 자급을 위한 여러가지 조치를 꾀했다.[4] 그러나 태평양전쟁 이후 각종 운송수단의 징발에 따른 수송력의

---

[3] Economics, eleventh edition, Paul a samuelson, McGraw Hill Inc, 1980, p.720.
[4] 그것은 상공성 총무국이 "41년도 물자동원계획은 국제정세의 최악의 경우를 준비할 수 있는 고도군비의 확충, 생산력확충계획의 재편성, 수입불가능한 군수물자의 증산 및 저장, 국민생활의 최저한의 확보 등의 취지에서 설정하여 대략 전시물자 동원계

격감으로 북방엔블록이나 동남아에서 원자재를 조달하기 어려워지면서 일본본토의 물자동원계획은 예정대로 될 수 없었다. 이에 1942년 2월중 일본본토의 군수품 동원상황을 보면 폭약보급량은 예상의 50%에 불과했고 항공기 정비는 8,417대를 예상했지만 실적은 6,365기였다.5) 또한 생산력 확충도 철강이 부족하여 철강을 증산하려 하면 석탄이 부족하고, 석탄을 증산하려면 수송력이 부족하였다. 생산력의 파탄으로 인해 증산과 수입을 병행하여 책정한 물동계획마저도 1943년 4/4분기부터 완전히 정지되었다.

생확계획의 추진상황을 보자. 제1차 계획은 태평양전쟁 발발과 함께 종료되면서 1942년 1월에 일본은 '소화 17년도 생산력확충계획과 그 초년도분'이라는 이름으로 제2차 5개년 계획을 수립했다. 여기서는 '동아공영권의 완성'을 목적으로 '대동아전쟁의 진전에 따라 일만지〔중국〕 자급권에서 기본산업에서의 생산확충이 긴급히 필요함에 따라 종합계획을 추진한다'고 하면서 종전 일만지 단위를 넘어 남방까지 포함하는 엔블록의 전면적 생산력 확충을 선언했다.6)

여기서는 선박건조와 조선능력의 확충, 철강의 증산과 시설확충을 제일 우선적으로 단행한다고 하고, 이에 이 방면의 급속한 증산이 계획되었다. 그리고 식량자급을 위해 만주 및 화북·화중 지역에서의 농산물 증산을 중요과제로 삼았다. 따라서 외형적으로 보아 1차 계획과 큰 차이가 없었으나 문제는 동남아 지역의 원자재에 대한 관심이 크게 확대되고 있었다는 점이다.

한편 총독부도 태평양전쟁의 발발과 함께 "영미에 일방적으로 의존하는 물동구조에서 탈각"7)을 목표로 하여 안정적인 물자수급을 위한 가

획의 완성을 보았다"고 한 데서도 나타난다.〔「所管事項に關する行政方針及施設事項」 (『日本陸海軍省文書』40, 1941.12), 13쪽.
5) 『太平洋戰爭史』4, 185쪽.
6) 小林英夫 앞의 책(1975), 385쪽에서 인용.
7) 『殖銀調査月報』(1941.11), 18쪽.

공산업의 확장을 꾀했다. 그러나 이러한 요구에도 불구하고 전쟁수행에 흡족할 만큼 생산력을 확보할 수 없었다. 가장 큰 이유는 수송력 격감이었다. 왜냐하면 당시 조선의 중요물자 150종에 대한 자급률은 25%에 불과하였다는 점에서8) 조선의 공업화는 여전히 일본본토의 원자재를 기반으로 존립하는 것이었고 결국 수송력 격감은 본토경제에 의존하는 조선경제에 치명타를 가하는 결과가 되었기 때문이다.

수송력 감소상황을 예로 들면, 1942년 2월중 일본본토의 각지 배급선 평균배선율은 약 10%였는데 조선 동북부로 향하는 필요수송량에 대한 배선율은 0.87%, 서남부로 향하는 배선율은 4.76%에 불과했다.9) 특히 동북부의 배선율이 낮은 것은 "이 해역에 연합군의 기뢰가 매설된 점"도 있지만 당시 본토의 조선에 대한 물자공급력이 고갈되었기 때문이었다. 아울러 생활계획과 관련한 석탄・철광석・강・염・목재・곡류・인광석・소다・시멘트・비료・펄프・면화・양모와 같은 소위 부정기화물도 대체로 배선율이 매월 약 20~30%에 불과하였다. 또한 진남포의 경우도 본선입항수는 1941년 1월의 34척에서 3월에는 26척으로 줄었고, 특히 태평양전쟁 이후 1942년 1월에는 31척으로, 3월에는 22척으로 줄었다.10)

이처럼 일본본토의 물동계획이 난항을 빚는 가운데 급기야 군사적으로도 1942년 6월의 미드웨이해전을 기점으로 전황이 달라지고 있었다. 이에 일본은 군수물자의 확보를 위한 조선경제의 재편성을 강력히 요구하였다. 즉 일제측은 기왕의 엔블록 공업화 전략이 블록전체의 생산력 확충이라는 관점에 출발했기에 전체적인 생산력의 확대는 가능해도 일본본토가 구체적인 전쟁수행에는 도움이 적다"11)고 하면서 이제는 적극적으로 일본경제에 기여할 형태의 조선공업으로 전환하라는 요구를 내

---

8) 『殖銀調査月報』(1942.10), 26쪽.
9) 鹽田正洪, 「朝鮮工業動向に就て私見若干」(『朝鮮實業』, 1942.5), 11쪽.
10) 『經濟治安週報』(1942.4.11), 5쪽.
11) 『殖銀調査月報』(1943.1), 37쪽.

고 있다. 이에 '동아경제조선간담회'(1942.9)에서도 "대동아 자주경제 건설을 위한 산업배분'12) 차원에서 조선이 식량·전력·철강·화학공업 등의 확충에 솔선할 것을 요구했고 제2회 대륙연락회의(1942.11)에서도 "전쟁완수는 대일기여의 확대에 의한다"13)고 하여 조선이 나름의 '역할'을 하도록 요구했다.

그 결과 총독부의 공업정책도 종래까지 일본본토에서 의존하던 물자를 자급하는 정도에서 이제는 역으로 본토경제에 적극적으로 기여한다는 것으로 전환한다고 선언했다. 즉 1942년 4월에 미나미 총독이 발표한 '생산력확충 4대시책'에서도 "철광석·텅스텐·몰리브덴·아연·운모 등을 위시한 군수광물자원의 획기적 증산. 조선 서북부의 풍부한 전력을 기반으로 한 화학공업의 확충, 미곡 3,400만 석의 식량증산과 인적 자원 개발 등으로 일본경제에 적극적으로 기여하자"는 언급이 있었다.14) 또한 고이소 구니아키 총독도 "조선에서는 단순한 경제력 향상에 앞서 적과 자웅을 겨룰 수 있는 생산력의 급속한 증강이 필요하다"15)고 하고 이를 위해 무연탄제철, 소형용광로 보급, 중요광물 증산, 염전확장 등을 강조하였다. 특히 생산구조면에서 종래 조선의 지하자원이 일본본토의 증산정책과 연계되어 개발되면 곧바로 일본본토의 공장으로 이전되었으나 이제는 조선의 자원으로 직접 조선에서 완제품을 생산하여 본토경제에 기여하는 논리로 전환했다. 그것은 당시 총독부 기획부장인 시오타 마사히로(鹽田正洪)의 언급에서도 드러난다.

> 조선의 산업배분은 전력의 이점을 기반으로 제1차 가공공업을 하는 것이고 제2·3차 가공공업은 일본본토에서 해야 한다는 생각이 있었다. 조선이 원역

---

12) 〈東亞經濟朝鮮懇談會 聲明 1942.9.27〉, 『日帝侵略下韓國三十六年史』13, 228쪽.
13) 『殖銀調査月報』(1943.1), 37쪽.
14) 『殖銀調査月報』(1942.6), 29쪽.
15) 〈1943년도에 임하는 유시. 1943.1.4〉, 「總督.政務總監重要諭告·訓示」(『太平洋戰下の朝鮮』1), 59쪽.

의 중핵체로서 산업개발상 제1차 가공공업을 고려해야 하겠지만 대륙전진병 참기지로서 가능한 한 속히 제2차 가공공업으로 이행하는 데 노력해야 한다. 즉 카바이드에서 발전된 각종 비료공업 또는 연료공업으로 이행해야 한다고 여겨지는데 대체의 원칙으로서 제2차 생산확충계획은 속히 제1차 가공공업의 완성을 꾀하고 제2차 가공공업의 소지를 배양하는 것[이 목적]이다.16)

따라서 이후의 총독부 공업정책은 중화학공업 측면에서는 풍부한 전력을 기반으로 급속한 제2차 가공공업을 확대하고, 경공업 측면에서는 '엔블록의 생필품 보급지'라는 미명하에 소비재를 증산하여 본토경제의 결손을 보충하려는 의미에서 진행되었다. 이에 조선의 물동계획도 '본토경제에 대한 기여'라는 틀 속에서 구체화되었다.

그런데 생확계획을 입안하는 시점에서 조선 공업정책이 가지는 특질은 일본본토의 경우 기계공업이나 수송산업이 우선시되는 반면 조선의 경우는 중요 기초소재 물자의 증산이 중요한 과제가 되고 점차 일본의 패전단계에 도달하면서 본토 기계류 수입이 제약을 받자 기계공업이 뒤늦게 강조되는 국면이 전개되었다. 즉 1941년 이후, 일본본토에서는 이후 자재부족, 수송력 감소 때문에 석유정제업·무수알콜·펄프·시멘트·철도차량·자동차 분야의 생확계획이 중지되는 상황이었다. 반면 1942년도 조선의 물동계획(1942.5)을 보면, 종래 대체품적 성격에 머무르던 경금속공업의 확대를 비롯하여 몰리브덴·니켈·코발트·흑연 등 특수광물, 전력 및 카바이드에 의한 합성화학, 인견·펄프·화학비료·경화유·화약·무수알콜·인견사·스테이블바이버 등의 화학공업, 시멘트·내화벽돌 등 요업과 밀가루 등 식료품공업, 제철공업·조선공업·공작기계공업·자동차공업·항공기공업 등의 종합적인 '육성대책'이 천명되었다.17)

---

16) 鹽田正洪이 금융조합연합회에서 한 강연(1942.4.1) : 鹽田正洪, 「朝鮮工業の動向に就て私見若干」(『朝鮮實業』, 1942.5), 14쪽.
17) 『殖銀調査月報』(1942.7), 26쪽.

2) 생산력 확충계획의 공포

조선의 제1차 생확계획은 유안·보통강강재 등 가공산업이 예상을 넘는 높은 실적을 보인 것을 제외하고 그밖에 기계업과 관련한 실적을 보면 미미했다. 예를 들어 선박은 1938년도 실적은 1,120톤[계획의 20.3%], 1939년도에는 1.1만 톤[22.4%]에 불과하다. 또한 화차는 1938년도 1,189톤[계획의 65.9%], 1939년도 4,152톤[74.8%], 1940년 상반기에는 2,608톤[85.1%]에 불과했으며, 객차는 1938년도 59.7%, 1939년도 9.2% 1940년 상반기 17.5% 등 기대이하의 실적이었다. 아울러 위에서 언급한 일본의 급속한 원자재 동원을 위한 제2차 계획이 추진되자 조선도 이에 부응할 수밖에 없었다.

이러한 내외적인 조선공업에 대한 생산력 증강요구가 도래하자 조선에서 1942년 10월 19일 총독부 기획위원회 간사회는 중요물자의 증산을 위한 「생산력확충추진운동실시요강」(1942.10.20)을 제시하였다. 그것의 기본방침을 보면, "총독부는 각 공장·사업장의 생산 및 공사 진척사항을 심사하고 그 달성·촉진을 독려하며, 문제가 발생하면 재검토하여 대책을 수립하고 산업 보국정신을 고무하는 등 일층 중점주의를 강화할 것"이라 하여 제1차 계획 때보다 한층 강력한 총독부의 생산통제 및 간섭을 명기했다.[18]

그리고 실행요항에서는 생산주체별로 증산책무가 명기되었다. 먼저 당국의 실무자는 해당 공장에 책임자로 파견되며, 작업독려·현상조사·현지지도 등을 하며, 기업자는 증산열의의 고취, 창의력 제고, 직장청소 규율확립에 힘쓰며, 노동자는 국체관념의 파악 및 자질연성 등을 강화하도록 했다. 그것은 제2차 생확계획에서는 생산과정 및 생산주체까지 총독부가 통제하겠다는 의도였다.

---

18) 總督府 企劃委員會 幹事會, 「生産力擴充推進運動 實施要綱」(『日帝侵略下韓國三十六年史』13), 253~257쪽.

또 하나 특기할 점은 일본본토의 생확계획이 1942년 10월부터 5개년으로 단기계획으로 입안된 반면, 조선은 태평양전쟁이 종료되는 때까지 10년이든 20년이든 계속하기로 한 것이었다.19) 특히 실시요령에서 "주무부서는 해당공장에 대하여 생산 또는 공사의 진척을 감시하고 독려할 것"(실시요령 제2·3항)이라 하고 또한 계획품목에 대해서도 주무관서가 책정되어 철저한 감시감독을 가하도록 함으로써 제1차 계획보다 강력한 국가통제를 명시했다.20) 아울러 종합 실행기관으로 당시 일본본토에서는 '임시생산증강위원회'(1942.7)가 설립되어 행정기구를 추월한 강력한 정책지도체제가 구축되는 상황임에 반해 조선에서는 총독부가 일원적으로 '기획위원회'를 운용하고 사무는 기획부 기획과가 담당함으로써 그 자체로 조선내 전체 산업설비와 산업주체를 하나의 군사조직으로 편입하고자 하였다. 이에 총독부 기획위원회는 간사회에서 상정한「제2차 생산력확충계획안」을 11월 3일부터 실시하기로 했다.

아울러 산업에 대한 '국가성의 명확화' 위에 기업에 대한 생산자재의 중점 확보, 운송의 원활, 기술자 및 기능인의 충족 및 이동방지, 사업자금의 알선, 식량 및 작업용품의 확보, 공정가격의 개정, 〈중요광물증산령〉의 발동 등 실질적인 증산대책이 추진되도록 했다.

이러한 생확계획을 토대로 조선의 1943년도 물동계획(1942.12)이 제시되었다. 그 골자는 1) 자급적 공업력 신장·증강에 의한 생산력의 획기적 확충, 2) 전시생활안정을 위한 부족자원의 개발진흥 특히 섬유공업과 생활필수물자의 자급확립, 3) 특수광물과 조선(造船)계획의 급속한

---

19)「朝鮮經濟界の動き」(『朝鮮工業組合』, 1943.1), 93쪽.
20) 생산력확충계획품목에 대한 주무관청을 보면 철강부문(12개 업종)은 식산국 鑛政課에서, 석탄(유연탄 1개 업종) 식산국 연료과에서, 경금속 부문(3개 업종)은 식산국 상공제1과에서, 비철금속 부문(10업종)은 식산국 産金課에서, 석유 및 대용품 부문(3업종)은 식산국 연료과에서, 소다부문(5업종)은 식산국 상공제1과(공업염은 전매국 염업과)에서, 철도차량 부문(4업종)은 철도국 收品課에서, 전력부문(4업종)은 식산국 전기제1과에서 등 총 8개 부문 43업종에 걸친 것이었다.(총독부 기획위원회 간사회,「生産力擴充推進運動 實施要綱」(앞의 책13), 253~257쪽)

달성으로 생산력 확충을 위한 인적·물적 자원의 총동원을 강조했다. 이에 계획 추진에 있어서 "기존 산업설비와 우수한 입지조건을 최고도로 발휘하라는 중앙의 요청에 대응할 것"21)이라 하고 특히 "재고물자의 고도이용과 유휴자재의 적극이용"을 표방함으로서 종래의 시설확충을 통한 물동력 강화방책에서 기업정비 및 소비절약을 통해 기존의 설비 및 자재 범위 내에서 최고의 생산성을 요구하는 정책으로 전환하고 있었다.

3. 1944년도 조선의 생산력확충계획

솔로몬군도에서 일본군이 패퇴한 이후 본토경제가 위기에 처하자 총독부의 공업화 논리도 종래 '설비확장에 의한 생산력 확충'에서 '기존 설비내에서 생산증강' 논리로 변화했다. 특히 마리아나 군도에서 일본군이 패퇴한 이후 '설비내 증산'도 어려워지는 상황에서 이제는 배급통제·기업정비와 더불어 〈군수회사법〉·'생산책임제'를 실시하면서 철강·경금속·석탄·항공기·조선 등 5대 '초중점산업'을 집중 육성한다는 총력증산정책을 추진하게 되었다.

이러한 의미에서 일제는 조선의 생산력 부담을 극대화하고자 1944년도 수정된 물동계획을 수립하였다. 즉 [표 2-41]은 총독부가 제86회 제국의회에 제출한 자료 즉 물동물자의 수급계획안(1944.12.24)을 바탕으로 1944년도 기대물동물자 66종에 대해서 자급률 100%를 기준으로 하여 그 이상은 유출예상물자[35종] 그리고 그 이하는 부족예상물자[25종] 및 예상불가물자[6종]로 구분하고 각각의 생산·수요·재고율·잉여율[부족률]을 정리한 것이다. 여기서 조선 생산항목은 1944년도 조선의 생확계획

---

21) 『殖銀調査月報』(1943.2), 26쪽.

[표 2-41] 1944년도 조선물자동원계획

1) 자급률 이상 물자

물자명	단위	조선생산	조선수요	재고율	유출력(%)
보통강주강	톤	15,000	12,000	300	25
보통선	〃	822,000	46,000	776,000	1,686
철광석	천톤	4,100	3,584	516	14
연	톤	6,000	1,800	4,200	233
아연	〃	11,000	2,100	8,900	423
알루미늄	〃	32,300	3,700	28,600	772
방적용면화	千擔	489	276	213	77
제면용면화	〃	68	35	33	94
양모	俵	781	245	536	218
탄닌재료	톤	1,800	600	1,200	200
차량·선박	천톤	468	239	229	95
일반용재	〃	5,454	4,871	583	11
농초산 98%	톤	12,000	4,500	7,500	166
가성소다	천톤	19	15	4	24
희초산 90%	톤	20,000	11,230	8,770	78
시멘트	천톤	1,200	952	248	26
순벤졸	톤	810	300	510	170
트루올	〃	150	50	100	200
카바이드	〃	110,000	55,305	54,295	98
아세톤	〃	770	26	744	2,861
메탄올	〃	11,470	682	10,788	1,581
유안	천톤	468	385	83	21
석회질소	톤	24,500	14,400	10,100	70
망간	〃	31,000	20,000	11,000	55
니켈	〃	20,000	20,000	0	0
코발트	〃	20,000	20,000	0	0
운모	〃	160	84	76	90
비취	〃	24,000	6,700	17,300	258
인상흑연	〃	30,550	2,000	28,500	1,427
아마	〃	2,200	410	1,790	436
대마	〃	8,000	1,650	6,350	384
우피	〃	4,800	435	4,365	903
돈피	〃	1,000	200	800	400
나맥	천석	2,637	2,350	283	22

2) 자급률 이하물자

물자명	단위	조선생산	조선수요	부족량	부족률
석 탄	천톤	20,000	11,230	8,770	78
공 업 염	톤	25,000	60,000	35,000	59
식 용 염	〃	320,000	458,024	138,024	31
소 다 회	〃	7,200	12,300	5,100	42
유 산	〃	782,680	786,300	3,720	1
알 코 올	〃	2,000	4,100	2,100	52
인광석,인회석	〃	45,000	78,000	33,000	4
쌀	천석	16,606	17,261	655	4
보 리	〃	4,599	6,819	2,220	33
밀	〃	1,909	1,990	81	5
옥 수 수	천톤	165	173	8	5
콩	톤	389,000	434,601	45,601	11
普通鋼鋼材	톤	119,000	220,000	2,000	9
普通鋼鍛鋼	〃	4,000	5,000	1,000	20
내화벽돌	〃	120,000	150,000	30,000	20
電氣銅	〃	1,200	2,000	800	40
수 정 석	〃	3,700	5,000	1,300	26
피취코크스	〃	2,000	5,500	3,500	64
인 견 사	천봉도	7,200	9,000	1,200	20
스 프	〃	8,880	10,380	1,500	15
양 지	〃	21,700	33,372	11,672	35
항공기용재	톤	70	200	130	65
침 목	〃	1,143	1,600	457	29
갱 목	〃	2,124	2,400	276	12
전 주	〃	224	234	10	5

비고: ① 위 품목은 '제86회 제국의회 보고자료'에서 제시된 조선산 물동물자 중 자급률이 100% 이상인 것과 그 이하인 것을 구분함. ② 1944년도 물동계획은 설정되지 않았기 때문에 조선수요는 1943년의 것으로 대신함. ③ 자급률은 양적인 것만 고려한 것으로 질적인 면이나 규격적인 면에 따라 차이가 있을 수 있음. ④ 물동물자중에서 철광석 및 면화를 제외한 중요 광물과 농작물은 제외함. ⑤ 대외공급력을 가진 물자는 자급률(생산/수요) 100% 이상의 부분을 말함. ⑥ 재고율은 조선내 생산-조선내 수급을 말함.
출전: 近藤釼一 編, 「제86회 帝國議會說明資料」(『太平洋戰下ノ朝鮮』5), 7~10쪽.

에 입각해 만들어진 증산예상을 종합한 것으로 매우 과장된 예상치이다.
 먼저 1944년도 총 66개 물동물자 가운데 보통강강재·보통선·철광석·아연·알루미늄·방적용·제면용 면화·양모·탄넌재료·차량·선박 등은 증산이 완수되었을 때 대외유출력이 100%를 넘는 물자로 나타난다. 즉 유출력이 높은 물자는 대체로 생활계획 품목이다.

반면 망간・코발트 등의 광산물과 보통강주강・철광석・일반용재, 그리고 가성소다・석회질소・회초산・유안・시멘트 같은 화학제품이나, 방적용면화・망간 등은 유출력이 100% 미만으로서 조선내에서 수급균형을 보이는 물자이다. 대체로 화학제품이나 방적사 계열에 속하는 것이 많다.22)

한편 주요 물동물자 총 66품목 가운데 증산계획을 완수하더라도 조선내 수요에도 미치지 못하는 물자가 25품목에 달할 것으로 조사되고 있다. 그 중에서도 수요의 40%밖에 공급하지 못하는 물자로는 비치-코크스・소다회・공업염・석탄・항공기용재・전기동・항공기용재 등 주요 원자재와 쌀・보리 등 식량 또한 전부 조선내 수요를 감당하지 못한 실정이라는 점이 주목할 만하다. 이처럼 총독부 당국자들이 쌀・보리마저도 조선 내부의 수요를 대지 못한다고 예상한 것은 식민지 조선의 농업생산력이 한계에 달한 것을 반영하는 것이기도 하다.

그런데 부족물자는 일본본토에서 공급받아야 할 처지였다. 그러나 당시 조선의 공산품 수이입액은 1940년 9억 8,539.8만 원에서 1941년에는 4억 3,187.7만 원으로 1944년에는 2억 9,9506만 원으로 하락하였다.23) 즉 1944년의 수입력은 1940년에 비해 무려 70% 하락한 셈이다. 따라서 부족물자의 공급을 위해서 총독부는 기존 중소기업을 정비하거나 배급통제를 강화하여 국민들의 철저한 내핍에서 부족물자를 보충할 수밖에 없다는 결론을 도출했다.

---

22) 그렇지만 이것은 어디까지나 계획에 불과하고 실제생산고는 턱없이 부족했다. 다음 장 업종별 생활계획의 실적항목에서 자세히 언급할 예정임.
23) 朝鮮銀行調査部, 『朝鮮經濟年報』(1948), Ⅲ~49쪽.

4. 생산력확충계획의 실상

1) 경금속 공업

[증산정책 추이]　일본본토의 제1차 생확계획(1939~1941)에서 알루미늄은 4년간 생산능력[시설능력]을 총 14만 5,700톤을 확충하고, 그 가운데 조선은 조선질소[1.2만 톤]·서선화학공업[1.2만 톤]·조선이연금속[3천 톤] 등 총 2.7만 톤[18.5%] 확대하기로 했다. 그리고 마그네슘은 대일본염업 신의주공장[2천]·일본마그네슘금속[1,280]·조선이연금속[1천] 등 총시설확충계획 1만 2,180톤 가운데서 4,280톤[35.1%]으로 확대하기로 했다.24) 그렇지만 아직 조선산 경금속은 조선산 경금속이 고급재보다는 '대용품' 정도로 취급되었다. 그것은 당시 고급 알루미늄은 주로 동남아의 보크사이트를, 고급 마그네슘은 화북의 고즙을 이용하여 생산하고 있었다.

그러나 1940년에 들면서 동남아 자원을 의존할 수 없게 되자 1941년도 생확계획부터 원자재 자급이 강조되었다. 특히 태평양전쟁 이후 일본본토가 항공기·조선력의 확충을 강화하기 시작하고 경금속 생산시설의 확충계획을 강화하였는데, 그 실적은 여의치 않았다. 이에 설비·자재 배급선을 통제하면서 1942년은 보크사이트 사용설비에 우선 배급을 하다가 1943년도에는 엔블록 내 자급원료를 사용하는 설비에 대해서 중점배급하도록 했다.25)

이에 조선에서도 자급원료 우선 방침에 입각하여 조선산 경금속 제품의 생산을 강화하였는데, 그 결과 조선산 경금속은 '대용재'적 성격을

---

24) 山崎志郎,「戰時工業動員體制」(原朗 編,『日本の戰時經濟』, 東京大學出版會, 1995. 2), 59~60쪽 [표 11-3]에서 계산함.
25) 山崎志郎,「戰時工業動員體制」(原朗 編,『日本の戰時經濟』, 東京大學出版會, 1995. 2), 81쪽.

탈피하고 '중요재'로 인정되기 시작했다. 특히 대동아건설심의회는 「중요산업건설요강」(1942.7)을 통해서 조선산 경금속의 급속한 증산을 촉구했다.26)

문제는 고즙이나 알루미나・소다회 등 원자재 수급을 원활히 하는 것에 있었다. 특히 1944년부터 시멘트・철강 등의 물자결핍으로 설비확충에 애로가 생기면서 증산방식도 바뀌었다. 즉 설비확충에 의한 생산력 확충에서 '설비내적 증산'체제로 전환한 것이었다. 그 일환으로 일본본토에서는 1944년 1~2분기를 '경금속증산강조기간'으로 설정하고 경금속회사에 대해서 〈군수회사법〉을 적용하였는데, 조선에서도 1944년 12월과 1945년 2월에 걸쳐 약 9개소의 군수회사를 지정하고 '생산책임제'를 실시하는 가하면 '경금속결전증산기간'을 정해 알루미나・알루미늄・마그네슘・불화물 및 전극의 증산을 꾀하였다. 이에 총독부는 1945년경까지 엔블록내 총생산에서 조선산 알루미늄이 45%, 마그네슘이 55%를 차지한다고 할 것으로 공언하기도 했다.27)

그렇지만 조선의 경금속 생산업체를 군수회사로 지정하고 '경금속증산강조기간'을 설정하여 생산진작에 광분했다고 해도 실제생산은 오히려 하락했다. 1944년도 마그네슘 생산에 필요한 고형고즙의 수요는 약 7만 톤인데 반해 조선내 생산능력은 관영 고즙공장 5,700톤, 민영제염공장에서 약 1천 톤이었다. 그나마 실제 생산량은 5천 톤 정도였다.28) 따라서 고즙은 화북 및 관동주에 주로 의존할 수밖에 없었다. 또한 조선산 고즙의 증산을 위하여 전체 관영염전 및 대일본염의 청천염전에 고즙공장을 설립하기로 했지만 자재문제로 실현이 어려웠다. 그나마 일부지역에 처리공장을 세우고 생고즙을 생산하기로 계획했지만 자재난으로 어려웠다. 이에 총독부는 〈물자통제령〉을 근간으로 하여 〈경금속설배급통제규

---

26) 『朝鮮産業年報』(1943), 20쪽.
27) 近藤釖一 편, 『太平洋戰下ノ朝鮮』5, 27쪽.
28) 「總督統治終末期の實態」3, 상동, 323쪽.

칙)(1943.9)을 공포하여・알루미늄합금・마그네슘합금의 설(屑:잔재)이나 고(故:폐자재) 및 재생품을 통제기관이 매입하고 그것을 할당증명을 통하여 소비자에 분배하는 방식으로 사용규제를 단행하였다. 그것은 알루미늄이나 마그네슘의 신지금(新地金)의 생산이 축소되고, 그나마 75~78% 이상의 알루미늄 신지금이 항공기 생산으로 집중되는 상황에서 신지금의 분말경금속의 사용이 강제되었기 때문이었다.

또한 〈고즙통제규칙〉(1944.4.1 부령 153호)을 공포하여 고즙을 제조하는 지정업자는 총독이 지정하는 자 이외에는 양도할 수 없도록 하고 [제1・2조], 제조수량이나 시설・조직에 관한 직접 명령권과 관계관의 임검을 명문화했다[제3・4・6조]. 나아가 수입수량이나 가격・매입처・수이입날짜를 지체없이 총독에 보고하도록 했다[제5조]. 또한 〈경금속사용판매제한규칙〉(1945.3.10)을 공포하여 항공기 및 부속품을 제외하고는 모두 중요물자영단에서 판매하도록 했다.29) 이로서 이후 일반업계나 민간은 사실상 경금속제품을 구입할 수 없었다. 이에 물자별 생산계획과 실적을 보면 다음과 같다.

[알루미늄] 알루미늄 생산에는 알루미나 전해과정에 의해 당연히 대량의 전력소비가 예상되었고 이에 제2차 생확계획에서는 압록강 수전을 기반으로 한 알루미늄 증산이 기획되어 1944년까지 3만 2,300톤의 증산계획을 추진하여 이 가운데 조선수요 3,700톤을 제외하고 나머지 2만 8,600톤을 일본본토로 이출하기로 했다.30) 즉 조선산 경금속을 본격적으로 일본으로 이출하려는 계획이었다. 이러한 계획에 입각하여 1943년부터 소화전공이 원산에서 주우알루미가 진남포 및 원산에 공장이 세워졌고, 생산설비만도 기존의 동양금속・동양경금속・조선이연금속・일질

---

29) 『每日新報』(1945.3.11).
30) 김인호, 『태평양전쟁기 조선공업연구』(1998), 210쪽 [표 4-13]: 동, 214쪽 [표 4-17]참조.

등 4회사를 합친 것보다 많았다.31) 이 회사의 생산방식은 동남아 점령지에서 본토로 보크사이트를 운반하여 알루미나를 생산하면, 조선에서는 전력과 결합하여 완제품을 생산하는 것이었다.32) 나중에 이 회사는 화북산 반토항암을 수입하여 생산하고 있었다.

그러나 다른 한편으로 동남아로부터 보오크사이트 수입이 여의치 않자 총독부는 화북산 반토항암으로 대체하고자 했다. 이에 일본과 조선의 화북산 반토항암의 수입상황을 보면 [표 2-42]와 같다.

우선 제2차 생확계획 기간중 화북산 반토항암 수입상황을 보면 조선은 1941년 1만 9,500톤에서 1944년에는 3만 2,462톤으로 증가했는데, 특히 1944년도의 수입증가폭이 크다. 그것은 일본본토도 마찬가지였는데, 1941년 2만 5,465톤에서 1944년에는 약 11만 4,949톤으로 급증했다. 특히 1944년도의 수입증가가 현저하다. 그것은 제1차 생확기간 동안 동남아산 보크사이트를 이용한 고급알루미늄 생산이 지속되었고, 다만 조선만은 수입대체품 공업의 확대정책에 힘입어 반토항암·명반석을 이용한 저질 알루미늄 생산이 지속되는 형국이었으나, 이

[표 2-42] 화북산 반토항암 수입상황
(1939~1945) 〔단위: 톤〕

연도	조선	일본본토	합계
1939	3,950	32,040	35,990
1940	14,710	37,000	51,710
1941	19,500	25,465	44,965
1942	23,474	23,884	47,358
1943	24,688	25,811	50,449
1944	32,462	114,949	147,411
1945 4	-	8,934	8,934
5	1,188	25,768	26,956
6	-	1,724	1,724
4~8	1,188	36,426	37,614
	121,160	323,960	453,111

출전: C.B. Cohen(大內兵衛 역), 『戰時戰後の日本經濟』上(1950), 223쪽.

제는 일본이나 조선 모두 보크사이트 이용법 이외의 방식으로 생산이 불가피한 현실을 반영한 것이다. 즉 보크사이트 자원의 운송이 사실상 두절된 상황에서 항공기와 같은 중점물자의 급속한 증대를 위해서는 고육

---

31) 『殖銀調査月報』(1943.8), 38쪽.
32) 朝鮮總督府 情報課, 「朝鮮の重工業」(『朝鮮事情資料』11, 1944), 3~4쪽.

지책으로 반토항암을 이용한 알루미늄 생산을 감행해야 했다는 절박한 전쟁상황을 대변하고 있다.

그렇지만 조선의 경우 화북산 반토항암의 수입마저도 운송력 감소과 연료부족으로 성과를 거둘 수 없었다.33) [표 2-42]에서처럼 1944년 이후 화북산 반토항암은 일본으로 집중이동하고 있다. 그나마 수입해도 규소 분리과정이나 소다회를 과도사용하는 등의 문제로 생산실적이 여의치 않았는데 일본본토는 1939년 이후 1945년까지 약 32만여 톤의 화북산 반토항암을 수입했지만, 1944년의 경우 보크사이트 이외의 재료를 통한 알루미늄 생산액은 3.5만 톤으로 알루미나 총생산액의 15%에 불과한 실정이었다. 그나마 1945년에는 화북산 반암마저 수입이 곤란해지고 있었다.34) 이에 월별생산액이 1944년 1월에는 1만 1,657톤에 달하던 것이 12월에는 그 절반이 5,090톤을 격감하고, 1945년 6월에는 1,183톤으로 10%선까지 추락하고 있다.35)

조선의 경우도 마찬가지였다 1943년의 경우는 계획의 86%인 1만 2,500톤 생산에 머물렀고 1944년도에는 상황이 악화되어 알루미늄 신지금의 월별생산액을 보면 1월에는 1,884톤이던 것이 9월에는 898톤으로 하락했다. 생산격감의 주요인이 화북산 반암의 수입경색 때문으로 판단되면서 총독부는 알루미늄 원료를 조선산 반암과 반토항암・명반석으로 전면적으로 전환한다는 선언을 하기도 했다(1944.8.12).36) 아울러 광산・유지공업에서 나온 유휴설비를 알루미늄 공업으로 전용하며, 본토에서 이주한 유산(硫酸)설비는 진남포 일본질소제철소・인천화학에 유치하여 알루미늄 생산에 전용하도록 하였다. 그것은 기존의 대용 알루미늄 생산체계가 대량의 소다가 필요한 것이었고, 이에 생산기술을 소다가 필요없는 전기로법이나 유산법으로 전환을 강조했는데, 1944년 10월 당시

---

33) 近藤釖一 편, 『太平洋戰下ノ朝鮮』5(1964.11), 30쪽.
34) J.B. Cohen(大內兵衞 역), 『戰時戰後の日本經濟』上(1950), 224・225쪽.
35) J.B Cohen(大內兵衞 역), 『戰時戰後の日本經濟』上(1950), 228쪽.
36) 『殖銀調査月報』(1944.9), 65쪽.

조선내 소다회 수요는 1만 2,300톤이었으나 생산은 7,200톤밖에 되지 않아 부족률이 5,100톤(42%)에 달했다.37) 그럼에도 불구하고 월별생산액은 계속 추락하여 1944년 12월에는 940톤, 1945년 2월에는 387톤 6월에는 355톤으로 떨어지고 있다.38)

[마그네슘] 태평양전쟁 직후까지 조선에서는 조선마그네개발 한 회사가 공동출자로 운영되고 있었다. 이에 전쟁 후반기에 가면서 본토의 생산력이 엔블록의 45% 이하로 추락하면서 조선산 마그네슘의 수요가 확대되었고, 이에 1944년까지 5개회사를 신설하여 1944년까지 엔블록 전체에 걸쳐 1.1만 톤까지 확대하고 그 가운데 조선은 엔블록 전체 생산계획의 55%에 달하는 3,900톤까지 증산하기로 했다.39) 이에 일본경금속·일본마그네·욱전(旭電)화학 등 3개사가 공동출자한 조일(朝日)경금속(1943.11)을 위시하여, 이연금속·삼릉마그네·동양금속·삼정유지화학(광석법) 등 5개 회사가 신설되었다.

그런데 전쟁 후반기에 들면서 일본본토의 생산액이 급감했다. 특히 1944년도 엔블록 생산액은 4,125톤으로 1941년에 비해 갑절이 되었지만 5월부터 생산이 급감하기 시작하였다.40) 그것은 물론 동남아로부터 마그네샤 수입이 어려워진 것과 같은 원료의 부족 때문이었다. 이에 바닷물의 염화마그네슘을 이용하는 방식이 궁리되었지만 실용화되지 못하였다.

원료난에 처해서 총독부는 타개책으로 드로마이드는 관동주 및 산동성에서 수입하고, 고즙은 조선 및 관동주에서 동원하기로 했고,41) 이연

---

37) 김인호,「1944년 10월 현재 중요공산품 부족량 추이」(『태평양전쟁기 조선공업연구』, 1998), 216쪽.
38) J.B. Cohen(大內兵衛 역), 『戰時戰後の日本經濟』上(1950), 228쪽.
39) 近藤釰一, 『太平洋戰爭下の朝鮮』5(1964.11), 3~5쪽.
40) J.B. Cohen(大內兵衛 역), 『戰時戰後の日本經濟』上(1950), 233쪽.
41) 『殖銀調査月報』(1942.8), 25~26쪽.

금속마그네슘공장·삼릉마그네·동양금속 신의주공장 등은 관동주산 고즙을 원료로 한 고즙 광석겸용법을, 그리고 조일경금속(평남 기양) 및 삼정유지화학(강원도)은 1944년부터 마그네샤의 염소가스 처리를 통한 광석법을 채용하는 등 특수연법을 동원하기로 했다. 그 결과 본토와는 달리 조선에서의 증산은 비교적 빠르게 이뤄져 1945년 1/4분기에는 엔블록 생산의 50%를 조선에서 생산하게 되었다.42)

2) 철 강

[철광석] 종래 일본에서 사용하는 철광석은 종래 주로 말레이시아·필리핀 산 혹은 중국산이었다. 그리고 조선산 철광석은 동남아산이나 중국산에 비해 철분함유율이 54%로서 매우 낮았기에 중요 원자재라기보다는 대체품 생산용으로 이용될 뿐이었다.43) 그런데 1942년 말부터 항공기·선박 등의 증산이 강행되자 철강의 수요는 폭발하였지만 연합군의 해상봉쇄로 동남아산 철광석의 수입이 두절되면서 1943년에는 중국산과 조선산에 집중적으로 의존하게 되었고, 1944년에는 중국산 철광석의 운송도 두절되자 선택의 여지도 없이 조선산으로 대체하였다.

이에 일본본토에서는 군수성 산하에 '조선철증산추진협의회'(1944)를 발족하고, 동남아 철광석을 대체하여 총 180만 톤의 조선산 철광석을 동원하기로 했으며 만주국도 조선산 철광석 57만 톤을 요구하였다.44) 그런데 1944년도 조선산 철광석 생산계획량은 410만 톤으로 조선내 수요 358만 4천 톤을 제외하면 불과 51.6만 톤만을 유출할 수 있었기 때문에 현실적으로 일본이나 만주국의 요구에 부응할 수 없었다.45) 따라서 총독

---

42) J.B. Cohen(大內兵衛 역), 『戰時戰後の日本經濟』上(1950), 233쪽.
43) 김인호, 「조선에서의 제1차 생산력확충정책에 관한 연구」 참고. 당시 말레이시아산 철광석의 철분함유율은 63%, 중국산 60%, 필리핀산 60%, 일본산은 45% 정도였다.(J.B. Cohen(大內兵衛 역), 『戰時戰後の日本經濟』上(1950), 173쪽)
44) 朝鮮史料研究會, 「總督統治終末期の實態」3(『朝鮮近代史料研究集成』3), 305쪽.

부는 1944년도의 철광석 증산목표로 지난해에 비하여 무산 207%[173%, 괄호 안은 생산책임 수량], 이원 152%[140%], 단천 2,500%[2천%], 양양 235%[211%], 삼화 382%[261%], 개천 190%[178%], 하성 308%[280%], 재령 260%[260%], 은용 129%[129%], 겸이포 233%[233%], 은율 85%[85%]를 지정하였는데, 이에 1943년 생산액 236.4만 톤에 대해 232%[202%]가 증가한 550만 톤[478만 톤]으로 책정하였다.46) 이에 계획을 달성했을 경우 "북방권 수요의 60%를 조선이 보급할 수 있는 것"처럼 선전하기도 했다.47) 그러나 제2차 생산력확충계획에서 조선산 철광석 생산계획은 일본본토를 능가하는 것이었지만 1944년 상반기 실적은 예정의 87%에 불과했고 1944년 하반기에는 처음 책임량의 달성이 어려워서 약 36만 톤을 감한 수정계획을 실행했지만 목표의 81.5%를 달성하는 데 그쳤다.48)

생산의 부진에도 불구하고 이출은 확대되어 일본본토의 수입량에서 조선산 철광석이 차지하는 비중이 1943~1944년간에 급증하였다. 즉 1943년의 일본본토의 이입량은 23.5만 톤이지만 1944년에는 61만 톤으로 확대되고 그 수입상 차지하는 비율도 1943년 7%에서 1944년 37%로 증가했다.49) 1944년도 조선내 철광석 총생산고중에서 조선내 수요를 제한 유휴재고량 51.6만 톤에 비하면, 이출량이 약 10만 톤이 오버된 것으로, 일본본토의 철강공업을 위해 조선의 그것을 희생시키려는 일본본토의 식민지 철강정책을 여실히 보여주고 있다.

[철강] 종전까지 조선의 철강생산은 일본본토에서 선철을 수입하여 조선에서 철강을 생산하는 구조였다. 그런데 1940년대 이후 미국이 선철을

---

45) 「중요공산품의 대외유출량 추정」(앞의 책), 214쪽 참조.
46) 『總督統治終末期の實態』3, 상동, 306쪽.
47) 『朝鮮年鑑』(1945), 76쪽.
48) 「제86회 帝國議會說明資料」(『太平洋戰下ノ朝鮮』5), 17~18쪽.
49) J.B. Cohen(大內兵衛 역), 앞의 책(1950), 173쪽.

금수하면서 철강수급 안정대책을 꾀했다. 그렇지만 생확계획에 따른 시설 확충계획도 목표에 달하지 못하자 1941년도 이후 일본본토의 생확계획은 기존설비의 유효한 활용에 중점을 두게 되고 미완 설비공사는 중지하도록 했다. 또한 일제는 1944년도 엔블록내 연별 실시계획을 보통강강재 455만 톤, 보통선 575만 톤으로 하고 그 가운데 조선에 각각 12만 톤, 82.2만 톤을 책정했다(1944.12.5 총독부 기획과).50) 그리고 이 가운데 보통선 4.6만 톤을 선내에서 소비하고 나머지 77.6만 톤은 유출하기로 했지만 보통강강재는 조선내 수요 22만 톤51)에 비해 턱없이 적은 수량이다. 그것은 일본의 엔블록 제철공업정책이 만주국의 석탄과 조선의 철광석을 결합하여 현지에서 선철을 생산하고 일본본토에서 철강을 제조하는 방식이었다는 점에서 비롯된 것이었다. 즉 [표 2-43]을 보면, 1944년 당시 지역별 선강비율을 보면 뚜렷하게 나타나는데 먼저 선강비[D]는 일본은 219%인데 반면 만주는 52%, 조선은 불과 30%이다. 그리고 선강비[E]는 일본본토가 156%인 반면, 만주는 58%, 조선은 15%에 불과하다.

[표 2-43] 북방엔블록의 철강 생산구조

구분	선철[A] 만 톤	강괴[B] 만 톤	선강비[D] [B/A](%)	강재[C] 만 톤	선강비[E] [C/A](%)
일본본토	620	1,360	219	970	156
만 주	250	130	52	75	58
조 선	100	30	30	15	15
중 국	80	-	-	-	-
총	1,050	1,520	148	1,060	101

비고: 위 통계는 생산실적이 아니라 생산능력을 비교한 것임에 주의할 것.
출전: J.B. Cohen(大內兵衛 역), 『戰時戰後の日本經濟』上(1950), 186쪽.

50) 김인호, 「엔블록내 조선의 생산력 비중」(앞의 책), 210쪽. 小林英夫[전개서, 386쪽]에 의하면 제2차 생산력확충계획 당시 일본 본토의 보통강강재 생산계획은 1942년도 498만 톤 1946년도 740만 톤으로 당기간 약 149% 증산을. 그리고 보통선은 500만 톤에서 718만 톤의 증산을 계획했다고 한다. 그러나 1944년도 엔블록 전체의 실적 강재 455만 톤, 선 575만 톤은 본래계획을 크게 밑돌았고, 즉 일본본토의 제2차 생산력확충계획은 사실상 실패했음을 알 수 있다.
51) 김인호, 「중요공산품의 대외유출량 추정」(앞의 책), 214쪽 참조.

그것은 일제의 엔블록 제철공업정책이 일본본토=철강, 식민지=선철을 지향한 결과로서 전쟁초기에는 식민지 물자수탈을 기반으로 적절한 생산력 확충을 가능하게 했지만 수송력 격감과 같은 엔블록 경제의 균형 요소가 붕괴되는 시점에서는 일본본토의 생산격감을 초래했을 뿐만 아니라 장기적으로 조선철강업의 기형적인 생산구조를 확대한 결과 철강업의 '내실'있는 발전에 장애를 더할 뿐이었다.

그렇지만 일부나마 조선에도 '선강일관체제'를 갖춘 공장과 대규모 특수강 제철공장이 확충되었다. 예를 들어 1943년 선강일관을 하는 일본제철 겸이포공장[전 미쓰비시제철소]이 완성되고, 무산에 매장된 10억톤 이상의 철광석을 겨냥하여 일본제철 청진공장이 조업하였다. 또한 루프[KRUPP]식 제련법에 의해 루프를 생산하는 삼릉 청진공장 그리고 풍부한 전력을 이용하여 전기제철을 하는 성진의 일본고주파제철공장·일본질소 흥남공장·종연 조선제철 인천공장[전 이연금속]·삼릉제강 등이 증산에 임했다. 더불어 새로이 평양·진남포 등지에 조선제철 및 미스비시제강에 의해 전기제강공장이 세워졌고, 일본제철 제1·2공장·일본강관·일본무연탄제철·시천제철·이원제철 등이 신설되었다. 특히 본토 공습이 강화되면서 1944년 말에는 최대 철강업체인 일본제철 오사카공장이 청진으로 이주하는 계획이 추진되고 1945년 봄까지 해체작업을 완료하기도 했다.52) 이에 1944년도 생산계획은 전년대비로 선철은 50%, 특수강은 300%, 합금철 300%를 증산하는 것이었다.53)

그러나 이러한 증산정책에도 불구하고, 철강이나 철광석은 운송력감소·원자재난 등에 의해 목표달성이 어려웠다. 이에 총독부는 1943년부터 황해도 은율·하성·재령·철산의 운송난은 황해선을 광궤화하는 것으로, 겸이포제철소의 물자부족은 청룡강·삼강 등지에 부적장을 건설

---

52) 이 가운데 일부가 조선 청진으로 이주되었고, 일부는 운송도중에 선박이 침몰하여 소진했으며, 일부는 전쟁이 끝난 다음에도 해체된 채 대판공장내에 집적해 있었다.[J.B. Cohen, 앞의 책, 188쪽]
53) 『朝鮮年鑑』(1945), 76쪽.

하여 해결하고자 했다. 또한 진남포·부산·해주의 철강 및 철광석 수송을 위하여 대련에서 설비를 이주하는 등54) 운송력 증강을 꾀했으나 이러한 건설공사마저도 물자부족으로 효과를 거두지 못했다. 한편 원료인 만주산 밀산탄은 회분도가 높고 코크스 품위가 떨어지는 등 소재적 측면에서 생산에 많은 지장을 주었다.

이에 기왕의 설비확장을 통한 생산방식은 재고되어야 했다. 즉 1944년에 들면 종전까지는 '설비확장을 통한 생산력확충'이 주축이었지만 기존의 설비를 확충할 자금 및 자재가 부족한 상황에서 먼저 기업정비로 유휴설비를 발생시키고 그것을 이용하거나,55) 아울러 설비의 신설을 불허하고 '군수생산책임제'에 입각하여 주어진 설비 내에서 단기간에 최대로 증산하도록 했다. '철강군수생산책임제'(1944.4)의 핵심은 각 공장이 보통강[압연용 강괴·후판, 기타 강재]을 중심으로 매년 6월에 기준 생산량을 정해 증산을 강제하고, 업자의 손실은 국가가 보상하는 것이었다.56)

보상금은 기준생산량을 넘는 초과량에 대해서 누신석으로 산출하여 지급하는 것이었는데57) 물동계획의 수정으로 원자재 배당이 변경된 경우나 공장의 책임이 아니면서 기준생산량이 부적당하다고 여겨지는 기준생산량을 수정하였다. 또한 1944년 6월에는 「철강하기생산확보대책요강 및 실시요령」을 발표하고 추후 2개월(1944.7.1~8.31) 동안 조선총독부·국민총력조선연맹·국민총력조선광산연맹·철강통제회 조선지부·조선소형용광로제철협회 등이 주최하고 조선군사령부 및 진해경비부 협찬하여 '철강하기생산확보대책위원회'를 조직하여 총독부에는 중앙위원

---

54) 『殖銀調査月報』(1943.8), 43쪽.
55) 岸信介 商相 衆議員法案委答辯(1943.2.8), 『經濟情報』8(1943.6), 40쪽.
56) 『殖銀調査月報』(1944.6), 44쪽.
57) 보상금이 지급되지 않는 경우: 1) 증산시 연료나 노동력을 과대히 사용한 경우, 2) 보장금을 얻기 위해 다른 공장 또는 다음 생산기간의 감산을 고려하지 않은 경우, 3) 다른 품종의 생산을 저해한 경우, 4) 생산품 규격 또는 재질을 매우 저하시킨 경우, 5) 기타 장려금교부에 적당하지 않다고 인정되는 경우.(『殖銀調査月報』(1944.6), 44쪽]

회 각 도에 지방위원회, 공장에는 공장위원회를 두어 철강증산을 강행하였다.

그런데 다른 공업생산과 같이 설비의 확장이 없는 물동계획은 단기적인 증산목표는 달성할 수 있어도 가혹한 노동력 수탈, 원료수급의 불균형을 초래함으로써 장기적으로는 철강업의 재생산을 저해했다. 실제로 1944년도 하반기부터 다시 생산실적이 격감한 것은 그러한 '단발적'·'일회적' 생산증강정책이 가져온 역기능 때문이었다.[58] 즉 [표 2-44]를 보면, 1944년도 보통강 강재생산은 8.8만 톤, 보통선은 68.5만 톤에 불과하다. 그것은 보통강 강재생산 계획[12만 톤]의 73.9% 수정계획[10.1만 톤]의 87%에 불과했고, 보통선은 1943년도[55.6만 톤 실적]에 비해서는 크게 증산되었지만, 계획[82만 톤]의 83.5%, 수정계획의 89%에 불과하다. 그나마 실적을 채운 것은 특수강강재·보통강주강 정도이다. 특별히 일본본토가 1942년[선철], 1943년[강철]을 정점으로 생산감퇴를 보인 것에 비하면 조선은 1944년도까지 선강부문 모두 생산이 증가한다는 면에서 식민지 착취의 지속성을 실감할 수 있다.

그나마 1945년부터는 연합군의 공습에 대비하여 일본의 기업 소개조치에 이어 조선에서도 기업소개[59]가 시작되면서 생산구조가 전면 파괴될 위기에 처했다. 이에 1945년 3월부터 3개월간 '철강증산비상조치기간'으로 정하는 한편, 「결전철강증산비상조치요강」도 공포하여 단기간내 급속한 철강생산을 꾀하기도 했다.

[무연탄제철] 철강공급이 한계에 다다르자 일본본토에서는 1942년 12월 총 100만 톤 규모의 소형용광로 160기 건설계획을 세우고 원료산지

---

58) 近藤釰一 편, 『太平洋戰下ノ朝鮮』5, 23쪽 [표] 참조.
59) 1945년 4월 19일에는 소개지역으로 인천 등 4곳이 지정되었고 4월 20일에는 국민총력조선연맹에서 「중요도시소개협력운동요강」이 공포되었다.[『每日新報』(1945.4.19] 그 가운데 경성부의 소개예산은 8,541.1만 원이었다.[『日帝侵略下韓國三十六年史』13, 846쪽]

[표 2-44] 1944년도 철강생산계획과 실적

생산품목	상반기	실적	하반기	실 적	총계획	총실적	실적비
普通銑	377,800	310,062	392,200	374,980	770,000	685,042	89
普通鋼鋼塊	59,100	57,216	60,900	59,100	120,000	116,316	97
普通鋼鋼材	50,600	44,927	50,400	43,100	101,000	88,027	87
低燐銑	12,400	17,181	12,600	12,600	25,000	19,781	79
製鋼原鐵	35,900	29,979	45,100	36,700	81,000	66,621	82
特殊鋼鋼材	10,000	10,619	15,000	15,000	25,000	25,619	102
合金鐵	5,193	5,442	7,507	5,595	12,700	11,037	87
普通鋼鍛鋼	835	1,415	3,165	1,830	4,000	3,245	81
普通鋼鑄鋼	7,030	7,581	7,970	7,890	15,000	15,471	103

출전: 近藤釖一 編, 『太平洋戰下ノ朝鮮』5, 23쪽.

에 가까운 조선과 중국·내몽고 지역을 중심으로 건설에 들어갔다. 그것은 일본본토의 소화제철소가 소형용광로에서 빈광처리 실험을 성공하는 등 무연탄제철법의 개발로 인해 이러한 생산방식이 최소의 자재로서 최대의 생산을 이룰 수 있다는 환상을 심어주었기 때문이었다. 그러나 나중의 일이지만 효과는 미미했고 생산기술도 "18세기 초기 서구의 기술과 유사하다"[60]는 평을 면하기 어려웠다.

일본본토의 움직임에 따라 조선에서도 소형용광로 제철사업이 추진되었다. 계획이 입안된 즉시 식산국은 와다나베 주강 및 삼지광산에 사업허가를 하고 당시 신청중인 조선제철, 일본제철, 조선강관 등 18업자에 대하여 2만톤급 75기의 건설계획을 인가하였다. 또한 1943년 4월에는 고이소 총독이 소형용광로에 의한 무연탄제철계획을 구체화하여 도지사에 통첩하였다. 그러나 소형용광로제철은 선철의 생산량은 적은 반면, 노동력은 많이 들고, 용광로의 수명도 짧아지는 단점이 있었기에 1943년 12월까지 예정된 생산량을 내지 못하였다.[61]

그런데 철강수입이 완전히 두절된 1944년에 들면 다시 활기를 띠어

---

60) J.B. Cohen(大內兵衛 역), 『戰時戰後の日本經濟』上(1950), 178쪽.
61) 朝鮮總督府 情報課, 「朝鮮の重工業」(『朝鮮事情資料』11, 1944), 2쪽.

1944년 4월까지 설비계획의 70%를 완성했고[62] 1944년 말에는 총 61개 제철소가 완성되어 그 가운데 38개소가 조업하였다. 그 결과 1944년도 상반기 조선의 무연탄 제철에 의한 선철생산량은 총 6.1만 톤으로 책임생산량의 10.5만 톤의 58%에 달했고, 상반기 물동계획 6.4만 톤의 96% 실적을 올렸다. 무연탄은 일본무연탄제철 진남포공장에서 80~90%, 해주공장에서 50~60%, 이원제철에서 60% 사용중이었다.

3) 석 탄

전체 에너지의 3분의 2를 석탄에 의존하고 있던 일본본토는 전시체제로 전환하면서 점령지·식민지 등에서 대대적인 석탄동원을 획책했다. 이에 [표 2-45]를 보면 조선도 제1차 생확(1939~1941)기간 동안 해마다 생산액의 20~40% 수준인 약 100~140만 톤을 일본본토에 이출하고 있었다.[63] 그런데 태평양전쟁 이후 석유와 마찬가지로 대외의존도가 높은 석탄에 대한 자급정책이 더 한층 강조되면서 총독부는 1942년부터 광업 증산정책의 중심을 산금에서 중요광물로 전환하고, 일련의 증산정책을 추진했다.

특히 1943년 1월에는 고이소 총독이 무연탄 제철과 소형용광로의 확충방침을 제시하면서 증산기구로 조선무연탄이용강화위원회(1943.1.19)가 설치되었고, 4월에도 총독이 〈전력증강 8대시책〉을 통해서 석탄증산을 위한 채광장려·선탄설비·운반설비·가격차보조금 등의 대책이 강조되었다.[64] 이에 1943년도 총독부 일반회계 예산에서는 중요광물 증산

---

[62] 『朝鮮年鑑』(1945), 127쪽.
[63] J.B. Cohen(大內兵衛 역), 『戰時戰後の日本經濟』上(1950), 241쪽 [표 23] 참조.
[64] 예를 들어 유연탄은 중요산업용으로 무연탄은 가정용으로 전용하는가 하면 철강제조 종래의 유연탄 대신에 조선에 풍부한 무연탄으로 대체하여 소형용광로 사업을 하는 것[『朝鮮における日本人の活動に關する調査』(胡北社, 1977), 45쪽], 그리고 벽돌 생산용 유연탄과 대체, 연초건조용으로 무연탄을 이용하는 것 등이다.[『經濟治安週報』(1942.9.14), 11면]

[표 2-45] 엔블록내 조선의 석탄생산 및 이출비중

연도	조선	사할린	만주	화북 내몽고	대만	총계	일본수입내 조선비중		
							총수입	조선	비중
1937	2,936	2,536	14,281	-	1,856	-	-	-	-
1938	3,419	3,435	15,988	9,959	2,199	35,000	-	-	-
1939	5,171	4,993	19,496	15,272	2,608	47,540	8,285	1,011	12
1940	6,096	6,465	21,132	17,966	2,827	54,486	10,123	1,467	14
1941	6,803	6,471	24,147	23,968	2,770	64,159	9,585	1,078	11
1942	6,645	4,910	24,169	24,878	2,311	62,913	8,748	910	10
1943	6,574	4,979	25,390	21,735	2,324	61,002	6,029	496	8
1944	7,037	2,678	25,627	20,333	1,653	57,328	3,135	252	8
1945[4~6]	-	-	-	-	-		188	32	17

비고: 다른 자료와 생산수치가 차이나지만 큰 오차는 아니므로 고려에 넣지 않음.
출전: 코헨, 앞의 책, 241~242쪽.

비로서 약 2,800만 원이 계산되었는데 그 가운데 석탄 관련예산이 1,600여만 원으로 57%에 달했다.[65]

그런데 일본의 대엔블록 석탄수입은 엔블록의 생산고가 절대적으로 감소하는 것과 함께 하락하고 있다. 즉 [표 2-45]에서 엔블록 석탄생산량이 5,338.6만 톤일 때 약 1,012.3만 톤으로 엔블록 총생산의 19%를 일본이 수입했는데, 1944년에는 5,732.8만 톤 가운데서 313.5만 톤으로 불과 5.4%였다. 조선은 상대적으로 엔블록 하락정도보다는 낮지만 그래도 하락폭이 크다. 1940년 일본의 대엔블록 수입량에서 14%를 차지하던 조선산 석탄이 1942년에는 10%, 1944년에는 8%로 하락했다. 이것은 태평양전쟁 후반기 엔블록 속에서조차 일본의 석탄수급이 난관에 처했다는 것을 말한다.

차질을 빚은 주된 이유는 첫째 [표 2-45]에서 보듯이 화북·내몽고 그리고 사할린산 석탄생산이 감소했기 때문이었다. 그런데 조선과 만주산 생산고는 이 시점에서 현상유지 혹은 증가했다. 즉 태평양전쟁 후반기는 만주와 조선산 석탄에 대한 수이입 요구가 확대될 가능성을 보여주

---

65) 『殖銀調査月報』(1943.3), 29쪽.

고 있다. 둘째 이유는 앞서도 지적한 것처럼 생활용 물자를 수송할 수송력이 태부족했기 때문이었다. 또한 군수산업의 확대를 위한 조선 만주 등지의 고품위 유연탄의 수요가 증가한 것도 점도 한 원인이었다. 그런데 1945년의 경우 급속히 비중이 증대하는데 그것은 일제가 패망하기 직전 조선 이외에는 수입선이 대체로 붕괴했기 때문이었다.

반면, 총독부의 석탄증산정책에 따라 석탄생산고는 제2차 계획기간 내내 증가했는데 이는 만주를 제외한 여타 엔블록 석탄생산고가 격감한 것과는 차이를 보인다. 그만큼 조선과 만주는 태평양전쟁 후반기 일본의 석탄 공급기지라고 할 수 있다. 그런데 증산의 내용을 보면 무척 파행적이다. 즉 생산증대는 주로 무연탄의 경우이고 유연탄은 실적이 오히려 둔화되고 있었다. 예를 들어 유연탄의 경우 1942년은 계획의 91%를 생산했으나 1943년에는 81%로 하락했고, 1944년에도 85%에 불과하였다. 그나마 1943년의 수정계획의 83.7%에 불과했다. 반면, 무연탄은 1942년도에 예정량의 96%를 달성했으나 1943년에 92%로 떨어졌지만 수정계획에 대해서는 1943년 98.5%, 1944년 101%를 달성하였다.

그렇지만 조선산 무연탄은 연소시간이 길고, 고정탄소가 풍부하여 화학공업에 이용도가 높았을 뿐 아니라 유황함량이 적어 목탄의 대용이나 가정용 연료로 이용될 수 있었지만 휘발성이 적어 유연탄 대용으로 이용하기 어려웠고 착화온도가 높아서 제철·제강에 사용하기 어려웠다. 따라서 생산력 확충용 대신 일반사업용·가정용으로 이용되었기에 외국탄의 수입은 상대적으로 적었다.

그럼에도 총량면에서 당시 석탄생산고가 증가한 것은 분명하다. 그것은 일본본토와는 정반대였다. 즉 1940년 5,730.9만 톤이던 일본의 생산고는 1944년에는 4,933.5만 톤으로 800만 톤 감소했다.66) 따라서 부족분은 조선이나 화북·사할린 등지에서 수입했는데, 문제는 조선산 석

---

66) J.B. Cohen(大內兵衛 역), 앞의 책(1950), 238쪽 [표 22] 참조.

[표 2-46] 제2차 석탄생산력 확충과 실적 　　　　　　　　　　　　　　[단위: 천 톤]

구분 연도	유연탄				무연탄				합계			
	예정계획	수정계획	실적	수입비중	예정계획	수정계획	실적	수입비중	예정계획	수정계획	실적	이출량
1942	3,000	-	2,730	17.4	4,100	-	3,931	-	7,100	-	6,661	910
1943	3,000	2,900	2,430	26.5	4,500	4,200	4,132	0.2	7,700	7,100	6,589	496
1944	3,000	2,600	2,519	55.6	5,100	4,500	4,530	24.3	8,100	7,100	7,049	252
1945	4,530	3,460	-		6,100	5,890	-		10,630	9,350	-	32
1946	4,730				6,710				11,440			

출전: ① 近藤釰一 編, 『太平洋戰下ノ朝鮮』5, 36~37쪽. ② 朝鮮史料硏究會, 「總督統治終末期 の實態」3(『朝鮮近代史料硏究集成』3), 310쪽. ③ 大韓商工會議所, 『商工經濟』(1949. 4), 21쪽. ④ J.B. Cohen(大內兵衛 역), 『戰時戰後の日本經濟』上(1950), 242쪽.

탄을 쉽사리 이입할 수 없었다는 점이다. 즉 [표 2-46]을 보면 1940년 146.7만 톤이 이출되었으나 1942년에는 91만 톤, 1943년에는 49.6만 톤, 1944년에는 25.2만 톤, 1945년(4~6월)은 불과 3.2만 톤으로 급감하고 있다. 조선의 경우 생산고는 높아져도 이출을 둔화되는 상황이었다. 흥미로운 것은 이출만큼 수이입 또한 많다는 것이다. 그것은 다음 두 가지 측면에서 이해된다.

첫째로 조선·북해도 등지는 주로 무연탄이 화북·내몽고 지역은 주로 유연탄이 집중 매장되었기 때문에 철강·경금속 산업이 집중한 조선이나 일본본토 지역과는 멀리 떨어져 있었고, 이에 1942년 이후 연합군의 공습이 미치자 곧바로 수송난에 처하게 되었다는 점이다. 따라서 두리틀부대의 동경공습(1942.4.18)이 있던 다음달(1942.5)에는 이출용 조선산 석탄이 운송난으로 저장고에 쌓임으로써 부랴부랴 총독부가 장려금 교부 및 저리자금 융통 및 소비강화·생산할당·운송력 강화 등 저탄 소화방침을 세우는 등[67] 소란이 발생했다.

둘째로 당시 조선의 전시공업화로 인해 조선내 수요가 급증하고 있었기 때문이다. 즉 [표 2-46]을 보면 총독부는 제2차 생확계획을 통하여

---

67) 『朝鮮年鑑』(1943), 196쪽.

해마다 유연탄 300만 톤, 무연탄 400~500만 톤, 합계 700~800만 톤을 증산하기로 했으나 실제생산고는 1937년 293.6만 톤 1940년 609.6만 톤, 1942년 664.5만 톤, 1944년 703.7만 톤이었다. 물론 전시 이후 약 2.5배 증가했지만 조선내 수요의 1/3 가량인 연간 100만 톤의 석탄[유연탄 중심]을 일본이나 만주국 혹은 사할린에서 공급받아야 했다. 즉 당시 조선산 유연탄은 저품위 갈탄이어서 점결탄을 필요로 하는 제철용탄이나 가스 코크스의 원료용탄으론 부적당했고, 고칼로리를 요구하는 군수병기산업이나 철도용탄으로도 사용할 수 없었기에 결국 수요의 50%를 외국에 의존하고 있었다. 그나마 제1차 생확으로 증산이 있었지만 수입의존율은 1942년도에는 17% 수준으로 하락하였으나 1944년에는 310만 톤의 유연탄을 수입해도[수입총량의 58%] "수요를 따라갈 수 없는 상황"이었다.68) 그것은 공업분야의 수요가 증가했다기보다는 생산비 앙등·노동력 부족·운송감소로 1942년 이후 유연탄의 생산량이 하락했기 때문이었다. 이는 또한 수정계획 수량이 1943년 이후 예정계획과 큰 격차를 보인 것에서도 드러난다. 아울러 무연탄도 그러했다. 즉 1938년 3.3%인 외탄의존율이 1943년에는 0.2%로 하락했지만 1944년에는 24%로 급증하고 있다. 그것은 총독부의 '무연탄사용장려조치'에 따라 〈군수생산책임제〉에 필요한 점결탄을 화북이나 만주국에서 대량 수입했기 때문이었다.

그러나 1944년 이후 화북전선의 와해로 점결탄·코크스의 수입이 어려웠기에 겸이포제철소 등 철강공장은 원료난으로 인해 자주 조업을 중단하는 사태를 맞았고, 일본산 석탄의 이입도 1940년 170만 톤을 고비로 1944년에는 71.4만 톤, 1945년 1/4분기에는 겨우 6.2만 톤에 불과했다. 따라서 1944년에 들면 일본이나 화북에 의존하던 유연탄의 수입두절로 '결정적인 생산저하 요인'69)이 발생했고, 마지막 교두보인 사할린

---

68) 近藤釰一 編, 『太平洋戰下ノ朝鮮』5, 38쪽.
69) J.B. Cohen(大內兵衛 역), 앞의 책(1950), 243·248쪽.

산 석탄마저도 1944년 9월부터는 완전히 두절되고 말았다.70)

요컨대 당시 석탄업은 일본본토의 조선석탄 운용방침에 따라 이출과 이입이 공존하는데 그것은 조선의 석탄업이 일본본토의 원료공급이라는 본연의 목적에 더하여 전쟁물자 동원이라는 조선내 수요라는 중첩된 요구에 적응해야 했기 때문이었다.

4) 전 력

조선에서 가공공업을 확대하기 위해선 필수적으로 전력의 안정적인 공급문제가 현안이 되었다. 이에 1940년대 이후 전력개발이 급진전되면서 1941년 9월에는 수풍 제2호기가 송전을 개시한 데 이어 1943년 1월에는 수풍 제4호기가 송전을 시작했다. 그러나 기존의 발전력만으로는 도저히 수요를 충족할 수 없었다. 즉 총독부의 '전력예상수급계획'(1944.12.24)을 보면 1945년도의 수요는 거의 공급수준에 이르고 1946년은 연 7억에서 24억kwh 정도의 전력이 부족할 것으로 보았다.71) 그 이유는 먼저 1943년 이후 일본본토의 기업이 연합군의 본토공습을 피해 대거 조선으로 이주한 것 때문이었다. 그리고 조선에서도 총독부가 경금속·화학·철강업 등을 육성하면서 이들 산업이 전력을 대량으로 소비하였기 때문이었다.

이에 총독부의 발전계획을 보면, 기존 부령수력·원산수력·금강산수력·보성강수력·만전수전·부전강수력·장진강수력·운암수력·영월화력 등지에서 생산되는 총량인 66만 1,400kw(1943 현재)를 1946년까지 65만 6,300kw로 확대하고 계속사업인 허천강수력·강계 제1·2·3·4호기·한강수력(청평·화천)·남조선 제1호기 및 수풍·서두수·압록강·운봉수력 등지에서 기존의 55만 8,600kw(1943)를 1946년에는 92만 6,700kw로 확장한다는 것이었다. 특히 완성단계에는 총 237만 3,600kw

---
70) 「總督統治終末期の實態」3(앞의 책), 311쪽.
71) 「總督統治終末期の實態」3(앞의 책), 325쪽.

를 생산하기로 했다.72) 그 가운데서 압록강 연변의 발전계획은 198.4만 kw로서 전체계획의 83.6%를 차지하였다. 그런데 이것은 단순히 압록강이 수력발전에 적절하였다는 이유 이외에도 총독부의 공업정책이 신의주・평양・겸이포・사리원・서울・인천・수원・군산으로 이어지는 조선 서부공업단지에 집중되고 있었던 사실을 반영한 것이었다.73)

당시 전력에 대한 국가통제는 강화되었는데 그것은 발송전업의 민간장악에 의한 발전소 건설비・전력요금 앙등74) 그리고 일본이 조선전력을 국가관리로 하겠다는 압박 때문이었다. 따라서 총독부는「전력국가관리요강」을 입안하고 '임시전력조사회'(1942.10.22)를 소집하여 자문을 구했는데, 그 결과 답신안에서는 "생산력 확충을 위해서 총독이 발송배전설비 및 특수회사를 설립하여 통합적으로 관리"를 요청했다.75)

그러나 조선의 전력업을 국가관리로 했을 때 기왕의 발전경험과 기술・설비 등을 보유한 일질(日窒)의 반발이 예상되었다.76) 또한 국영으로 통폐합될 경우 기존 전력회사의 자산평가나 통합범위도 문제였다. 따라서 총독부는 "특수회사 운영상에 민간의 우수한 기술과 경력을 적극적으로 활용한다"77)는 원칙을 세우고 새로 발족할 조선전업은 일본질소(주)를 근간으로 자산평가는 복원법으로 하며 일질의 자가발전은 용인한다는 선에서 해결을 보았다. 결국 〈조선전력관리령〉(1943.3.30)이 공포되면서 조선전업주식회사 설치 및 발송배전에 대한 총독부의 직접지배가

---

72)「第86回 帝國議會答辯資料」(『太平洋戰下ノ朝鮮』5), 65~67쪽.
73) 김인호,『태평양전쟁기 조선공업연구』, 69~73쪽 참조.
74) 1943년 당시 "신규개발중인 압록강수전의 의주, 강계수전・한강수전・남선수전・북선수전 등 7개소의 건설비는 물가・노임 등의 앙등에 따라 종래 1kw당 150원・300원이던 것이 500원에서 1,000원이 되고 건설비 경우 북선수력은 2억 원, 압록강수전 제2차 공비는 3억 원, 강계수력은 5천만 원이 증자되었으며, 남선수력은 5백만 원 불입에 이어 1천만 원 증자 등 약 6억 원이 소요된다"고 했다.「重化學工業の擴充と重點」(『朝鮮産業年報』, 1943), 36쪽]
75)『殖銀調査月報』(1942.12), 34쪽.
76) 그것은 당시 전조선 수요의 65%를 차지하는 것이었다.[角永淸,「朝鮮電力統制に就て」(『朝鮮産業年報』, 1943), 172쪽]
77)『殖銀調査月報』(1943.3), 35쪽.

실현되었다.

그럼에도 불구하고 노구치재벌에 의한 전력독점을 제한할 수 없었다. 그것은 조선전업의 중역이 거의 일질출신이어서 사실상 일질의 사회사 성격이 강했고 그나마 특수회사라고 하더라도 자본금 3억 4천여만 원 가운데서 정부출자는 겨우 600만 원[총 불입액의 2%]이었기에 일질의 독점을 막을 수 없었다. 즉 전력의 국가관리는 외형적으로 보면 조선전업이라는 공익적 국영단체로 일원화한 것 같았으나 사실상 분산된 전력산업을 노구치재벌 아래로 통합하여 "전력산업에 대한 일원적 통제"78)를 달성하려는 것이었다. 이에 1944년 4월부터 조선전업과 압록강수전에 대해 1944년 4~9월까지 총 389백만kwh를 생산하도록 '생산책임제'를 실시하였다. 그 결과 실적은 1944년 4~6월까지 조선전업은 99.6%, 압록강 수전은 100%의 실적을 올렸다.79)

그러나 실적호전에도 불구하고 전력사정은 호전될 수 없었다. 그것은 발전소 건설에 필요한 지재 및 원료부족·임금 및 수당의 등귀로 인해 상당한 애로가 발생했기 때문이었다. 예를 들어 수풍발전소의 경우 1941년 9월부터 송전이 개시되었지만 본래 책정된 건설비가 1억 4천만 원이었는데 실제로 들어간 건설비는 2억 3천만 원이었다. 여기서 건설비는 kw당 350원이었으나 1943년에 건설중인 야구계의 신설수전은 kw당 5~600원으로 등귀하여 전력회사 사이의 생산비 차이도 상당했다. 예를 들어 일찌감치 건설된 부전강수력 등 노구치계 전력은 값이 싼 대신, 강계·한강 수력은 자재값 등의 요금이 비쌌다.80) 또한 건설자재도 품귀였는데 예를 들어 1943년도 수전건설용 철강할당량은 2만 톤 정도였으나 1944년에는 1만 1,400톤으로 격감하였다. 결국 철강은 연내에 설립이 가능한 곳에 집중하기로 했다.81) 이에 총독부는 조선전업을 설립하

---

78) 『殖銀調査月報』(1943.9), 40쪽.
79) 「總督統治終末期の實態」3(앞의 책), 331쪽.
80) 水田直昌, 「昭和18年度朝鮮總督府豫算について」(近藤釰一編, 『太平洋戰の朝鮮』2), 23쪽.

여 전력에 대한 관리를 강화하고, 조선전업에 대해 정부가 원리금을 보증하는 채권 3억 원을 발행할 수 있게 하는 한편, 전력개발에서 발생하는 모든 손실을 보상해 주기로 했다.

그럼에도 불구하고 조선전업의 경영실적은 급속히 악화되었다. 조선전업의 1944년도 4/4분기(1944.10~1945.2)의 배당률은 7%에 불과했고 "그나마도 특별한 재원이 없을 경우 그나마도 어려운 상황"이었고, "압록강 수전도 배당이 6%에 불과하여 kwh당 2전 정도의 정책요금만으로는 도저히 타산이 맞지 않았고 이에 전력가 인상을 하지 않을 경우 운영에 애로가 예상된다"[82]고 하여 요금인상을 요구했다.

5) 기계기구업

1930년대 초반까지 조선의 기계공업은 식민지 물자수탈을 위해 기형적으로 발달된 교통-운수업과 관련하여 차량·소형어선의 수리나 제조 수준에 머물러 있었다. 동북전쟁[만주사변] 이후 조선 북부 공업지대의 확장에 따른 지하자원 개발에 여파로 광산기계·토목기계의 생산이 나타나고 있다.

그리고 중일전쟁 이후 일본본국의 군사적 재편과 기계기구의 수요 증대로 조선의 기계할당량이 감소했는데 그것에 반하여 조선의 광공업의 성장은 오히려 기계기구의 수요를 증대시켰다. 이에 총독부의 기계공업정책은 '자급'을 강조하게 되고 시국대책조사회도 이를 적극 권장했다. 그 결과 기왕의 철도차량[부속품]·광산·토목기계 등의 제조, 기타 소형선박 및 갑종 조선 이외에도 비행기·디이젤자동차·전기로주강·전기기기-전선·도량형기·자동차[부속품]조립 및 수선 등 특수기계와 각종 공작기계를 생산하는 업체가 증가하며, 특히 1940~1941년경에는 히

---

81) 「總督統治終末期の實態」3(『朝鮮近代史料硏究集成』3), 324쪽.
82) 「1944년도 總督府 電氣課 計劃」(近藤釰一 編, 『太平洋戰下ノ朝鮮』5), 50~51쪽.

다치·시바우라·니호교료 등 대기업이 진출했다.83) 또한 설립 지역은 대체로 인천·서울(경성)이 중심이고, 회사형태는 초창기는 조선본점, 후기에는 지점회사가 많다.

아울러 이 시기 중소기계공장도 증가하였다. 즉 서울(경성부)의 경우 1935년에 126개이던 기계공장이 1937년에는 147개, 1939년에는 287개84)로 4년만에 2.5배가 늘었다. 그렇지만 조선의 기계공업에서 공작기계나 특수기계를 생산하는 업체가 증가했더라도 완성품보다는 부분품 생산이 중심이었다.85) 또한 양적으로도 공업상의 비중도 낮았고 기계보수마저도 대체로 일본에 의존하던 처지였다.86) 아울러 좀처럼 기계제품 자급률도 나아지지 않았다.

먼저 기계류 수이입 상황을 보면, 1938년도는 약 8,300만 원(기계 한 대당 가격을 4천 원―「생산력확충대강」에서 지정한 평균단가―으로 계산하면 2만 750대 분량)으로 수이입품 가운데서 1위였는데 가격은 당시 조선산 기계생산액의 4배에 달하였다.87) 그리고 일본본토의 1938년도 생산능력 (4,140대, 1억 6,560만 원 가량) 혹은 1941년도 계획생산설비(5만 대, 2억 원)의 절반에 달하는 것이었다.88) 따라서 중요 기계기구의 자급률은 정체상태로 중요기계중 자급률이 10%대 이상 가는 것을 거의 발견하기 힘들다. 즉 [표 2-49]에서 1940년 당시 조선의 기계제품 자급률은 평균 24.7%이고 그 가운데서 일반기기는 35.7% 정도인 반면, 정밀기기는 14.2%에 불과하다. 업종별로 선박―도량형기 등은 60% 내외의 자급률을 보이지만 전신-전화기·자동차부속품 등은 0.3%에 불과하다.

기계공업이 취약했음에도 불구하고 1939년부터 일본에서 이입된 기

---

83) 『朝鮮年鑑』(1945), 127쪽.
84) 京城商議, 『京城における工場調査』(1937), 37쪽 : 동(1939), 3쪽 : 동(1941), 3쪽.
85) 『朝鮮産業年報』(1943), 42쪽.
86) 『朝鮮年鑑』(1945), 128쪽.
87) 東洋經濟新報社, 『年刊朝鮮』(1942), 99쪽.
88) 기계의 대당 평균 단가는 山崎志郎, 「戰時工業動員體制」(原朗 편, 『日本の戰時經濟』), 68쪽에서 기술한 내용을 참고하여 계산한 것임.

[표 2-48] 조선내 기계기구업 구성(1939)

구 분	총 수	소공장		중공장		대공장			
		5~29명	비율	30~99명	비율	100~199명	비율	200명 이상	비율
공장수	613개소	455	74.3	116	19.01	22	3.50	20	3.2
생산액	47,332천원	8,047	17.0	8,940	8.92	5,395	11.41	24,953	52.7
공원수	24,745명	4,927	19.9	5,856	3.70	2,882	1.60	11,080	44.8

출전: 殖銀調査部, 『殖銀調査月報』71(1944.4), 5쪽.

계류의 상당수가 배급통제 대상이 되면서 기계류 입수난은 더욱 심해졌다. 즉 1939년 7월부터 9월간에 한시적으로 금속·공작기계·철도차량·제철용기계·선박·전기기기·통신기기·화학공업용기기·농업용기기·정밀기계·축수·공구, 기타 기기 및 금속제품 등 일제기계에 대한 배급통제가 실시되었다. 배급을 원하는 자는 자원과장에「발주승인하부신청서」를 제출하고 발주승인서를 취득한 다음 일본본토의 제조업자에게 그 승인서를 제출하여 이입하게 되었다.[89] 이에 총독부는 공작기계 증산을 표방한〈공작기계제조사업법〉을 공포하고,「시국대책조사회자문안」을 통하여 공작기계 생산능력을 1941년까지 약 500만 원 정도 [1,250대 가량]로 증강하기로 계획했다.

전체적으로 기계류의 제1차 생산력확충계획은 실패로 귀결되고 있다. 예를 들어 화차생산고를 보면 1938년에는 1,189톤으로 65.9%, 1939년에는 4,152톤으로 74.8%, 1940년 상반기에는 2,608톤으로 85.1%, 객차는 1938년 59.7%, 1939년 9.2%, 1940년 상반기 17.5%라는 기대 이하의 낮은 실적을 보였다.[90] 증산방식을 보면, 앞서의 경금속공업은 이전까지 조선에서 발전하지 않았기 때문에 일본공업을 이주하는 방식의 증산이 전개되었다. 하지만 기왕에 중소공장이 제법 존재하는 기계공업은 이주공장을 토대로 하고 이와 기술적으로 경영적으로 밀접히 연계되

---

89) 『殖銀調査月報』(1939.8), 69쪽.
90) 「生産力擴充計劃産業別豫定實績對照表」(『日本陸海軍省文書』32).

[표 2-49] 조선내 기계제품의 수급상황(1940)　　　　　　　　　　　[단위: 천 원]

분야	종목	생산액	수 입	수 출	조선내수요	조선내공급률
정밀기기	기관 및 부속품	97	2,802	320	2,579	3.7
	원동기	1,609	22,044	888	22,765	7.1
	제조가공용기계	24,936	104,323	11,200	116,059	19.6
	소 계	26,642	175,976	14,994	187,624	14.2
일반기기	도량형기	1,153	840	35	1,958	60.0
	의료기	51	1,663	250	1,464	3.5
	전신전화기	15	5,251	87	5,179	0.3
	자동차부속품	15	5,744	1,061	4,698	0.3
	선 박	5,575	5,914	523	10,966	50.8
	소 계	22,742	82,016	12,089	92,669	35.7
총 계	-	75,699	257,992	27,083	306,609	24.7

비고: ① 각품목은 전부 부분품인 경우와 부속품을 포함함. ② 자급률을 측정할 수 없는 업종은 제외했기에 총계와 부분 합계가 차이남. ③ 원문에는 정밀도에 따라 A·B·C군으로 분류했으나 본 표에서는 A=정밀기기를 B·C=는 일반기기로 표기함.
출전: ① 朝鮮銀行調査部, 『朝鮮經濟統計要覽』(1949), 89쪽 [표 38]. ② 朝鮮銀行調査部, 『朝鮮經濟年報』(1948), Ⅰ~105쪽.

는 조선내 중소공업을 합동화·하청화함으로써 증산하는 방식이 채택되었다.

　　조선내 공업의 자급자족체제를 확립하는 견지에서 요람시대인 반도공업의 기술향상이 급선무이기 때문에, 기획부는 우수기업을 중심으로 하는 기업합동에 의한 작업의 집약화와 일본본토 이주공장과의 기술적 연결을 꾀하는 것으로 업자의 기술향상에 대한 진지한 협력과 연구를 요청하고 있다.[91]

　　조선 중소기계공업의 현황은 1944년에 식산은행 조사부가 조사한 각지 조합조직[임의조합도 포함]하 기계공업 관계공장 233개소의 실태보고서를 보면 대체적인 윤곽을 알 수 있다.

　　소규모 공장의 선반 설비대수는 수천 대이고 이 가운데 수천 대는 모두 특수품

---
91) 『殖銀調査月報』(1942.10[8월분]), 27~28쪽.

공작에 사용되며 이 가운데 공장당 평균 선반 설비대수에서 최고인 곳은 평안 북도·평양·진남포 등 서선지방 및 남선의 부산 등인데 절대수는 서울이 최고로서 총수의 38.7%, 인천까지 합하면 무릇 50%에 달한다. 다만 경인지역은 비교적 소규모 공장이 많기에 공장당 평균 선반 설비대수는 서선 지방의 각 지구만큼은 되지 않는다. 또한 경인지구의 또 하나의 특징은 일반산업용으로 사용되는 선반수가 특수용을 초과한다는 점이다. 한편 최근 평양은 공원수가 서울의 50%, 설비선반수는 85%에 달하다. 부산은 공원수가 경성의 약 40%, 선반은 50% 미만이지만 공장당 평균은 평양보다도 높고 평북과 유사하다.[92]

즉 설비능력은 총 233개소 공장이 수천 대 가량 보유했다는 것으로 보아 공장당 선반 5대 이상의 선반을 보유한 것으로 여겨진다. 용도는 대부분 특수용(군수용)이고, 특수용도의 기계를 보유하고 있는 공장은 서부조선 혹은 부산지방이며 이 지역의 공장 규모·설비는 비교적 큰 반면 서울·인천 지방은 설비수량은 50% 이상이지만 소규모 공장이 집중하여 공장당 선반수는 미미함으로써 영세성이 나타나는 것이다.

그런데 문제는 설비만이 아니라 기술수준이었다.

〈국민직업능력신고령〉에 의한 기능정도 신고표준에서 1급기술자 자격을 받는 사람은 선반작업의 경우 1) 도면과 가공물에 따라 각종 작업순서 및 가공작업을 할 수 있을 것. 2) 여러 종류 선반에서 각종 가공작업을 보다 능률적으로 할 수 있을 것. 3) 기계고장이나 제품불량을 알고 그 원인을 발견할 수 있을 것, 4) 한계측정기를 사용하여 일본 표준규격 2급 기준[물품의 마무리 치수가 20mm 전후라면 공차율은 0.9/100mm, 마무리 치수가 50mm라면 1.2/100mm 정도의 마무리]을 적용하는 부분품을 용이하게 제작할 수 있을 것, 5) 소형선반의 설치나 가공을 쉽게 할 수 있을 것 등인데,… 중소공업의 2급 신고표준에 해당하는 고급물·마이크로메터(測微器)·지그(jig)·측정기사용법조차 정확하게 모르는 사람이 많다.[93]

---

92) 『殖銀調査月報』(1944.4), 4쪽. 본 조사일시는 불명이나 1940년대 이후는 분명하다.
93) 『殖銀調査月報』(1944.6), 17쪽.

이에 적극적인 기계공업의 재편성 문제가 불거져 나오게 되고,94) 기술향상과 숙련노동력 확보문제를 해결할 필요가 있었다. 이에 총독부는 각종의 교육기관을 설립하고 기술인력 증강을 추진했다. 즉 1944년에는 기존의 경성제대 이공학부・경성공고 등 6개교 이외에도 평양과 경성에 공고 2개소를 설치하고 그밖에 기설 직업학교・상업학교 및 상공학교 17개교를 공업학교를 전환하기로 했고 중견기계공 양성을 위해 조선노무협회도지부 산하에 도중견노무자 지도훈련소를 확충하였다. 또한 〈공장사업장기능자양성령〉으로 공장별 노동자 양성시설 확충을 꾀하였다.95) 아울러 조선공업협회 산하 기계공양성소는 1937년 창설될 때는 기계과・전기과 등 2개 과가 있었지만 1939년부터 기계과만 모집하였다.

이러한 중소기업육성정책과 함께 일본 본토기업 이주정책이 전개되었다. 먼저 1942년 5월 총독부는 기계공업의 기술향상을 명분으로 일본기업과의 협력을 표방96)하고 8월에는 일본기계업의 유치와 더불어 선내공업의 자영존립 및 자급자족체제를 확립하는 견지에서 기획부는 일본본토 이주공장과의 기술적 연결을 선언했다. 이러한 유치를 통한 기계자급정책은 당시 일본이 조선으로의 기계발주를 억제하도록 주장한 데 대한 총독부의 대응이기도 했다.97)

---

94) "시국에 의한 자재난은 종래의 방법으론 도저히 경영을 유지할 수 없게 심각화했다.… 잘되는 기계공장은 대부분 군수공장으로서 독자분야를 확립하고, 약체공장은 점차 협력공장으로 됨으로써 그 소속이 명확하게 된다. 이리하여 조선에서의 기계공업의 재편성 내지 생산분야의 확립은 자연스럽게 시간이 지나면 해결되어 귀추가 명확히 될 것이다."(『殖銀調査月報』(1944. 11・12 합집), 30쪽)
95) 1943년 현재 기계공 양성의무공장 : 삼릉공장인천제작소・日本車輛제조인천지점공장・龍山工作영등포공장・조선기계제작소인천공장・(주)朝鮮計器인천공장・조선암기제작소・東京芝浦電氣인천공장・日立제작소・인천공장・日本精工京城工場・조선제강소・(주)조선중공업・(주)조선전기제강・(주)서선중공업・三井광산・조선비행기제작소・(주)조선상공 평양철공소・북선제강소.(『殖銀調査月報』(1944.5), 23쪽)
96) 『殖銀調査月報』(1942.7), 33쪽.
97) 『殖銀調査月報』(1942.10), 28쪽.

또한 1944년 4월부터 총독부는 오사카율본철공·금자철공·석정철공·주우금속공업·일철기계 등 5사를 조선에 유치하기로 하고 기술적 연결을 강화하고자 중요 기계공업의 계열정비와 생산확립을 도모하고 중요기계의 수급방책을 결정했다. 특히 항공기중점생산의 방침 아래 조선에서도 일본자본과 합작한 비행기공업회사가 발족했다.

그러나 일본기업과 연계를 통한 기계기술의 향상은 실제 이뤄질 수 없었다. 공습 등 특별한 경우에 의한 이주를 제외한다면, 일본기업의 이주는 기술이전·제휴보다는 당시 자재난과 자금난에 시달리던 일본기업이 기존의 조선기업을 흡수·합병하는 데 오히려 혈안이 되어 있었다. 예를 들어 미쓰비시 계열인 일본화성은 기존 조선중화학을 합병했고 조선중공업을 그 자회사로 재편했다. 또한 삼정계 동양경금속이 서선화학합동을 합병했으며, 대동제철과 동척이 제휴하여 조선제철의 발족하는 등을 들 수 있다.[98]

식민지 말기에 들면서 조선의 기계공업자급정책은 더욱 강화되었다. 이에 1944년 1월 18일에는 각의에서「제2종 공업부문기업정비조치」및 이를 구체화한「기계공업 등 정비실시요강」을 결정하여 비로소 종래 통제회·공업조합연합회 등 민간의 자발성에 의존하던 기업정비가 명확하게 관청의 책임으로 되었으며, 각 하청공장의 국가성을 크게 강화하도록 조치했다. 본 요강의 요점은 실로 기왕의 생산력을 긴급부문에 급속히 동원할 태세를 강화하는 것과 그 발주공장을 일체로 하여 발주공장의 '책임생산제'하에서 전체적인 종합생산성 앙양을 목적한 것이었다.

구체적으로 보면, 육해군 작업창 및 중앙협의회 모공장을 소위 발주공장으로 하고 단위별 생산을 하는 대공장은 물론 부품생산을 전문으로 하는 대규모 전문공장도 편입하였다. 한편 기업계열에 편입되어야 할 전속 협력공장〔하청공장〕은 공작·기계 등 설비기계를 10대 이상 보유하고

---

98)『殖銀調査月報』(1942.7), 33쪽.

[표 2-50] 연도별 공산액 및 불변공산액 상황   [단위: 천 원]

연도	공산액	지수	불변지수	불변공산액	증가율(%)
1936	730,860	100	100	730,860	-
1937	955,119	131	115	840,489	15
1938	1,174,016	161	118	862,414	3
1939	1,466,188	200	126	920,884	8
1940	1,647,133	225	129	942,809	3
1941	1,722,225	236	130	950,118	1
1942	1,863,912	255	134	979,352	4
1943	2,050,000	281	134	979,352	0
1944	2,000,000	273	128	935,501	-6

비고: ① 불변공산액 및 불변지수는 명목공산액을 물가지수로 수정한 것. ② 1943년 공산액은 조선은행의 추정액.
출전: ① 朝鮮銀行調査部, 『朝鮮經濟年報』(1948), Ⅰ~99·101쪽. ② 鈴木武雄, 『朝鮮ノ經濟』, 232쪽. ③ 朝鮮銀行調査部, 『朝鮮經濟統計要覽』(1949), 69쪽.

상당수준의 기술을 보유하는 것으로써 생산능률의 8할 이상을 육해군작업창 지정 발주공장에 협력하는 것을 원칙으로 삼았다.

또한 공장규모·기술수준·설비상황에 의해서 한 개의 발주공장에 속하는 것이 오히려 그 능력을 전면적으로 이용하는 데 방해가 되면 이러한 경우는 2개 이상의 발주공장이 공동이용 즉 공동 협력공장으로 삼아 그 생산력의 3할 이상을 가지고 지정 발주공장에 협력하도록 했다. 한편 2차 이하의 협력공장 즉 재하청공장은 가급적 줄이고 상위 협력공장에 전속하도록 했다.

정리하면, 「요강」에서는 발주공장에 대해서 하청공장(협력공장)의 생산책임을 강조하는 것이다. 책임완수를 위하여 지정 발주공장은 하청공장에 대해서 공장운영상에 필요한 일정량의 발주를 확보하게 하고, 기술지도·자재·노동력·동력 등의 확보와 경영개선·기술지도·금융원조·기계공구대여 등의 책임을 지는 동시에 하청공장은 지정 발주공장이 수주한 이외의 것을 생산할 때는 발주공장의 승인을 받게 했다.[99]

---

[99] 『殖銀調査月報』(1944.4), 6~7쪽.

이러한 생확정책에 힘입어 자급률이 크게 향상되었다. 즉 1939년 총 국내소비액 2억 1,571.8만 원 가운데서 1억 6,249.2만 원을 수입에 의존하여 24.7%라는 아주 낮은 자급률에 머물렀던 조선기계업은 주로 부속·수리품 공장이 주였다. 1944년에는 총수요 2억 5,167.8만 원 가운데 1억 2,167.8만 원을 수입함으로써 자급률은 51.7%로 급등했다. 이것은 생산의 증가와 더불어 대일이입량이 급감한 결과로 인위적인 자급률 상승이 동반된 것이라 평할 수 있다.

5. 제2차 생산력확충계획의 실패

일본본토의 제2차 생확계획은 예정대로 추진될 수 없었다. 1944년도 일본본토의 원료수급 상황은 1940년을 지수 100으로 볼 때 철광석은 32.5, 석유 7.5, 석탄 34.5, 보크사이트 123.8, 코크스 43.3에 불과하였다.[100] 반면, 조선의 제2차 생확은 1944년 초반까지도 호조를 보였다. 예를 들어 1941년도 84%, 1942년도에 75% 수준에 머물렀던 실적이 1943년에는 반등하여 90%에 달하고 1944년도 상반기에는 109%에 달했다.[101] 그러나 1944년 후반기부터 일본경제의 붕괴와 자재난에 따른 기계입수난, 기술자·숙련공 부족, 노동자 이동과 질적 저하, 소운송·해상운송력 부족 등으로 증산에 차질이 생기고 있었다. 특히 동남아 자원을 이용하려는 계획은 1943년 이후 동남아와 교역이 두절되면서 수포로 돌아갔다.[102] 그럼에도 일본본토와는 달리 1944년도까지 조선의 공업생산은 명목상으로 확대되고 있었다.

---

100) 大內力 등, 앞의 책(1958), 396쪽.
101) 總督府企劃課, 「生産力擴充」, 「第86回 帝國議會說明資料」(『太平洋戰下の朝鮮』5), 5쪽.
102) 김인호, 『태평양전쟁기 조선공업연구』(1998), 201쪽.

[표 2-51] 주요 산업부문의 제2차 생산력확충계획 및 실적

구분/국적		1942 5년계획	1942 연계획	1942 실적	1943 5년계획	1943 연계획	1943 실적
유 안	일	1,868	1,352	1,079	2,043	1,108	930
[천톤]	조		516	435		460	399
보통강강재	일	4,979	4,879	4,031	5,500	4,143	4,101
[천톤]	조		100	104		107	96
철광석	일	4,700	2,000	2,059	4,800	3,093	2,708
[천톤]	조		2,700	2,277		3,050	2,364
석 탄	일	73,300	57,000	54,179	75,300	56,416	55,538
[천톤]	조		7,100	6,662		7,100	6,589
보통선	일	5,000	4,604	4,208	5,500	3,781	3,946
[천톤]	조		376	368		590	514
알 미 늄	일	124,110	99,610	85,211	155,000	115,602	114,057
[톤]	조		7,500	4,366	-	15,839	12,529

구분/국적		1944 5년계획	1944 연계획	1944 실적	1945 5년계획	1945 연계획	1945 실적
유 안	일	2,185	782	568	2,040	180	87
[천톤]	조		438	326		-	-
보통강강재	일	5,950	2,907	2,613	6,650	403	315
[천톤]	조		84	68		-	9
철광석	일	4,900	3,554	3,586	5,000	-	965
[천톤]	조		4,062	3,312		-	-
석 탄	일	77,600	58,200	49,335	82,000	20,566	16,140
[천톤]	조		7,100	6,987		-	1,852
보통선	일	6,000	2,848	2,644	6,650	555	412
[천톤]	조		542	522		-	107
알 미 늄	일	180,000	98,135	88,195	230,000	11,240	7,235
[톤]	조		17,575	12,943		4,260	1,661

출전: (財團) 國民經濟硏究會·金屬工業調査會, 『生產力擴充計劃と其の實績』(1946) 『現代史資料』8〈日中戰爭1〉], 773~777쪽 : 小林英夫, 『大東亞共榮圈の形成と崩壞』, 511~513쪽[재인용].

그런데 양적 성장은 내실을 가지지 못한 것이었다. 즉 [표 2-50]에서 조선공업의 명목생산액은 1932~1944년까지 무려 270%나 증가했지만 불변생산액은 28% 증가하는 데 불과했다. 그나마 1940년 이후는 -6~4%선에서 요동하고 있다. 그리고 1944년의 공산액은 20억 원으로 1936

년도 가격으로 환산할 경우에는 지난해 생산액인 9억 5,308.9만 원에 비해 무려 14%나 격감된 8억 2,946.3만 원이었다.

업종별로 보면 [표 2-51]과 같은데, 통계상의 문제에도 불구하고 대체로 해마다의 실적이 계획을 따르지 못했다. 물론 이 자료는 총독부의 통계기록과는 상당한 차이를 보이는 점을 먼저 지적해야 한다. 예를 들어 총독부 제국의회설명자료에는 1944년도 보통선 생산실적이 68만 톤 가량으로 조사되었지만 이 조사에는 52.2만 톤으로 기록되었고, 보통강 강재는 8.8만 톤인데 6.4만 톤으로 기록되어 있다. 이러한 통계불일치는 총독부의 기록이 상당히 과장되었다는 점 혹은 일본본토가 조선의 공업생산을 과소평가한 점 등을 이유로 들 수 있지만 그만큼 일본의 생산력확충정책이 정밀하지 못했다는 사실 나아가 무모한 증산계획이었음을 말하고 있다. 예를 들어 [표 2-46]에서 석탄의 제2차 생확상황을 보면 유연탄은 1942년에 300만 톤 생산을 예정했지만 실적이 273만 톤에 불과했다. 그러자 1943년에는 300만 톤 증산계획을 290만 톤으로 줄이고, 1944년도는 260만 톤으로, 1945년도는 원래계획의 76%인 345만 톤으로 수정했다. 하지만 수정계획마저도 달성한 해가 없었다.

6. 나가며

이상의 내용을 정리하면 다음과 같다.

1) 조선에서의 제2차 생확계획은 태평양전쟁을 수행하기 위하여 조선에서 단발마적인 물자동원을 획책하려는 의도에서 출발하였다. 조선의 생확에 관한 구체적인 자료가 적어 세세한 계획입안과정은 알 수 없으나 전체적으로 보아 조선의 현실에 입각하여 체계적으로 입안된 것이 아니라. 일본본토의 원료·자재 수급계획의 일환으로 선별적으로 적용

되고 있었다. 그것은 일본본토에 대한 경제적 기여라는 의미에서 본 계획이 출발하고 있었기 때문에 필연적인 것이었다.

2) 본 계획은 기왕의 종합적인 원자재 동원방식과는 달리 경금속·철강·유안·석탄과 같은 중요 원자재 일변도의 증산을 획책하려는 것으로써, 일본과는 달리 전쟁 이후에도 10년·20년 계속 증산을 지속하기로 하였다. 그것은 장기적인 식민지수탈정책을 위한 포석이었다.

3) 제2차 생확계획은 조선공업의 전면적 재편성 즉 북방권의 보급창이라는 과제를 해결하기 위하여 소비재 공업이나 경공업의 확충도 동반했으며, 조선경제가 북방 엔블록에서 영향력을 높일 수 있게 하는 일제측 의도가 깔려 있었다. 그 결과 많은 조선인 자본과 자본가들이 조선내에서 공업에 참가하고, 중국과 만주 등지로 침투하여 침략전쟁을 지원하였고, 예속자본으로서의 이익을 향유하였다. 즉 조선공업의 대외적 성격과 조선인 자본가의 침략적 성격이 크게 진작되었다는 점이다.

4) 본 계획은 과도한 물자동원을 위하여 계획부터 실현이 불가능한 증산목표치를 정했고, 그나마 전황의 악화와 원자재 부족·노동력 부족이 겹쳐 발생산 생산기구의 총체적 붕괴로 인해 본래 목표는커녕 수정계획마저도 목표를 하향조정 할 수밖에 없었으며 그나마 수정계획도 달성할 수 없었다는 점이다.

요컨대 당시 조선에 실시된 생확계획은 다른 물자의 희생을 통하여 계획물자의 증산을 목적으로 한 것이었고, 계획물자의 대부분도 엔블록 자급체제를 구축한다는 명분으로 조선 밖으로 유출되었다. 일부 양적인 공업성장과 열매도 조선경제의 '내실'있는 발전을 위하여 재투자되기보다는 침략전쟁에 일익을 보증하기 위하여 끊임없이 조선 외부로 빠져나갔다. 결국 양적 성장에 비례하여 조선인 생활수준의 하락과 공업화의 탈구성은 더욱 노골화되었고, 조선공업화의 몰역사성 또한 극명히 드러나게 되었다.

제3부
전시 통제경제의 실상

제1장
중일전쟁 시기의 물자통제

1. 들어가며

 중일전쟁 이후 일제는 연합군 진영의 월등한 생산력에 대응하여 조선에서 본격적인 인적·물적 동원을 추진해야 했다. 그러한 의미에서 1938년에 조선에〈국가총동원법〉이 공포되어 조선의 전시체제로의 전환을 꾀하는 한편 '국민정신총동원운동'을 전개하여 조선인의 자발적 동원태세를 고양하며, 물자동원을 위하여 '시국대책조사회'를 구성하기도 했다. 이러한 일련의 조선의 전시적 재편성 정책의 추진결과 조선 공업계의 변화도 일었는데, 이른바 대륙전진병참기지(大陸前進兵站基地)'라는 명목으로 생산력 확충계획이 추진되면서 공업생산도 어느 정도 양적 팽창을 보였다. 그렇지만 일제의 요구에 미치지 못함으로써, 일제는 증산보다는 산업구조의 재편이나 그것을 전제로 한 물자통제에 의한 물자동원을 획책하게 된다.
 여기서 '생산력확충계획'은 '증산을 통한 동원수단'이라는 성격을 보인 반면, '물자통제'는 '내핍을 통한 동원수단'이었다. 그런데 기왕의 연구성과를 보면 '생산력 확충'문제에 관련해서 일본본토를 대상으로 한 야마자키 시로[1]의 연구를 들 수 있지만, 조선을 대상으로 한 것은 고바야시

---

1) 일본본토의 생산력확충계획과 관련한 연구로 山崎志郞,「戰時工業動員體制」(原朗編,『日本ノ戰時經濟』, 동경대학출판쇠, 1995) : 山崎志郞,「生産力擴充計劃展開過程」(近代日本硏究會 編,『戰時經濟』, 1987) : 小林英夫,『「大東亞共榮圈」の形成と崩壞』(御茶の水書房, 1975) 등을 들 수 있다.

히데오의 부분적 연구업적을 제외하면 거의 없다.

　대체로 조선의 물자통제는 배급통제를 축으로 하여 중요물자 혹은 생활필수 물자를 가격통제와 연동하여 계획적인 소비를 유도함으로써, 잉여 물자를 전쟁수요 물자로 동원하고자 한 것이었다. 따라서 넓은 의미에서의 물자통제는 배급통제만이 아니라 가격통제·소비통제·사용제한·사용금지·금속회수·폐품회수 등 증산을 제외한 모든 물자의 통제를 통한 동원방식이 물자통제 영역에 포함된다고 할 수 있다. 물론 이들 물자통제의 전영역을 유기적으로 다루어야 할 것이지만 여기서는 지면관계상 중일전쟁 이후 태평양전쟁 직전까지 조선에서 실시된 물자통제에 관하여 살펴보고자 한다.

2. 원자재 사용제한과 산업물자 배급통제

1) 전시물자통제의 전개와 원자재 사용제한

　중일전쟁 이후 생산력 확충계획은 본토조차도 조직적으로 전개되지 못한 결과 물자동원은 증산보다는 응급적으로 재고 물자나 수입물자의 염출에 집중되었다. 그 결과 과도한 물자수입을 초래하는 한편 생산력은 뜻대로 확대되지 않았다. 그것은 이미 중일전쟁 이전에도 예견되었다. 즉 이미 1937년 1월에 일본은행 총재 후카이 에이고(深井英五)는 "용이하게 생산력을 증진할 수 있는 시기는 이미 지나갔다. 이후는 생산확충에 힘쓰면서도 물자의 절약을 도모하지 않으면 안된다[2]"는 의견을 피력하고 있었다.

　이러한 경고가 중일전쟁 이후에 그대로 현실화되면서 증산정책과 더

---

[2] 中村隆英,「準戰時經濟體制」(『昭和經濟史』上, 日本經濟新聞社, 1994.3), 193쪽에서 재인용.

불어 물자의 전면적인 통제가 중요한 현안으로 떠오르게 되었다. 이에 종래까지 민간주도의 통제를 단숨에 국가통제로 전환하여 동원체제를 확립하고 총동원 물자에 대한 국가적인 통제를 강화하기 위한 목적으로 〈국가총동원법〉(1938.3)이 공포되었다. 즉 이 법은 '국방목적을 위해 불가결한 시책'으로서, 전쟁에 필요한 노동력·물자·자금·물가·설비 등 산업 전 부분을 국가가 통제한다는 것이었다.3)

〈국가총동원법〉의 영향은 컸다. 즉 이 법이 공포되기 직전에 입안된 물동계획(1938.1.16)은 기획원 산업부장인 우에무라 코고로(植村甲午郞)의 언급처럼 "전쟁초기의 전쟁불확대 방침에 따라 소극적"4)이었지만 〈국가총동원법〉이 공포되면서 강력한 물자동원 및 생산력확충계획이 동반되었다(1938.6.25).

계획에 따르면 중점 증산대상으로 철강·비철금속·연료 등 8부문을 설정하고, 물자는 군수·관수·수출수요·민수로 구분하며, 이 가운데서 군수를 우선하고 이어 수출용에 투하하며 비군수용은 최대한 줄이는 것이었다. 또한 〈국가총동원법〉의 공포와 함께 기획원은 정신동원·정보·선전·경비·후방대책·재정·금융·물자동원·인원동원·운수통신·과학 등 9가지의 〈총동원태세확립방안〉(1938.7)을 제정하여 당면한 군사비부담·국제수지역조·원자재부족에 대응하려 하였다. 이러한 토대 위에 경제적으로도 증산과 더불어 절박한 군수품 확보를 위한 국가통제를 강화하려고 했다.5)

---

3) 그러나 〈총동원법〉은 입안되었지만 시작부터 정우회·민정당 등의 반대에 봉착하였다. 이에 다급한 고노에 내각은 "이 법을 중일전쟁에는 직접 사용하지 않는다"고 하여 실시를 유보하였다.〔植村甲午郞,「工業動員」(日本工業協會 編,『工業動員叢書』 1(『戰爭と工業』, 1939.4), 日本評論社), 79쪽〕
4) 植村甲午郞,「工業動員」(앞의 책, 1939.4), 64쪽.
5) 이에 1930년대 후반은 물자는 〈수출입등임시조치법〉에 의한 산업물자의 사용제한으로, 자금은 〈임시자금조정법〉을 기반으로 한 저금리 대책으로, 물가는 〈폭리취체령〉으로 각각 통제되었다. 그리고 부분적이나마 경영합리화를 명분으로 전업 및 기업정비대책이 개시되었다.

한편 조선은 중일전쟁 이후 일본본토가 일·만블록을 중심으로 군수공업을 증강하려 했지만 기초소재산업이 결여된 까닭에 오히려 원자재의 대외의존만 증대시켰다. 따라서 기초소재산업을 확대하고자 철강·경금속 등의 산업을 급히 육성하고자 했지만, 앞서 언급했던 것처럼 본토에서 물자통제가 강화되고 군수공업이 증가하면서 조선에 대한 물자공급이 어려워지면서 본토의 산업시설이나 물자를 이입하는 데에 어려움이 컸다. 그 결과 조선의 물자동원은 〈수출입품등임시조치법〉(1938.9. 22: 이하 조치법)에 입각하여 무역통제 및 소비억제를 통하여 염출된 물자를 중요산업에 집중하는 것이었다. 그런데 '조치법'의 적용범위는 광범해서 수출입품뿐만 아니라 일반 산업물자에도 미쳤다.6)

이처럼 〈조치법〉을 법적 근거로 한 위에 총독부는 물자통제를 구체화했는데 그 계획은 「시국대책조사회보고사항」에서 드러난다. 그 방침을 보면 "물자수급을 위하여 공급면에서는 생활계획 및 수입력 증대를 위한 수출계획을 수립하고, 수요면에서는 원자재 소비제한, 대체품 장려, 폐품회수 및 배급통제를 실시한다"는 것이었다. 그런데 이 시점에서 총독부는 원자재의 소비통제 문제를 특별히 강조하였는데 그것은 소비부문별로 계획적으로 절약수량을 정하고, 그 위에 용도별 제한을 두자는 것이었다. 그 목적은 비군수산업으로 원자재가 유출되지 않도록 하자는 것이었다.7)

이에 1938년부터 〈조치법〉이 조선에 적용되면서 철강 등 32품목에 달하는 산업물자의 사용제한이 내려졌다.8) 즉 [표 3-1]은 1938~1939년간 조선에서 사용이 제한된 산업물자를 정리한 것인데 내용을 보면 법

---

6) 즉 조치법에서는 "필요한 때 해당물품을 원료로 하는 제품제조 및 제품배급·양도, 그리고 사용 및 소비제한[금지]을 명할 수 있다"[제2조 2항]고 하여 총독부가 직접 중요물자의 사용제한 및 배급통제 명령을 할 수 있는 규정을 두었다.
7) 朝鮮總督府, 「物資ノ需給及價格調整ニ關スル件」, 『時局對策調査會報告事項』, 1938. 9), 11쪽.
8) 朝鮮總督府, 「物資ノ需給及價格調整ニ關スル件」(앞의 자료, 1938.9), 16쪽.

률로 제한된 물자는 주로 선철·백금·동·연 등 금속이나 고무·면화·피혁 등 원자재였다. 그런데 법률에 의한 것 이외에도 총독부가 자체적으로 사용제한을 가한 물품도 있었는데 그것은 대부분 장식용품·장신구·신변품·문방구·집기·가구 등 생활용품이었다.9) 그것은 본토에서 본격적으로 군수공업을 육성하면서 조선에 대한 생필품 공급에 공백이 생기는 상황이었지만 아직 조선에서는 부족분을 보충할 만한 여건〔증산구조〕이 조성되지 않았기 때문이었다.

[표 3-1] 사용제한 대상 물자상황(1938~39)

품목	근거 법령	시행령 및 규칙
수입품	1937년 법률제92호 제1조	1938년 부령 제161호
	조선산금령 제12호중 금사용제한 건	1938년 부령 제2호
금	1937년 법률 제92호 제2,3조 백금사용제한 건	1938년 부령 제3호
백금	1937 법률 제92호 제2조 철강공작물 건조제한건	1937년 부령 제160호 제141호
철강	〃 철제품제조제한 건	1938년 부령 제155호
	〃 신철주물세조세한 선	1938년 부령 제161호
	〃 銅사용제한 건	1938년 부령 제161호
구리	〃 鉛·亞鉛·錫 사용제한 건	1938년 부령 제175호
연·아연·석	수출입품의 허가에 관한 규칙	1937년 10월 부령 제153호
면	면제품·스프 등 혼용건	1938년 3월 부령 제 22호
	면제품사용제한령〔상공성령〕	(1938.6.29)
면제품	면제품수출입링크제 실시	(1938.6.18)
휘발유·중유	1937년 법률 제92호 제2,3조 휘발유,중유 판매취체	1938년 부령 제27호
고무	1937년 법률 제92호 제2조 고무사용제한 건	(1938.11.10) 부령 227호
피혁	1937년 법률 제92호 제2조 피혁사용제한 건	1938년 부령 176호

출전:「失業防止並救濟に關する件」(『朝鮮總督府時局對策調査會諮問案參考書』(1938.9), 3~4쪽:京城日報社,『朝鮮年鑑』(1939 및 1940).

한편 사용제한과 더불어 피혁·고무(1939.3.20)·미곡(1939.4.20)·수은(1939.11.1)·텅스텐(1939.11.1)·시멘트(1939.12.1)·석탄(1939.12.1) 등 주요 산업물자의 배급통제도 개시되었다. 또한 위의 사용제한 품목이

---

9)「朝鮮に於ける資金資材·勞力の統制大要」(『朝鮮經濟統制問答』, 東洋經濟新報社 京城支局, 1941.9), 205쪽.

나 배급통제 품목 이외에도 각종 수이입제한에 걸린 황마포・마대・
철대・못・전기소켓끼우개・광명단(光明丹)・산화연・도입선・필라
멘트・몰리브덴・접착제・착색제・배기・고무・관・법랑유기용철판・
안티몬・붕사・산화코발트・경질도기용 붕사・납땜용 연・크리스마스장
식용 호일 등 주로 산업물자의 부족이 만성화되고 있었다.10)

[표 3-2] 1938년도 물자통제 영향조사　　　　　　　　　　[단위: 개소, 명, 천 원]

종별	공장수	노동자	공산액	종별	공장수	노동자	공산액
고무제품제조	62	8,157	12,739	면직물업	33	12,477	26,137
제재업	95	4,591	15,671	메리야스업	76	3,185	3,905
건구가구제조	118	1,686	2,092	토목건축기계	16	230	483
제면업	36	3,427	15,591	인쇄제본업	286	7,843	12,427
주물업	108	2,517	2,468	피혁제품업	51	570	1,425
농기구업	28	340	473	재봉업	110	2,067	3,173
주물업,금속	144	2,6625	5,05010	면,마제강승	11	969	1,431
계	1,173	0,721	3,064				

비고: ① 본 표는 1936년 말 현재 조선내 노동자 5인 이상 공장에 대해서 1938년도의 경영상
황을 기록한 것임. ② 본 표에 게재된 것 이외에도 노동자 5인 미만의 소공장 및 가내공업이
다수 존재함.
출전: 朝鮮總督府,「失業防止竝救濟に關する件」,(『朝鮮總督府時局對策調査會諮問案參考書』, 1938.9), 2~3쪽.

그 결과 조선내 중소공업은 심각한 경영난에 처했다. 즉 [표 3-2]에
서 물자통제로 영향을 받는 공장은 1,173개소로서, 총공장수의 20%에
이르며, 공산액만도 1억 원이 넘었다. 업종별로는 건구・주물・금속・인
쇄업 등으로 원자재를 주로 일본본토나 외국에 의존하는 업체였다. 또한
실업자 수도 크게 늘었다. 1939년 1월 식산국의 조사에 의하면 시국의
영향으로 실업위기에 처한 업주 및 노동자는 공업에서 9만 1,195명 상업
에서는 2만 8,247명이었다.11)

---

10) 『朝鮮工業協會會報』(1939.3), 15쪽.
11) 『殖銀調査月報』(1939.2), 84쪽.

특히 대량실업이 우려되는 업종은 금속·기계·화학·장신구업 등으로 주요원자재가 군수산업에 집중되면서 자재난에 처한 업종이었다.12) 그런데 금속-기계업에 비해 화학·제재업 등은 그리 심각하지 않았다. 그것은 당시 화학공업은 정어리가공업이 기형적으로 발전한 결과였으며13) 목재업 또한 아직은 압록강 지역 영림서의 저재량이 풍부했기 때문이었다.14) 따라서 1938년도의 실업위기는 소비재 업종보다는 철강·펄프·면사 등 원자재를 수이입해야 하는 업종에서 심각한 것으로 여겨진다. 산업별로 보면 상업분야의 실업률이 공업보다 낮았다. 예를 들어 상업주 가운데 실업예상자는 총업주 11만 4,634명 가운데서 17.5%에 해당하는 2만 87명인데15) 반해 공업은 5만 7,005명 가운데서 26%에 해당하는 1만 4,734명이었다.

2) 산업물자 배급통제의 전개

(1) 배급통제정책의 입안

「시국대책조사회보고사항」(1938.9)에 나타난 총독부의 배급통제계획은 조합설립을 촉진하여 이들을 배급기구로 재편하고, 이 위에 생산업자 및 배급업자를 망라한 물자수급협의회를 두며, 배급은 '실적기준'에 따라 물자를 군수·준군수·민수별로 할당하되, 설비능력, 사업의 장래성도

---

12) 「失業防止並救濟に關する件」(『朝鮮總督府時局對策調査會諮問案參考書』, 1938.9), 10쪽. 즉 상업분야는 "금속자재·기구·직물·양품·도량형기·무역업·중매알선업 등에서 경영이 악화되었는데 그것은 주로 7.24조치 및 수이입두절에 의한 것"이었다고 한다.
13) 그 결과 1941년 6월경 화학공업에서 전업예정자는 조선내 총업주 2,241명중에서 566명으로 그 비율은 25%에 달했다.(「要對策考究者數調」(『日本陸海軍省文書』32), 346~354쪽)
14) 〈1930년대 후반 제재업 성적표〉, 「朝鮮關係參考統計表」(『日本陸海軍省文書』33), 28쪽.
15) 「失業防止並救濟に關する件」(『朝鮮總督府時局對策調査會諮問案參考書』, 1938.9), 10쪽.

동시에 고려한다는 것이었다.

특히 산업물자는 총독이 지정하고 허가한 것만 배급하도록 하였다. 이에 미나미 총독은 1939년 5월 도지사회의를 통해 종래의 종래 '원자재 배급통제를 넘어 각종 제품의 배급통제 추진'16)을 지시한 이후 중요물자의 배급통제 범위가 확대되었다.

> 배급통제 내용은 단순히 배급통제를 운영하는바 당국의 지시, 구입표 교환 할당제도 등 그 질적 향상을 도모하는 것만으로 그치지 않고 오히려 '생필품 공급량과 소비인구 및 소비수량을 가늠하여 현존 배급인구 가운데 질적으로 낮은 자를 도태하고 양적으로 일정한 부분을 유용노무 부분으로 전환하며 나아가 상점의 재배치와 함께 아직 물자의 가격특질 및 거래조건 등에서 결전태세를 이루지 못하게 하는 잡다한 장애를 일소하여 강력한 고도국방국가 태세에 적당한 조직을 수립하는 것이 필요하다.17)

그렇지만 중요물자에 대한 배급은 국가기관이 직접 수행하는 것이 아니라 특수회사나 법인을 신설하거나 기존업자를 조직화하여 이것을 배급 단체로 삼아 실행하였다. 특히 조선에서는 '일본본토와 달리 관련업자가 적고 조합의 협의에 의해 소기의 목적을 잘 달성할 수 있을 뿐 아니라 경제행정 부면 이외의 여러가지 제약요소 아울러 종전의 경제기구 개편의 필요성이 없다는 이유'를 달아서 종래의 조합조직을 통제기관으로 계속 활용하는 방침을 세웠다.

> [물자배급 방식은] 공판조직에 의한 것과 조합조직에 의한 것 등 두 가지가 있다. 먼저 공판조직에 의한 것은 생산자로부터 제품을 매입하여 그것을 수요자에 배급판매하는 소위 매입판매 방식이고 조합조직에 의한 것은 위와 같은 것을 하지 않는 대신 조합이 생산자에 대하여 판매지도를 하고 거래계약에는 조합이 관여하지 않는다. 일본본토에서는 최근 공판조직이 많이 채

---

16) 〈도지사회의 미나미 총독의 훈시, 1939.4.19〉, 『殖銀調査月報』(1939.5), 109쪽.
17) 京城商工會議所, 『朝鮮における物資配給統制機構』(1942), 4쪽.

용되지만 조선에서는 주로 조합조직에 의해서 이뤄진다.… 공업약품 화학품 배급통제도 주로 위와 같은 방식이 채용되는데 이것은 조선이 일본본토와 달리 관련업자가 적고 조합의 협의에 의해 소기의 목적을 잘 달성할 수 있을 뿐 아니라 경제행정 부면 이외의 이유가 있고, 종전의 경제기구 개편의 필요성이 없다는 것 등의 이유 때문이었다. 조합조직은 채택하는 경우 특별히 일본 기타 등지에서 수입이 요구되는 물자에 대해서는 각 조합원이 상거래를 개별적으로 행하는 관계로 일본본토 등은 주로 공관회사로서 단일한 의사를 구성한 데 반해 [조선은] 여러 계약의 체결을 필요로 한다.

최근 선박 부족상황에서 배선수속이나 용선 등에 곤란이 있으며 아울러 예상 수입, 예상 재고에 따른 위험부담 혹은 조선 주요지 수요자에 대한 단일 판매가격을 형성시키고자 하는 경우 기술적 측면에서 해결하기 어려운 문제가 있다.[18]

그런데 아직 조선에서는 조선의 특수사정을 이유로 배급통제의 강도를 상대적으로 완화하는 제스처도 있었다. 예를 들어 〈고무사용제한령〉(1938.11.10)은 본토에서는 비군수 용도의 고무제품을 만들시 못하게 하고 군이나 수출주문 등 특별한 사정이 있을 경우에만 사용할 수 있도록 허가되었지만 조선은 고무신 등이 대중생활과 긴밀한 관계가 있는 것이라는 이유를 내세워 일방적으로 제조를 금하지 않았다.[19] 그렇지만 이러한 완화방침에도 불구하고 "원료할당은 수요의 1/2밖에 되지 않아 총수요 3,500만 켤레에 대해 2천 만 켤레 밖에 공급할 수 없었고 급기야 각 공장이 기간을 정해서 휴업하는 사태"에 들어갈 정도로 경기는 좋지 못했다. 이러한 상황에서 당시 전조선 57개소의 고무신 공장이 총독부에 구제책을 요망하기도 했다.[20]

---

18) 池尾勝已 編, 『朝鮮に於ける化學工業品の統制』(朝鮮行政學會, 1942), 11~12쪽. 그런 의미에서 예를 들어 못은 조선제정(製釘)공업회사(1939.2.21)가, 고무는 수입업자인 미스이(三井)물산 등 6회사가 설립한 고무수입협회(1939.2.10)가 물자의 할당조정을 하도록 했다. 朝鮮原皮販賣會社(1939.2.24)·鮮産螢石共販會社(1939.3.24)·全國鑛山機械機具配給組合(1939.4.2)·朝鮮自動車御商組合(1939.10.7) 등도 대체로 마찬가지였다.
19) 〈穗積 殖産局長談(1938.11.10)〉, 『殖銀調査月報』(1938.12), 68~69쪽.

이처럼 조선의 특수사정을 감안한다는 논리는 다음의 두 가지 측면에서 이유를 볼 수가 있다. 그 하나는 물자부족 아래서 굳이 총독부가 드러내놓고 배급통제를 강화하겠다고 하여 업자가 경영난의 원인을 총독부의 탓으로 돌리게 되는 상황을 막자는 것이고, 또 하나는 형식적으로나마 조선에 대한 특혜를 선전하여 식민통치의 안정을 확보하려는 것이었다.

또한 생활필수품의 경우도 아직은 직접적인 '사용제한'보다는 제종의 물품세 및 소비세과세 등의 간접적인 제한이었다. 특히 물품세는 주로 사치품 혹은 이차적인 생활용품에 과세되는 것으로서 〈북지사변특별세령〉(1937.8)으로 '물품특별세'를 부과하기 시작했고, 〈지나사변특별세령〉(1938.4)에서 '물품세'로 되어 과세범위가 넓어졌다.

1939년 4월에는 그 범위가 더욱 확대되고 일부 물품의 세율이 인상된 데 이어 1940년 3월에는 전반적인 세율인상이 있었다. 본래 물품특별세 단계에서 제1종과 제2종 물품으로 구분하고 제1종은 소매상에게 제2종은 제조자에게 과세했으나 이후 물품세화하면서 과세범위가 전반적인 물품에 미치자 1·2·3종으로, 제1종과 제2종은 각각 갑·을로 구분했다.[21] 제1·2종은 본래 물품특별세의 구분과 같고 제3종에서도 제조자 또는 인수시 과세는 제2종과 같으나 제2종이 종가과세[가액의 10~20% 과세]인 반면 제3종은 종량과세인 것이 달랐다.

(2) 산업물자 배급통제 과정

조선에서의 산업물자 통제과정을 개략적으로 살펴보면 다음과 같

---

20) 『殖銀調査月報』(1938.12), 70쪽.
21) 중요한 종별물품을 보면 1종 갑은 주로 보석류, 을은 비보석류, 2종 갑은 사진기·축음기·화장품, 을은 라디오·선풍기·금고·기호음료 등이며, 제3종은 종량단위로 계산하는 성냥·주류·태 등으로 갑은 각 종별로 사치도가 높은 것이 지정되고 을은 상대적으로 낮은 것이다. 이에 과세율도 1종 갑은 가액의 20/100 을은 10/100, 제2종 갑은 20/100, 을은 10/100이며 제3종으로 성냥은 100곽에 5전, 소주는 1석에 9원, 기타주류는 1석에 20원이었다.[『殖銀調査月報』(1939.10), 57~60쪽]

다.22) 배급통제는 먼저 일본본토의 기획원이 각년도 및 분기별 물동계획을 작성하는 것부터 시작되었다. 본토의 물동계획은 크게 공급계획과 배당계획으로 이루어졌다. 그리고 공급계획은 다시 국내[생산재고], 북방엔블록, 제3국[동남아·기타] 등 지역별로 구분하고 배당계획은 군수[육군A·해군B]·민수[C, 육해군 이외의 관수 및 비군수] 등으로 구분되었다. 물론 A와 B가 중시되었지만 C라도 C2는 '생산력 확충용 자재'이기 때문에 중요한 의미를 가졌다.23) 그런데 여기서 해외수입 물량은 1941년 이후 연합군 진영의 대일금수, 유럽지역의 전쟁 등의 원인으로 사실상 중지되었다.

어쨌든 계획전년도 10월까지 기획원이 각지에서 물자수요 조서나 수급대조표 등을 종합하여 개략적인 물동계획[개략물동]을 입안하면 이후 각 수요간의 정치적·기술적 절충을 거치면서 각의에서 최종적으로 결정되었다. 여기서 동원대상은 약 400여 종에 달하였다.24) 그런데 물동대상 물자의 내용은 거의 소재물자·부품을 중심으로 한 것이고 제품을 대상으로 하는 물동은 형성되고 있지 않았다.

그리고 공급계획이 수립되면 포괄적인 일·만·중국의 생활계획이 설정되고 곧바로 기업별 생산계획·설비확충계획이 이어졌다. 이어서 각종 원자재의 목적별·분기별 배당계획이 입안되어 생활계획에서 지정한 순위에 따라 물자가 배급되었다.25) 물론 물동계획상 조선에 대한 할당 수량이 그대로 집행되는 것은 아니고 선박사정·용선문제 등의 특별한 사정이 감안되었다. 따라서 수급계획서[물자동원계획]가 총독부에 하달

---

22) 산업물자배급통제: 雲母(1940.1.11)·석유(3.1)·피혁(4.1)·카바이드(5.1)·목탄(7.24)·소다약품(8.22)·알코올(9.5)·수은(10.14)·朝鮮鐵屑故銅故鉛(10.30)·朝鮮輸出用原材料(1941.4.30)·고무(7.1)·목재(5.30)·燐狀(7.14)·석면슬레이트(10.1)·판유리(1942.1.1)·철강(4.1)·조선신탄(8.1)·소금(8.1)·공업용제혁품(9.2)·更生絲織物(9.27)·석탄(1943.7.20).
23) 中村隆英,「物動と生産力擴充」(『昭和經濟史』上(日本經濟新聞社, 1994.3), 222쪽.
24) 有澤廣巳 감수,『昭和經濟史』上(日本經濟新聞社, 1994), 222쪽.
25) 山崎志郎, 앞의 글(原朗 편,『日本の戰時經濟』), 48쪽.

되면 기획부는 사정변화를 감안하기 위기 위해 매분기별 혹은 매월 서울에서 혹은 도쿄에서 상공성 관계관 및 만주국 관계관과 회담하여 기존 실적수량[조선의 수입수량]을 논의하고 조선내 배당액을 결정한 다음 물동계획에 입각하여 구입증을 배당받았다.26)

이어서 총독부는 관계 국부과 또는 통제회[통제조합]·협의회 등 배급통제기관과 협의하여 각 소비부문별로 할당량을 책정하다. 이것을 토대로 업종별 통제회, 각종 배급통제기관은 이렇게 결정된 배당가능량과 수요자가 미리 요구한 수요량을 절충하여 기획부에 허가신청을 한다. 그리고 기획부로 허가가 나오면 통제회는 각 도나 배급실행기관[배급조합·배급통제회사]에 배급선별 배급수량을 통지하고 아울러 이 기관을 통하여 할당증명서·제조허가서 또는 배급증을 수요자 혹은 회사 등에 교부한다. 그러면 수요자는 증명서를 가지고 본토의 제조업자나 조선 내 지정 도매상·특약점 등 배급 실행기관에서 배급을 받는 것이었다.

그런데, 비료처럼 도단위로 할당되는 것은 비료년도[매년 7월부터 이듬해 6월까지] 마감 전까지 각도에서 월별 수요예상표를 제출받아 총독부가 소비실적에 따라 할당하였다. 이에 구체적인 산업물자의 배급통제 상황을 볼 필요가 있다.

[표 3-3]과 [표 3-4]는 일본본토와 조선에서의 산업물자 배급통제 과정을 정리한 것이다. 조선에서의 배급수속을 보면 먼저, 수요자는 통제회에 매월 소요량과 수요자 이름을 등록하고, 통제회는 수요자의 공급이 요청되면 발주서를 수요자에게 발송한다. 이어 수요자는 발주서에 소요량을 기재하여 통제회에 송부하며 통제회는 수요자의 발주서를 모아 총수요량을 정한다.

통제회는 공급량과 수요량을 사정회(査定會)의 논의를 거쳐 정하고, 결과를 매월 기획부에 제출해야 한다. 기획부의 허가가 나면 통제회는 수

---

26) 池尾勝巳 編, 『朝鮮に於ける化學工業品の統制』(朝鮮行政學會, 1942), 20쪽.

[표 3-3] 일본본토의 통제물자 배급절차
1) 수요기준〔철강·공작기계 예〕

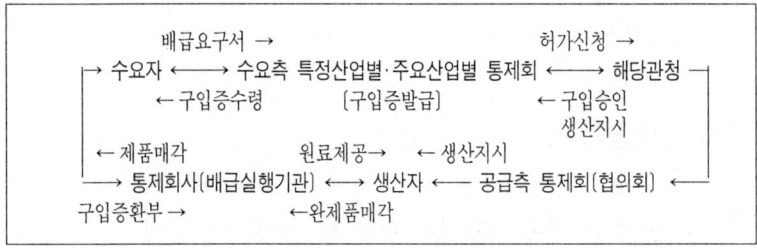

2) 공급기준〔고무제품의 예〕

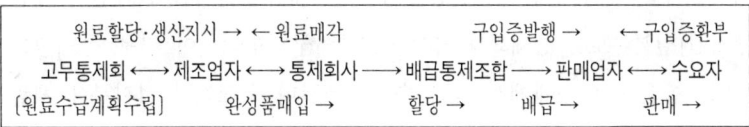

출전 : Cohen(大內兵衛역), 『戰時戰後日本經濟』上(岩波書店, 1950), 90~94쪽에서 참고.

[표 3-4] 조선에서의 산업물자 배급통제 절차

〈소다야품 배급통제의 예〉

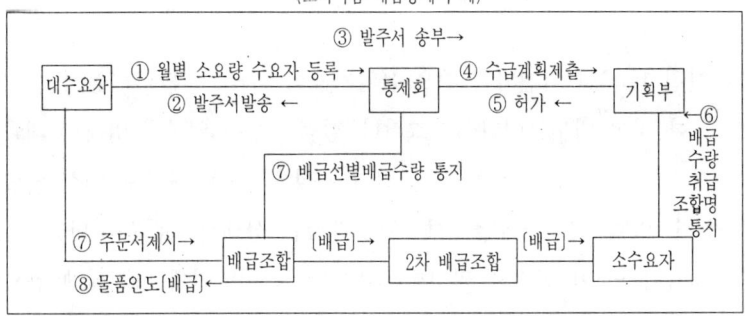

출전 : 池尾勝巳 編, 『朝鮮に於ける化學工業品の統制』(朝鮮行政學會, 1942), 20쪽 참고.

요자에 할당 배급수량 및 취급배급조합원명〔취급점명〕을 통지하며, 통지를 받은 수요자는 주문서를 지정 배급조합원에 제시하고 물품을 수령하는 것이다. 따라서 [표 3-3]에서 나타나는 일본본토에서의 배급통제절차와 거의 같음을 알 수 있다. 다만 조선에는 배급을 전문적으로 취급하는 통제회사라든가 산업별 통제회가 대체로 없었다. 따라서 배급조정은 협회〔협의회〕나 통제위원회·배급조합 등이 총독부 관계당국과 협의를 통하며, 배급실행은 통제회사가 없는 업종이 많기에 민간자치로 구성된 배급조합이나 특약점〔지정점〕이 대신하고 있다.

3) 물자 할당방식

또한 물자공급력와 관련하여 다양한 할당방식이 있다. 우선 강재·철강·아연철판·선재〔소규모 구입시〕·본토산특수강·주강·신 등 물동계획품목은 총독부에서 할당증명서 또는 배급승인서를 발급받아 배급실행기관〔일본본토는 통제회사〕에서 물자를 구입했다. 이 경우 통제협회나 통제조합은 수요자에게서 받은 수요량조서나 수요표를 기획부에 제출하여 물동계획에 참작했다. 그리고 본토산 기계기구 등 조선에서 생산되지 않는 물품은 발주승인서를 받아 일본본토에서 구입했고, 선철·주철관·목재 등 사용제한 중에 있는 물자는 사용증명서를 발급받아서 구입하였다.27)

한편 1940년 이전까지 주요 산업자재의 배급은 과거의 '실적'을 기준으로 한 것이 대부분이다.28) 그러나 '실적기준'은 일본인 업자나 대공장은 기계를 2부제로 가동할 수 있었기에 상대적으로 표준량 이상을 할당받을 수 있었지만, 중소공업에 대한 배급은 상대적으로 위축되었다. 그 결과 기업가들이 실적을 권리화하여 그것을 비밀리에 타인에게 양도하기도 하고, 물자부족을 빙자하여 매석·끼워팔기 등의 문제를 일으켰으며,29) 특히 배급 통제기관과 연고가 적은 조선인 업자는 조선인이 많은 면장 등 총력운동 조직을 통해 '정실'관계로 배급을 받는 등 문제를 일으켰다.

---

27) 「朝鮮に於ける資金·資材·勞力の統制大要」(『朝鮮經濟統制問答』, 東洋經濟新報社 京城支局, 1941.9), 188~200쪽.
28) 『殖銀調査月報』(1940.9), 122쪽.
29) 『經濟治安週報』(1942.6.29), 7쪽.

따라서 1940년을 전후하여 일본본토에서 '설비기준'에 의한 할당제도
가 확산되자 조선에서도 이 방식이 업종별로 채택되었다. 이에 맨처음
인견사가 '설비기준'으로 할당되었다(1940.3). [30]물론 '설비기준 배급할
당'에 대하여 대공장은 2부제작업·야간작업의 필요성 등을 들어 반대하
였다. 그러나 1941년 8월부터 총독부는 종래 '실적기준 할당'을 폐지하고
일반물자에 대해서도 '설비기준 할당'을 천명했다.[31] 그런데 그 방침을
보면 "성적우수자는 포상의 의미로 배급을 늘이고 성적불량자는 줄인다"
고 하여 엄밀한 의미의 '설비기준'을 수용한 것이 아니었다. 오히려 총독
부의 속셈은 생산력 동원을 용이하게 하는 이른바 '능률기준'을 채용하려
는 것이었다.

이러한 움직임 속에서 수출입 물자의 할당방식도 재편되었다. 즉 총
독부는 종래의 '실적기준' 할당이 출혈수출을 초래하고 실적이 좋은 회사
가 실적을 마치 권리화하는 등 폐단을 일으킨다고 하여[32] 1940년 4월부
터 3년간 무역액·수출허가액과 위탁계약액 합계액의 연평균액에 따라
할당하였다. 특히 '실적의 권리화'를 막기 위해 매년 할당액을 갱신하며
업자는 할당액 가운데서 수출되지 않은 것을 실적에서 감액하고 만약 해
당기한 전에 회사로 반환하면 그만큼 다음해 감액하였다.

요컨대 '능률기준'은 대자본 측에서 주장하는 '실적기준'을 동어반복하
는 것이었다. 겉으로 보면 '능률기준'은 공익을 위해 적정한 배급을 이루
자는 것이지만 실제로는 생산력확충과 대자본의 이윤증식 논리를 동시
에 대변한 것이었다. 결국 완전한 '설비기준'으로 전환하지 못하고 겉모
습만 바꾼 '능률기준'이 채택되었다. 또한 특수물자의 경우 부분적으로
인구율[33]이나 설비율·소비유형에 따라 할당되기도 하였다.

---

30) 『殖銀調査月報』(1940.5), 120쪽.
31) 『殖銀調査月報』(1941.11), 28쪽.
32) 『殖銀調査月報』(1942.7), 34~35쪽.
33) 경남지방의 경우 "못[釘]을 배급할 때 종래는 실적에 의해 실시되어 왔지만 도시의
    팽창, 지방산업의 발흥 등으로 수급비율의 변경을 보기에 이르러 수급의 균형을 저

3. 물자통제의 확대와 생필품 배급통제의 추진

1) 총동원체제 확대와 물자통제의 강화

1930년대 말까지 일본본토의 경제통제는 기업·생산·노동 방면의 전면적인 통제라기보다는 환·원료배급·가격 및 소비통제 등 간접적인 통제가 주였다. 이에 1940년대 대외적인 물자확보가 불투명해지자 일본본토는 군부와 재벌이 중심이 되어 전산업의 일원적 통제를 꾀하는 한편, 사용제한 중심의 통제구조에서 배급 및 생산에 대한 직접적인 국가통제를 꾀하였다[34]. 이에 일본은 예전의 임시법만 가지고는 일관성있는 '총력전체제'를 구축하기 어렵다고 보고 〈국가총동원법〉(1940.1)을 전폭 개정하여 국가가 물자 및 인적 자원 등 모든 부문에 대해서 직접통제를 가능하도록 했다. 우선 개정범위만 보아도 총 50조항 가운데서 25조항에 달했고, 종래 적용대상인 '총동원 관련물자 및 업무'가 이제는 '일반사업의 폐지·합병·해산'까지 확대되었다. 특히 〈국가총동원법〉 제31조에서 "정부가 국가총동원상 필요하다고 인정될 경우는 명령이 정하는 바에 따라 보고를 받고 또는 필요한 경우 해당관리가 임검을 실시하여 업무상황이나 장부서류 기타 물건을 검사할 것"이라 하여 기업경영 및 물자수급에 대한 국가통제를 규정하였다.

이후 각종 통제가 전개될 때는 으레 제31조의 규정이 적용되었다. 아

해하고 물자의 편재, 암행위 등의 발생이 예견되는 실정임에 비추어 일반 소매용에 대해서는 실적 7, 인구 3의 비율에 의한 신배급비율에 의하여 각 부·군·읍 할당을 실시한다"(『經濟治安日報』(1942.1.12), 2면)고 하여 실적과 인구율로 배급하였다.
34) 우리나라의 전시 배급통제는 1938년 7월 제1차 물자동원계획에 의해 34종의 주요 원자재에 대해 물자의 제조·판매 금지가 단행되면서 맹아가 나왔고 그 후 누차의 물동 및 가격억제에 동반하여 배급기구의 혼란이 증가하면서 그것의 통제가 점점 중요해졌는데 배급통제의 확립 실시는 늦어져 1939년부터 태동하여 제1차 확립을 본 것은 1940년이다.[京城商工會議所, 『朝鮮における物資配給統制機構』(1942), 2쪽]

울러 기왕의 〈임시자금조정법〉이나 〈수출입등임시조치법〉 등 임시법에 입각한 법령도 〈은행등자금운용령〉(1940.10)·〈물자통제령〉(1941.12) 등 〈국가총동원법〉에 기초한 법령으로 대체되었다.

한편 제2차 고노에내각(1940.7.2~1941.7.18)은 출범하자 "팔굉일우의 실현과 대동아 신질서를 위한 국내태세의 확립"이라는 미명하에 「기본국책요강」(1940.7.20)을 공포하고 공익우선·직분봉공·생산증강·지도자원리·관민협력으로 총체적 물자동원과 국가통제를 획책하였다. 이에 정치적으로 "상의하달, 하의상달로 국민의 정치관여로를 연다"35)는 명목으로 '대정익찬운동'을 전개하여 거국일당의 파쇼적 정체를 수립하고자 하는가 하면 경제적으로는 「경제신체제확립요강」(1940.12.7)을 통하여 산업일반에 대한 국가통제를 본격화하려는 것이다. 특히 산업통제와 관련하여 종래의 환정책을 보다 강화하고36) 종래 저물가정책을 아예 공정가격정책 등으로 강화하는데 '암거래·악성인플레·매점매석' 등에 대응한 대대적인 배급통제 계획을 추진하였다

조선은 일본본토보다 더욱 파쇼적인 국가통제가 강행되었다. 예를 들어 일본본토는 물자통제에 대한 지방관청의 통제권이 강한 반면, 조선은 중앙에 집중되었다. 그 결과 조선에서의 물자통제는 완전히 "총독의 명령에 의하여 모두 지켜지는 것"이었고 총독의 명령에 대해서 법령도 효력을 잃었다.37) 이에 총독부는 총독의 강력한 보호로 "일본본토와 경제적 마찰을 줄이고 조선의 경제인을 지켜줄 수 있다"는 이유를 들어 초법성을 합리화했다. 이러한 중앙집중식 통제는 물자에만 적용되지 않았다. 예를 들어 〈중요산업단체령〉에 따른 민간단체로의 통제권 이양에 관해서도 "조선은 민간 스스로 민간자치에 맡겨달라는 요구가 없을 뿐 아

---

35) 朝鮮總督府,「新體制運動ノ朝鮮ニ及ボタ影響ト其ノ對策」(『日本陸海軍省文書』32, 1940).
36) 1930년대 후반의 환무역정책은 환집중제·수출입환예약취급제·수출매취승인제 등의 형태로 실시되었다.(「聖戰下第5年一般經濟界回顧」(『經濟月報』(1942.1), 15쪽)
37) 井坂圭一良(總督府 商工課長),「經濟統制의 朝鮮における特徵」(『朝鮮經濟統制問答』, 東洋經濟新報社 京城支局, 1941.9), 28~29·37쪽.

니라 본토보다 총독부 통제에 협력적이기에 일원적인 총독부의 통제가 전개된다"고 했다.38)

또한 일본에서 〈국가총동원법〉의 대폭개정과「경제신체제확립요강」 등이 공포되자 조선도 종래와 같은 단순한 원료공급지가 아니라 전쟁에서 발생하는 희생을 조선이 대신 맡을 수 있도록 하는 증산대책과 더불어 각종 물자의 동원을 위한 물자통제가 강행되었다. 그러나 식민지 조선에서는 〈국가총동원법〉과 같은 법적 규제만으로는 실효가 없었다. 그것은 음양으로 조선인의 저항이 표면화된 것 때문이었다. 이에 조선인의 자발성을 재고하고자 국민총력연맹을 중심으로 '국민총력운동'이 시작되었다(1940.10.16). 그런데 '국민총력운동'이라고 한 것은 당시 일본본토의 '대정익찬운동'은 천황제 이데올로기를 토대로 거국일당을 표방한 것이기에 정치성이 강한 것이었고, 이 운동을 조선에 그대로 적용했을 때 자칫 조선인들의 정치적 요구가 분출할 수도 있다는 우려 때문이었다.39) 이에 조선에서는 국민의 정치적 참여자체가 부정되고 상의에 기초한 봉사적 실천운동만이 강요되었다.40)

그러한 차원에서「국민총력연맹 3대 실천요강」(1940.12.11)이 공포되었는데 특히 경제적 실천사항으로 배급통제에 대한 협력이 강조되었

---

38) 井坂圭一良〔總督府 商工課長〕,「經濟統制の朝鮮における特徵」(앞의 책), 30~31쪽.
39) 崔由利,「日帝末期(1938년~45년)「內鮮一體」論과 戰時動員體制」(이화여대 사학과 박사학위논문, 1994), 91쪽. 그런데 정치성이 강하게 출발한 일본의 대정익찬운동도 제2차 고노에 내각의 출범과 함께 우익·군부 등의 반대와 테러 등의 우려로 인해 본연의 의도에서 벗어나 신도실천운동 배급통제 수행 등 사실상 조선과 별 차이가 없는 국민총력운동으로 재편되고 있었다.[木村時夫,『昭和史を語る』Ⅲ(早稻田大學出版部, 1988), 47쪽]
40) 南次郎 총독은 "국민총력운동조직요강」을 공포한 후 임시도지사회의(1940.10.16) 및 제21회 중추원회의(1940.10.24), 국민총력앙양대회(1940.11.1) 등에서 행한 훈시를 통하여 누차 이 운동은 "정치운동이 아니며 어디까지나 봉사적 실천운동"임을 강조하고 굳이 일본본토의 大政翼贊이라는 말을 사용치 않은 것은 "자칫 정치운동으로 오해할 수도 있기 때문"이라고 했다.[〈臨時道知事會議 및 中樞院會議 總督訓示, 1940.10.16),『殖銀調査月報』(1940.12), 68·71쪽 ;「朝鮮に於ける新體制」(『朝鮮經濟新報』, 1940.11.25)]

다. 즉 본래 부락연맹이나 애국반은 필요할 경우에만 배급통제에 협력하는 것이었지만, 이후는 이들이 필요를 신청·할당·배급하고, 소비내역과 공정한 배분여부를 감시하는가 하면, 유언비어의 방지, 공정가격의 주지 등을 통하여 물자통제를 주도적으로 실행한다는 것이었다. 그것은 통제대상이 산업물자에서 생필품으로 확대되는 상황에서 이들 조직의 지원없이는 통제를 유지하기 어려웠던 것 때문이었다.

2) 원자재 사용제한에서 사치품 판매제한으로

조선경제의 급속한 전시적 재편성을 강조되는 1940년대 들면서 물자통제도 종전보다 더욱 강화되었다. 가장 특기할 만한 변화는 종전 〈수출입등임시조치법〉에 입각한 종전의 원자재 사용제한 혹은 산업물자 배급통제 중심의 물자통제가 이제는 생활용품이나 민수품·사치품 등 일반 물자에 대한 본격적인 통제로 전환하고 있다는 것이다.

먼저 1940년 이전까지 물자의 사용제한 정책은 〈총동원법〉 제8조 '주무대신은 물자의 생산·수리·배급·양도, 기타 처분·사용·소비·소지·이동에 관한 필요한 명령을 할 수 있다'고 하여 겉으로는 '국가적 통제'가 원칙이었으나 실행에는 여전히 〈수출입등임시조치법〉(1937.9.10)'이 근거였다.41) 이 법에 입각하여 주로 백금·철강·선철·주물·피혁·강·연·아연·주석·고무 등 산업물자를 사용 제한하거나 휘발유 및 중유판매, 섬유공업설비의 신설·증설, 모제품-스프(스테이블화이버)의 혼용, 면제품제조 및 가공 등을 규제하였다.

둘째 생필품의 경우도 아직은 직접적인 '사용제한'보다는 제종의 물품세 및 소비세과세 등의 간접적인 제한이었다. 그런데 1940년부터는 양지(1940.3)를 비롯하여 광건면직물(1940.6), 조선산 잡곡(1940.8), 수건·군장갑·양말·셔츠·바지류(1940.8), 피복·기성품류(1941.8), 맥

---

41) 倉橋藤治, 『日本工業槪論』1(1943.9), 161쪽.

주(1940.8), 밀가루(1940.10), 고무신(잠정 1940.10) 등의 생필품이 차례로 통제되었다. 아울러 각종 통제규칙에 입각하여 업종별 생산자 및 판매점으로 배급통제협회 및 협의회가 결성되면서 통제기관이 할당한 물자를 소속회원인 각 대도매상 및 특약점이 배부한 배급증과 교환하여 구입할 수 있도록 했다.42)

물론 태평양전쟁 직전까지 생필품 통제는 여전히 〈수출입등임시조치법〉에 기초하여 진행되고 있었다. 그것은 태평양전쟁 이전까지는 여전히 일본의 물자동원정책에서 수이입제품이 중요한 지위를 점하고 있었음을 말한다. 그러나 태평양전쟁 직후에 일제는 〈물자통제령〉(1941.12.15)을 공포함으로써, 〈국가총동원법〉에 입각한 본격적인 배급통제를 전개하게 된다.

한편 1940년대에 들면서 일제는 일련의 원자재 배급통제·사용제한 위에 전면적인 배급통제를 획책하고 그 일환으로 사실상 사치품으로 치부되는 일본상품에 대한 전면적인 생산·판매·소비의 금지를 꾀하려는 이른바 〈7·24금령〉을 공포하였다[부령 179호, 1940.7.24]. 그것은 공정가격을 설정하기 어려운 규격외품 및 사치품에 대하여 제조 및 판매를 제한 또는 금지함으로써 이들 분야의 자재·동력·노동력·연료 등을 중점주의에 입각하여 국민생활 필수품의 생산 및 공급에 충당하고 이들에 향하던 구매력을 저축하여 공채소화력으로 확보하는 것이었다. 아울러 규격외품의 판매금지로 공정가격제를 유지하여 물가정책의 원활화를 기하는 것이었다.43)

그런데 1940년 9월 당시 경제통제협력연락회가 조사한 전선의 금지품재고량은 서울의 550만 원을 비롯하여 청진 93만 원 등 총 1,500만 원에 달하였다. 그런데 특히 조선 북부에 재고가 많다.44) 그것은 경공업이

---

42) 『殖銀調査月報』(1940.9), 119쪽.
43) 「奢侈品等製造販賣制限規則に就て」(『殖銀調査月報』, 1940.10), 2쪽.
44) 전국경제통제협력회 조사 전조선 사치품제조량(1940. 9, 단위 만 원)

많은 조선 남부보다 북부지역의 사치품 재고가 많은 것은 〈7·24금령〉이 주로 '중요물자의 사용제한'이라는 의미의 연장으로 해석된다. 즉 당시의 금령이 일반적인 귀금속류 등 생활상의 사치품금령으로 기능하지 못하고 중요물자의 비시국 부문으로 소비를 금하는 기능으로 전락했다는 것이다.

이런 〈금령〉의 결과에 대해서 식은 당국자는 일본에서는 직물류 등에서 큰 타격을 입었으나 조선의 경우는 상대적으로 소득수준이 낮고 이 분야의 수요층이 주로 소수의 부유층이라는 점에서 "조선업자에게는 그리 영향을 주지 않았다"고 했지만 〈사치품금령〉으로 "생활수준의 차이에 따라 사치품의 소유는 적겠지만 업자는 의외로 실업이 상당히 광범할 것으로 보인다"[45]고 하여 실업의 확대를 우려했다. 이에 대책으로 "국가적으로 보아 재고처분이 가능한 것은 특별한 조건을 붙여 허가할 것"이라 하여 일부 사치품업자의 구제를 언급했다.

그러나 '구제'는 '일본과의 동일한 조건에 의한 것'이라 하여 사실상 전업이나 내용품 공업으로의 전환을 통한 구제였다.[46] 이는 〈금령〉 제5조 및 제8조에서 수출이 명확한 물품에 대한 제조 및 양도를 및 부득이한 사유로 수출용 견본·외국항로선박용품·학술시험연구용품·예술 및 기술확보상 필요한 경우, 노·가부키·무용의상·군수 용품 및 신문용품, 신사 및 불각 교회용 행사물품 등은 적용 예외로 한다고 하여 암묵적

남선지역	부산	77	대구	59	전주	31	진주	7	목포	14	군산	26	광주	?
중선지역	서울	550	인천	32	대전	22	해주	2	춘천	1				
북선지역	함흥	49	나진	24	청진	94	성진	58	신의주	41	진남포	13	원산	27

그런데 이 조사는 협력회에 가입한 단체에 한한 조사로서 실제는 이 수량의 3배 정도로 예상되는데 예를 들어 경성상의가 따로 조사한 자료에 의하면 서울만도 141만 8,388점, 금액으로 859만 원이고 그것도 金物·고물상·荒物·전당포가 조사에서 누락된 조사였다. 이에 경성부의 조사에 의하면 1천만 원에 달하고 있다.[『殖銀調査月報』(1940.11), 107쪽]

[45] 「奢侈品等製造販賣制限規則に就て」(『殖銀調査月報』(1940.10), 24쪽.
[46] 「奢侈品等製造販賣制限規則に就て」(『殖銀調査月報』, 1940.10), 25쪽.

[표 3-5] 〈7·24사치품 제조·판매금지령〉의 대상품목

금 지 대 상	구 분
직물[染繪羽模樣補襠地製品, 刺繡品] 신변장식품[반지·목걸이·넥타이] 보석류[다이아몬드 루비] · 식기 · 주방용 · 가구용 은제품 · 미술장식품 · 끽연용구 · 장신구 · 牌盃 · 상아 등	제조 제한품목
○ 한계가격 이상 판매금지 : 기왕 사용제한 품목[백금·선철주물·강·동·연·아연·석·피혁·고무 등](규칙 제2조 2항), 포목류 34종, 양복지 및 양복류 17종, 양품잡화 12종, 신변장식품류 15종, 가구류10종, 문방구류 11종 및 기타 사진기 등 5품목 [고시 776호] ○ 전면 판매금지: 보석류 26종	판매 제한품목

으로 수출용 및 군수용으로의 전업을 요구한 데서도 알 수 있다.

아울러 1940년 10월에는 사치품의 범위를 분명히 하고 종래 조선에서는 금지되고 일본 내에서는 허가된 품목 및 국민생활상 꼭 필요한 물품만 허가하는 데 이어 사치품 범위도 결정하여 비교적 사치스럽지 않은 물품은 사용을 허가하기로 했다. 이에 이러한 물종을 사용할 경우 조선경제통제협력회의 인가를 받아 신청을 통해서 사용할 수 있게 되었다.

예를 들어 금은사(金銀絲)의 경우 옷감 · 기성아동복 · 일본식양복 · 잠자리용 이불류 · 방한용 머플러 · 일본식 양산 · 허리띠 · 넥타이 등에는 특별한 감을 제외하고는 사용신청을 하도록 하고 그밖에 무선 시혼 벨벳 · 빌로드 축면 · 깃털수제품 · 견부용 레이스제품 등의 경우도 용도에 따라 사용토록 했다.47)

3) 산업물자 배급통제에서 생필품 배급통제로

(1) 생필품 배급방식의 다양화[배급증제도]

한편 1940년부터는 기왕의 〈수출입등임시조치법〉을 기반으로 하면서 양지(1940.3)를 비롯하여 광건면직물(1940.6), 보리(1940.6), 부인용

---
47) 『殖銀調査月報』(1940.12), 106쪽.

고무신(1940.6), 성냥(1940.7), 조선산 잡곡(1940.8), 수건·군장갑·양말·셔츠·바지류(1940.8), 피복기성품류(1941.8), 맥주(1940.8), 설탕(1940.8), 밀가루(1940.10), 고무신(잠정 1940.10) 등의 생필품을 차례로 배급통제를 했다.

이와 함께 총독부는 종래의 〈물품재고수량조사규칙〉을 폐지하고 '자원조사법'에 따라 〈중요물자현재고조사규칙〉(1941.3.11 공포, 3.30 시행)을 제정하여 섬유제품〔모직물·견직물·인조견직물·스프·갱생사직물·면직물·타올〕, 금속제품〔철환정·침금·철선·아연철판〕, 연료〔연탄·목탄〕, 일반물자〔간장·된장〕 등 총 15종의 물품조사를 시작했다. 조사목적은 "물자의 생산·배급·소비의 종합적 이용계획을 세우기 위한 조치"였으나 실제는 '폭리단속령 및 가격통제령의 위반' 등 경제사범이 급격히 증대하는 상황 아래서 물자동향을 총독부가 직접 그리고 연속적으로 파악하여 물자통제를 강화하려는 것이었다.48)

이어서 태평양전쟁은 이러한 일세의 배급통제정책을 더욱 가속화했다. 특히 전쟁 직후에 공포된 〈물자통제령〉(1941.12.15)은 조선내에서 전쟁동원이 가능한 모든 물자에 대해서 총독부의 완전한 통제권을 보장하는 것으로 총독부의 물자유통 구조에 대한 전면적인 지배가 실현되었다.49)

이 같은 생필품에 대한 배급통제정책이 추진된 결과 배급방식도 생필품 품목의 다양성에 맞춰 매우 복잡해졌다. 생필품 배급은 각종 배급통제규칙에 입각하여 업종별 생산자 및 판매점을 모아 배급통제협회〔및 협의회〕를 결성하도록 하고 이에 통제기관이 할당한 물자를 소속회원〔어

---

48) 〈穗積 식산국장 담화〉, 『殖銀調査月報』(1941.5), 74쪽.
49) 물자통제령 전후의 주요 생필품 배급통제 상황 : 전기기기배급제(1940.10.12), 이입청과물배급제(1940.11.1), 제면배급제(1941.12.30), 생선·식료배급제(1940.12), 청과물10품목배급제(1941.8.10), 알루미늄가정용기물배급제(1942.1.31), 된장·간장배급제(42.8.1), 고무·피혁 운동용구배급제(42.7), 모직물배급제, 일본산 침구류배급제(42.9.25), 朝鮮産鮮魚介配給制(43.9.30).

상 및 특약점]에 배부한 배급증[매출표 혹은 전포]과 교환하여 구매하는 것이었다.50)

이러한 배급방식은 배급증 제도를 통하여 실현되었다. 즉 산업물자는 물량의 확실한 통계를 낼 수 있었기에 암거래 등이 발생할 여지가 적었으나 쌀·설탕·생선 등의 생필품은 제품자체의 계절성·지방성 등으로 인해 재고를 파악하기 어렵고 배급통제망을 벗어날 가능성도 높았다.

또한 배급기구를 통제하여 말단 소매상까지 통제가 된다고 해도 소비자의 구매를 자유롭게 한다면 암거래와 암가격을 저지할 수 없었다.51) 따라서 배급량마저도 국가가 정밀하게 통제하자는 의도에서 함께 배급증제도를 실시한 것이었다.

일본본토에서는 이미 1930년대 말부터 면사(1938.3), 석유(1938.5)를 비롯 철강(1938.7), 석탄·전기동(1938.11), 자동차타이어·고무(1939.2) 등 중요물자나 수입두절에 따른 긴급물자를 대상으로 배급증제도를 실시하였다.

그리고 생필품은 1940년 6월부터 성냥[하루 5곽], 설탕[1개월 반 근] 등에 대해 자치적으로 실시되고 1941년 9월에는 밀가루·식용유·설탕·식량에 대한 '일용품단일배급증제도[集成切簿]'가 실시되었으며 마침내 1942년 2월에는 '의료품종합배급증제도(衣料品綜合配給證制)'가 실시되어 사실상 거의 모든 생활용품에 대한 배급증제도가 실시되었다.52) 조선도 이미 1938년 12월부터 양정·타이어·면사 등 산업물자에 대한 배급증제도가 개시되었고 1940년부터는 각종 배급통제와 더불어 조선산 면포[1인당 5마, 지역에 따라 4마: 1940.6]·성냥(1940.7)·설탕(1940.8) 등 생필품에 대한 배급증제도가 실시되었다.53)

---

50) 『殖銀調査月報』(1940.9), 119쪽.
51) 『經濟治安週報』(1942.10.23), 8쪽.
52) 「切簿制度の諸問題」(『朝鮮經濟新報』, 1940.7.25).
53) 배급증제도 실황을 보면 석유(1940.6), 조선산 면포(잠정 1940.6, 본령 1941.7), 성냥(1940.7), 설탕(1940.8.1) 고무신·故鐵·故銅·故鉛(1940.10), 전기기기(1940.10.1),

실시방법을 보면 우선 일반소비자의 소비를 규제하는 통장제[배급 카드제] 방식이 있었는데 주로 주류 등에 적용되었다. 그리고 애국반을 통해 구입증 혹은 전표[식량은 매출증]를 받아 지정된 수량을 실물로 교환하는 방식이 있었다. 이것은 주로 식용염이나 식량 등 대부분의 생필품 배급에 이용되었다. 아울러 판매업자에게 실적에 입각하여 물자가 할당되면, 업자는 할당증명서를 가지고 배급을 받았는데 이 방식은 주로 산업물자나 이입물자의 배급에 이용되었다.54) 만약 구입증에 정회 총대나 구장·반장의 날인이 없거나 유효기간이 경과한 것, 가족수를 정정한 것, 다른 반의 구입표를 사용한 것, 반원의 가족수나 구입량을 기입하지 않은 것, 구입일시 및 점인이 없는 것 등은 무효였다.55)

둘째, 배급증 이외에도 물자 수급상황에 따라 다양한 배급방식이 고안되었다. 예를 들어 타월처럼 생산과 소비간의 격차가 격심하여 수요자 전부에게 충분한 배급이 불가능할 경우에 3인에 대해 1년에 1개씩 추첨하여 할당하였다.56) 면포 등의 할당은 인구비율로 그밖에는 문화수준이나 소비수준을 참작하기도 했고,57) 병원용 계란의 경우처럼 공급이 극히 부진한 경우는 '1인당 3개' 등 개인별로 할당하기도 했다.58)

제면의 경우는 구입증으로 1호당 판매수량을 엄격히 제한하고 구입 시 식료품배급증을 지참하게 하여 제면과 식료품 배급상황을 동시에 열람할 수 있도록 하였다.59) 또한 가정용 육류의 경우 윤번구입표라고 하

洋紙(1941.3), 타올·全綿布(1941.8), 가정용 석탄(1941.9.18), 동물뼈(1941.10.15), 자동차 부분품(1941.10.28), 煉乳전표제(1942.1.31), 미곡매출표제(1942.7.1), 가정용 육류 윤번구입표제(1942.9.2) 등을 들 수 있다.
54) 京城商工會議所, 『朝鮮における物資配給統制機構』(1942), 3쪽.
55) 『經濟治安週報』(1942.8.17), 6쪽.
56) 『殖銀調査月報』(1941.7), 55쪽.
57) 『殖銀調査月報』(1941.8), 55쪽. 지방별로도 인구수준에 의한 배급제가 이용되기도 했다. 예를 들어 해주부는 "물자결핍에 따라 임시대책으로 1942년 6월분부터 면봉사 할당방법을 애국반의 인구율을 통하여 실행했다"한 것에서도 나타난다.[『經濟治安週報』(1942.8.2), 7쪽]
58) 『經濟治安週報』(1942.7.20), 2쪽.
59) 『經濟治安週報』(1942.8.17), 7쪽.

여 매월 2회 정도를 윤번식으로 통장을 가지고 구입하게 하고 한번 배급할 때 4인가정은 50g, 5인 이상은 100g 정도를 배급하였다.[60]

요컨대 1940년대 이후 산업물자에 이어 생필품에 대해서도 배급통제가 시작되었다. 그것은 다양한 생활용품의 배급에 필요한 다양한 배급방식을 요구하는 것이었다. 그러나 현실적으로 총독부의 행정력만으로는 조선인들의 생필품을 철저히 통제할 수 없었다. 따라서 행정력 이밖에도 총력운동기관이나 기존 배급조직을 동원해야 하였다. 그러나 이들 조직에 의한 할당도 원활하게 수행된 것은 아니었다. 예를 들어 할당기관인 조선면사포상연합회 관계자들이 품귀였던 염조포(染粗布)를 거액의 웃돈을 받거나 '정실(情實)배급'을 하는 등[61] 배급조직을 둘러싼 경제범죄가 확산되고 있었다.

(2) 배급통제기구의 구축

1940년 이후 각종 물자부족 사태가 겹치자 총독부는 실질적으로 배급제도를 운영할 경제통제협력회를 설치하였다.[62] 이들 조직은 각지 상공회의소를 재편한 것으로 총독부 상공과장 이자카(井坂圭一良)이 언급한 것처럼 "새로운 통제기구를 만들지 않고 업자의 자치조직을 최대한으로 이용하여 통제의 실효를 거두자"는 속셈이었다.[63] 또한 조선상의(朝鮮商議)는 당시 조선 내에서 도별 물자배급의 불균형·물자편중·암거래 등을 시정한다는 취지 아래 '물자조정연락협의회'를 설치하고 중부·호남·'남선'·'서선'·'북선' 등 블록별로도 협의회를 구성하였다(1941.5). 그러나 이러한 움직임은 민간자치적 배급계통의 확립이라기보다는 행정

---

60) 『日帝侵略下韓國三十六年史』13(1942.9.1), 222쪽.
61) 警務局 經濟警察課, 『朝鮮治安週報』(1942.5.26), 1쪽.
62) 부산부·청주·군산(6.1), 목포(6.6), 평양·나진(6.12), 경성(6.15)에 이어 경제통제협력연락회(6.18)가 결성되어 조선상의의 회장이 이 조직의 회장을 겸했다.
63) 井坂圭一良[總督府 商工課長], 「經濟統制の朝鮮における特徵」(『朝鮮經濟統制問答』, 東洋經濟新報社 京城支局, 1941.9), 35쪽.

력만으로 소화할 수 없는 배급통제를 이들의 힘을 빌어서라도 해보려는 것이었다. 이러한 종합적 배급조정기관과 더불어 업종별로도 배급통제 기관이 구성되었다. 예를 들어 화학제품의 배급망을 보면 [표 3-6]와 같다. 먼저 조선에서의 배급통제기관은 본토의 산업별 통제회 같은 조직이 설립되어 있지 않아 대체로 물종별 통제기구가 중심 역할을 수행했다.

그리고 기구형태도 업종의 자급력·대외의존·판로·수용처 등에 따라 다양했는데 통제방식에 따라 대체로 협의회〔협회〕·통제회·통제조합 등으로 구분된다. 우선 통제회〔통제위원회〕는 총독부의 관계관 및 민간업자·대수요자들이 연석하여 물자의 통제·할당을 결정하는 기구였다. 당시 통제회가 결성된 업종으로는 화학공업 계통에서 용매제·소다공업·약품·공업용 붕산·붕사·코발트·칠·염료·화약 그리고 섬유업 계통에서 설섬유·고섬유·조선산 광폭면직물·본토산 스프·인견직물·본토산 견교직물 등이었다.64)

대상물자는 대부분 산업물자인데 이것은 통제회기 대체로 조선내에서 자급력이 낮아 총독부나 배급통제기관의 계획이 하달식으로 주입될 필요가 있을 경우 설립된 것으로 보인다. 따라서 통제회에 의한 할당코스는 주로 산업물자를 배급조합·통제회사 등의 조직을 통하여 배급한 반면, 소비재로의 전용은 고려되지 않았기에 행정조직〔총력운동기관〕에 의한 일반 소비자로의 할당계통은 대체로 없었다.

둘째, 협의회는 수요계획을 작성할 때 '하의상달(下意上達)'식 결정이 필요한 경우에 결성된 것으로 보인다. 협의회가 결성된 업종으로는 화학공업에서 시멘트·유산동·화약류·벤졸·카바이드·화장품·면화·요드·용매제·메탄올·포르말린·선광제·아세틸렌블록, 판유리업 그리고 철강금속업에서 철판·고철·고동·고연·못·아연, 식료품업에서 맥주〔맥주협회 조선지부〕·설탕·밀가루, 청과물〔조선외산〕, 그리고 섬유

---

64) 池尾勝巳 編,『朝鮮に於ける化學工業品の統制』(朝鮮行政學會, 1942) : 京城商工會議所,『朝鮮於物資配給統制機構』(1942) :『殖銀調査月報』(각 연도판)에서 선정함.

[표 3-6] 조선 화학물자의 배급통제

물품	배급통제기관	배급수행기관	
		제1차 물자구입기관	제1차 물자배급기관
비료	농정과	製造會社[생산] 中央肥料配給統制組合[이입,구입]	朝鮮中央비료配給統制組合[배급,할당] 道[배급,할당]
카바이트	기획부[협의회]	제조공장[생산] 朝鮮카바이트配給組合[구입]	朝鮮카바이트配給組合[배급할당,실행] 道[배급,할당]
소다薬品	기획부[통제회]	소다약품배급株式會社[구입,수이입] 질소비료판매株式會社[구입,수이입] 日滿상사株式會社[구입,수이입]	소다공업약품제1차配給組合[배급할당,배급] 道 단위 배급할당 없음 질소비료판매株式會社[구입,실행]
경화유	기획부[협의회]	日窒, 協同油脂, 朝鮮油脂[생산] 日米鑛油株式會社 京城지점[수이입]	협동유지판매, 日米鑛油 京城지점[구입,실행] 道배급할당 없음
타이어류	기획부[일본타이어협회경성지부]	일본던롭고무 지점 출장소[수이입]	지정판매업자[실행] 道[배급할당]
고무신	기획부상공과	조선고무공업조합연합회[배급,할당] 제조공장[생산]	조선고무화판매통제주식회사[구입,실행]
염료	기획부[협의회]	조선국산염료이입통제조합[이입]	조선국산염료이입통제조합[할당,실행]道[배급]
판유리	기획부[협의회]	조선판유리판매주식회사[확보]	조선판유리제1차 매입자조합[실행],道[배급]
의약품	후생국	조선의약품통제주식회사[확보]	조선의약품통제주식회사[이입],道[배급할당]
시멘트	상공과 [협의회]	조선시멘트협회[생산할당]	道[배급할당], 道 특약점조합[실행]
석면 슬레트	상공과 [협회]	제조공장[淺野시멘트, 동아공업주식회사, 동양시멘트]	군수관수는 제조공장 직접배급 직배
성냥	총독부	保證責任朝鮮燐寸工業組合[확보]	保證責任朝鮮燐寸工業組合[할당,실행] 三菱商社[실행], 道[할당]

비고 : ① [ ] 안 표시 : 가) 물자구입기관-[수이입] 일본외 제3국포함하여 외국에서 구입하는 경우[이입]본토에서만 구입하는 경우[구입] 선내에서 물품을 일원적으로 확보해서 배급준비하는 것[할당] 각 제조업체에 생산량 할당하는 것[확보] 朝鮮 內·外에서 종합적으로 물품을 구입한 것[생산] 생산기관. 나) 제1차 配給實行機關-[할당]: 배급량을 할당하는 것[실행] 배급을 실행하는 것. ② 道할당은 군·읍·면이나 직접 소매상에게 배급 또는 할당하는 것을 포함함. ③ 제2차 이하의 배급할당 및 실행과정은 생략함.
출전: 京城商工會議所,『朝鮮における物資配給統制機構』(1942), 45~70쪽에서 재작성.

업에서는 제면·면봉사·양지·목탄 등이었다. 따라서 협의회는 주로 소비재 산업에 필요한 물자나 생필품 배급을 위해 설립된 것이라 여겨진다. 이에 기존업자 중심의 배급기구 이외에도 행정조직[총력운동조직]에 의한 배급망이 갖추어져 있었다.

　셋째, 특수한 경우 주류처럼 조합원들이 통제조합 형태로 결속하여 자치적으로 생산 및 배급을 계획하였다. 예를 들어 화학공업의 염료·주정·비료, 섬유업의 모직물·모직물류 기성복·메리야스·타월·스프인견사·모사·군장갑, 식료품의 우유·분유·조선산 청과물업 등에서 결성되어 있었다.

　통제기관별 운영방식은, 우선 통제회는 조합이나 협의회와는 달리 총독부의 관계 국·과장으로 구성된 위원회로서 자체로 할당량을 결정하였다. 예를 들어 조선소다공업약품통제회의 사업은 생산 및 수이입 계획, 원자재 확보, 적정가격유지, 수이출수량 결정, 판매업자별, 용도별 배급수량의 결정, 필요한 자료수집·조사, 관계관서의 자문에 대한 답신65) 등이었다(규약 제9조).

　그런데 카바이드협회규약은 수급조정, 원자재확보, 적정가격의 유지, 관계 공공기관의 자문에 대한 답신·연락, 기타 필요한 사항으로 국한되었다. 즉 협의회는 배급계획은 할 수 있어도 판매업자로 향하는 용도별 배급수량이나 수이출수량에 대해서 결정권을 행사할 수 없는 것이다. 둘째, 의안 처리방식도 달랐다. 즉 협의회와 통제회 모두 회원의 만장일치가 필요했지만 통제회는 회원의 3/4의 출석이면 가능한 반면, 협의회는 전원출석이 원칙이었다(카바이드 협회규약 제7조, 소다약품통제회규약 제15조). 그리고 통제조합은 출석조합원의 합의제를 원칙으로 하나, 의견이 분분할 경우에 의장이 재결하는 차이가 있었다(조선주정조합규약 제14조).66)

　그러나 협의회에서 배급량을 책정하든지 통제회에서 결정하든지 총독부가 개입하고 있기에 협의회와 통제회의 구별은 의미가 없다. 즉 협의회의 경우도 통제회와 마찬가지로 기획부 관료가 임석하여 결의과정

---

65) 池尾勝巳 編, 『朝鮮に於ける化學工業品の統制』(朝鮮行政學會, 1942), 28쪽.
66) 池尾勝巳 編, 『朝鮮に於ける化學工業品の統制』, 270쪽.

에 개입하였다.67) 또한 통제조합도 광산·공장·공사장 등 생확산업으로 공급하기 어려운 경우 조합원 생산중에서 일정비율을 우선 공급해야 했다.68) 요컨대 통제기관은 물자의 공급상황에 따라 다양한 형태로 설립되었으며, 그 목적도 통제경제를 전개하는 데 필요한 민간조직의 협력을 구하기 위한 것이었다. 따라서 협의회·통제회를 막론하고 필요에 따라 총독부는 '시국상황'을 빙자하여 자치통제의 원칙을 파기하고 관권을 침투시켰다.

한편 배급수행기관을 보면 일본본토는 통제회사가 있어서 독점적으로 물자의 구입·판매·공급 등을 수행했지만 조선은 기존의 통제조합이나 공업조합이 대신하였다. 그것은 조선의 배급통제가 굳이 통제조합을 신설할 필요가 없었고 기존의 조합만으로도 가능했기 때문이었다. 배급수행기관의 조직형태는 특수법인[예를 들어 각종 협회]에 의한 것과 통제회사 등의 회사에 의한 것[특수회사와 일반회사 형태로 나눌 수 있다] 그리고 조합에 의한 것[공업조합·이입조합·임의조합·동업조합 등 다양한 구분된다]이 있다.69)

먼저 조합에 의한 것을 살펴보면, 공업조합은 〈공업조합령〉(1938.9)에 근거하여 설립된 관제적 통제기관으로서 조선성냥공업조합(1939.2 결성)이 그 효시였고 1944년 9월까지 37개 전조선 단위공업조합이 설립되었다.70) 또한 동업조합은 카르텔 형태의 임의조합적 성격이 강했기에 관청의 간섭을 배제하고 독점자본의 배급우선권을 확보하는 데 주로 이용되었다. 대표적으로 '조선석유판매동업조합'을 들 수 있다. 그리고 당시 조선내 6천여 개소에 달했던 임의조합은 주로 미곡이나 잡곡 등 생필품 배급을 위하여 설립되었다. 외형상 임의조합이었기에 법적 권한이 없었으나 임의조합이 공적 조직으로 공인되면서 관청의 통제권을 위임받

---

67) 『殖銀調查月報』(1941.1), 117쪽.
68) 『殖銀調查月報』(1941.6), 82쪽.
69) 「長期建設に前進する朝鮮經濟」(『朝鮮經濟年報』, 1940), 40~42쪽 참조.
70) 朝鮮工業組合聯合會, 『朝鮮工業組合』(1944.9), 4쪽.

아 통제하였다.

둘째로 회사나 특수법인에 의한 것을 보면, 조선물산협회와 같은 특수법인은 주로 판매나 알선에 그치는 것으로 강제적인 통제력은 없었다. 조선미곡시장주식회사와 같은 통제회사는 배급통제수행을 위해 신설된 전문적인 배급조직으로서 배급독점권을 가지고 국책을 대행하였다. 그런데 전조선 단위의 배급기구만을 대상으로 한 것이며 이밖에도 도단위 조직도 상당했다. 예를 들어 1940년의 경우 섬유업의 전조선 단위배급단체는 28개인데 비해, 도단위 조직은 142개소였고[71] 공업조합은 도단위 조합만 137개소였다.

또한 잡곡과 같이 전조선을 한 단위로 통제하는 것[중앙잡곡조합]이 있었고 미곡처럼 도별 미곡배급조합도 있었다. 그밖에도 수입품을 취급하는 수출조합·통제조합·이입조합 등 다양한 기구가 있었다.

4. 나가며

전시체제하 조선에서의 배급통제는 일제가 증산을 하지 않고서도 효과적으로 물자동원을 용이하도록 이용된 하나의 수단이었다. 일제의 배급통제정책의 시기별 추이를 보면 [표 3-7]과 같다.

먼저, 제1기(1938~40)는 총독부가 물자동원을 확대하고자 사회간접자본 이외에도 생산력 확충산업을 확대하기로 하고 '시국대책조사회'를 소집하여 인조석유·유안 등 국책산업의 증강문제를 논의하였지만 조선공업의 현실상 이러한 증산정책은 바라던 목적을 달성할 수 없었다. 그리고 증산품도 아직은 수이입 대체용 중심이었으며, 지역적으로도 조

---

71) 「長期建設に前進する朝鮮經濟」,(『朝鮮經濟年報』, 1940), 45쪽.

[표 3-7] 중일전쟁기 일제의 '배급통제' 추진과정

구 분	단계별특징	시 점
제1기	원자재 사용제한 단계 중요산업물자 배급통제	1938. 2 수출입등임시조치법 1938. 9 시국대책조사회답신
제2기	사치품 판매제한 단계 생필품 배급통제 단계	1940. 7 7.24사치품 금령 1941. 3 생필물자통제령
제3기	일반물자 배급통제	1941.12 물자통제령
제4기	배급기구정비 및 배급정지단계	1944. 2 배급기구정비요강

선 북부에 공단이 집중되었다. 이에 1930년대 후반에는 증산보다는 물자통제가 물자동원의 축으로서 조속히 조선에서 실시되었는데 이시기 물자통제의 방향은 〈수출입등임시조치법〉에 권원을 둔 중요 원자재 및 산업물자의 사용제한 및 배급통제였다.

제2기(1940~1941)는 물동확대를 위해 증산과 더불어 각종의 물자통제가 병행하던 시기였다. 그렇지만 물자통제는 증산하지 않고도 동원력을 증강하자는 것이었다. 특히 배급통제는 종전까지 주로 〈수출입등임시조치법〉에 근거한 것이었지만 이제는 개정 〈국가총동원법〉(1941.3)이 실효를 발하면서 기업정비·이윤배당통제·배급통제·설비회수·배급기구정비·원가계산제도 등 생산·배급·물가 등 총체적인 국가통제가 진행되었고, 배급통제도 그 일환으로 전개되었다. 특히 태평양전쟁 직후 공포된 〈물자통제령〉(1941.12)은 종래의 〈수출입등임시조치법〉에 근거한 통제체제 즉 민간자치적 배급통제의 외형을 완전히 걷어치우고서 본격적으로 〈국가총동원법〉에 입각한 관권적 배급통제를 지향한 것이었다.

이로써 조선 총독의 한마디로 모든 물자에 대한 국가통제[명령]가 가능해졌다. 더불어 생필품에 대한 대대적인 배급통제가 시작되었다. 그것은 1940년 이후 일본본토에서 본격적으로 군수공업화와 민수산업 정리가 진행되면서 조선으로 생필품 이출능력이 한계에 봉착했고, 조선에서 그 부족을 대체할 방식이 필요하다는 계산에 의한 것이었다. 따라서 아무리 저렴한 공정가격제도가 강조되어도 생필품의 절대부족은 '물자품귀 속의 저물가 강요'라는 구조적 모순을 낳고 때마침 군비확장에 따른 높은 인플레와 연동되면서 암가격·암거래를 촉발시켰다. 이에 총독부는 생필품 암거래와 물가불안을 해결하기 위해 배급증제도와 더불어 인구수준·문화수준·추첨식 등 다양한 배급방식을 고안하고 종래 '실적기준'의 할당에서 모습만 바꾼 '능률기준' 방식을 채용하였다.

    여기서는 태평양전쟁 이후 배급통제 문제에 관해서 구체적으로 다루지 않았다. 하지만 그 대체적인 추이를 보면 1943년 6월 일본본토에서 「전력증강기업정비요강」(1943.6)이 발표되자 조선에서도 배급조직 및 기구에 대한 정비가 시작되었다. 정비이유는 "전시경제로 진입한 이후 각종 상업기구가 속출함으로써 오랜 경험과 우수한 기술을 가진 소위 노포경영을 어렵게 한다"는 것이었다. 그러나 본래의 이유는 조선의 상업계를 정비하여 '중점산업'으로 원활하게 노동력을 동원하고 아울러 유통 수익을 최소화하고 원가를 낮추어서 독점자본이 용이하게 초과이윤을 얻도록 배려하자는 것이었다. 따라서 영세 조선인 소매업체는 독점자본의 이윤증강 차원에서 몰락을 강요받았다.

    물론 정책적으로 보면 총독부는 조선의 특수상황을 감안하여 전면적인 정리·압축이 아니라 종래 육성방침에 필요한 수정만 하여 정비한다고 했다. 그것은 총독부 기업정비위원회가 입안한 「배급부문기업정비요강」(1943.10.26)에서 "기존의 우량업자는 유지하면서 정비하도록 하고, 정비된 상업기관이 배급을 담당한다"고 한 데서도 나타난다. 그러나 군수생산과 관련을 맺고 있던 일부 규모가 큰 상업체는 이러한 육성대책의 영향 아래서 잔존할 수 있었지만, 조선인의 일상생활과 관련을 맺고 있던 대부분의 영세 조선인 중소상업체는 몰락을 면할 수 없는 양극화는 더욱 심화되었다.

    요컨대 전시체제기 조선에서의 배급통제 추이는 먼저 〈수출입등임시조치법〉에 근거한 중요 산업원자재 사용제한 및 배급통제로부터 시작되었고, 1940년대에 들면서 생필품 배급통제로 확대되었으며, 태평양전쟁 시점에는 〈물자통제령〉으로 전물자에 대한 국가통제를 완성하고자 했다. 나아가 전쟁 말기에는 단발배급표제··지구별할당제·배급기구 정비 등을 통하여 극한의 배급통제를 자행하다가 8·15시점에는 사실상 배급정지 사태로 귀결되고 있다.

제2장
촌락금융조합의 금융활동

문영주〔역사문제연구소 연구원〕

1. 들어가며

　1907년 〈지방금융조합령〉에 의해 조합의 형태로 설립되었던 금융조합은 일제 금융자본의 조선 농촌침투를 위한 통로 역할을 하면서 식민지 농업정책자금을 조달하는 농업금융기관이었다[1]. 특히 1930년대 촌락금융조합[2][이하 촌락금조로 줄임]은 농민운동과 농업공황에 따른 식민지 농업위기에 대응하여 총독부가 농업정책을 전개하면서 자작농지구입자금 그리고 부채정리자금의 대출을 통하여 농민을 식민지체제로 포섭하는 역할을 수행하였다.[3]

---

1) 금융조합의 설립과 1930년대 이전시기까지의 활동에 관한 연구로는 金森襄作,「日帝下 金融組合과 그 農村經濟에 미친 영향」(『史叢』15·16합집, 1971) ; 鄭容郁,「1907~1918 地方金融組合 活動의 展開」(『韓國史論』16, 1987) ; 이동언,「日帝下 朝鮮金融組合의 설립과 성격」(『한국독립운동사연구』6, 1992) ; 이경란,「韓末時期 日帝의 農業金融政策과 地方金融組合의 設立」(『國史館論叢』79, 1998) 등이 있다.
2) 1918년 제1차 조합령 개정에 의해서 도시의 중소상공업자를 대상으로 하는 도시금융조합이 설립되었다. 이후 금융조합은 농민을 대상으로 하는 촌락금융조합과 도시금융조합으로 나뉘어 활동했다.〔朝鮮金融組合聯合會,『朝鮮金融組合聯合會十年史』(1944), 6쪽〕
3) 1930년대 식민지 농정은 농민운동과 농업공황에 따른 농민의 몰락을 저지하면서 경제적으로 독점·금융자본의 이윤을 실현하고 정치적으로 식민지체제의 안정을 위한 것이었다. 따라서 종래의 독점·금융자본과 지주중심의 잉여가치 배분체계를 수정하여 잉여가치의 일부를 농민에게 분배해서 식민지체제 위기를 넘기려는 것이었다. 그리고 이 과정은 개개 농가의 경제갱생계획을 통한 총독부의 직접적 농민지배와 村落金組를 통한 농민의 금융적 지배를 일체화시키면서 진행되었다. 즉 식민지 초과이윤의 지속적 확보와 농민지배의 강화를 통한 식민지체제의 안정이 농정의

1930년대 촌락금조의 역할은 1937년 중일전쟁 이후 총독부가 전시 농업정책을 실시하면서 새롭게 변화하였다. 전시농업정책의 목적은 전쟁에 필요한 식량의 증산과 농촌노동력의 동원이었다. 특히 총독부는 급속한 식량증산을 위해서 농업생산 과정에 직접 관여하여 보다 많은 농업생산물을 생산하고 전쟁에 동원할 필요가 있었다. 그리고 농업생산 증가에 장애요인을 제거하기 위해 고율소작료를 기반으로 한 부재지주경영을 제약하여 농민의 생산의욕을 높이고, 1930년대 실시되었던 '자작농창설유지사업'을 계속 실시하여 농촌사회 내부에 안정적인 생산주체를 형성하려고 하였다.

그러나 지주이해의 제약이 곧바로 농민 경제생활의 안정이나 정치적 지위의 향상을 가져온 것은 아니었다. 지주이해의 제약은 동시에 총독부에 의한 농민의 조직화를 통한 통제의 강화과정이었기 때문이었다. 이러한 총독부의 전시농업정책은 조선 농업·농촌에 대한 지배방식을 전쟁동원체제로 전환시킴과 동시에 농업의 생산구조를 일정한 방향으로 변화시키려는 것인데 8·15 이후 농지개혁의 역사적 전제조건의 하나로 작용하였던 것으로 생각된다.

촌락금조는 이러한 식민지 전시농업정책의 전개과정에서 전체농가를 식산계를 단위로 묶어서 촌락금조의 조합원으로 조직하여 총독부-조선금융조합연합회-촌락금조-식산계-농민으로 이어지는 새로운 농촌 지배방식을 형성하는 데 중심적인 활동을 하였다. 그리고 촌락금조는 이 조직을 바탕으로 농민의 생산물과 자금을 농산물공출·강제저축의 형태로 흡수하고 강제저축에 의해 증가된 자금을 농업대출금과 전쟁수행을 위한 자금으로 공급하는 금융기관으로서 활동하였다.

목적이었다. 1930년대 농업정책과 그 실시과정과 그 성격에 대해서는 정태헌, 「1930년대의 식민지 농업정책의 성격전환에 관한 연구」(『일제말 조선사회와 민족해방운동』, 일송정, 1991) : 鄭文鐘, 「1930年代 朝鮮에서의 農業政策에 관한 硏究」(서울대 박사학위논문, 1993) : 鄭然泰, 「日帝의 韓國 農地政策(1905~1945)」(서울대박사학위논문, 1994) 등이 있다.

전시체제기 촌락금조에 관한 아키사다의 연구4)는 촌락금조가 지주제와 밀착한 농업금융자본이라고 하여 지주이해를 제약하고 농민의 직접지배를 통하여 급박한 식량증산의 요구를 관철시키려 했던 총독부의 농업정책을 금융자본과 농민의 조직화로 대행했던 촌락금조의 역할을 간과하고 있다.

촌락금조는 식민지 농업금융기관이면서 농정대행기관의 성격을 가지고 있기 때문에 식민지 농업정책과 농업문제를 연구하는 데 중요한 의미가 있다. 이 글은 이전 시기와는 달리 자금 흡수기관으로 전환한 촌락금조의 농업금융 활동을 분석하여 식민지 전시동원체제의 물적 기반을 살펴보고, 이 과정이 당시 조선농촌에 미친 영향에 대해 살펴보려 한다.

2. 농촌자금 흡수기관으로의 전환

1) 국민저축조성운동과 촌락금융조합

일제는 전쟁수행을 위한 "생산자금의 공급을 윤택하게 하고 공채소화를 원활히 하면서, 국비의 팽창에 의해 생기는 물가의 등귀를 억제함으로써 군수자재의 공급을 확보"5)하기 위해 1938년부터 조선에서 '국민저축조성운동'을 시작하였다. 이 운동은 전쟁수행에 필요한 장기자금을 식민지에서 조달하는 것을 목적으로 하였다.6) 그리고 저축은 장려라는 형식을 취하기는 했지만, 실질적으로 총독부의 강제에 의해

---

4) 秋定嘉和,「朝鮮金融組合の機能と構造——九三０年~四０年代にかけて」(『朝鮮史研究會論文集』5, 1968).
5) 『施政三十年史』, 726쪽.
6) "국민저축운동은 산업자금의 현지조달주의에 따라 조선내의 축적자금을 증가할 필요에서 중요한 의미를 가진다. 일본 장기자금시장의 경색상태에 의해, 특히 장기자금의 이입이 원활히 행해지지 않은 사정에서 장기자금의 현지조달이 문제로 되는 것이다".(下川春海,「資金動員計劃と國民貯蓄」(『金融組合』155, 1941.9), 24쪽]

실시되었다.7)

'국민저축조성운동'은 1938년 5월 21일 공포된 「저축장려에 관한 건」을 근거로 조선에서 실시되기 시작하였다. 그 내용을 보면, 1) 저축장려의 필요성은 국채의 소화와 생산력 확충자금의 공급, 물가등귀의 억제를 위해서이고, 2) 저축 장려방침은 증가된 소득은 모두 저축하게 하는 것이고, 3) 저축 장려시설로는 우선 총독부에 정무총감을 위원장으로 하는 저축장려위원회를 설치하고 각 도에도 도저축장려위원회를 설치하며, 저축 실행기관으로서 관공서·은행·회사·공장·정회·상공업단체 등에 저축조합을 설치하고 농촌에는 기존의 단체를 이용하거나 이것이 없는 촌락은 저축조합을 설치하도록 하였다.

특히 농촌에 대한 저축장려의 방법으로 종래부터 실시해 온 부업저금·수확저금·절미저금·공동판매저금 등의 개인저금 이외에도 공동경작지에서의 수익금, 애국일 등에 실시하는 공동출역의 노임, 기타의 공동저축에도 노력할 것을 지시하고 있다. 그리고 1940년 5월 15일 「저축장려에 관한 건」에서는 소득을 그 원천에서 강제저축을 시키는 것이 구매력 흡수에 가장 효과적이므로 전반적으로 이를 시행할 것을 지시하고 있다.8)

1941년 10월에는 〈국민저축조합령〉이 일본에서 실시됨과 동시에 〈조

---

7) "… 국민의 자금중 공채소화와 생산력확충으로 행해 동원되는 자금이 국민저축이다. 그러므로 국민저축은 국가의 요청에 근거한 것으로, 기한은 장기이고 전시중 봉쇄되어지는 것을 각오 할 필요가 있다.… 저축에 의해서 자금의 개인적 사용에서 국가적 사용으로 변화하는 것으로 자금의 국가성이 관철… 강제저축은 자금의 증강에 따른 구매력의 증가를 일정한도에 한정하기 위해 소득의 원천에 대해서 저축을 강요하고, 과거의 축적자금의 유통을 제한한다는 의미에서 가장 효과적인 방법이다.…"[朝興銀行調査課, 『貯蓄增强に關する資料』(1944.5), 21~22쪽]
"전혀 저축하지 않는 자에 대해서는 다소의 비난이 있지만, 경찰관과 연락을 해서 설득하느라 노력했는데, 상당한 효과가 있었다."[眞下政治, 「報國貯蓄組合に就て」(『金融組合』140, 1940.5), 18쪽]
8) 이상 1938년·1940년 정무총감통첩인 「저축장려에 관한 건」에 대해서는 朝鮮金融組合聯合會調査課 調査資料17輯, 『國民貯蓄造成運動關する資料』(1940.8), 19~25쪽 참조.

선국민저축조합령)〔제령 제31호〕이 조선에도 실시되어 기존의 임의적 저축조합이 법적 단체로 전환되었다. 이 때부터 국민저축조합은 저축의 알선기관으로 '지역조합〔정리동부락연맹·애국반 등을 단위로 조직〕, 직역조합〔관공서·학교·사무소·영업소·공장 등을 단위로 조직〕, 산업단체조합〔산업조합·상업조합·공장조합 등을 단위로 조직〕, 기타조합〔재향군인·청년단·소년단·부인회·종교단체 등을 단위로 조직〕의 네 종류가 설립되어 누구든지 최소한 한 조합에는 가입하게 하였다. 또한 저축조합이 알선하는 저축의 종류는 우편저금 또는 간이생명보험료, 은행·금융조합 예금 또는 정기적금, 신탁회사의 금전신탁, 무진회사의 무진부금, 생명보험의 보험료, 국채·저축채권 또는 보국국채의 매입, 기타 조선총독이 지정한 것을 맡게 됨으로써 저축조합은 일반 조선인을 대상으로 사실상 금융기관의 저축업무를 대행하게 되었다.9) 1944년「조선국민저축증강방책」에서는 국민저축조합의 보급강화, 국채채권의 소화의 촉진 등 저축의 질적 향상과 조직적 진전을 기하기 위해서 민간인을 중심으로 하는 저축추진위원제도를 확립할 것을 지시하였다.10)

총독부 전쟁자금 조달을 위해 일반 조선인을 대상으로 설립한 '국민저축조합'의 조직상황과 저축액을 살펴보면 [표 3-8]과 같다. 국민저축조합 조직상황에서는 부락연맹과 애국반을 단위로 한 지역조합의 비중이 조합수에서 76% 이상, 저축액에서 60% 이상을 차지하고 있다.11) 지역조합의 조합수·저축액의 비중이 높은 것은 일반 조선인의 생활자금이 강제저축의 주요대상이었음을 의미한다.

강제저축은 국민저축조합을 통한 저축의 할당12)과 저축조직의 강화

---

9) 이상〈국민저축조합령〉에 관한 내용은 朝鮮金融組合聯合會 調査資料第26輯,『朝鮮國民貯蓄組合令に關する資料』(1942.7), 11~13쪽 참조.
10) 朝興銀行調査課, 앞책, 82쪽.
11) 국민저축조합의 지역조합원수와 농업호수를 비교해 보면 1940년 조합원수는 3,206천 명, 농업호수는 3,046천 호수. 1942년은 조합원수 4,049천 명, 농업호수 3,053천 호로 농가1호당 최소한 한 사람은 지역조합원 이었음을 보여주고 있고, 지역조합이 농가1호를 단위로 조직되어 있음을 알 수 있다.

[표 3-8] 국민저축조합 조직상황과 저축액   (단위: 천 원)

조합별	구분	1940년 3월	1941년 3월	1942년 9월
地域組合	조합수	78%	77%	76%
	저금액	63%	60%	73%
職域組合	조합수	12%	12%	15%
	저금액	22%	23%	22%
産業團體組合	조합수	3%	4%	2%
	저금액	11%	12%	2%
其他組合	조합수	7%	7%	7%
	저금액	4%	4%	3%
합계	조합수	91,030	94,882	94,241
	저금액	155,333	275,428	412,638

출전: 1940년 3월과 1941년 3월은 「朝鮮における貯蓄獎勵實績調」(『金融組合調査彙報』17, 1941.6). 1942년 9월은 朝金聯調査資料輯, 『國民貯蓄造成運動に關する資料』4(1943).

와 함께, 농산물 공출과정에서 일정액 이상을 원천공제를 하거나 임금의 지급과정에서 소득의 일정액을 원천공제 하는 이른바 '원천공제저축'으로 대표되는 강제저축에 의해서도 진행되었다.13) 특히 농촌에서의 농산물 공출은 전쟁이 확대됨에 따라 강화되었고 이 과정에서 농산물 공출대금과 농민의 생산의욕을 고취한다는 목적으로 지급되었던 생산장려금도 강제저축으로 흡수하였다.14)

---

12) "저축장려운동 개시 이래 조선에서도 저축장려는 실제적으로 강제되었다. 혹은 국민정신총동원운동의 목소리를 빌려서 혹은 애국운동의 명목하에 법률에 강제되어지는 것과 동일한 결과를 초래하였다.… 저축장려액의 각도별 책임액 할당, 府郡島 할당, 면리할당, 각호할당. 여기에 강제저축의 근거가 있다."(鄭錫奎, 「貯蓄獎勵と金融組合」(『金融組合』142, 1940.7), 67쪽)
13) "구매력을 가급적 빨리 저축으로 향하게 하기 위해서는 원천저축의 격려가 극히 간절하다고 인식됨으로 봉급·임금·상여금 등에 한정하지 말고 상공업의 수입, 농림수산물의 판매에 대해서도 계속적으로 이를 실행할 것."(「貯蓄獎勵に關する件」(政務總監通牒, 1942.4.18))
14) "조선 현재의 인구의 약 7할은 농민으로서… 이들 농민들로 하여금 저축에 협력하게 하는 수단으로서 농림수산물 공동판매 대금에 대해 전선에 걸쳐 상당히 고율의 강제저금을 일률적으로 실시하고… 쌀과 잡곡에 대한 장려금에 대해서 그 대부분(목표 8할)을 강제저축을 시켰다."(近藤釖一 編, 『太平洋戰下終末期 朝鮮の治政』(1961), 184~185쪽)

미곡공출수량과 공출미대금 가운데 강제저축률은 [표 3-9]와 [표 3-10]과 같다. 미곡공출은 1941년 43%에서 1944년 64%로, 강제저축율은 1941년 13%에서 1943년 27%로 증가하고 있다. 미곡생산고가 1942년 이후 급감하고 있음에도 불구하고 공출비율이 급증한 것은 조선인의 생존을 위협하는 극한의 공출할당이 이루어지고 있었음을 보여준다.15)

[표 3-9] 미곡생산고와 공출수량   (단위: 정곡 천 석)

연도	미곡생산고(A)	미곡공출량(B)	공출비율
1941	21,527	9,208	43%
1942	24,885	11,255	45%
1943	15,687	8,750	56%
1944	18,718	11,957	64%
1945	16,051	9,634	60%

출전 : 조선상공회의소, 『조선경제통계요람』(1949), 26·27·36쪽.

[표 3-10] 미곡 공출대금중 강제지축률   (단위: 천 원)

연도	공출대금	강제저축액	강제저축 비율
1941	471,651	63,659	13%
1942	388,818	54,447	14%
1943	576,220	153,202	27%

자료: 朝金聯, 『國民貯蓄造成運動に關する資料』5(1945).

이러한 강제적 저축운동은 조선인의 생활수준의 저하를 초래하였고 저축운동에 의한 예금은 8·15 직후 일거에 인출되어 과잉구매력으로 전환되어 물가폭등의 화폐적 요인이 되었다.16)

---

15) "쌀및 보리 등 잡곡[생산량]의 일정한 비율로 농가보유량을 결정하고, 여기에 일정한 소비비율에 의해 필요배급량을 산정하여 이를 더하여 총소비량을 결정하며, 전년의 쌀·잡곡과 당년의 쌀 및 보리의 생산목표 및 만주잡곡의 수입목표와 합계해서 앞에서의 총소비량을 공제해서 공출량을 결정…"[『日本人の海外活動に關する歷史的 調査』〈朝鮮篇 第9分冊〉, 52쪽]. 생산사정과는 관계없이 공출량이 총독부에 의해 자의적·강제적으로 정해지고 있음을 알 수 있다.
16) 1945년 8월 15일부터 9월까지 민간인의 예금인출로 25억 원이 현금화되었으며, 예

2) 강제저축을 통한 예금증가

총독부의 국민저축운동에 조응하여 촌락금조는 다음과 같은 역할을 수행했다.

국민저축조성운동의 주요한 담당기관으로서 당국의 시책에 순응해서, 1941년 국민저축조합제도의 발포 때에는 [저축조합의] 결성 및 그 후의 지도에 노력하고, 또 금융조합이 쌀 공동판매에 참가해 그 대금지불을 담당하여 본원적으로 원천공제저축을 강화함과 동시에 다른 각종 생산물 대금으로도 확충하였다. [또한] 저축증가를 위해 저축권유 사무원을 증가하고 예금업무만을 취급하는 금융조합출장소를 신설하였다.[17]

즉 촌락금조는 국민저축조성을 위한 "모세관으로서 기능하여, 대출기관에서 저축기관으로 전환하였다. 영세저축의 집적, 농산물 공출대금의 강제저축, 〈국민저축조합령〉에 근거한 단체저축을 담당하는 기관으로써 농촌자금 흡수의 파이프라인으로 기능"[18]하였다.

전시체제기 촌락금조의 예금증가 상황은 [표 3-11]과 같다. 예금의 증가는 1940년 이후 급속한 속도로 증가하고 있는데, 특히 1942년에서 1944년 사이에는 큰 증가폭을 보이고 있다. 이는 태평양전쟁으로 전쟁이 확대되어 1942년부터 농산물 공출대금의 강제저축률이 급격한 증가하고 1942년 「저축장려에 관한 건」에서 보이듯이 국민저축조합을 통한 계획적 강제저축의 확대 결과였다. 그리고 1942년 전체농가에 대한 조합원의 비율이 87%, 1943년 96%로 증가하였는데, 이는 촌락금조가 전 농가를 조합원으로 포섭하여 이를 바탕으로 조직적 강제저축을 시행할 수 있는 중요한 조건이었다.

금인출은 전체 통화방출액의 60% 이상을 차지했다. 자세한 내용은 金東昱, 「1940~1950년대 韓國의 인플레이션과 安定化政策」(연대박사학위논문, 1994.12) 참조.
17) 朝鮮金融組合聯合會, 『朝鮮金融組合聯合會十年史』(1944), 66쪽.
18) 大熊郎一, 「朝鮮金融團と組合金融」(『朝鮮』327, 1942.8), 51쪽.

[표 3-11]에서 예대비율 상황을 보면, 1940년을 기점으로 촌락금조가 농업자금 대출기관에서 농촌자금 흡수 기관으로 전환했음을 보여준다. 한편 예금이 자금구성에서 차지하는 비중은 1936년 35%(차입금은 29%), 1938년 41%(차입금은 28%), 1940년 52%(차입금은 20%), 1942년

[표 3-11] 촌락금조 예금 증가상황

연도	예금액(천원)	지수	구좌수	예대비율
1936	110,890	100	3,598	58%
1937	121,752	110	3,971	64%
1938	156,355	141	5,773	73%
1939	205,204	185	6,379	77%
1940	288,939	261	7,555	101%
1941	407,419	367	8,927	126%
1942	527,097	475	10,196	134%
1943	837,356	755	11,989	196%
1944	1,322,192	1192	13,024	322%

출전:『金融組合統計年報』, 각 연도판.

66%(차입금은 12%), 1944년 76%(차입금은 6%)로 증가하고 있는데, 이는 예금이 전시체제기 촌락금조의 중요한 자금 구성요소였음을 보여주고 있다.[19]

조선 전체 저축증가액에 대한 금융조합의 저축이 차지하는 비율은 [표 3-12]와 같다. 총독부는 매년 국민저축 목표액을 결정[20]하고 각 금융기관별로 저축액을 할당하였는데, 금융조합은 20% 정도를 할당받았다(D/B). 저축증가액 가운데서 금융조합의 차지하는 비중(C/A)은 매년 증가하여 1938년 18%에서 1942년에는 35%, 44년에는 34%에 달하고 있다. 한편『금융조합통계연보』(1936·1944)를 보면, 금융조합 전체예금액 가운데 촌락금조가 차지하는 비중은 1936년에 이미 68%였고 1944년에는 75%로 증가[21]하였는데, 이것은 촌락금조가 조합원 확대를 바탕으로 농산물 공출대금의 강제저축을 통해 농민의 영세한 자금을 집적한 결

---

19)『金融組合統計年報』(각 연도판) 참조. 자금구성의 항목은 출자금·政府下付基本金·제적립금·차입금·예금 및 積金·替入金·各雜計定·利益金이다.
20) 저축목표액은 일본 제국주의권 전체에서 공채소화와 생산력 확충자금의 필요정도에 따라 일본정부가 결정하였는데, 조선은 이 전체 목표액중에서 할당받았다.〔朝興銀行調査課, 전게서,「水田財務局長談」, 92쪽 참조〕
21)『金融組合統計年報』(1936·1944) 참조.

[표 3-12] 연도별 조선전체 저축증가액과 금융조합 저축증가액의 비율 (단위:천원)

연도	조선내 저축증가액(A)	총독부 저축목표액(B)	비율	금조저축증가액(C)	금조저축할당액(D)	C/D	C/A	D/B
1938	273,509	200,000	137%	48,232	30,000	161%	18%	15%
1939	390,021	300,000	135%	74,027	60,000	123%	19%	21%
1940	576,991	500,000	115%	124,409	100,000	124%	22%	20%
1941	664,438	600,000	111%	146,519	120,000	125%	22%	20%
1942	995,175	900,000	111%	165,718	170,000	97%	35%	19%
1943	1,520,715	1,200,000	127%	367,421	210,000	175%	34%	18%
1944	984,436	2,300,000	-	-	280,850	-	-	34%

출전: 1938년부터 1942년까지는 朝金聯, 『國民貯蓄造成運動에關する資料』4(1943). 1943·1944년은 近藤釰一 編, 『太平洋戰下の朝鮮(5)』, 103~104쪽.
비고: 1944년은 4월부터 10월까지.

과로 볼 수 있다.22)

금융조합과 예금관계가 있는 저축조합은 [표 3-13]에서 보듯이 1942년 9월 말 당시 총 저축조합수의 74%, 총 조합원수의 66%, 총 저금액의 40%였다. 조합수나 조합원수에 비해서 저금액이 낮은 것은 지역조합이 금융조합과 예금관계가 있는 저축조합 가운데서 조합수의 83%, 조합원수의 82%, 총 저금액의 84%를 차지하는 것과 관계가 있다. 즉 지역조합의 1구 평균액은 19원으로 직역조합의 40원, 산업단체조합의 33원보다 훨씬 낮은데, 이것은 지역조합이 농촌에서 영세자금을 흡수하여 촌락금조에 예금하고 있음을 보여준다. 그리고 지역조합의 예금종류별 저금액에서 저축예금과 함께 장기예금의 성격을 지닌 거치예금이 총 저금액에서 43%를 차지하는데, 이는 농촌의 영세자금이 장기저축되고 있음을 의미한다.23) 그리고 촌락금조의 예금 중에서 지역조합을 통한 예금이 차지

---

22) "촌락조합의 [저축]비율이 도시조합에 비해 큰 것은 주로 1941년 이후 촌락조합에서 양곡대금의 지불사무를 담당하고, 그와 함께 천인저금의 흡수에 적극적으로 노력했던 것에 기반…"[朝鮮金融組合聯合會, 『朝鮮金融組合聯合會十年史』(1944). 95쪽].
23) 1941년 「金融組合 支部長協議會 協議事項實施方策」에서 국민저축 조성방법으로 각종 天引預金의 강화, 장기성 예금의 장려, 기한이 끝나는 예금의 계속예금 권장 등을 실시할 것을 단위조합에 지시하고 있다.[『金融組合年鑑』(1942), 125쪽]

[표 3-13] 1942년 1월말 당시 금융조합이 지도하는 국민저축조합 현황

구분	지역조합	금조지도하 저축조합	전저축조합대비
조합수	83%	64,373	74%
조합원수	82%	3,325,219	66%
		거치예금[1구평균] <43%> [19.5圓]	
		저축예금[1구평균] <40%> [20.9圓]	
총저금액	84%	98,916千圓	40%

출전:「金融組合指導下の貯蓄組合」(『金融組合調査彙報』31, 1942.1).
비고: 지역조합의 조합수・조합원수・총저금액 비율은 금조지도하의 저축조합에 대한 비율.
据置預金과 貯蓄預金의 비율은 지역조합 총 저금액에 대한 비율.

하는 비중은 1941년 21%, 1942년 25%를 보이고 있다.24)

촌락금조는 저축조합의 "지역조합장을 모두 부락연맹 이사장으로 하고 애국반을 강고한 실행체로 해서 육성・강화에 노력하고 그 지도운영은 금융조합의 하부에 설치된 식산계와 같이 세부에 걸쳐 지도하는 구조"를 확립하였다.25) 그리고 "저축조합원의 실천사항으로 매월 자기 할당목표액을 반드시 저축조합장을 통해서 저금하고 각 호는 매월 애국반 상회일에 지난달의 소비절약으로 생겨난 잉여금 50전 이상과 예금통장을 애국반장에게 가져올 것"이라고 한 데서 당시 지역저축조합이 농민조직화의 기본조직인 애국반을 기반으로 조직되었고, 촌락금조가 지역조합을 통하여 강제저축을 전개했음을 알 수 있다.

이러한 지역저축조합을 통한 농민의 영세자금의 흡수와 함께, 농산물 공출대금의 '원천공제저축'으로 대표되는 강제저축이 촌락금조에 의해서 시행되고 있었다.26) 이를 위해 1941년에는 '예금권유전임관'27)과

---

24) 총독부의 저축목표액중 농가 각 호에 할당된 저축액은 지역조합을 통하여 촌락금조에 흡수되고, 나머지 부분은 농산물 공출대금의 강제저축과 촌락금조가 직접 농민 개개인을 대상으로 저축을 실시하여 채워졌다고 생각된다.
25) 松岡徹,「目標突破への態勢全し」(『金融組合』161, 1942.3), 105쪽.
26) "당조합에 있어서 1942년도 저축목표액은 33만 원… 이 가운데 농산물 천인저금이 17만 원… 조합이 취급하는 공출 가마니 수는 10만 가마니로 천인저금액은 1가마니에 1원70전이기 때문에 저금액은 17만 원으로 할당저축 목표액의 5할을 점한다."(下脇光夫,「籾の供出を現地に観る」(『金融組合』171, 1943.2), 96쪽]. "天引貯金額이 圓

1942년에는 '집금전임사무원'제28)를 실시하였다. 당시 전남의 한 촌락을 조사한 자료에서 "금융조합 예금중에서 전체조선의 저축평균 순증가액의 41.5%, 전남에서는 47.5%, 조사촌락에서는 80%가 강제저축으로 농민이 자발적으로 저축을 하는 적극적 의욕은 전혀 없는 것이 유감"29)이라고 한 데서도 알 수 있듯이, 농촌에서 촌락금조이 농민자금 흡수를 위한 금융기관으로서 매우 중요한 역할을 하였음을 보여준다.

未滿의 端數로 되는 경우는 10錢 단위까지 切上해서 실시 할 것."[「繭の天引貯金取扱に關する件」(1941. 6.16, 各郡守·金融組合理事앞 內務部長 事業部長 通牒)]
27)「預金及定期積金の獎勵金支給に關する件」(1941.5.1), 江理 124호, 各金融組合長·理事長 앞 內務部長通牒. 내용을 보면 읍 또는 이에 준하는 곳에 있는 조합은 예금권유 전임관을 설치하여 매월의 권유책임액은 급료의 100배 내지 150배의 범위내에서 조합의 실정에 맞게 정하고, 권유책임액의 산정은 정기예금·정기적금 및 매월 1회 이상 예입을 계약한 거치예금의 계약고로 하였다.
28)「集金專任事務員設置に關する件」(1942.2.9), 各金融組合長·理事앞 內務部長通牒. 금융조합에 集金機構의 충실 강화를 도모하기 위해서 집금전임사무원을 설치하고 구역내의 지세·교통·국민저축조합의 분포상황 등을 감안해서 필요한 인원의 집금전임자를 선정하도록 하였다.
29)「戰時下農村における負債と貯蓄の實相-全南羅州郡老安面今岩部落における一事例」(『殖銀調査月報』79, 1945.2). 조사기간은 44년 8월 하순부터 9월 상순까지의 10일간으로 조사호수 43호에 대한 저축의 실적을 보면 다음 표와 같다.

구분	저축액	저축호수	호당평균
村落金組	3,891圓 (35%)	33戶(77%)	117圓
식산은행	6,700 (60%)	4	1,675
우편국	470 (5%)	11	42
합계	11,071	조사총호수 43	251

비고 : 촌락금조 저축호수중 촌락금조에만 저축하는 호수는 22호.
동 조사에서는 "현재수입의 원천은 각종 농산물의 공판대금·노임수입·일용임금·출가인으로부터의 송금[입영응소자 00인, 군속 00인, 전몰군속 0인, 노동자 000인으로 매달 1인당 50원의 송금이 있어서 그 총액은 1만 5천 원으로 그 80%가 저축되고 있다]인데, 저축실적은 대부분이 天引 기타의 강제저축에 있고 자발적 의지에서 나오는 저축은 현재 매우 적으므로… 저축강화책으로는 강제저축을 일층 강화하고 저축의 원천을 확대하는 것 이외에는 없다"고 결론을 내리고 있다.

3. 전쟁수행을 자금공급

　강제저축의 시행으로 증가된 촌락금조의 예금은 중앙기관인 조선금융조합연합회를 통해 전시 생산력 확충자금의 성격을 갖는 식산은행 예치금, 중요산업의 유가증권 흡수에 사용되었고, 한편으로는 전시농업정책 수행을 위한 농업대출금으로 농민에게 대출되었다. 즉 강제저축으로 축적된 예금을 통해 촌락금조는 "직·간접적으로 특수은행[식산은행]이라든가, 시국산업에 대해 결부되어 반도 생산력 확충에 참여하고 농업증산운동을 위해 직접적으로 앞장서고"[30) 있었다.

[표 3-14] 촌락금조의 총자산중 조금련 예치금과 농업대출금의 추이　　[단위: 천 원]

연 도	조금련예치금	농업대출금	연 도	조금련예치금	농업대출금
1937	67,674 (20%)	191,094 (56%)	1941	227,390 (34%)	321,234 (48%)
1938	77,178 (20%)	214,014 (57%)	1942	279,028 (35%)	391,194 (49%)
1939	91,946 (20%)	265,529 (58%)	1943	578,704 (50%)	426,668 (37%)
1940	150,677 (27%)	285,061 (52%)	1944	1,081,930 (62%)	410,191 (23%)

출전: 『金融組合統計年報』, 각 연도판.
비고: 자산항목은 미불입출자금·대출금·매개대부금·예치금·소유물·현물·각 잡계정·손실금이다.

　이 시기 촌락금조의 자금운용에 대해서 보면 [표 3-14]와 같다. 조선금융조합연합회로의 예치금은 총독부 저축운동과 맞물려서 1940년 이후 큰 폭으로 증가하고 있고, 농업대출금은 1942년까지 50% 내외의 비중을 차지하다 이후 급감하고 있지만 절대액은 증가하고 있다. 촌락금조가 농촌자금의 흡수를 통해 전쟁을 위한 자금을 공급하는 한편, 전시농정을 위한 농업자금을 지속적으로 대출하고 있음을 알 수 있다.

---

30) 「朝鮮金融團と組合金融」(『朝鮮』327, 1942.8), 54쪽.

1) 조선금융조합연합회 여유금 증가와 운용실태

조선금융조합연합회(이하 조금련)는 1933년 금융조합의 중앙기관으로서 설립되었는데, 조금련 설립으로 금융조합은 단위조합까지 조직력과 업무를 더욱 강화할 수 있었다.[31] 또한 조금련이 조선금융채권을 발행하여 자체적으로 자금조달을 할 수 있게 되었고, 각 단위조합의 지도와 자금조절을 일원적으로 강력하게 통제할 수 있게 되었다. 그리고 조선총독이 조금련을 감독하였으며 회장 및 이사를 임명하여 총독부의 농업정책을 금융조합이 적극적으로 지원할 수 있게 되었다.[32]

조금련 자금운용은 [표 3-15]에서 보듯이 식은 예치금[33]과 유가증

---

31) 農業協同組合中央會, 『韓國農業金融史』(1963), 69쪽.
32) 총독부는 조금련 감독을 위하여 조금련에 감리관을 두어 업무를 감시하게 하였다. 감리관은 검사권·보고권·의견진술권을 가지고 있었다. 조금련 본부의 경우 1937년 6월까지는 이재과장 단독이었지만 그 이후부터는 조선총독부 이재과장 및 농정과장이 같이 맡았다. 각 도 지부의 경우도 도 내무국장이 맡고 있었다.[文定昌, 『朝鮮農村團體史』(1942), 245쪽 : 朝金聯, 『朝鮮金融組合聯合會十年史』(1944), 47~48쪽]. 그리고 금융조합의 금리도 총독부가 결정하였다.[朝金聯調査資料第11輯, 『預金金利協定より見たる金融組合の地位』(1939), 12쪽].
33) 식산은행은 1940년에 발포된 「銀行等資金運用令」(1940.10.16 칙령 제681호)와 「同施行規則」(1940.12.26 부령 제303호)에 의해서 조선내에서 생산력 확충자금과 기타 시국에 긴요한 자금의 공급을 원활히 하기 위해 총독이 명하는 자금의 융통, 유가증권의 인수·매입 등 중요 산업자금을 담당하는 금융기관으로 지정되어서 일본내 흥업은행과 같이 군수관련산업으로 자금을 융통하는 데 중추적인 역할을 하였다.[朝金聯調査資料24輯, 『臨時資金調整法及銀行等資金運用令に關する資料』(1941)]. 그리고 식산은행의 대출대상이 되는 중요산업은 다음과 같다. 철강·석탄·경금속(알루미늄)·비철금속·석유 및 그 대용품·소다 및 공장염·유산암모니아·금·펄프·공작기계·철도차량·선박·자동차·양모·전력의 생산에 관한 사업과 이것에 직접 필요한 기초산업(「殖銀附與の生擴資金貸付重要産業さる」(『鮮滿支財界彙報』, 朝鮮銀行調査科, 1940.1), 1쪽]. 식은의 대출은 주로 계통회사를 중심으로 이루어졌다. 식은관련 회사는 1937년 15개에서 1941년 23개로 증가하고, 그 증가는 광업·공업·전력에 집중되어 있었다. 이것은 식산은행이 전시체제하에서 군수관련 기업을 지배하면서 이 기업의 성장을 금융적으로 뒷받침하여 전시체제하에서 식산은행이 군수생산력 확충과 직결된 광공업·전력관련 회사와 밀착함으로서 조선내 군수생산력 증가을 주도하고 있었음을 의미한다. 그리고 식산은행이 이러한 회사의 투자자인 점과 「중요산업」에 대한 자금공급기관으로 지정되어 있었던 점을 고려하면, 특히 군수관련 산업에 자금을 적극적으로 공급하고 있었음을 알 수 있다. 이상의 내용은 정

[표 3-15] 조금련 총자산중 식은예치금·유가증권의 비율   (단위: 천 원)

연도	식은예치금	유가증권	총자산액	연도	식은예치금	유가증권	총자산액
1937	13%	4%	194,192	1941	29%	16%	585,581
1938	24%	5%	207,366	1942	11%	36%	785,298
1939	21%	9%	252,467	1943	11%	37%	1,505,890
1940	26%	13%	382,375	1944	4%	44%	2,781,599

자료:『金融組合統計年報』, 각 연도판.

[표 3-16] 조금련 소유 유가증권 내용(금액단위: 천 원)

연도	국채	지방채	사채	주식	총액
1937	14%	55%	29%	2%	7,383
1938	39%	38%	20%	2%	9,962
1939	40%	43%	16%	1%	22,419
1940	19%	31%	49%	1%	49,749
1941	10%	23%	65%	2%	95,126
1942	14%	9%	68%	8%	278,107
1943	20%	4%	70%	5%	556,189

출전:『金融組合統計年報』, 각 연도판.

권 매입이 중심을 이루고 있었다. 유가증권 매입이 식은예치금과 비교해서 1941년 이후 우위를 점하고 있는데, 이는 조금련이 전쟁자금의 공급을 주로 전시산업체의 유가증권을 매입하는 형태로 이루어지고 있음을 보여준다. 즉 "(조금련)여유금은 시국적 기능을 사실상 수행하는 것으로, 장기자금으로서 사채·주식의 보유형태를 통해서 선내 중요산업에 대한 자금의 방출"34)하고 있었다.

조금련이 소유한 유가증권의 내용을 보면 [표 3-16]과 같은데, 주로 국채와 사채를 중심으로 이루어졌고 사채의 비중이 1940년 이후 압도적으로 증가하였다.35) 이는 [표 3-17]에서 보듯이 금융조합의 예금리자율

병욱, 「日帝下 朝鮮殖産銀行의 産業金融에 관한 硏究」(고려대학교 박사학위논문, 1999) 참조.
34) 「朝鮮金融團と組合金融」(『朝鮮』327, 1942.8), 53쪽.
35) 조선내 각 금융기관의 국채보유액·사채보유액에서 조금련이 차지하는 비중은 1943년 6월 말 현재 국채는 5%, 1942년 말 현재 社債는 45%를 차지하고 있다.(裵永

[표 3-17] 공사채 수익률과 금융조합 예금이자율   (단위: 연리 %)

연도	국채	일반사채	식은사채	금조정기예금이자율
1937	3.7	4.5	4.1	4.0
1938	3.7	4.3	4.0	4.0
1939	3.7	4.3	4.2	3.7
1940	3.7	4.3	4.2	3.6
1941	3.7	4.2	4.1	3.6
1942	3.7	4.2	3.6	3.5

출전 : 裵永穆, 『植民地 朝鮮의 通貨 金融에 관한 硏究』(서울대 박사학위논문, 1990), 330쪽 참조. 원자료는 『日本公社債市場史』(『殖銀月報』, 1942.1) : 「時局下朝鮮農業金融の動向」(『朝鮮金融事項參考書』, 1938) : 『朝鮮金融年報』(1943).

에서 볼 때 사채가 가장 높은 수익성을 보장하고 있었기 때문이다. 사채는 주로 식은사채를 중점적으로 구입하였다.36) 1938년에서 1945년간 식은사채 발행액은 9억 3,360.9만 원이었는데, 이 가운데 대장성 예금부 인수가 15.6%, 특수인수[일본내 공동융자단 인수] 17.3%가 일본에서 소화되었고 조선에서 조선금융단37)이 43.5%인 4억 660만 원을 인수하고

穆, 「植民地 朝鮮의 通貨 金融에 관한 硏究」(서울대 박사학위논문, 1990), 328·334쪽 참조).
36) "식산은행에 있어서 선내 중요산업자금조달을 위해 2억 圓을 한도로 정부보증채권을 발행… [1941년] 3월 15일 발행액 4천만 圓, 이율 연 4分2厘, 인수처 대장성예금부 2천만 圓, 산업조합중앙금고 1천만 圓, 朝金聯 8백만 圓, 조선상업은행 2백만 圓을 각각 인수…"[朝鮮實業俱樂部, 『朝鮮實業』19-5(1941.5), 74쪽)
37) 1938년 12월 국채의 대량소화와 저리의 생산력 확충자금 공급의 전제조건이 되는 저금리정책을 추진하기 위해서 조선내 금리의 평준화와 각 금융기관 사이의 중요사항의 협의와 처리를 위한 사업의 추진체로서 '조선금융단'이 조직되었다. 이 단체는 무진회사를 제외한 모든 금융기관이 가입하였고, 금리인하·저축장려·시국관련융자확대·불요불급한 융자억제 등 전시금융통제상 주요업무를 담당하였다.[朝金聯調査資料第12輯, 『資金構成より見たる組合金融の新展開』(1939)) 그리고 1941년 8월 22일 조선금융단총회에서 중요 전시산업자금의 공급을 원활히 하기 위해 조선금융단 가맹금융기관을 중심으로 '조선공동융자단'이 결성되었다.[朝鮮實業俱樂部, 『朝鮮實業』19-10(1941.10), 32~33쪽). 1942년 4월 일본에서 〈금융통제단체령〉이 공포되어 전국금융통제회가 결성됨에 따라 지방금융통제회의 일원으로서 '조선금융단'이 포섭되다. 그 결과 법적 단체로서 무진회사를 포함한 조선내 본지점을 가지고 있는 모든 금융기관이 구성원인 '조선금융단'이 1942년 6월 재출범하였다. 총독부는 이 '조선금융단'을 통해 자금의 흡수와 운용에 관한 지도를 일층 강화할 수 있었다.[『朝鮮金融團と組合金融」(『朝鮮』327, 1942.8), 46~47쪽)

나머지는 소액채권 형태로 일반인에게 소화되었다. 그리고 조선금융단이 인수한 식은사채 가운데서 조금련이 57%(2억 3,250만 원), 저축은행이 16.0%, 일반은행이 1.9%, 조선은행이 0.5%를 각각 인수하였다.[38]

촌락금조는 농민의 영세자금을 강제저축을 통해 흡수하여 조금련에 예금하고 조금련은 증가한 여유금을 주로 식은예치금과 식은사채를 통해서 전쟁자금으로 공급하고 있었다. 이것은 촌락금조가 영세한 농민자금을 흡수해서 조금련을 통해 전쟁자금을 공급하는 식민지 자금흡수기구가 확립되었음을 의미한다. 그리고 농업 내부에서 형성된 자금을 대량으로 흡수하여 이것을 농업 외부에 공급하는 것이 전시하 식민지 농업금융의 역할이었음을 보여주는 것이기도 하다.

2) 전시농정을 위한 자금대출

[표 3-14]에서 보듯이 촌락금조는 강제저축에 의해 증가된 예금을 자원으로 지속적으로 농업대출을 시행하고 있었다. 자금운용에서 농업대출금은 조금련 예치금에 비해 상대적으로는 비율이 감소하고 있지만, 절대액에 있어서는 매년 증가하고 있다. 이것은 촌락금조가 총독부의 전시농업정책 수행을 위해 필요한 자금을 적극적으로 융통하고 있었음을 알 수 있다.

조선내 각 금융기관의 농수산업 대출금 가운데서 촌락금조가 차지하는 비중은 [표 3-18]과 같다. 촌락금조는 1942년 39%로 식산은행의 36%를 제치고 조선내 제1의 농업금융기관이 되었는데, 이는 식산은행이 전시공업 부문으로 금융활동을 전환하고 있었기 때문이기도 하지만, 촌락금조가 농민을 상대로 농업대출을 지속적으로 증가시켜 갔음을 의미한다.

---

38) 堀和生,「植民地産業金融と經濟構造」(『朝鮮史研究會論文集』, 1983.3), 179~180쪽.

촌락금조의 농업대출금은 대장성 예금부 자금을 기반으로 한 정책금융인 특별대출금과 조금련 자기자금에 의한 보통대출금이 있고, 상환기간 1년 이내의 단기대출금과 1년 이상의 장기대출금으로 나눌 수 있다. 특별대출금과 보통장기대출금은 장기대출금의 성격이 강한 것으로 5년 이내

[표 3-18] 금융기관별 농수산업 대출금과 촌락금조비중 (금액단위: 천 원)

연도	촌락금조대출금	식산은행대출금	총대출금
1937	35%	37%	447,261
1938	38%	40%	452,552
1939	39%	38%	545,654
1940	36%	38%	644,296
1941	36%	37%	717,932
1942	39%	36%	792,346

출전: 「全鮮金融機關別貸出狀況」(『金融組合調査彙報』41, 1943.6).

의 정기 또는 연부상환을 원칙으로 하였다. 장기대출금 가운데서 자작농지 구입, 부채정리, 충수해 복구, 촌락공동시설, 축우·농기구 구입 등 자금용도가 장기고정적인 것에 대해서는 20년 이내의 연부상환 형식으로 대출되었고, 단기대출금은 주로 비료·식량구입, 노임지불 등 단기유통적인 영농자금에 대출되었다.39)

조금련은 중일전쟁 이후 1937년 금융조합 창고 건설자금, 1941년 촌락공동 시설금, 1942년 자작농 설정자금·축우양돈구입자금·농기구 구입자금 등을 자기자금으로 융통하여 장기저리인 특별대출금으로 대출하였다.40) 이와 함께 대출한도를 1939년 2천 원에서 1942년 11월 3천 원

---

39) 이상 대출금에 대해서는 朝金聯, 『朝鮮金融組合聯合會十年史』(1944), 170쪽 참조. 동 자료에 의하면 1943년 말 현재 장기대출금은 83.7%, 단기대출금은 16.3%라고 하고 있다. 그러나 [표 3-18]을 보면 특별대출금과 보통장기대출금이 45%, 보통단기대출금이 55%를 차지하고 있어서 수치상 큰 차이를 보이고 있다. 그런데 농업대출 총액에서 자작농지구입자금과 구채상환·농우구입자금 등의 장기자금의 비중은 88%를 차지하고 있다. 결국 보통단기대출금의 자작농지 구입자금과 부채 정리자금의 성격을 장기대출금으로 볼 수 있을지가 문제이다. 실제적으로는 자작농지 구입자금이나 부채 정리자금을 대출할 때, 장기대출금과 단기대출금을 혼합해서 대출했을 것이다. 단 보통단기대부금의 형식으로 대출되는 경우 특별대부금과 보통장기대부금보다 대출이율이 훨씬 높았다. 촌락금조의 대출금리는 1942년 현재 장기대부는 연리 8.3%, 단기대부는 하루이자 2.5錢厘였다.

으로 확장하였고, 대출금리를 장기대출금의 경우 1937년 연리 9%에서 1942년 8.3%로 낮추었다. 이렇게 촌락금조는 전시기에 농촌자금 흡수와 함께 흡수된 자금으로 전시농업정책을 위한 농업대출 기관으로 역할을 하였다.

[표 3-19]에서는 농업 총대출금의 약 80% 정도가 자작용 토지구입자금과 부채정리자금 명목으로 대출되고 있음을 보여주는데, 이는 이 시기 농업생산 증가를 위해서 소작농보다는 농업생산성이 높은 자작농[41]을 창출하고 기존의 자작농은 유지하며 창설된 자작농의 소작농으로의 전락을 막겠다는 총독부의 농업정책을 촌락금조가 정책금융을 통하여 뒷받침하고 있음을 보여준다.

자작용 토지구입자금과 함께 부채정리자금도 안정적인 생산주체의 형성과 밀접한 관계를 가지고 대출되었다.[42] 부채정리자금의 대출은 농업생산 증가의 장애요인을 배제한다는 의미에서 강조되었고 촌락금조는 농민의 부채상환을 주도하였다.[43]

---

40) 朝金聯, 『朝鮮金融組合聯合會十年史』(1944), 92쪽.
41) "소작할 때 보다 자작농으로 창정된 후에는 15% 내지 30%의 증수가 보통이다.… 지주의 토지 구입자금은 생산력 확충자금으로 되지 않지만 소작인의 토지 구입자금은 눈에 보이게 생산력을 확충한다."[「全南金融組合における自作農創定の一事例」,(『金融組合』141, 1940.6), 121쪽] "자작농은 소작농에 비해서 6%의 평균증수를 거두었다. 조선 농경지중 논밭의 소작면적을 109만 정보로 추산하고, 이 평균 반당수확량을 1.3石이라고 하면, 수확량은 1,310만 석인데… 그 6%의 증수량 78만 7천 석의 증강이 가능하다."[漢川炳鶴,「增産に挺進する組合人」(『金融組合』176, 1943.7), 94~95쪽]
42) 부채 정리자금은 '자작농창정유지사업'과 긴밀한 관계를 가지고 대출되었다. "자작농 유지사업에는 종래의 자작농을 부채에 의해 소작농으로 전락하는 것을 방지하는 것과, 자작농 창정 후에 창정지의 확보 및 방매방지를 도모하는 의의가 있다.… 촌락금조는 조합원의 부채정리에 관해 특별저리자금과 보통자금의 대부를 적극화하고 농촌의 자작농유지를 위해 공헌하였다."[英井健夫,「自作農創定維持事業に關する再檢討(2)」(『金融組合』192, 1945.1), 16쪽]
43) 朝金聯, 『朝鮮金融組合聯合會十年史』(1944), 72쪽. 1939년 충청북도 부채 정리요령을 정리해 보면 다음과 같다. 1) 읍면농촌진흥위원회와 부락진흥회에 부채정리위원회[읍면장·촌락금조 이사나 부이사·경찰서장·소학교교장·유지 등으로 구성]를 설치해서 조정감면에 노력하고 고리부채 정리자금이 필요한 농가를 선정하고 해당 금융조합에 명단을 제출하고, 2) 금융조합은 비조합원 부채농가인 경우 신용조사를 해

[표 3-19] 농업대출금중 자작농지 구입자금과 부채정리자금의 비중 (단위: 천 원)

연도	대출내용	특별대출금	보통장기대출금	보통단기대출금	합계
1937	자작용토지구입	17% [10%]	60% [49%]	34% [41%]	59,420 [39%]
	구채상환	56% [32%]	43% [28%]	33% [40%]	58,950 [38%]
	총 액	34,051 [22%]	48,670 [32%]	70,228 [46%]	152,949-
1939	자작용토지구입	17% [8%]	60% [46%]	35% [46%]	81,597 [39%]
	구채상환	55% [28%]	33% [27%]	32% [45%]	77,440 [37%]
	총 액	39,463 [19%]	62,304 [32%]	108,814 [49%]	210,581-
1941	자작용토지구입	22% [9%]	59% [41%]	35% [50%]	97,124 [39%]
	구채상환	50% [24%]	32% [24%]	32% [52%]	87,048 [35%]
	총 액	42,219 [17%]	66,860 [27%]	137,957 [56%]	247,036-
1943	자작용토지구입	46% [23%]	60% [30%]	38% [47%]	149,030 [45%]
	구채상환	26% [20%]	30% [24%]	30% [56%]	95,674 [29%]
	총 액	73,996 [22%]	75,769 [23%]	182,584 [55%]	332,349-

출전:『金融組合統計年報』, 각 연도판.
비고: [ ]는 합계에 대한 각 항목의 비율. 나머지 %는 총액에 대한 비율. 대출내용은 자작용토지구입·구채상환·농우구입·農舍건설·비료구입·농업노임지불·식량구입·양잠·기타이다.

[표 3-20]을 보면 1942년 촌락금조로부터 자작농지 구입자금을 대출 받은 농민이 전체 농가호수의 42%에 이른다. 자작농지 구입자금이 전부 자작농지 구입에 사용되지는 않았으리라는 점, 자금의 50% 이상이 대출이율이 높은 보통단기대출금으로서 자작농지를 구입하더라도 유지가 곤란하였다는 점, 또 중복해서 자금을 대출 받은 농가가 있으리라는 점등을 감안하더라도 전시체제기에 전체농가의 상당부분이 자작농지 구입자금과 접촉하였음을 보여준다. 이것은 자금대출을 통해 농민을 전시동원체제로 포섭하기 위한 물적 토대가 광범위하게 이루어졌음을 의미한다. 즉 "초기의 자작농창정운동이 소작쟁의의 해결이 목적이었다면, 현재의 자작농 창정사업의 성격은 농업경영을 적정화하여 생산력의 항

서 조합원으로 가입시켜서 부채 정리자금을 저리융통하고, 3) 고리부채의 저리융자를 받은 농민에게 필요하다고 인정될 때는 촌락금조는 적당한 생산자금을 저리로 융통한다.〔『忠淸北道における更生指導部落の負債整理要領』(『自力更生彙報』67, 1939.4), 37~38쪽〕전쟁초기의 모습이지만, 전쟁이 진행되면서 촌락금조의 부채 정리사업은 더욱 조직적으로 진행되었을 것이다.

[표 3-20] 자작농지 구입자금의 대출 구수와 농업호수와의 관계   (단위: 천)

구분	1938	1940	1941	1939	1942
대출구수(A)	523 (100)	881 (169)	1,094 (209)	1,225 (234)	1,301 (249)
농업호수(B)	3,052	3,023	3,046	3,071	3,053
(A) / (B)	17%	29%	36%	40%	42%

출전: 대출구수는 朝金聯, 『朝鮮金融組合聯合會十年史』(1944). 69쪽. 농업호수는 『總督府統計年報』, 각년판.
비고: ( )는 증가지수.

구적 유지증진을 도모하고 농업경영에 전념할 수 있는 체제를 확립"44) 하려는 총독부의 전시농정을 촌락금조가 농업대출금을 통해 지원하고 있었음을 의미한다.45)

총독부는 전시농업정책의 수행을 위해 고액소작료의 시정뿐만 아니라 소작료를 적정수준으로 결정할 수 있도록 하고 부·군·도 소작위원회가 소작료의 통제상 필요한 결정 및 명령을 할 수 있도록 규정한 〈소작료통제령〉과 소작료와 농지가격을 법제정 당시의 현상상태로 묶고 가격 상승을 억제한 〈임시농지가격통제령〉 등을 공포하였다. 이러한 경제환경은 다른 한편 안정적 농업생산의 토대로 기능할 수 있는 자작농지 설정사업의 의의를 더욱 크게 한 셈이다. 이러한 배경 속에서 당시 총독부도 변함없이 자작농 창설의 의의를 소리 높이고 있었던 것이다.

4. 나오며

1937년 중일전쟁 이후 촌락금조는 전 농민을 식산계를 단위로 조합

---

44) 高宮善英, 「自作農創定性格の變化」(『金融組合』186, 1944.6), 14쪽.
45) "농업에 있어서 적정농가 규모의 설정 및 자작농 창설은 농업의 재편성의 당면과제인데, 농업의 이 같은 재편성에 따르는 자금이 필요하다. 이 [농정]자금공급자로서 금융조합 운영의 국책적 의의를 인정할 수 있다."[野田新吾, 「國策性と組合の運營」(『金融組合』175, 1943.6), 20~21쪽]

[표 3-21] 각계층별 농업호수 변화와 미곡생산량

연도	자작농	자소작농	소작농	농업호(천호)	생산량(천 석)
1914	22%[100]	35%[100]	41%[100]	2,590	
1924	19%[92]	35%[103]	42%[107]	2,704	
1934	18%[95]	24%[79]	52%[147]	3,013	18,192[100]
1937	18%[97]	24%[81]	52%[149]	3,058	19,410[106]
1939	18%[95]	24%[79]	52%[149]	3,023	24,183[133]
1941	18%[96]	24%[79]	54%[155]	3,071	21,517[118]
1943	18%[94]	28%[93]	49%[139]	3,046	15,687[86]

출전: 농업호수는 『朝鮮經濟年報』I (朝鮮銀行調査部, 1948), 28~29쪽. 미곡생산량은 1939년까지 『朝鮮の農業』(1942), 198쪽. 1941년부터는 『朝鮮經濟統計要覽』(1949), 26쪽.

원으로 조직하여 총독부-조금련-촌락금조-식산계-농민으로 이어지는 조직망을 만들었다. 이 조직망은 총독부-각 단위연맹-애국반-농민의 동원조직을 경제적인 면에서 보완하였다. 이러한 조직망을 기반으로 전시체제기 촌락금조는 이전 시기와는 달리 농촌 영세자금을 '국민저축조합'과 농산물 공출대금의 강제저축을 통하여 흡수하여, 식산은행을 통해 전쟁수행을 위한 자금으로 공급하였다. 그리고 촌락금조의 농업대출금은 농업생산을 위한 안정적 생산주체를 만들기 위한 목적으로 자작농지 구입자금과 부채 정리자금이 집중적으로 대출되었다. 이 자금은 전시농업정책을 금융적으로 지원하면서, 정치적으로 농민의 식민지체제에 대한 저항을 무마하기 위한 정책자금으로 기능하였다. 그렇게 때문에 총독부는 전시체제기에 그 이전시기보다 더욱 확대된 '자작농 창정사업'을 진행시켰고 전체농가를 조합원으로 흡수한 촌락금조는 이 사업의 실질적인 대행기관으로 활동하였던 것이다.

그러나 [표 3-21]을 보면 이 시기 식량생산량은 오히려 감소했고, 전체 농업호수에서 자작농이 차지하는 비율도 크게 증가하지 않고 정체상황이었다. 따라서 촌락금조에 의해 대출된 자작농지 구입자금과 부채 정리자금이 전시농업정책의 목적인 농업생산 증가를 위한 안정적인 생산주체를 확립하지 못했음을 알 수 있다. 촌락금조의 농업자금은 자작농의 몰락을 방지하면서 그들의 재생산을 유지시키고, 소작농의 일부에게 자작농지를 구입하게 하여 자소작농으로 전환하게 하였다. 결국 총독부의 자작농사업은 소작농을 자작농으로 전환시키는 것이 아니라, 적은 금액을 광범위한 소작농에게 분산하여 자작농지를 창설 유지하는 데 초점을 두었다.

1930년대 총독부의 '자작농 창설사업'은 농민운동과 농업공황에 따른 정치적·경제적 위기를 모면하기 위한 것이었다.46) '자작농 창설사업'은 전시체제 시기가 되면 식량증산을 위한 방책으로서 지속적으로 실시되었다. 자작경영의 지주제하의 소작농에 대한 생산성의 우위와 소유의식에 의한 체제지향적 성격은 총독부가 전시동원체제를 구축하는 데 필요한 조건이었기 때문이었다.

결국 이 시기 촌락금조의 농업대출금은 전쟁을 위한 농업생산 증가를 목적으로 안정적인 생산주체를 형성하려는 총독부의 전시농정을 금융적으로 지원하는 성격과 농민을 전시동원체제로 끌어들이기 위한 농민조직화이 통제자금의 성격을 가졌다. 현실적으로 단순재생산조차 어렵게 하는 가혹한 수탈이 진행되는 전시체제하에서 안정적인 생산주체

---

46) 농민운동과 농업공황으로 인한 농민몰락은 경제적으로 독점자본의 상품이윤 실현과 정치적으로 식민지체제 유지에 심각한 위협으로 나타났다. 따라서 총독부[독점자본]은 지주 매개 없는 직접적인 농민지배를 통한 독점자본의 이윤실현, 식민지체제의 안정을 꾀하였다. 이를 위해 농가 경영개선[농가경제 갱생계획·부채 정리사업]과 농민을 생산수단 특히 토지와 결합시키는 자작농을 중심으로 한 소농체제를 형성하려고 하였다[자작농창설 유지사업]·자작경영[소농경영]은 경제적으로 자신의 수입 속에 지대·이윤·노임까지 포함하고 있기 때문에 생산의 전 국면에 관심을 가지고 있어 소작농보다는 생산성에서 우위를 보이고 있다. 또한 독점자본은 식량생산물을 소비자에게 보다 값싸고 안정적으로 공급하여 노동력의 가치를 끌어내리고 지주라는 중간매개가 없으면 유통마진을 줄여 상품화 영역을 그만큼 늘릴 수 있기 때문에 수탈의 탄력성이 더욱 커진다 이런 점에서 농민을 생산수단과 묶는 시도는 제국주의 총자본의 입장에서 대단히 필요하고 유효한 것이다. 그리고 정치적으로는 자작경영의 목표가 농업자본가의 평균이윤이나 지주의 지대가 목표가 아니고 최저생활이 가능하다면 일단 만족하고 농업소득이 감소해도 농업생산을 쉽게 포기하지 않는 강한 小所有意識을 갖고 있기 때문에 체제안정에 중요한 지지층으로서 역할을 할 수 있다.

를 형성한다는 것은 불가능한 것이었다. 그러나 자작농지 구입자금을 중심으로 하는 촌락금조의 농업대출금〔농민에 대한 금융적 지배〕은 전시체제기 가혹한 수탈에 대한 농민저항을 저지하면서 촌락금조가 원활한 식량공출과 강제저축을 수행할 수 있도록 농민을 통제하는 데 중요한 경제적 기반이 되었다.

제3장
미곡공출

이송순〔고려대 강사〕

1. 들어가며

  일제는 조선을 강점한 이후 '토지조사사업'과 '산미증식계획'의 실시로 식민지 지주제를 확립하여 식민지 지배동맹자로서 지주를 적극 육성하고 일본 자본주의 존립을 위한 대일본미곡단작 구조의 '식량 공급기지'로 확정하였다. 그러나 일본 제국주의는 1920년대 후반에 개시된 세계공황으로 말미암아 유례없는 위기국면을 맞이하였고 특히 농가경제의 악화를 초래하였다. 이에 조선을 일본의 식량 공급기지로 설정하였던 식민지배정책의 일정한 수정을 가하여 식민지 지주제를 축으로 한 농업중심의 정책에서 군수공업 원료·자원의 착취와 '조선공업화'정책 등을 중심으로 하는 정책으로 변화하게 되었다.
  일본제국주의는 '만주'침략에 이어 1937년 중일전쟁을 일으켰고 이를 계기로 일본경제는 전시체제로 돌입하게 되었다. 식민지 조선에서도 전시체제 성립에 맞춰 농업분야에 여러 정책이 실시되었다. 조선의 전시체제하 농업정책은 크게 1) 제3차 산미증식계획〔조선증미계획〕, 2) 자작농창설유지사업〔농지정책〕, 3) 제반 농업통제책〔미곡공출정책 등〕으로 나누어 볼 수 있다. 그러나 이 가운데 1)·2)는 전쟁중 자금·자재·노동력의 상대적 부족으로 소기의 성과를 거두지 못하였고 공출정책 등 통제책만이 더욱 강하게 수행되었다.
  전시체제하 농업정책에 관한 연구는 주로 개설적인 차원에서 진행되었고1), 본격적인 연구로는 최유리·전강수의 연구2)가 있다. 최유리의 연구는 1940년대 전반기 '조선증미계획'에 관한 것으로 1934년 중지된 산미증식 계획이 중일전쟁 이후 식량문제가 대두됨에 따라 다시 실시되는 과정과 그 특징을 밝히고, 그 과정을 통해 식민지 지주제가 더욱 강화되었다고 보았다.

전강수의 연구는 전시체제기 '미곡(유통)통제정책'을 출하통제·소비통제·유통기구 통제로 나누어 식량대책의 변화를 체계적으로 파악하고 있다. 이는 전시체제하 농업통제정책에 대한 연구로서 지주제는 미곡 공출과정을 통해 식민지 권력과의 관계에서는 약화되는 추세였으나 지주제 내부의 제관계는 질적 '발전' 내지는 강화의 방향으로 나아갔다고 보고 있다. 이상의 연구는 일제 말기 전시체제하 조선의 농업정책을 구체적으로 밝히고 그 사회-경제적 결과를 해명하고자 하는 노력들이었다.

이에 본 항목은 위의 연구성과를 바탕으로 1940년부터 본격적으로 실시되었던 미곡공출정책을 통해 해방 직전까지 당시 조선산업의 주요 부분이었던 농업에 대한 일제의 식민지배정책의 본질과 그것이 조선 농업구조에 끼친 영향을 살펴보고자 한다. 전시 식량부족 문제를 해결하기 위해 실시되었던 미곡공출정책은 일본 독점자본과 군부가 결탁한 국가기구의 농민에 대한 수탈정책이었다.

그러므로 미곡공출정책의 검토를 통해 정책의 구체적인 시행과정에서 나타난 수탈성과 독점자본의 이해가 더욱 잘 관철될 수 있는 구조로 조선 농업구조가 변화되어 가는 것을 살펴볼 수 있을 것이다. 이에 전시체제기 미곡공출과 그에 따른 농촌경제에 끼친 변화에 대해 다음과 같은

---

1) 박경식,『日本帝國主義の朝鮮支配』(東京:青木書店, 1973) : 동,『일본제국주의의 조선지배』(청아, 1983) : 조동걸,『일제하 한국농민운동사』(한길사, 1978) : 김준보,『한국자본주의사연구』Ⅱ·Ⅲ(일조각, 1977) : 정덕기,「일제의 한국농촌 수탈사구」(『박성봉교수회갑기념논총』, 1987)의 연구가 있다.
2) 최유리,「일제말기 '조선증미계획'에 대한 연구」(『한국사연구』61·62합집, 1988) : 전강수,『식민지 조선의 미곡정책에 관한 연구 -1930~1945년을 중심으로-』(서울대 경제학박사학위논문,' 1993).

측면에서 살펴보고자 한다.

제2절에서는 일제말기 식량 수급사정 변화에 대응하여 미곡을 중심으로 진행된 '공출'의 전개과정을 살펴볼 것이다. 미곡공출의 구체적인 내용을 통해 그 수탈성을 확인하고자 한다.

제3절에서는 이렇게 실시된 미곡공출로 인한 농촌경제(농업경제)의 변화와 그 영향을 살펴보고자 한다. 그간 식민농정 수행에 앞장서 왔던 여러 농촌단체[3]들이 통제하에서 어떻게 변화·조정되어 갔는가를 살펴봄으로써 이후 '농업협동조합'체제가 국가기구적 성격을 강하게 갖게 되는 농촌단체 정책을 조망해 볼 것이다. 또한 공출제 아래서 당시 농가의 대다수를 차지하였던 영세농가의 수지상황을 파악하여 농촌경제의 파멸상을 알아보고 나아가 그간 농업부문에서 절대적 위치를 차지하고 있던 지주경제가 전쟁을 통해 더욱 강화된 독점자본주의 단계에서 점차 약화되어 가는 상황을 살펴보고자 한다.[4]

---

3) 일제하 농촌단체(농업단체)는 농촌사회의 생산·유통·금융 부분과 관련 조직된 것으로 (계통)농회·산업조합·금융조합(1935년 이후는 殖産契 포함)을 들 수 있다.
4) 1930년대 이후 나아가 전시체제하 '식민지지주제'의 추이에 대한 연구는 일제말기 식민지 농업정책은 일본의 식량 공급기지로서의 조선의 역할을 보다 확대시켜 가는 한편 식민지지주제를 일제말기까지도 강고하게 온존시켰을 뿐 아니라 오히려 이 시기에 이르러 더욱 강화하였고 이것이 해방후 남한의 농지개혁을 유산시킨 하나의 요인이 되었다는 시각이 있다. 즉 '지주제강화론'이라 할 수 있다. 이러한 시각의 연구로는 박경식,『日本帝國主義の朝鮮支配』(東京:靑木書店, 1973) : 小林英夫,『'大東亞共榮圈'の形成と崩壞』(東京:御茶の水書房, 1975) : 최유리,「일제말기 '조선증미계획'에 대한 연구」(『한국사연구』61·62합집, 1988). 다음으로 미곡공출제는 영세소작농뿐만 아니라 지주에게도 심한 타격을 준다. 그것은 이중미가제의 실시, 상업적 이윤의 상실, 공출제로 인한 소작료 자체의 저하, 공출의무자가 소작인(생산자)로 되어 지주-소작관계에서의 지주지위의 약화 등을 들어 이 시기 지주제는 약화되어 가는 과정이었다는 시각이 있다. 이러한 관점은 박석두,「농지개혁과 식민지지주제의 해체」(『경제사학』11, 1988). 한편 이 시기 조선의 지주제는 식민지권력과의 관계에서는 계속 약화되는 추세를 보이면서도 지주제 내부의 제관계, 즉 '동태적 지주'와 '정태적 지주'간의 관계 및 지주-소작관계에서는 '질적 발전' 내지는 강화의 방향(='지주권재강화론')으로 나아갔을 것이라는 시각이 있다. 전강수,『식민지 조선의 미곡정책에 관한 연구 -1930~45년을 중심으로-』(서울대 경제학 박사학위논문, 1993).

2. 미곡공출의 전개와 그 성격

1) 중일전쟁 이후 식량 수급사정의 악화

　　중일전쟁이 발발한 1937년의 쌀작황은 본풍작·조선대풍작이었고, 1938미곡년도 조선미의 일본이출고는 기록적으로 1천만 석을 돌파하였다.5) 그러나 미곡 과잉기조를 누렸던 일본내 식량사정은 전쟁확대와 1939년 대한해6)로 인한 조선미 이출량의 격감에 따라 식량부족 문제가 대두되었고 이로써 일본 제국주의 블록권 내에서 전시식량 문제가 본격적으로 제기되었다. 일본으로의 조선미 이출량을 보면[[표 3-22] 참조] 1937년 이전에는 연간 800·900만 석 정도였고 1938년에는 1천만 석에 이르렀으나 1939년 이후는 680만 석, 대한발로 1940년에는 60만 석으로 격감된 후 조선내 소비증가와 군수충당으로 1937년 이전수준을 회복하지 못하였다.

　　그러면 전시체제하에서 조선의 식량사정을 살펴보자. 먼저 조선의 미곡생산량을 보면 1937년 대풍작으로 최고생산량[약 2,600만 석]을 보였고 1938년까지는 비교적 높은 생산량을 거두었으나 1939년은 대한해로 약 1천만 석이 감수되었다. 그 이후에는 '조선증미계획' 등 생산증강정책을 전개하였지만 별다른 성과를 거두지 못했고, 1942년부터는 계속되는 흉작으로 크게 감수되었으며 해방이 될 때까지 회복되지 못했다. 다음으로 조선 안의 미곡소비량은[[표 3-22] 참조] 1933~1937년까지는 1,200~

---

5) 전국경제조사기관연합회조선지부 편, 『조선경제연보』(1940) 55쪽. 이하 『조선경제연보』(각년판)으로 약함.
6) 1939년 한해는 유례없는 것으로 그 피해상황은 다음과 같다. 피해지역은 경기도 이남 7도, 수확이 전무하거나 70% 이상 감수한 면적이 69만3천 정보, 미곡의 감수는 평년작에 비하여 900여만 석, 피해금액은 2억 358만 원, 논농사의 70% 이상 감수로 이재된 호수는 109만여 호에 이르렀다.[『조선경제연보』(1941·1942), 59쪽]

[표 3-22] 1933~1944까지 조선의 미곡 수급상황 　　　　　　　　(단위: 천 석)

연도\구분	공급량			수요량		
	생산량	지수	수이입량	수이출량	소비량	지수
1933	16,346	100	111	8,074	8,508	100
	(20,563)	-	(2,111)	(12,726)	-	-
1934	18,192	111	124	9,501	8,709	105
	(22,886)	-	-	(13,403)	-	-
1935	16,717	-	293	9,002	8,132	98
	(21,030)	-	-	(12,477)	-	-
1936	17,885	-	102	9,513	8,510	103
	(22,498)	-	157	(13,124)	-	-
1937	19,411	94	109	7,202	12,579	99
1938	26,797	130	200	10,997	15,784	124
1939	24,139	117	44	6,895	17,646	139
1940	14,356	70	308	601	13,982	110
1941	21,527	105	372	4,232	17,345	136
1942	24,886	121	213	6,273	18,613	146
1943	15,687	76	73	1,303	15,306	120
1944	18,719	91	897	4,121	14,597	115
19045	16,052	78	20	1756	14,295	112

출전: 近藤釰一 編, 『太平洋戰下の朝鮮』4(1963), 88~90쪽. 조선은행조사부, 『조선경제연보』 (1948), Ⅲ~28쪽.

비고: ① 연도는 미곡년도(전년 11월~그해 10월). ② ( ) 안의 수치는 1936.9 생산고 조사방법이 개정되었기에 그에 따라 환산한 것. ③ 1937년 이후 소비량에는 중일전쟁 이후의 특수 소비량이 포함. ④ *지수는 새로운 조사방법에 의한 수량에 따른 1933년 생산량과 소비는 100으로 한 것.

1,300만 석 정도였으나 1938년에는 1,500만 석에 이르렀고 그 이후는 매년 증가하여 1,600만 석(1939)에서 1,800만 석(1942)까지 점증하였다 (1939년 대한해로 1940년은 감소). 특히 1938년 이후 미곡소비가 급속히 증가한 점은 주목할 만하다.7) 그러나 미곡의 1인당 소비량은 산미증식계획 실시 이후 크게 감소하는 경향을 보여 농업공황기에는 산미증식계

---

7) 이러한 경향은 전쟁의 진전에 따른 '鮮內특수수용' 및 배급, 특배 등의 관계, 즉 이 시기 일본군인의 來駐, 군수공업관계(공장 및 광산) 직원 및 노동자의 격증과 그에 대한 식량의 우선적 特配(加配)에 기인하는 것이었다. 한편 '만주'나 북중국에 대한 군수미와 현지의 재유일본인에 대한 식량조달 등 전쟁특수로 인한 미곡수요도 증가했다.

[표 3-23] 조선에서의 식량 민간소비량

미곡연도	총소비량(단위 천석)			1인당소비량(단위 석)		
	미곡	잡곡	계	미곡	잡곡	계
1915~1919	11,779	22,091	33,870	0.7071	1.3242	2.0313
1920~1924	11,186	23,538	34,724	0.6379	1.3413	1.9792
1925~1929	9,726	24,678	34,404	0.5124	1.3000	1.8124
1930~1936	8,806	25,179	33,985	0.4256	1.2120	1.6376
1937	12,579	20,577	33,156	0.5679	0.9289	1.4968
1938	15,784	19,049	34,833	0.7031	0.8485	1.5516
1939	17,646	20,158	37,804	0.7761	0.8865	1.6626
1940	13,982	18,757	32,739	0.6108	0.8194	1.4302
1941	17,345	17,253	34,599	0.7215	0.7176	1.4391
1942	18,613	18,656	37,270	0.7369	0.7836	1.5205
1943	15,306	13,077	28,384	0.5784	0.4942	1.0726
1944	14,597	18,046	32,644	0.5528	0.6833	1.2361

출전: ① 近藤鈵一 編, 『太平洋戰下の朝鮮』4(1963), 95~96쪽. ② 조선은행조사부, 『조선경제연보』(1948), Ⅲ~28쪽.
비고: ① 1936년 이전은 평균수치. ② 1936년 9월 생산고 조사방법의 개정으로 1937년 수치부터는 새로운 조사방법에 의한 것.

획 실시 이전에 비해 약 2/3 정도로 격감하였다.[[표 3-22] 참조] 전시체제기에도 이러한 경향은 지속되었다. 이와 함께 전시기에는 미곡소비량의 감소를 보완하는 잡곡소비량 역시 현저히 감소하여 조선민중의 식량소비상태는 더욱더 열악해져 갔다.

일본 제국주의는 중일전쟁 이후 식량 수급사정의 변화, 즉 전쟁확대에 따른 식량수요 증대와 1939년 대한해를 계기로 한 조선미의 절대량 감수, 일본이출량 감소로 조선미의 증산을 식량문제의 중심에 놓고 '증미계획'과 '식량전작물증산계획'을 아울러 실시하였지만 소기의 성과를 거두지 못하였고 일제의 전쟁수행을 위한 물자와 인력의 강제동원으로 도리어 경작면적과 단보당 생산량은 절대적으로 감소하여 식량 수급사정은 날로 악화되어 갔다. 이에 일제는 식량에 대한 출하·유통·소비통제를 통해 이를 해결하고자 하였는데, 그 가운데 일제의 요구에 따른 식량의 절대량 확보를 위한 조선에서의 '공출'은 강제적이고 수탈적으로 진행되지 않을 수 없었다.

2) 미곡공출의 전개과정

(1) 1941~1942미곡년도의 공정가격에 의한 '자발적 공출'기

조선에서의 전시미곡통제는 실제로 1939년부터 실시되었다.[8] 그러나 대한해가 예상된 1939년 여름부터 시작된 미곡통제책은 한해에 대한 임시조치적 성격으로서 가격·유통 및 배급기구·소비통제책만 마련되었고 생산 출하통제(공출)는 시행되지 않았다. 생산출하 통제는 1941미곡년도(1940.11~1941.10)부터 본격적으로 시행되었다.

일제는 전시 하에서 식량정책을 조선·대만·만주, 나아가 북중국까지를 하나의 고리로 파악하여 실시하고자 했다. 그리하여 일본의 「임시미곡관리요강」에서 "외지에서도 본 대책의 효과를 완전하게 하기 위해서 석당한 조치를 강구할 것"이라 하여 외지에서도 이에 해당하는 조치를 취하도록 하였다.[9] 그 조치로서 조선에서도 「1941 미곡년도 식량대책」[이하「41대책」][10]이 공표되어(1940.10.14) 미곡에 대한 국가관리가 시작되었다.

그 가운데 미곡공출과 관련되어 중요한 것은, 통제대상은 「과잉지역의 과잉수량」으로 한다는 원칙이었다. 그러나 통제미 이외의 미곡도 할당량의 공출이 종료될 때까지는 자유판매를 금지하였다. 총독부는 먼저

---

8) 본격적으로 공출이 실시되기 전인 1939년에서 1941년까지의 미곡통제정책에 관해서는 이송순,「일제말기 전시체제하 조선에서의 미곡공출과 농촌경제의 변화」(고려대 석사학위논문, 1992) 참고.
9)『조선경제연보』(1941·1942), 251쪽.
10) '식량대책'의 목표는 ① 국민식량의 수급조정, ② 국민생활의 안정, ③ 군수의 충족에 두고 있었다. '41대책'은 ① 출하통제, ② 집하, ③ 배급, ④ 수이출입, ⑤ 도 양곡배급조합의 강화, ⑥ 감독 및 조성, ⑦ 자금의 알선, ⑧ 가격조작, ⑨ 소비규정으로 구성되어 있다.[조선금융조합연합회,『조사휘보』12(1940.11), 73~75쪽]

도별소비고11)를 정하고 그것을 각 도 생산량과 비교하여 과잉도와 부족도를 결정한 후 과잉도의 과잉미는 총독부 관리미로 되어 총독부 지휘로 부족도에 공급하거나 이출 및 특수수요에 충당하였다. 생산농가에서 공출한 것에 대한 대금지불은 10%를 강제공제저축(천인저축)하고 덧붙여 비료대금·조합비·차금 등을 빼고 나머지만을 공출자에게 주었다.

또한 공출과 배급을 담당할 기구를 확충 강화하였다. 1940미곡년도에 결성된 식량배급조합을 해소하고 유력한 상인과 지주를 회원으로 하는 '도양곡배급조합(도배)'을 조직하였다. 도배에 모인 벼 가운데 수이출분은 조선양곡중앙배급조합(중배)을 통해 수이출하고 조선내 소비분은 도배가 과잉도에서 부족도로, 다시 도내조작미는 도배 → 부군도배급조합 → 소매업자 → 일반소비자, 도배 → 특수소비자의 이중방법으로 배급되었다.

이처럼 1941미곡년도의 미곡통제는 「41대책」에 의해 통제기구와 방법이 결정되어 실행되었으나 미곡년도 처음(1940.11~12)에는 많은 혼란이 생겼다. 하지만 차츰 이러한 식량 통제기구의 정비를 통해 집하기구에서 배급기구 말단에 이르기까지 종래와 같은 중매인·지방미곡상·정미업자 등 일련의 상업조직은 완전히 배제되어 자유거래와 자유기업의 여지가 극히 축소되었다.

1942미곡년도에는 계속되는 식량 수급사정의 어려움으로 1941미곡년도의 미곡관리제도를 답습하면서 제반 사정을 고려하여 관리제도의 정확과 공출미 증강을 도모하기 위해 총독부에서 「1942미곡년도 식량대책」(이하 「42대책」)12)을 결정하여 공표하였다(1941.9.11).

미곡공출과 관련하여 「42대책」에서는 원칙적으로는 전년 미곡년도

---

11) 도별 소비고는 연초에 평균 1인당 연간소비량을 결정하여 그것을 각 도의 인구수와 곱하여 결정한다.
12) 이 대책은 統制對象·統制主體·糧穀基準消費量·統制糧穀供出·糧穀蒐荷·糧穀配給·統制機構·蒐荷糧穀代金決濟·糧穀金融·糧穀價格·國庫補償·消費規正의 12항으로 나누어져 있다.[조선금융조합연합회, 『조사휘보』21(1941.10), 25~28쪽]

의 「과잉지역의 과잉수량」에 대한 통제라는 점은 계속되고 있으나 통제 정도는 보다 강화되면서 다음과 같은 차이점을 보이고 있다. 첫째, 전년도에는 공출종료 이후에는 통제미 이외의 미곡은 자유시장에서 판매가 가능했지만 「42대책」에서는 시기에 관계없이 자유판매가 금지되었다.13) 둘째, 공출미에 대한 장려금이 지급되었다.14) 그것의 구체적인 시행내용은 총독부 농림국에서 발표한 「통제미에 대한 장려금 교부방침」15) (1941.10.23)에서 알 수 있다. 장려금 교부대상은 1941년 산미 가운데 총독부나 도의 통제미로서 장려금은 생산자에 대한 생산장려금과 공출자에 대한 출하장려금[매상가격 인상분]으로 되었다. 또 미곡의 평균출하를 위해 늦게 출하하는 미곡에 대해서는 더 높은 가격으로 매입하는 미가선고제를 채택하여 매상월별로 차이를 두었다. 이러한 장려금 교부로 인해 공출미가와 소비자 미가의 이중미가제가 실시되었고, 장려금은 생산장려금과 출하장려금으로 구분되어 공출미가는 다시 생산자 미가와 지주미가로 구분되어 삼중미가제가 실시된 것이었다.

한편 재무·농림 두 국장의 통첩으로 「벼강제공제[천인]저축 실시요강」16)이 공표되었다(1941.10.29). 저축금액은 벼 1가마니당 1원70전[현

---

13) 미곡에 대한 통제가 시작된 이후 미곡의 공정가격 이상의 암거래가 성행하였지만 한편에서는 공정가격 이하의 방매도 있었다. 그것은 미곡의 자유판매가 사실상 어려운 상황에서 현금이 부족한 농민들이 금융난이나 검사의 불합격으로 道의 매상을 기다릴 수 없어 急賣하는 경우가 발생하였기 때문이다. 이에 판매희망자에 대해서는 전부 매상할 것을 지시하고 있다.[조선금융조합연합회, 『조사휘보』17(1941.6), 49쪽] 이것은 미곡의 자유로운 시장판매를 막으면서 통제는 실제사정을 기반으로 바르게 이루어지지 못함에 따라 완전히 판로가 막힌 농민들의 피해양상이었던 것이다.
14) 장려금 교부에 대해 "장려금은 일본의 경우 증산에 기여하는 바가 큰 경작자에게 교부하는 원칙[생산장려금]이었지만, 조선의 경우는 사실상 증산에 열의가 있는 우량지주의 공헌을 부정할 수 없어 지주가 경작을 겸한 자에게도 그것을 교부하였다. 이에 직접생산자에게는 생산장려금을 지주에게는 출하장려금을 교부하였다"[조선금융조합연합회, 『조사휘보』20(1941.9), 37쪽]라고 하고 있다. 이는 특히 일제의 식민지지배정책의 일환으로 조선에 진출해 있던 일본인 대지주[농장지주] 등에 대한 정치적 배려와 그를 통한 공출촉진을 도모하기 위한 것이라 생각된다.
15) 조선금융조합연합회, 『조사휘보』22(1941.11), 29~30쪽.
16) 조선금융조합연합회, 『조사휘보』22호(1941.11), 25~26쪽 참조.

미 1가마니당 2원70전]으로서 강제공제저축률[천인율]은 약 15%로 상승되었다.17) 셋째, '도양곡배급조합'의 조합통제로는 거래에 마찰이 많고 도배와 조선미곡시장회사 사이의 인적·자본적 연계가 없어 도 블록화 경향도 심화됨에 따라 통제기관을 강화하여 일원적인 통제를 하고자 하였다. 이에 중앙에는 조선미곡시장회사를 개조하여 조선양곡주식회사를 창설하고 다시 각 도에는 각각의 특수사정을 감안하여 도 양곡주식회사를 창립하는 것이었다. 그러나 이는 준비단계에 그치고 이후 종합적 식량 국가관리 기관인 '조선식량영단'의 설립을 보게 되었다.

(2) 1943~1945 미곡년도의 '강제공출'기

일본에서 〈식량관리법〉이 제정되어 일원적이고 종합적인 식량의 국가통제가 이루어짐에 따라 조선에서도 이에 따른 획기적인 식량대책을 강구하게 되었다. 1943미곡년도에는 처음으로 소위 '자가보유미제도'가 도입되었다. 이리하여 이전까지의 '과잉지역의 과잉수량'을 대상으로 한다는 통제원칙은 이른바 '전농민의 과잉수량'을 대상으로 한다는 원칙으로 확대·발전된 것이다.

농림국은 「1943미곡년도 식량대책요강」[이하 「43대책」]18) 및 「양곡의 수하, 배급의 구체적 방법」19)을 발표하였다(1942.10.19). 「43대책」과 이후 여러 조치들을 통해 1943미곡년도부터는 식량에 대한 전면적인 국가관리와 공출 강화조치가 취해졌다.

그 가운데 「43대책」에서 특징적인 점은 우선 통제대상에서 종래 자유판매가 되던 싸라기·쭉정이 쌀 및 잡곡에서 호밀 등이 통제종목에 첨

---

17) "… 한 가마니에 가산금은 출하장려금 50전, 생산장려금 75전, 공제금은 곡물검사소 수수료 3전, 비행기헌납금 1전, 운반인부비 2전, 금조수수료 3전5리, 천인저금 1원 70전…"[下協光夫, 「籾の供出を現地にる」, 『금융조합』171, 1943.2)에서 보듯이 장려금 1원 25전은 강제공제저축 1원 70전에도 미치지 못하고 있다.
18) 조선금융조합연합회, 『조사휘보』 34(1942.11), 31~33쪽.
19) 상동, 33~34쪽.

가되어 적어도 미곡이라는 이름이 붙은 것은 모두 통제가 되었다. 이것은 1942년의 한해로 인한 식량수급의 긴박한 사정이 반영된 것이고 미곡중심의 식량대책에서 잡곡을 더하는 종합적인 식량대책으로 전환하는 것이었다. 다음 집하면에서는 종래의 공출시기를 11월부터 다음해 7월까지로 한 것을 이번은 11월부터 2월까지 전량 매입하게 하였고, 보관을 확실히 한다고 예상되는 농장·대지주 소유에 한해서 2월 이후의 공출을 인정하였다. 그와 연관하여 생산장려금은 선고제를 폐지하고 일률적으로 시기를 불문하고 벼 1섬당 1원50전[현미 1석당 3원]으로 하여 조기공출을 촉진시키는 조치를 취하였다.20)

또한 총독부에서 시달했던「수하·배급의 구체적 방법」에서는 소위 부락책임공출제라는 새로운 제도가 도입되었다. 종래의 할당방법을 바꿔 도에서 부군으로, 군은 읍면으로, 부읍면은 각 부락으로 공출량을 통고하고, 부락에서는 '자치적'으로 부락의 공동책임으로써 할당공출량을 공동판매소에 내놓게 하였다. 이것은 공출할당량이 개별농가의 책임이 아니라 부락민 전체의 연대책임이 되어 부락이라는 조직을 통해 농민 자신에 의한 농민의 통제를 의도한, 극히 교묘한 농민 통제수단이었던 것이다. 이것은 일정량 이상의 공출미 확보를 일차적 목적으로 하는 것이었다.

한편 전쟁확대에 따라 생산증강이 절실히 요구되어 미가 인상이 검토되었다. 1943년 5월 25일 각의에서「조선에서의 1943년 산미가격대책요강」이 결정되어 미가인상이 이루어졌다. 그 내용은 1943년산미의 실질매입가격을 현미 1섬당 12원 인상하는 것이었다[매입가격 3원 인상(41원→44원)+종래의 생산장려금 3원+보급금 9원]. 특히 1943년산 쌀부터 미곡생산의 확보를 목적으로 직접생산자에게 새로이 지급되는 보급금에 대해서는 농림국장 통첩으로「미곡생산확보 보급금교부요강」21)이 발표

---

20) 岩田龍雄·金子永徹,「戰時下朝鮮に於ける米穀政策の展開」下(『殖銀調査月報』(65), 1943. 10), 9~10쪽.

되었다(1943.10.13). 그리고 미곡의 소비자에 대한 배급가격은 3원을 인상하였다. 이러한 미가 인상에 따라 강제공제 저축률도 다시 인상하여 벼 1가마니당 3원70전으로 지난해[1원70전]에 비해 2원이 인상된 것이었다.22) 결국 생산자가 실제 현금으로 받은 가격은 전혀 증가하지 않은 것이었다.

[표 3-24] 일본·조선의 공정미가[최고생산자 판매가격] 변천상황   [현미 1석당]

일본		조선	
연월일	최고가격	연월일	최고가격
1938.12.17	35원 40전	1939. 7.29	38원 40전
1939. 8.25	38원	1939. 9.23	35원 84전
1939.11. 6	43원	1939.11.10	40원 84전
1940.11. 1	43원	1940.11. 1	40원 84전
1941. 8.14	최고가격 44원 생산장려금 5원 품종정리 1원 계 50원	1941.10.4	최고가격 40원84전 생산장려금 3원 출하장려금 1원 계 44원84전
1943. 4.21	최고가격 47원 장려금 5원 보급금 10원50전 계 62원50전	1943.5.25	최고가격 43원85전 생산장려금 3원 보급금 9원 계 55원85전

출전: 조선금융조합연합회, 『公定米價の變遷に關する調査』(1944), 143쪽.

일본에서는 〈식량관리법〉이 공포되어 시행되었고 그와 동시에 식량영단이 중앙 및 지방에 설립되어 식량의 완전한 국가관리가 이루어졌다. 이에 조선도 식량 통제기구를 강화하고 식량의 준전매제도라고도 할 수

---

21) 「요강」은 조선금융조합연합회, 『公定米價の變遷に關する調査』(1944), 93~95쪽 참조. 「요강」에서의 보급금 지불규정은 벼 1가마니당 2원50전, 玄米 1가마니당 4원이다. 그러나 실제로는 '현미 1석당 9원'이 지불되었던 것 같다.
　　* 가마니와 石의 비율은 다음과 같다.[미곡검사규칙에 따른 것]
　　　벼 : 1가마니=90斤[5斗환산], 1석=2가마니
　　　현미·백미 : 1가마니=100斤[4斗], 1석=2.5가마니.
22) 조선금융조합연합회, 『조사휘보』45(1943.10), 27쪽. 그 내역은 벼 1가마니당 2원20전으로 인상. 나머지 1원50전은 보급금에서 저축시키는 것으로 하였다.

있는 식량의 국가관리체제를 확립하는 조치가 강구되어 제령 44호〈조선식량관리령〉[이하〈식관령〉]이 공포되고(1943.8.9), 9월 11일에는〈시행규칙〉이 발포되어 식량 국가관리의 근거법이 명확해졌다.

〈식관령〉과 그〈시행규칙〉중에서 공출 관련부분을 살펴보면 첫째로 미·맥류 및 속 이외에 주요식량 전부[잡곡·전분·곡분·감저 및 기타 가공품·면류·빵]를 통제의 대상으로 할 수 있는 태세를 갖추었다. 둘째로 공출수량의 할당은 일본의 경우 농회에서 담당하는 것과는 달리 정부 또는 읍·면장이 담당하고 농회는 출하의 독려 및 공출의 알선 등을 담당하게 하여 강력한 관주도의 식민지적 특성을 보여주고 있다. 그리고 조선의 특수사정에 비추어 미·맥류 및 속 이외 식량에 대해서도 필요에 따라서 미·맥류 및 속에 준해서 국가 관리대상으로 할 수 있는 종합식량정책 기준을 확립하였다. 셋째로 통제기관으로는 조선식량영단을 설립하였다(1943.10.5). 종래는 조선미곡시장주식회사 및 각 도 양곡주식회사가 식량을 조작하게 해왔지만 이번에 이들을 발전적으로 해소시키고 식량국가관리제도 확립에 따른 강력한 식량조작기관으로서 새로이 조선식량영단을 설립하여 식량조작의 원활을 기하려는 것이었다. 이처럼〈식관령〉에 의해 조선내 전농민[지주포함]은 자신의 소유미 가운데 일정량[자가소비량을 제외한 과잉미 전량]을 공출해야 할 법적 의무를 지게 되었다.

조선에서 미곡공출제도는〈식관령〉실시 이전부터 농민들의 재생산마저도 불가능하게 할 정도의 수탈성을 여지없이 드러내며 전개되었다.[23] 불완전한 조사에 입각하여 결정된 각 도 공출량이 말단 각 농가에

---

23) 당시 공출의 강제성과 수탈성은 공출량 결정과정을 통해 살펴볼 수 있다.
 □ 총소비량=농가보유량[쌀와 맥류 등 잡곡의 일정한 비율로 결정]+필요배급수량
  [일정 소비비율에 의해 결정]
 □ 총공급량=전년도 쌀 및 잡곡+당년도 맥 및 早場米의 생산예상고와 만주잡곡의
  수입예상고
 □ 총공급량-총소비량=이출량[→공출량결정]

할당되는 수량은 각 농가생산고에서 일정보유량(소비량과 종자사료 등을 포함한 양)을 빼고 결정된 수량과 결코 일치하지 않는 것이었다. 농가보유량은 전전 1인1일 1되를 먹었다는 농가의 경우에 겨우 1일4홉에도 못 미치는 소비량을 기준으로 결정되었다. 이렇게 결정된 공출수량을 채우기 위해서 농민들은 거의 기아상태를 면치 못하였고 그로 인한 공출에 대한 반감과 거부는 너무도 당연한 것이었다.24)

이와 같은 가혹한 미곡공출제도는 농민들로부터 온갖 수단을 동원하여 공출을 기피하게 하였고 염농·반관사상이 만연하고 그것은 염전사상으로까지 발전하였다. 이에 미곡 공출문제는 더 이상 경제적인 문제가 아니라 치안문제로까지 비화되고 있었다. 이러한 강제적이고 수탈적인 공출에도 불구하고 공출량의 대부분은 일본으로의 이출이나 군수용으로 충당되었으므로 조선내 소비자에 대한 배급량은 매우 열악한 상

　일본측의 요구가 많으면 많을수록 공출량이 과중해져서 조선으로서는 만주잡곡의 수입량을 증대시키거나 농가보유량 또는 배급량을 줄이지 않을 수 없었다.[대장성관리국, 앞의 책, 50쪽] 이로 볼 때 일제의 전시 식량수급에 맞춰 조선의 쌀 이출량이 결정되고 그 목표를 달성키 위해 조선총독부는 농가보유량 또는 배급량을 조절하며 공출량을 자의적··강제적으로 정하였음을 알 수 있다. 또한 총독부는 일본으로부터 지정받은 수량을 이출해야만 하는 책무가 주어져 '조선총독은 직을 걸고서라도 공출을 이행하지 않으면 안되어' 공출은 강압적으로 이루어지지 않을 수 없었다.
24) "공출이 농민대중에게 불평을 사기에 이른 遠因 내지는 최대의 원인은 일본에 있어서 1940년 산미가 그 작황이 심히 불량하여 1941미곡년도의 1인1일당 소비량을 2슘 3勺으로 하는 內鮮 양당국간의 당초의 협정에 의해서는 도저히 그 연도를 넘기는 것이 곤란하여 內鮮 동시에 1인당 1일 소비량을 2홉1작으로 절하하고 조선에서는 4월 이후 7개월분의 잉여수량을 일본으로 增送하는 것으로 협정을 고쳐 추가공출의 할당을 한 데 있다. 이것이 제1선의 관청 및 농민일반에서는 도대체 정부는 再공출할당을 하지 않겠다고 약속하였으면서도 그것을 깼다. 그리고 이미 농가가 대부분의 米를 먹어버린 때에 할당하는 것은 도저히 그 수량을 확보하는 것이 곤란하다 하여 심하게 격분을 사기에 이르렀다. 그러나 총독부는 일본에 대해 약속한 수량을 이출하지 않으면 안되는 책무가 있고, 도·군도 또한 본부에 대해 할당받은 수량은 절대로 공출을 확보하지 않으면 안된다는 결의하에 심하게는 죽창을 가지고 가택수색을 하고, 농가는 농가대로 혹은 변소에, 굴뚝 아래에, 밭 가운데에 숨기는 식으로 음침한 공기가 지방일대에 있어 살벌한 광경이 각 곳에서 전개되어 인심은 현저히 동요하기에 이르렀다."[대장성관리국(1946), 『日本人の海外活動に關する歷史的調査』〈朝鮮篇, 제9분책〉(고려서림, 영인본), 48쪽]

[표 3-25] 1941~1945의 미곡생산량 및 공출량   (단위: 천 석)

미곡연도	생산량	할당량	공출량(*)	수이출량(**)	군용미(***)
1941	21,527	-	9,208 (42.8)	3,241 (35.2)	991(10.7)
1942	24,886	-	11,255 (45.2)	5,299 (47.0)	979 (8.7)
1943	15,687	9,119	8,750 (55.8)	-	1,303 (15)
1944	18,719	11,956	11,957 (63.9)	2,737 (22.9)	1,384(11.6)
1945	16,052	10,541	9,634 (60.0)	1,487 (15.4)	269 (2.8)

출전: 농업협동조합중앙회,『한국농업금융사』(1963), 90쪽.
비고: ① 1941·1942미곡년도에는 공출의 사전할당제가 적용되지 않았으므로 할당량이 없다.[조선상공회의소,『조선경제통계요람』(1949), 38쪽]. ② *은 미곡생산량에 대한 공출량의 비율이다. **은 공출량에 대한 수이출량의 비율이다. ***은 공출량에 대한 일본 군용미의 비율이다.

황이었다.

　이러한 상황에 대처하고 공출을 강화·촉진하기 위해 1943년 산미에 대해 공출 사전할당제가, 1944년 산미에 대해서는 그와 함께 농업생산책임제와 '보장제'가 실시되었다. 공출의 사전할당제는 종래 수확 직전에 이루어지고 있던 공출량 할당을 심을 때에 미리 결정하는 것이었지만 실제 시행과정에서는 여러 문제점이 나타났다. 심을 때에 할당을 하면 풍흉을 예측할 수 없어 일단 흉작일 경우 할당량을 채우기 위해 풍작지방에서는 할당을 변경하든가, 추가할당을 해야 했다. 또 공출 개념수량[25]을 9월 20일 제1회 작황보고 후 10월 초에 농가에 할당하였다. 그러나 1943년 산미의 작황은 1,871.9만 석으로써 각 도 공출량이 '개념수량'을 채우지 못하게 되었다. 이에 농가보유량을 1인당 3합3작으로 줄여 공출량을 증대시켜 일본으로의 이출량은 확보하고자 하였다. 이처럼 사전할당제는 농민의 희생을 강요한 철저한 수탈책이었던 것이다.

　1944년 산미에 대한 사전할당제는 농업생산책임제 및 '보장제'와 결합되어 실시되었다. 농업생산책임제는 사전할당제와 표리를 이루는 것

---

25) 공출개념 수량=평년작 수량-농가보유량[1인1일 미·잡곡 합하여 4合 기준, 종자벼 포함].

으로서 부정확한 생산량에 따른 공출량의 할당으로 공출에 차질이 생기자 생산량마저 강제로 책임지어 가능한 최대의 공출량을 확보하려는 것이었다. 이것은 「농업생산책임제실시요강」26)(1944.4)이 발표되어 구체화되었다. 책임품목은 미곡·맥곡·잡곡 등 군수, 기타 필수농산물자를 망라한 13개 품목으로서 책임수량은 미곡·맥곡·잡곡에 대해서는 농가보유량 및 공출량을 기준으로 농업관계자의 노력에 의해 달성할 수 있는 최저수량으로 한다는 것이었다. 그 책임자는 지주로 하고 경작자는 책임수량 생산에 대해 부락연대로서 노력하는 원칙으로 할당도 부락단위로 하는 것이었다.

그러나 책임수량 역시 전혀 현실에 맞지 않는 것이었다. 1944년 산미는 겨우 1,605.2만 석으로 생산책임수량과는 무려 1천만 석의 차이가 있어 이에 따른 사전할당량을 공출하는 것은 무리였다. 그러나 일제는 전쟁수행을 위한 물적·인적 자원의 수탈로 생산량이 크게 감소하였음에도 불구하고 부족한 식량사정을 보충하고자 무리한 할당수량을 기준으로 갖은 방법을 동원하여 미곡을 수탈하였기에 조선의 농가는 쌀 한 톨도 남길 수 없는 극악한 상황이었다. 이러한 공출의 사전할당제와 생산책임제의 성격은 1943년 이후 생산량에 대한 공출량 비율이 상당히 증가하고 있음에서도 알 수 있다. 즉 수탈적인 공출강화책이었던 것이다.[[표 3-25] 참조]

한편 총독부는 사전할당제·농업생산책임제 실시와 함께 식량증산과 공출의 극대화를 위해 「조선에 있어서 양곡의 증산 및 공출장려에 관한 특별조치요강」을 발표하였다(1944.7.29). 그 주요골자는 "① 공출에 대한 보장적 조치는 '장려금과 보장금' 2가지를 기본으로 하여 현미 1석당 장려금 23원, 보장금 80원, 보리는 장려금 7원, 보장금 23원, 잡곡은 장려금 4원, 보장금 12원으로 한다. ② 공출수량의 사전할당은 부락을

---

26) 조선총독부, 『朝鮮』348(1944.5), 2~5쪽.

단위로, 쌀의 경우 최근 수년간의 실수고에 생산 및 수급상의 제 조건을 감안하여 결정한다. ③ 장려금 및 보장금 교부는 각 부락에 대한 공출의 사전할당량을 기준으로 부락의 공출량이 할당수량의 90%를 초과할 때는 100% 이하의 범위내에서 90%을 초과하는 공출미에 대해 석당 23원의 장려금을 교부하고, 공출량이 할당수량의 100%를 초과할 때는 그 초과분에 대해 석당 80원의 보장금을 교부한다. ④ 할당량 이상의 증산을 한 경우는 그 수량에 대해 보장금과 함께 면포·고무신·비누 등의 생활물자를 특배한다"27)는 것이었다. 단 부재지주의 공출미에 대해서는 장려금과 보장금을 교부하지 않기로 하였다.28) 그러나 실제로는 사전할당량이 과다하게 책정되어 있어 100% 이상일 때 주어지는 보장금은 물론이고 90% 이상일 때 주어지는 장려금을 교부받는다는 것은 극히 어려운 일이었을 것이다.

이러한 유인책과 함께 전체적인 행정기관 및 경찰·도내 유식자층을 총동원한 강력한 독려책이 강구되고 있었다.29) 이것은 전시체제 말기 일제가 얼마나 공출증대에 부심하고 있었는가를 여실하게 보여주는 것이다.

---

27) 『식은조사월보』76, 51쪽.
28) 『식은조사월보』77, 27~28쪽.
29) 「供出促進措置要綱と不振の原因」가운데 공출촉진에 대해 강구된 조치는
  1) 사전할당 ① 부락 또는 애국반의 공동탈곡의 勵行. ② 부락공동蒐荷 및 공동출하의 장려. ③ 포장용 가마니의 생산督勵 혹은 구입 알선. ④ 양곡공출대장의 정비. ⑤ 양곡공출에 관한 각종회의 개최. ⑥ 말단 할당의 정·부에 관한 사찰실시.
  2) 공출독려에 관한 사항 ① 도·군 및 면직원의 책임담당구역 설정. ② 道廳員 一齊 독려반의 郡面 파견. ③ 독려통첩 또는 독려전보 발송. ④ 道內 有識者層의 동원. ⑤ 農商局 간부의 일제 독려. ⑥ 道 및 郡간부의 부락에 迫入·독려. ⑦ 경찰관헌의 적극적 원조 협력. ⑧ 각종 지도기관의 총력적 응원. ⑨ 不正搬出의 査察 取締.
  3) 포상에 관한 사항 ① 府郡 및 邑面에 대해 知事의 표창 및 상금수여. ② 우량부락에 대해 생활필수물자 特配. ③ 도시에서 농촌에 대해 공출감사물품의 증여.
  4) 공출성적불량자에 대한 조치 ① 불량부락에 대해 물자배급의 일시정지. ② 불량자의 軍에의 소환 및 공출 서약서의 徵取. ③ 공출 未完了에 官公吏 징벌〔近藤一 編. 『太平洋戰下の朝鮮』4(1963), 90~91쪽〕

3. 미곡공출이 농촌경제에 미친 영향

1) 농촌단체의 역할조정

조선의 농촌산업 단체는 농업자[주로 지주]의 이익 대표기관인 조선농회를 중추기관으로 하는 계통농회 조직, 조선금융조합연합회를 중앙기관으로 하는 계통금융조합 조직 및 식산계 조직, 산업조합 조직이 있었다. 1930년대 농업정책 즉 '농촌진흥운동'과 '자작농창설유지사업' 등의 시행에서 가장 중요한 역할을 담당한 것은 금융조합과 농회였다. 금융조합은 관공서와 함께 농민에 대한 제반 지도를 해나가는 한편 여러가지 자금의 대출 즉 예금부 자금과 조선금융조합연합회 자체자금에 의한 자작농 창정자금, 비료·농우와 농기구 등의 구입자금, 관개시설 자금, 부락공동시설 자금, 부채정리 자금을 대출하여 정책시행에서 중요한 역할을 담당하였다.[30] 또한 〈식산계령〉의 발포(1935.8)로 식산계 제도가 창시되었는데 식산계는 금융조합과 결합하여 그 하부조직으로서 각 부락에 조직되었다. 이에 금융조합은 신용사업 단영원칙[농업금융에 중점]을 버리고 실질적으로 소위 사종겸영[판매·구매·이용·신용]으로 전환한 것이라 할 수 있다.

한편 농회는 1933년 축산동업조합연합회를 계통농회에 합병하여[제2차 산업단체 정리] 그 기능이 더욱 강화되었다. 또한 농업공황 이래로 농촌경제가 어렵게 되자 농업 생산부문의 지도 장려를 주업무로 하던 계통농회는 농업자의 이익을 명분으로 1933년 이후 판매·구매사업 부문에 적극적으로 진출하여 갔다.[31] 산업조합도 종래 특산품 취급을 주요한

---

30) 농업협동조합중앙회, 『한국농업금융사』(1963), 82쪽.
31) 농회는 면재배·양잠·축산 부문에 대해서는 이미 판매·알선을 행하여 왔지만 1933년 이후에는 보통 농사부문의 판매구매사업에도 급속히 진출하였다. 특히 각종 화학비료의 공급을 시작으로 자체 가공공장을 조선내 주요지에 설치하여 정부의 土

업무로 하던 것에서 일반 농업생산물 공동판매 및 농업생산자재 공동구입 사업에 주력하였다. 판매면에서는 벼·콩·밀을, 구매사업면에서는 비료·농기구·시멘트·식료품 및 일반 경제용품 등을 주로 취급하였다. 그러나 농회는 관청과 곡물검사소의 지원, 금융조합은 농촌에 대출된 자금으로 일반농산물의 판매·구매사업에서 압도적인 우세를 보였지만 산업조합은 어떤 지원이나 배경도 없어 실패하고 거의 대부분의 조합이 해산할 수밖에 없었다.32)

이처럼 1930년 농업공황을 계기로 농촌 3단체가 모두 일반농산물의 판매·구매사업으로 진출하였기 때문에 농촌 3단체 사이에 마찰이 생겼고 이에 3단체에 대한 조정문제가 대두되어 감독사무당국에서는 우선 감독계통을 나누는 부분적 조정을 행하였다.33)

한편 일본본국에서는 소위 '신경제체제 확립운동'의 일환으로서 농업기구 재편성을 통해 농업생산력의 확대·강화를 꾀했다. 그 하나의 과제로서 농업단체 통합문제가 제기되었다.34) 이것은 1943년 〈농촌단체법〉의 공포로 완성되어 농회와 산업조합, 기타 축산·다업·양잠조합도 모

性調査[1936년 이후 10개년을 기간으로 旣耕地 160만 정보에 대해 실시]실적에 따라 각종 배급비료를 가공하였고, 생산물의 공동출하 판매알선에 대해서는 견·면화·계란뿐만 아니라 농업창고경영을 통해 벼와 藁工品 등의 취급이 급속히 증가하였다.
32) 중일전쟁 이후 점차 확대 강화된 통제경제는 자유주의 경제의 소산인 산업조합의 존재이유를 희박하게 하였고 경제사정의 변천은 경영을 일층 곤란하게 하였다. 이에 1939.7.부산 제1산업조합 해산을 시발로 많은 산업조합이 해산되었다. 태평양전쟁 이후에는 통제경제의 일층 강화로 이미 붕괴되고 있는 산업조합에 더 강한 영향을 주어 대부분의 산업조합이 해산되었다. 1942년 6월 현재 총 117개 조합중 80개가 해산하고 37개만이 유지되었다.[문정창, 같은 책, 438~448쪽]
33) 농회는 농림국, 산업조합은 식산국, 금융조합은 재무국에서 담당케 하였다. 이후 1937.6. 총독부 분담규정을 개정하여 모든 사무를 일괄하여 농촌진흥과로 이관했다.
34) 『조선경제연보』(1941·1942), 99쪽. 계통농회 조직과 산업조합 조직의 발전적 통합안이 먼저 「중앙농림협의회案」으로 결정되어 농림당국에 상세히 보고되었다. 그리고 일본정부 당국에서도 농림계획위원회에서 그와는 별개로 단체통합안이 마련되어 1940.1. 농림계획위원회案이 발표되었다. 그러나 이것은 여전히 자유주의 경제체제의 소산인 '협동조합' 체제를 취하고 있어 강력한 통제경제하에서는 적합지 않다 하여 실시되지 못하였다.

두 흡수 통합되어 '농업회'가 조직되었으며 농업회는 국가 통제기구로서의 성격이 더욱 강화되었다. 이러한 일본본국의 농업기구 재편성은 조선에 강한 영향을 미쳤다. 조선의 농촌 3단체는 각각 일장일단을 가지고 있으면서 모두 전시통제체제에는 적합지 못한 점이 있어 단체의 재편성, 나아가 새로운 단체로의 통합을 모색하였다. 1939년 대한해로 농업생산과 유통과정에 어려움이 생기자 농촌단체 조정문제가 적극 제기되었다. 그에 따라 총독부 당국에서는 농촌단체 조정에 대한 구체적인 안35)을 만들었다(1939.10).

한편 조선금융조합연합회도 당시의 정세를 지켜보면서 농촌단체를 통합하는 선에서 농업기구 및 협동조합제도의 재편성을 기획하였다.36) 그러나 전쟁확대로 농업생산 확충이 더욱 강조되면서 급격한 기구 조정은 적절치 않다 하여 농촌 3단체 조정문제는 일단 연기되었다. 이후 1942년 '농촌재편성운동'의 제창과 함께 이를 실행할 수 있는 상의하달의 일원적인 새로운 농촌단체가 요구되었지만 농회와 금융조합의 경쟁

---

35) 그 내용은 계통농회 조직은 본래의 지도기관으로서의 역할을 하고 종래 영업해 온 공판사업내에서 기술적 지도를 할 필요가 있는 견·면화·축산에 한하여 공동판매 알선을 하는 것으로, 금융조합은 금융사무를 본래의 주요 사무로 하고 그 산하 식산계와의 관계에서 각종 구판알선사업을 수행하지만 중앙기관인 조선금융조합연합회는 사업 부문을 끊고 그와는 개별의 신단체인 농촌공동판매구매사업조합연합회(가칭)에 인계시키는 것이었다. 즉 이 안에서는 농촌단체는 금융·사무·지도의 3분야를 명확히 하여 각각의 중앙기관을 설정하고 또 각각의 계통조직을 그 하부기구에 배치하지만, 새로 탄생한 사업연합회는 곡류 일반의 공동판매 및 농기구 등의 공동구입 알선사업을 담당하여 이를 통해 오랜 문제였던 농촌 3단체의 마찰을 해소하고자 하였다. 신사업 단체의 운전자금은 대장성예금부·조선금융조합연합회·식은으로부터 융자받는 것으로 하였다.(『조선경제연보』(1940). 177쪽)
36) 조선금융조합연합회의 농업단체 개혁안은, 농회는 농사지도기관으로 남고 조선농회 비료배급소, 道農會 購販 부문, 승입(가마니)산업주식회사의 사업은 농회에서 분리시키고 산업조합과 금융조합은 해산하여 3자통합의 새로운 단체를 만든다. 그 조직은 중앙에는 조선협동조합연합회(가칭)를, 그 아래에 각 道支部를 설치한다. 단위조합으로 道지부 아래 도시조합(府邑 단위로 1府邑 1조합, 각 지소를 설치하고 그 아래 상공업조합을 설치하여 신용·보상·창고업무 운영)과 촌락조합(군단위로 1군1조합, 각 지소를 설치하고 식산계를 최하부 조직으로 판매·구매·신용·기타 농촌협동사업을 업무로)을 둔다.(조선식산은행조사부, 『식은조사월보』30(1940.11). 90쪽)

으로 해방이 될 때까지 조정은 이루어지지 못하였다.

　1937년 중일전쟁 이후 경제전반에 대한 통제정책이 실시되었고 중요 식량인 미곡에 대해서도 공출이 진행되었다. 공출과정에서 미곡의 유통 즉 집하·배급은 국가 통제기관인 식량배급조합(1940) → 도양곡배급조합(1941) → 도량곡주식회사(1942) → 식량영단(1943~1945)을 설립하여 담당하게 하였다. 이에 농산물 판매를 주업무로 한 산업조합은 점차 해산되었고 농회와 금융조합은 측면에서 공출을 돕는 역할을 하였다.

　총독부는 전시하 농업부문의 생산·배급 통제진전에 대응하여 강력한 관제단체인 농회에 농산물의 생산·집하·배급 통제 일부를 분담시켰다. 이를 위해 〈농회령시행규칙〉을 개정하여 실시하였다(1942.2.14). 그리하여 농회는 보다 많은 공출량 확보를 위한 생산지도·공출독려 및 알선을 담당하였지만 공출량을 직접 할당하지는 않았다. 이는 공출량 할당에 있어 최소한의 '자율'도 인정하지 않은 식민통치의 일면이었다.

　한편 금융조합은 미곡 매상대금 지불을 담당하면서 강제공제저축[천인저축]을 강화하였고 그밖에 각종 생산물 대금에까지 확대하였다. 전시체제 말기에 이를수록 저축을 강행하고 출자금과 적립금 증가, 차입금도 감소되지 않은 반면 대출금은 감소되어 엄청난 여유금이 생겼고, 그것으로 전쟁국채·전시저축채권·보국채권 등의 소액채권과 지방채·국책회사 사채 등 유가증권을 매입하였다.37) 그것은 조선농민·중소산업자의 영세자금을 모아 일제의 전쟁수행 자금으로 조달하였던 것이었다.

　이렇게 조선의 농촌단체는 해방이 될 때까지 농회와 금융조합의 2원 체제를 유지하였다.38) 일반적으로 자본주의하의 농업협동조합은 판매·

---

37) 농업협동조합중앙회, 앞의 책, 96쪽.
38) 해방후 남한에서는 「전농」에 의해 '일제하 농촌단체의 일소와 자주적 농협건설' 운동이 전개되었으나 1948년 이승만정권의 수립으로 이루어지지 못하고 「전농」에 대립하여 조직된 「대한독립농민총연맹」에 의해 '농협'결성으로 나가게 되었다. 금융조합은 해방후에도 일단 유지되면서 '조선금융조합연합회'는 '대한금융조합연합회'로 개칭하였다. 이것은 1957년 '대한금융조합연합회'와 '금융조합' 조직이 '농업은행'을 개편되었다. 이리하여 신용사업을 전담하는 '농업은행'과 경제사업을 담당하는 '농협'

구매·신용의 유통과정에서 소생산 농민에 대한 상인·고리대 등에 의한 중간착취를 배제하고 그 합리화를 도모하여 소생산자를 유지시키기 위한 것으로 독점자본주의 단계에서 본격적인 발전을 하는 것이다.[39] 그러나 전시하 농업통제는 농촌단체(농업협동조합에 준하는 것)에 대해서도 국가적 규제를 강화하였고 점차로 국가적 통제기관 내지 하청기관화 하였다.

조선의 농촌단체는 식민지적 특성으로 처음부터 관제단체적 성격이 강했지만 전시 통제체제하에서 농민 자치단체로서의 성격은 완전히 없어지게 되었다. 이것은 해방후에도 극복되지 못하였고 남한의 농업협동조합은 관제단체의 성격을 벗지 못하고 있다.

2) 농가경제 악화

중일전쟁 이후 전시 통제경제하에서 농업부문에도 강력한 통제정책이 실시되어 주요식량이었던 미·맥에 대한 공출이 이루어졌다. 조선에서는 산미증식계획의 실시로 미곡단작형 농업구조가 형성되었기에 미곡은 농가의 주요 생산품이고 주요 수입원이었다. 이에 미곡에 대한 공출은 농가수지 상황에 절대적인 영향을 미치는 것이었다.

1930년 농업공황하에서 농산물가의 절대적 하락만이 아니라 공산품과의 협상가격차, 지주의 소작료 인상을 통한 공황부담의 소작농에의 전가, 그로 인한 부채증가 등으로 영세자작농과 소작농들의 어려움이 가중되었다. 이런 경향은 1937년 중일전쟁 이후 미가앙등 등 일시적인 '전쟁붐'으로 약간의 회복세를 보였으나 1939년 큰 한해를 계기로 식량에 대한

의 2원조직체계가 만들어졌다(1957). 5·16쿠데타 이후 농협과 농은의 통합이 이루어져 구매·판매·가공·이용 등 경제사업과 신용사업을 겸하는 종합농협(현재 농협)이 발족되었다(1961).(김광신, 「한국 독점자본의 농업지배에 있어서 농협의 역할에 관한 연구」(고려대 사회학과 석사논문, 1989).
39) 大內力, 『農業史』(東京:東洋經濟新報社, 1960), 151쪽.

통제가 실시되었고 1941미곡년도부터는 미·맥의 공출이 시작되었다.

농가수입의 주요부분인 미·맥에 대한 공출은 일단 공출량이 기아에 가까운 자가보유량을 바탕으로 정해져 농가에서는 자신이 생산한 곡식도 마음대로 소비할 수 없는 상황이었다. 이렇게 강제로 공출된 쌀의 공정가격은 평균생산비에도 미치지 못하는 것이었고 일반 농가구입품 등과 비교해 보아도 가격의 저렴성은 컸다. 그러나 미곡 이외의 농산물 가격은 미가에도 미치지 못하는 수준으로 농가의 현금수입은 더욱 감소되었다.[[표 3-26]] 더구나 공출미가에서 '인플레방지'를 명목으로 강제 공제저축[천인저축]을 실시하여 전액 모두를 지급하지도 않았다.

[표 3-26] 공출미의 실질매상 가격과 각종 생산비·물가참작치의 비교

[현미 1석당 가격, 단위: 원]

연 도	*실질매 상가격	**추정생산비		평균생산비		추정 미가(1)	추정 미가(2)	추정 미가(3)
		이윤 6%	10%	6%	10%			
1943 산미	56 (100)	55.25 (99)	57.29 (102)	58.44 (104)	60.60 (108)	52.62 (94)	60.35 (108)	60.79 (109)
1944 산미	61.86 (100)	63.91 (103)	66.28 (107)	67.02 (108)	69.51 (112)	56.75 (92)	65.94 (106)	68.12 (110)

출전: 전강수, 『식민지 조선의 미곡정책에 관한 연구』(서울대 경제학박사학위논문, 1993), 200쪽에서 작성.
비고: ① *1943년 산미=매상가격(44)+장려금·보급금(12)=56원. 1944년 산미=1943년 산미가격(56)+「보장제」에 따른 평균인상분(5.86)=61.86원. ② **추정생산비는 총독부당국에서 추정한 생산비인 것 같다. ③ ( ) 안의 수치는 실질매상 가격을 100으로 한 지수. 4) 추정미가(1)은 미곡외 주요농산물 가격으로부터 추정한 미가. 추정미가(2)는 농가구입품 가격으로부터 추정한 미가. 추정미가(3)은 일본미가와의 격차, 운임비용 등을 가감한 미가.

전시체제 성립으로 조선에서도 〈폭리취체령〉(1937.8.3)을 시작으로 물가 통제가 실시되었고, 〈9·18가격정지령〉과 함께 〈가격등통제령〉의 실시(1939.10.16)로 전시물가 통제의 기본틀이 확립되었다.[40] 그러나 농가

---

40) 조선의 물가통제는 그 목표에 따라 다음과 같이 구분해 볼 수 있다.
  *제1기 : 중일전쟁발발 직후~1938.10.[『暴利取締令』 중심시대]-소위 '自肅價格' 창설
   제2기 : 1938.10~1939.9.18.[「물품판매가격取締規則」중심시대]-최고판매가격 告示

의 가계용품과 농업 생산자재 가격은 공정가격제 실시에도 불구하고 미곡공출가에 비해서 상당히 올라 농가경제의 어려움을 더하였다.[[표 26·27]] 특히 전시물자 부족으로 〈생활필수물자통제령〉(1941.4)·〈물자통제령〉(1941.12)에 의해 생활필수품의 배급제를 실시하였는데, 이를 이용한 암거래의 횡행으로 실제 농가부담은 더욱 커져 갔다.

[표 3-27] 전시하 물가지수와 미곡도매평균 비교

연월일	도매물가지수	소매물가지수	벼도매평균	*현미평균	*백미평균
1937.6	100.00	100.00	100.00	100.00	100.00
1938.6	134.55	124.00	103.60	104.91	96.57
1939.6	140.40	139.28	122.24	119.52	110.00
1940.6	167.64	171.93	138.96	135.95	121.76
1941.6	171.04	187.03	138.96	135.95	123.86
1942.6	183.58	189.22	143.14	145.26	124.77

출전: 岩田龍雄·金子永徽, 「戰時下朝鮮に於ける米穀政策の展開」下(『식은조사월보』65, 1943. 10), 12쪽.
비고: ① 도·소매물가지수는 京城의 평균치이다. ② *현미·백미는 도매평균임.

전시체제하 인력동원에 의한 노동력의 산업이동은 처음에는 농외소득을 올리는 방도가 될 수 있었으나 〈국민징용령〉의 시행으로(1939.10.1) 점차 징용·관알선·징병 등 강제동원이 실시되자 농가노동력 부족상태가 일반화되어 생산농민의 생산의욕을 감퇴시켜 농업생산도 파괴되어 갔다. 또한 전시하 공출은 주요식량인 미·맥에 그치지 않고 각종 농산물과 그 가공품에까지 미치게 되어[41] 농업생산물과 기타 생산물의 상품

---

*제3기 : 1939.9.18~[「價格等統制令」 중심시대]-이전까지의 협정가격 중심에서 '공정가격' 중심으로 전환.[『조선경제연보』(1939), 78~87쪽]
41) 양곡공출 외에 각 지역특성에 따라 무려 80여 종에 달하는 물품이 강제 공출되었다.
　　농산물: 切干무[무말랭이], 切干고구마[말린 고구마], 과일류, 棉花, 蠶繭, 亞麻, 大麻, 馬草, 가마니, 筵, 繩, 藁 등
　　축산물: 牛, 豚, 닭, 牛皮, 兎皮, 豚毛, 달걀, 羊毛 등
　　임산물: 木材, 松枝, 木炭, 山菜, 松實, 松炭油, 관솔, 漆 등
　　해산물: 생선, 乾魚, 天草, 海苔 등
　　섬유품, 금속품, 철기품, 약초, 기타 걸레·잡초 등.

[표 3-28] 농촌경제와 관계가 큰 물품의 물가지수

연월	조포	인조견	땔감	숯	빨래비누	성냥	법랑철기	도자기	고무신
1937.6	100	100	100	100	100	100	100	100	100
1938.6	184	213	119	180	229	200	100	100	100
1939.6	169	321	136	207	320	200	116	100	192
1940.6	155	342	142	225	411	240	116	167	175
1941.6	155	342	153	364	457	240	116	208	200
1942.6	155	342	172	296	457	400	194	208	200

출전: 岩田龍雄·金子永徽, 앞의 글, 13쪽.

화를 통한 농가수입의 확보는 기대할 수 없게 되었다.

한편 일제는 조선 농촌에서 식량증산과 노동력 공출[강제동원]의 2가지 과제를 수행하기 위해 1942년 '조선농촌재편성계획'을 수립하여 먼저 준비 조사작업을 실시하였고,42) 이어「조선농업계획요강」43)을 발표하였다(1943.7.30). 이는 농촌에 소위 '적정규모농가'를 확립하여 농업생산력을 확보하면서 잉여노동력을 타산업 부문으로 이전, 즉 전쟁수행을 위한 노동력으로 동원하려는 것이었다. 특히 전시하 농업생산력 확충·강화를 위해44) '제1기 자작농지설정사업'(1932~1941)에 이어 '제2기 자작농지설정사업'(1942~1951)이 주로 총독부[道]와 금융조합을 주체로 진행

---

42) '조선농촌재편성계획'의 항목은 ① 읍내 농가수용계획: 표준농가의 적정경영규모 및 읍면의 장래 농업개발 한도 등을 조사하여 읍면내 수용가능 농가호수 결정, ② 경지 적정분배계획, ③ 개척민 송출계획, ④ 노무자 송출계획, ⑤ 출입경작지정리계획[소작지에 대해], ⑥ 자작농창정계획, ⑦ 이주자 초치계획, ⑧ 부락농업공동시설계획, ⑨ 영농·교역·유통·자금 등에 대해서도 위의 계획에서 병행. [조선금융조합연합회, 『조사휘보』22(1941.11), 34~35쪽]
43) 그 내용은 1) 皇國農民道 확립, 2) 농촌생산체제 정비 -① 농지의 확충 및 확보, ② 농지개량, ③ 농지의 적정이용, ④ 자작농유지 및 창설, ⑤ 소작관계 조정, ⑥ 농촌노무의 공출 및 조정, ⑦ 협동사업 확충, ⑧ 개척사업 촉진, ⑨ 농업금융 확립, 3) 농림축산물의 종합생산, 4) 농업시험기관의 정비충실, 5) 농업단체 조정, 6) 농산물가격의 조정, 7) 지주의 활동촉진 조선금융조합연합회,[『조사휘보』43(1943.8), 20~24쪽]
44) 제1기 계획은 "소작농은 농지를 소유케 하고 자작농은 자작지 경영을 지속시켜 사상·경제의 안정을 결여한 농촌의 갱생을 도모"하는 것을 목적으로 했으나 제2기 계획에서는 이 목적에 "전시하 농업생산력의 확충강화를 도모하는 수단"의 성격이 더해졌다.[岩田龍雄,「自作農創定を繞る諸問題」(『조선총독부 조사월보』14-8(1943.8)]

되었다. 자작농지는 집약경영이 가능하고 관리가 세심하여 토지생산성이 커서 전시하 식량증산의 항구적 대책으로서 중요하였다. 이는 전시수탈의 '효율성'을 높일 수 있는 것이었다. 그러나 이 사업은 '자작농지' 창설유지로서 처음부터 완전한 자작농 창정을 목적으로 한 것은 아니었고 [일본은 '자작농'창설 유지사업], 더욱 실효를 제대로 거둘 수 없었던 이유는 실제소유자인 지주를 제외한 채 국가나 공공단체에서 단지 자금을 융통해 주는 극히 미온적인 방법이었고 설정유지 면적이 충분히 생계를 세울 수 있는 경영면적에 미치지 못했다.45) 또한 지가의 앙등[농지가격은 1932년에 비하여 1942년에는 2배 이상 상승]은 설정 유지면적을 더욱 축소시켰다.

이처럼 농업구조 조정으로 생산력 증진을 꾀하였지만 그보다 전쟁수행을 위한 인적·물적 자원의 수탈은 기본적인 재생산마저도 불가능하게 하였다. 또한 전시하 영세농가는 생산비에도 미치지 못하는 가격으로 진행된 식량공출과 전시하의 '작위적'인 농·공산품 사이의 협상가격차로 농가경제는 점점 악화되어 '농민층의 전면적인 낙층(落層)'경향과 농업생산력의 파괴가 이루어질 수밖에 없었다. 즉 전쟁이 점점 확대되어 감에 따라 비료나 농기구 등 생산자재의 배급이 거의 이루어지지 않았고 노동력의 부족, 곡가의 저렴성 등으로 경작면적이 감소되거나 황폐화되어 농업생산력의 기초부터 흔들리게 되었다. 나아가 이것은 해방 이후에 식량사정을 어렵게 만든 하나의 요인이 되었다.

3) 지주경제의 약화

1930년대 대공황에 따른 일본 자본주의의 위기는 한편으로 자본의 집중을 가져와 독점자본이 본격적인 발전을 하게 되었다. 독점자본은 자

---

45) 1기·2기 계획 모두 1호당 설정유지면적은 논 4반보, 밭 1반보로 총 5반보였지만 전조선의 1호당 평균경작면적은 1町5反7畝였다.

신의 독점이윤 기반을 유지하고 사회주의에 대응하기 위해 '중산계급'의 유지·육성을 도모하지 않을 수 없었다. 이에 농업부문에서도 사회정책적 농정실시로 자작소농을 육성하여 농촌을 보다 '안정적'으로 지배하고자 하였기에 그간 지주를 중심으로 진행된 농정은 변화되지 않을 수 없었다. 하지만 조선은 식민지로서 일반민중의 일제에 대한 저항감정은 일제의 '중견자작농 육성을 통한 농촌지배'라는 새로운 식민지정책을 제대로 실행할 수 없게 하여 지주를 식민지배의 '파수꾼'으로 계속 이용하지 않을 수 없었다.

· 전시체제 초기에 대농이나 지주일반은 곡가앙등에 따른 호경기를 맞이하였다. 그러나 일제는 전시 식량부족 상황에 대처하기 위해 1939년부터 '조선증미계획'을 실시하였고 1940년 산미부터 소작미 우선으로 공출제가 실시되었는데[과잉지역의 과잉수량이 우선공출 대상], 특히 일본·조선인 대지주의 쌀이 우선적으로 공출되어 지주들은 이윤확보에 제약을 받게 되었다.46) 그러니 그것만으로는 점증하는 전시수요를 충족시킬 수 없었으므로 미곡공출은 즉시 일반농민에게 확대 실시되었다. 더욱이 물가통제와 아울러 〈소작료통제령〉47)의 시행(1939.12.18)도 토지수익에

---

46) 전시 통제경제하 지주경영에 대한 사례연구로는 홍성찬, 「한말·일제하의 지주제연구 -곡성 曺氏家의 지주로의 성장과 그 변동」(『동방학지』49(1985.2) : 동, 「한말·일제하의 지주제연구-50정보지주 寶城 李氏家의 지주경영사례」(『동방학지』53(1986.12) : 동, 『한국근대 농촌사회의 변동과 지주층 -20세기 전반기 全南 和順郡 同福面 일대의 사례분석』(연세대학교 경제학과 박사학위논문, 1989) : 박석두, 「농지개혁과 식민지지주제 해체-경주'이씨가'의 토지경영사례를 중심으로」(『경제사학』11(1988).
47) 통제의 내용은 소작료액·율뿐만 아니라 소작료의 종류 및 감면조건과 더욱이 敷金·보상금·수선 및 배수비 부담. 公租公課, 숨菩 기타 농지관리자에 대한 보수부담. 種穀·비료·耕牛·농구·기타생산자재 부담. 그것을 대부하는 경우의 조건, 개량비 부담, 소작료 지불조건 등도 통제를 받는 것이었다.[경성일보사, 『조선연감』(1941), 309쪽]

「보성 이씨가의 사례연구」에서도 "매년 소작인명부와 전년도 소작료 實收高 및 금년도 소작료 檢見예정일을 보고하고 소작지별로 소작료 징수방법과 소작료액을 신고해야 했고 자·소작지에서 수득할 전체 미곡수량과 수득예정장소·보관방법도 보고해야 했다. 생산지에서 미곡을 이동할 때에는 미리 이동할 미곡의 수량·구간·방법·기간·사유를 신고하여 승인을 받아야 했고 판매도 도지사 명령대로 판매장

대한 제약조건이었다.

공출제가 지주경제에 미친 영향을 다음과 같이 정리해 볼 수 있다. 첫째, 식량공출에 따른 자가식량 감소와 노동력의 강제동원, 기타 자가소비품의 강제공출 등으로 소작농민들의 농업생산력이 낮아져 소작료가 낮아질 수밖에 없었고 공출제 실시도 이의 한 요인이 되었다. [표 3-29]의 사례에서 약정소작료에 비해 검견하여 감면된 결정소작료와 그 실수납액은 훨씬 떨어지고 있음을 알 수 있다. 물론 정확한 평균수확량에 근거하지 못하여 평년작의 경우 약 30% 정도의 결정소작료율은 다소 변화가 있을지라도 이 시기에 소작료가 낮아지고 있음은 확인할 수 있다.48)

[표 3-29] 전남 '동고농장' 소작료 수납상황   [두락=약 200평당, 벼 석]

구분	*평균수확고 (A)	약정소작료[석] B/A[%]	결정소작료(C)[석] C/A[%]	실수납액(D)[석] D/A[%]
1941	244석	1.18[48.4]	0.75[30.7]	0.71[29.1]
1942	-	2.44[48.4]	1.18[14.3]	0.35[13.9]
1943	-	2.44[48.4]	1.18[30.3]	0.74[29.5]
1944	-	2.44[48.4]	1.18[24.6]	0.60[21.3]

출전: 홍성찬, 『한국근대 농촌사회의 변동과 지주층』(연세대학교경제학과 박사학위논문, 1989), 182~187·317~326쪽에서 작성.
비고: *평균수확고는 1945년 평균수확고이다.

둘째, 지주는 소작료로 받는 미곡을 소작인이 직접 공출하고 그 대금 전표만을 받게 되어 판매자로서의 상업적 이윤이 상실되었고 미곡의 공정가격이 낮게 책정됨으로써 입게 되는 경제적 손실이 컸다. 1942미곡

소·賣渡先·기일·수량·종류를 지정받아 준수해야 했다."[홍성찬, 「한말·일제하의 지주제연구 -50정보지주 보성이씨가의 지주경영사례」(『동방학지』53(1986.12), 198쪽]
48) 경북 경주 '경주이씨가' 사례연구에서도 "1943~1949년까지의 약정소작료는 평균수확고의 49.03%였고 결정소작료는 1943[32.21%], 1944[12.78%], 1945[22.49%]로서 평년작일 경우 총수확의 30% 수준이었다"고 하고 있다.[박석두, 「농지개혁과 식민지 지주제의 해체」(『경제사학』11, 1988), 240쪽]

년도[1941년 産米]부터 지급된 장려금도 생산장려금과 출하장려금으로 나뉘어 지주는 생산장려금은 받지 못하였다.49) 또한 공출의무자가 소작 인이 된다든가 하는 이유 등으로 지주-소작 관계에 있어서 지주의 지위 가 약화되어 갔다. 공출제에 의해 가장 고통을 받는 계층은 물론 영세소 작농이었으나 지주층 또한 심한 압박을 받은 것도 부인할 수 없었다.

[표 3-30] '동고농장' 소작인의 공출상황

연도	직접 공출한 소작호 [총소작호 대비 %]	직접 공출소작호의 결정 소작료 대비 공출량[%]	전체 실수납 소작료 대비 공출량[%]
1942	526戶 [34.2]	76.4	42.8
1943	1,123 [70.5]	92.6	69.7
1944	787 [49.6]	87.8	52.8

출전: 홍성찬, 앞의 책, 189쪽.

전쟁의 확대에 따라 농업노동력 감소로 인한 생산위축과 공출강화에 의한 이윤의 강제적인 흡수는 지주일반으로 하여금 토지소유에 대한 경 제적 의미를 상실케 하여 일부 대지주의 토지방매와 토지겸병의 정체를 초래하였고 일본인 대농장마저 토지겸병이나 토지투자를 중단할 수밖에 없는 지경에 이르렀다. 그와 동시에 농가의 감소, 자가식량 확보를 위한 자작화 경향 또한 눈에 띄게 되었고 그에 따라서 소작관계의 부분적 해 제도 눈앞에 보게 되었다.50)

---

49)「보성이씨가의 사례연구」　　　　　　　　　　　　　　　[단위: 가마니]

연도	총소작료	공출량
1941년産米	690.8	654[86.1%]
1942년産米	759.3	606[87.7%]

1941년산 미곡공출량 654가마니를 판매단가로 환산하면,[대금 6,865원12전+생산 장려금 502원21전+출하장려금 163.50전]-강제공제저축[天引貯蓄] 1,114원77전 =6,416원 06전으로 그 가운데 생산장려금은 소작농에게 재분배되어 이씨가의 실제 수령액은 5,913원83전이었다.[홍성찬,「한말・일제하의 지주제연구 -50정보지주 寶 城李氏家의 지주경영사례」(『동방학지』53(1986.12), 198~199쪽)

이처럼 일제 말기 지주경제는 약화되어 가는 과정이었다고 생각된
다. 하지만 전쟁이 급박하게 전개되는 상황에서 식량부족은 심각한 것으
로 가능한 많은 생산량 확보를 위해 기존 생산관계를 일시에 개혁할 수
는 없었다.51) 즉 조선에서 '합방' 이후 식량생산의 절대적 위치를 차지52)
하고 있는 지주를 이용하여 생산력을 최대한 확보하고자 '농업생산책임
제'에서 지주를 생산책임자로 하고 「지주활동촉진요강」53)도 발표하여
지주의 적극적인 생산에의 참여를 촉구하였다. 그리하여 지주제는 해방
이 될 때까지 온존되었지만 농업이 전체 경제구조 속에서 차지하는 위치
는 점차 약화되어 갔고 지주제도 같은 추세로 나아가지 않을 수 없었다.

4. 나오며

1937년 중일전쟁이 발발하자 조선은 병참기지 역할을 담당하게 되었
다. 그 가운데 식량은 중요한 군수물자로서 조선은 다시 '전시식량공급

---

50) 김준보, 『한국자본주의사연구』 II(일조각, 1977), 195쪽.
51) 일제 관변학자인 鈴木武雄은 "생산력 확충 및 농촌의 전근대적 유제극복을 위해서
는 지주의 적극적인 각성과 협력이 필요하며 토지소유 관계의 급진적 개혁을 필요로
하는 狂躁論에는 반대한다"고 하고 있다.〔鈴木武雄, 『朝鮮の經濟』(東京:日本評論社,
1941), 261쪽〕
52) 생산자와 지주에 대한 공출할당량　　　　　　　　　　　　　　　〔단위: 천 석〕

연도\구분	생산자	지주			총계
		재촌지주	부재지주	계	
44년産米	6,899(43.8%)	6,349(40.3)	2,516(15.9)	8,865(56.2)	15,764(100)
45년産米	7,009(46.8)	6,519(43.5)	1,450(9.7)	7,969(53.2)	14,978(100)

전강수, 앞의 글, 142쪽.
53) 「지주활동촉진요강」·「農地管理실시요강」·「惰農者조치요강」의 '농업생산책임제
실시 3요강'이 발표되었다(1944.3.7). 그 가운데 「지주활동촉진요강」은 부재지주의
농촌복귀와 생산지도를 요구하고 농업증산상 지도하지 못하는 지주의 소유농지는 적
당한 기관이 관리토록 하는 것이었다.〔경성일보사, 『조선연감』(1945), 106~107쪽〕

기지'가 되었다. 조선에서는 전쟁으로 인한 식량의 절대부족과 1939년의 대한해를 계기로 적극적인 식량증산정책과 공출정책이 실시되었지만 증산정책(1940년 조선증미계획 등)은 성과를 얻지 못하고 공출정책만이 더욱 강력하게 시행되었다. 식량에 대한 통제는 1939년 대한해로 심각한 식량 부족상태를 맞게 되어 임시대책으로서 실시되었지만 이후 생산량이 전시 식량수요에 미치지 못하자「조선미곡배급조정령」의 제정·공포로 본격적인 식량통제가 이루어졌다. 미곡공출정책이 본격적으로 실시된 것은 1941미곡년도(1940.11~1941.10)부터 전쟁확대로 식량부족이 점점 심각해지면서 그 강도를 더해 갔다. 처음에는 '과잉지역의 과잉수량'을 공출하는 것을 원칙으로 하며 소위 공정가격에 의해 '자발적인 공출'을 장려한다고 하였지만, 태평양전쟁으로 전쟁국면이 확대되자 더욱 강압적인 강제공출제도를 실시하게 되어 1943미곡년도부터는 전농민에 대해 자가보유량을 제외한 전량을 강제로 공출케 하였다. 이에 공출은 직접생산자들의 재생산마저도 불가능하게 할 정도로 약탈적으로 전개되었다. 이것은 〈조선식량관리령〉으로 뒷받침되었고 식량의 국가통제체제가 확립되었다. 그러나 이렇게 강제적이고 수탈적으로 진행된 공출은 농민들의 거센 반발을 일으켰고 공출거부에서부터 생산의욕 상실, 타부부문으로의 전업 등을 초래하였다. 이에 일제는 최대한의 식량을 확보하기 위해 장려금·보급금·보장금을 지급과 생활필수 물자의 특별배급 등의 공출유인책과 함께 '사전할당제' '농업생산책임제'의 실시로 생산량마저 강제로 책임지우고 그에 따른 공출량을 확보하려는 강제적인 공출강화책을 실시하였다. 하지만 장려금 지급 등의 공출유인책은 전시하 물자부족과 인플레로 인해 큰 매력이 되지 못하였고 그나마 강제공제저축(천인저축)의 명목으로 전액을 지급하지도 않았다.

한편 기본적으로 생산비에도 미치지 못하는 공출미가와 전시하 노동력의 강제동원으로 영세농가의 생활은 파탄을 면치 못하였고 그에 따라 농업생산력은 더욱더 저하되어 식량생산량이 절대적으로 감소되어 갔다. 또한 그간 농업부문에서 '식민지 초과이윤'을 획득해 온 지주경제도 국가권력에 의해 그 이윤을 박탈당하지 않을 수 없었다. 이는 전시하 농업생산력 저하에 따라 소작료 자체가 낮아지게 되었고 소작료로 받은 미곡은 자유로운 시장판매는 전혀 할 수 없게 되었고 낮은 공출미가로 모두 공출함에 따른 경제적 손실이 컸다.

식량 특히 미곡에 대한 국가의 통제정책은 전시 식량부족에 대응하기 위해 실시되었지만 이것은 단지 전시라는 특수사정에만 머무는 것은 아니었다. 독점자본주의 단계에서 자본주의의 안정적 발전과 독점자본의 이윤유지를 위해서는 식량의 안정적 공급이 절실히 요구되었기 때문에 해방 이후 자본주의 체제가 성립된 남한에서는 식량수급의 조절과 그를 통한 미가안정책으로서 미군정에 의한 식량'수집'이 실시되었고, 대한민국 정부수립 이후에도 〈양곡관리법〉(1950.11)이 실시되고 있다.

이러한 식량에 대한 국가통제는 농업 생산구조에도 변화를 가져왔다. 독점자본의 사회전반에 대한 지배력이 강화됨에 따라 '지주제'를 중심으로 한 일제의 식민지배정책은 1930년대부터 공업부문을 축으로 성장한 일본 독점자본의 요구에 의해 이윤의 중간수탈자인 지주를 배제하고 소농체제에 입각하여 농민을 직접 지배하려는 방향으로 나아갔고 1937년 이후 전시체제 성립은 이것을 더욱 가속화시키는 계기로 작용하였다고 생각된다. 그러한 경향은 해방 이후 '토지개혁'으로 나타난 한국농업구조의 재편으로 이어졌다고 생각된다. 즉 남한은 자본주의가 정착되면서 농업부문에서 이윤의 중간수탈자인 지주는 완전히 배제되고 소농에 대해 직접적으로 [독점]자본의 요구가 관철될 수 있는 구조로 재편되었다.

맺음말을 대신하여
태평양전쟁이 한국과 일본에 무엇을 남겼는가

아직도 풀리지 않은 태평양전쟁의 상흔

오랜 동안 한국근현대사 연구에 매진한 와다 하루키 교수는 일본의 식민지배와 동북아시아에서 자행한 각종 만행에 대한 일본정부의 반성을 촉구하면서 다음과 같이 지적했다.

식민지배나 침략전쟁이 1945년에 끝났지만 두 민족과의 역사청산을 하지 못한 채 심리적으로 새로운 관계를 오랫동안 만들어내지 못했다. 그것이 가져다 준 심리적인 상흔을 극복하기 어렵다면 일본은 동북아시아 지역을 위해 공헌할 수 없으며, 한국의 노력에도 불구하고 이 지역은 미·중 2대국에 의한 대립과 화해 사이에서 동요하게 될 것이 분명하다. 그렇기 때문에 한반도·중국의 대일불신 해소문제는 지역의 운명에 사활적 의미를 가진다.

즉 일제의 침략전쟁에 대한 일본정부의 공식적인 사과와 반성 그리고 적절한 배상 문제는 단순한 과거사 정리에 그치는 것이 아니라 전쟁으로 인한 심리적 상흔을 지우고 동북아 지역의 안정과 평화를 위해 크게 공헌할 중요한 단서라는 것이다. 그러나 그 동안 일본은 그러한 상흔을 치유하는 데 인색했고, 일본의 전후 대외정책은 결국 21세기까지 동북아 평화와 안정체제를 확고히 하는 데에 커다란 걸림돌이 되었으며 결과적으로 일본의 미래지향적 발전과 동북아 역할에도 커다란 장애가 되고 말았다.

세계사적인 측면에서 태평양전쟁은 길게는 만주사변·중일전쟁을 기점으로 하며 특별히 1941년 12월 일본군의 말레이반도 상륙과 하와이 공습으로 미-일간에 본격적인 전쟁이 발발하는 단계를 태평양전쟁이라고 부른다. 일부의 연구에서는 중일전쟁과 그 연장에서 발발한 일미전쟁 등 1937년 이후 발발한 전체적인 전쟁국면을 아시아-태평양전쟁 시기라고 부르자는 논의도 있다. 하지만 여기서는 대체로 미일전쟁 단계를 태평양전쟁이라고 통칭하기도 한다.

이 기간 일본과 조선은 엔블록이라는 배타적인 블록경제의 틀 속에서 일제의 요구에 의해 급속한 공업화와 노동력의 강제동원이 자행되고, 급속한 생산력 확충이 진행되었다. 그 아래서 일반 조선인들은 공출이니 배급이니 하여 혹독한 생활고를 겪는 상황이었음에도 조선인 자본가들은 일제의 침략전쟁에 부종하면서 조선내는 물론 만주·중국·몽골·동남아까지 진출하여 점령정책을 지원하고, 전쟁을 편승하여 막대한 자본을 축적하고 있었다. 그러한 사실은 전쟁상황 아래서 빚어진 독특한 변수가 되면서 전후 한반도 민족국가의 재건문제에도 큰 영향을 미치게 되었다.

그런데 이러한 태평양전쟁이 오늘날의 일본과 한국[조선]을 있게 한 중요한 배경임에도 그 구체적인 영향에 관해서는 그다지 언급이 없다. 정작 조선측의 피해집계조차 연구가 되지 못한 상황이며, 따라서 우리에게 태평양전쟁이 무엇인가에 대한 진지한 논의도 그다지 활발하게 전개되지 못했다. 따라서 여기서는 태평양전쟁이 한국과 일본에 남긴 상흔은 무엇이며 그것이 전후 조선과 일본의 역사발전에 어떠한 영향을 남기고 있는지 전체적인 윤곽이라도 짚고 넘어가고자 하는 바람이다.

태평양전쟁과 일본- 과대평가된 전쟁피해

일본에게도 앞서 전쟁이 남긴 상처는 큰 것이었다. 일본의 경우 1949년에 경제안정본부가 정리한 「태평양전쟁에 의한 우리나라의 피해 종합보고서」에서 인적 피해상황을 종합하면 군인 및 군속이 186.5만 명 가량(해군 약 42만, 육군 144만) 그리고 일반인은 총 65만 가량이 전사하거나 행방불명이 되었다고 한다. 그런데 조사내용을 자세히 보면 일반인 희생자 65만 명 가운데서 32.3만 명은 일본인이 아니었다. 그나마 조선인에 대한 기록이 없어 조선인을 의도적으로 누락시킨 자료라는 의혹을 떨칠 수 없는데 여하튼 약 252.3만 명의 일본인이 전쟁에서 이슬로 사라졌다. 아울러 패전할 당시 약 360만 명의 군인·군속(중국 190만, 동남아 160만 명)과 약 300만 명의 민간인이 해외에 있었다. 포츠담선언에 입각하여 군인-군속은 순조로이 이뤄졌지만 일반인의 귀환은 어려움을 겪었고 특히 부녀자의 희생이 컸다. 소련군의 진주로 인해 만주·조선 지역의 부녀자들이 능욕을 당했고, 일본인 거류민도 외국병사나 현지주민에게 여성을 바치는 등 참혹한 상황이었다.

그리고 물적 피해상황을 보면 군사적 손실액을 제외하고 일반 민간 자산의 총 손실액은 패전당시 가격으로 654억 엔이었고, 그 가운데 직접피해는 297억 엔, 간접피해는 157억 엔에 달하고 있다. 여기서 직접 피해만으로도 관동대지진의 피해액의 4배에 달하는데, 이것은 당시 국민 총자산의 25%, 그리고 1960년 가격으로 환산하면 약 30조 엔에 달하는 막대한 액수였다. 그리고 수량을 헤아릴 수 없는 군사비 지출과 손실을 더한다면 피해 폭은 더욱 컸다. 즉 항공기 소실 6만 기, 함정 628척, 잠수정 31척 그밖에 병기 등을 합쳐 총계 700억 엔의 피해가 조사되고 있다. 그것을 빼고 순수한 국방비만 포함한다면 국부의 42%까지 전쟁의 대가로 소실되었고 일본이 지출한 총 군사비는 그들이 '15년 전쟁'이라고 부르는 기간 동안 991억 3천만 엔에 달하고 있다.

이처럼 일본의 피해는 큰 것이었다. 하지만 중요한 몇 가지 점은 재고될 필요가 있다. 즉 많은 사람들이 일본의 전후체제가 백지상태에서 출발한 것같이 생각하지만 그것은 중요한 착각일 것이다. 비록 일본이 막대한 피해를 입었다고 하더라도 정치-경제적으로 기왕의 생산력 설비나 관료체제 나아가 천황제에는 아무런 피해가 없었다는 것이다. 그것은 전후 일본경제나 정치구조의 기반이 되기에 충분했다. 한 예로 태평양전쟁 당시 극렬하게 확장된 중화학공업 시설은 무제한 공습과 폭격에도 불구하고 이미 소개나 이전·정비 등의 조치로 지하로 잠적하여 잔존할 수 있었다. 이들은 곧장 전후에 들어 일본 경제부흥의 발판으로 살아남아 있었다. 당시 보존된 공업생산 설비는 대체로 40~70% 가량이었고, 수력발전 시설은 거의 손실을 입지 않았다는 것이 조사결과인데, [표 4-1]에서 당시 1944년 대비 1946년의 조선내 기업감소율을 보면 대체로 30~60%로 나타난다. 그렇다면 일본본토의 공업시설 피해는 조선과 큰 차이가 없다는 것을 느낄 수 있다.

특히 태평양전쟁 기간 확충된 철강·조선 등 중화학공업의 기술력과 기계기구 제작능력이 전후 일본 산업발전에 밑바탕이 되고 있었다는 점이다. 예를 들어 욧가이치(四日市)·오타케(大竹)·이와구니(岩國)·카시마(鹿島) 등 전시기간의 육·해군 군용시설이 있던 곳은 이른바 소화불하(昭和拂下)를 통하여 각종 민간자본에 불하되면서 이 지역이 공업단지화했는데, 나중에는 일본경제 고도성장의 상징처럼 되었다. 나아가 옛 해군공창 가운데서 최대규모였던 고고쇼(吳工廠)는 조선·제강 등의 기지화했다.

전쟁중에 개발되었던 일본의 로켓기술은 한때 북한 지역에서 핵실험까지 해볼 정도로 상당히 발전했다는 의혹도 있었는데, 전후에 그러한 기술이 고스란히 보존되어 신칸센과 같은 첨단 고속철도 건설이나 일본철도(JR) 같은 사회간접자본 확충에 큰 기여를 했다. 그렇게 조성된 광역 철도망과 기반시설은 6·25전쟁의 특수를 통하여 급성장하고 있었다. 예를 들어 6·25전쟁과 일본철도와의 상관관계를 보면 1950년 JR이 수송한 미군은 904.6만 명이었고, 1951년에는 878.3만 명이었으며, 군수물자는 1950년 10월 이후 매달 거의 82~85만 톤 수준에 이르고 있었다. 여기에 할당된 열차 차량수는 1.2만 량, 선박은 30만 톤 이상이었다. 태평양전쟁에서 잃은 일본의 국부는 6·25전쟁에서 회복되고 있었다.

뿐만 아니라 전시체제 이래 지속적으로 계승된 경제과정 내부로의 국가개입 나아가 금융·농업·노동관계·재벌체제에 대한 전후의 제반 개혁조치도 갑자기 나타난 것이 아니라 전시하에서 일정한 경험축적과 성과를 바탕으로 한 것이었다.

또한 점령지역에 펴져 있던 650만 명의 일본인도 그들이 일본에 귀국하여 본국경제의 부담을 가중시켰다는 지적과는 달리 기왕의 시설복귀를 통하여 전후 경제성장의 커다란 기여를 하게 되었다. 특히 거대한 재벌은 비록 재벌해체라는 미 점령군의 정책에도 불구하고 전전 이상의 절대적인 힘을 지닌 채 존재하였고, 독일과는 달리 일본의 전통적인 관료기구는 거의 피해를 받지 않고 잔존해 있었다. 즉 일본은 독일과 달리 전후의 정치적·경제적 지배질서가 그대로 보존되었다고 할 수 있다.

태평양전쟁과 조선— 과소평가된 전쟁피해

태평양전쟁의 결과 조선측의 피해는 현재 제대로 알 수 없다. 다만 몇 가지 연구를 통하여 피해집계를 보면 다음과 같다. 우선 인명피해 상황을 보면, 조선은행 조사부가 펴낸 『조선경제통계연감』에서는 일본으로 징용된 조선인 노동자가 120만 명(일본측 후생성 조사는 66만 명, 대장성 조사는 74.4만 명), 학도병·지원병 징병 등 군인 15.5만 명, 특히 일본군 위안부 등으로 끌려간 인원이 최소 십수만 명으로 조사되고 있다. 혹자는 조선내외로 동원된 총인원이 700만 명을 넘는 것으로 예측하기도 한다.

그러한 동원과정에서 어느 정도 조선인이 희생되었는가는 아직 연구가 없어 단언할 수 없는 상황이지만 일본본토 내에서만 적어도 30만 명이 희생된 것으로 추정되며, 징용과정에서 처참하게 죽음을 당한 조선인의 유골만도 5만 구가 현재 일본에 남아 있다. 그리고 북·일수교회담 당시 북한대표가 홋카이도[북해도]에 강제로 징용되어 죽은 조선인이 홋카이도철도에 깔린 광목보다 더 많다고 한 것은 사실 빈말이 아니었고, 실제로 역사적 사실에 가까운 언급이었다. 그나마도 이러한 조선인의 희생규모는 단지 일본내 징용되거나 동원된 조선인에 국한된 것이고, 전장의 확대에 따라 수많은 조선인이 군인·군속으로 최전선에 내몰렸고, 전투로 처참하게 죽어갔으리라 추정된다. 일본인의 피해는 아주 정확히 추산되는 반면 이처럼 조선인의 희생규모는 아직도 그 규모조차 제대로 연구되지 못한 상황이다.

한편 물적인 피해만 보아도 조선내 생활용품과 생필물자의 생산을 담당했던 대다수의 조선인 기업이 정비와 소개라는 명분으로 철거되거나 병합되었다. 기업정비와 기업소개 이후 조선내 공장·사업장과 노동자 감소상황을 보면 다음과 같다. 즉 1944년 6월부터 1946년 11월까지 남한내 공장의 44% 그리고 노동자의 60%가 감소하고 있다. 당시 일본내 기업-노동자 감소율과 거의 비슷한 수치라 할 수 있다.

아울러 공업시설 또한 전시하 북한지역에 편중되면서 남과 북의 원

[표 4-1] 해방후 조선내 공업시설 및 인원 격감상황

지역 \ 구분	1944년 6월		1946년 11		감소율	
	사업장수	노동자수	사업장수	노동자수	사업장	노동자
서 울	2,337	66,898	1,123	35,763	0.52	0.47
경 기	1,159	63,625	698	19,753	0.40	0.69
충청북도	222	6,583	137	3,970	0.38	0.40
충청남도	441	14,219	209	5,550	0.53	0.61
전라북도	679	18,389	437	7,299	0.36	0.60
전라남도	1,040	24,843	581	10,138	0.44	0.59
경상북도	1,424	29,085	788	12,314	0.45	0.58
경상남도	1,618	61,565	1,032	20,378	0.36	0.67
강 원 도	331	13,480	212	6,391	0.36	0.53
제 주 도	72	1,833	32	603	0.56	0.67
총 계	9,323	300,520	5,249	122,159	0.44	0.59

활한 경제적 연관이 어려워졌고, 자본주의의 균형적 발전조건은 완전히 상실하고 말았다. 또한 전전에 만들어졌던 대부분의 공업시설 또한 작동정지상태와 운영 불가능상태에 처했다. 특기할 일은 일제말(1945.6) 조선총독부가 조선내 일본재벌과 결탁하여 이후 조선내 잔류 공업시설의 파괴와 중요시설의 일본본토 이전을 획책했다는 점이다. 일부의 연구에서는 총독부 재정에서 그것을 위하여 6,740여만 원(당시 돈 3천만 달러)의 자금을 지출했다는 사실이 드러나고 있다. 진위야 어떠하든 간에 식민지에서의 최종적 지배형태는 철저한 조선경제의 파괴와 본토수호라는 측면이 더욱 강고해지는 모습이었다.

이처럼 일본과 조선은 태평양전쟁에서 외견상 비슷한 피해를 당했다고 할지라도 각기 국민경제의 장래성을 염두에 두고 평가한다면 전혀 다른 방향으로 가고 있었다. 즉 일본은 조선의 희생과 혼란조성을 통하여 상대적 정치안정, 천황제의 수호를 획책하고, 이어서 축적한 중화학공업력을 바탕으로 공습으로 파괴된 기반시설의 신속한 복구를 가능하게 할 수 있었다. 하지만 조선은 오히려 동·서 세력균형의 희생물이자 일본본토 적화를 막는 방파제로 이용되면서 정치적 민주화는 물론 기왕의 일제가 남긴 기반시설마저도 운영하기 힘든 상황이었다.

아울러 산업연관의 파행만이 아니라 일부 친일자본가들의 대륙침략 동반행위는 또다른 절대무력인 미군정에 대한 투항적 태도로 전환했다. 그리고 미국에 대한 열등의식과 복합되어 더욱 파렴치한 투기자본 형태로 전환했다. 결국 경제안정주의를 표방한 군정정책의 강압 아래서 민족경제의 육성이나 중화학공업력의 확충은 사실상 실패했다. 오히려 적산마저도 운영하기 어려웠던 저급한 경영능력·기술력으로 자본가 계급의 근대 민주주의적 기업경영 풍토는 자리잡기 힘들었는데, 그리하여 모리배나 연고인 중심의 적산분배도 시행되는 데 무려 10년이 소요되었고 열악한 운영조건으로 일부에서는 불하된 적산을 반환하려는 소송까지 있었다.

한편 일제하 지주·자본가들이 중심이 된 한민당이 중요산업국유화를 주장한 것도 그러한 열악한 축적조건에 기인한 것이었다. 즉 태평양전쟁 동안 일부 공장이 증가하고, 노동자 계급이 증가함으로써 자본주의적 모순의 기초는 심화되었다. 하지만 전쟁의 종결과 더불어 일본인들이 기술과 자본을 가지고 대거 물러나자, 정작 기술과 기획으로부터 배제되었던 조선인들에 의한 경영이나 재건과정은 상당기간 동안 부실과 역기능이 동반되었다. 그리고 재건하기에 너무 탈구된 경제구조의 재구성도 여의치 않았고, 침략전쟁의 꼭두각시였던 자본가 계급이 전쟁을 통한 자본축적 기회가 상실되고 이윤하락이 초래되자 민주적 혁명에 대한 조직적인 반기를 들고 나왔다. 그로 인해 국민경제상에서 적절한 생산수단의 안배와 재생산의 균형조건이 교란되었으며 결과적으로 못하여 건강한 기업은 도산하고, 군정과 결탁한 모리적·투기적 상업자본이 상당기간 동안 재계의 실세로 자리하게 되었다.

반면 노동시장은 파탄일로였다. 자본계급의 수구적 자세와 미군정의 현실인식의 부적절하므로 인해 해방후 해외에서 급격하게 밀려들었던 한국인들의 경제복귀를 어렵게 하면서 그나마의 간접자본마저도 노쇄화·흉물화하는 한편 광범한 실업난과 천문학적인 물가고 등으로 민족경제 재건의 희망은 점차 약화되고 말았다. 이것은 분명 일본이 당시 발빠르게 성장하던 그것과는 전혀 다른 내용이었다. 많은 통계치에서 보듯이 미군 점령기간 동안 한국인의 경제생활은 식민지시대보다 열악했다. 뿐만 아니었다. 일제하 관헌이 그대로 남아 전통적인 식민지 수탈방식의 미곡공출을 그대로 자행했고, 친일세력들은 여전히 주요요직에서 한국의 탈식민지적 재편을 가로막았다.

그 결과 친일세력이 침략전쟁을 통하여 벌어들인 재화는 그대로 계승되어 정경유착을 통한 재벌로의 급상승을 도모했다. 그 과정에서 농지개혁은 그러한 부패한 일제하 자본가 계급의 축적빌미를 확대시켰고, 지주계급의 몰락에 대신한 독점적·모리적 상인형 자본가 그룹이 정권과 연결되면서 상당한 기간동안 계획적인 한국경제의 발전이 도모되기 힘들었다. 그나마 6·25는 그러한 미약한 싹마저도 차단하고 간접자본은 물론 인적 자원까지 철저히 박멸하는 결과를 초래했다.

왜 전후 한국과 일본은 다른 길로 갔나.

이러한 피해 이외에도 태평양전쟁은 전후 두 지역의 역사발전에 커다란 영향을 남기고 있다. 일본의 경우 미국은 현실의 주적인 일본에 대한 무차별적인 공습과 보복을 가하면서도 한편으로는 동북아의 사회주의화〔적화〕를 저지하기 위한 각종의 정치적 제스처를 취하고 있었다. 즉 포츠담선언에서 보여준 미국측의 이중전략은 소련을 달래어 일본최강의 관동군을 묶어두게 하는 '제2전선' 방략을 획책하면서도 사회주의권의 영향력을 배제하기 위한 의도가 명백히 드러나고 있다. 그 덕분에 일본 지배계급은 기왕의 지배질서의 손실 없이 고스란히 전전의 위상을 유지할 수 있었다.

그것은 일본을 안정적인 동북아대륙권에 대한 전진기지로 인식한 미국의 전략이었고, 그 결과 전범의 수장인 천황에 대한 아무런 법적 책임을 묻지 못하고 7명의 전범을 처형하는 것으로 전쟁책임을 끝내었다. 오히려 위기국면의 천황제는 변형된 형태로나마 기왕의 위상을 보증함으로써 100년 가까이 끌고 온 일본제국의 군국주의적 관료기구를 완전히 일소하는 데 실패하고 말았다. 그것은 일본의 미래를 위해서도 무척 고단한 결과였다.

이는 반공을 명분으로 적화위기에 빠진 동북아지역을 소련과 사회주의 세력의 영향권에서 배제하려는 술책, 나아가 동북아에서의 미국일방의 배타적 지배권을 확보하려는 의도에 기인했다. 그러한 증거는 도쿄국제재판 때 웹 재판관이 "전쟁을 개시할 때에도 천황이 보인 현저한 역할이 검찰에서 제시되었지만 검찰측이 천황을 기소하지 않으려 하며, 천황이 재판을 면제받은 것은 형의 선고에서 당연하다'고 언급한 데서도 히로히토의 면책이 정치적 이유 때문이었음을 분명히 보여주고 있다.

그러나 한국(조선)은 우선적인 정치적 고려대상도 아니었고, 또다른 세력균형의 희생만이 강요되는 상황이 조성되고 있었다. 이미 얄타밀약을 통하여 한반도에 대한 열강의 분할지배가 획책되고 있었고, 유사시 조선의 분할을 통하여 극동의 안정을 꾀하고자 하는 음모들이 진행되고 있었다. 물론 임시정부수립이나 신탁통치 방식으로 한반도 지역의 중립성 강화에 대한 관심을 보이지만 결국 미·소의 세력균형을 위한 열강간의 흥정이었음은 사실이었다. 이미 1944년 이후 미국의 대일전략은 '절대불가론'으로 한반도에 대한 관심은 어쩌면 부차적인 것이었고, 일본을 얻기 위해 소련은 38선을 넘지 않았던 것이다.

따라서 동북아에서 한국의 역할은 이후 1960년대처럼 개발을 통한 반공보루·반공기지로서 이해되는 것이 아니라 철저한 일본적화 방지를 위한 일환으로 단순한 피사체 내지는 희생물로 다뤄졌고, 한반도 주민의 의사나 혁명적 열정도 그러한 '일본지키기' 명분 아래 철저히 무시되었다. 히로히토나 전범에 대한 광범한 정치적 복권이 이뤄지던 것과는 반대로 조선의 해방을 위해 투쟁한 임정을 비롯한 각기 혁명세력은 철저히 정치적 영향력을 배제하는 방향으로 가고 있었다. 요컨대 미국은 일본에서는 각종 기구로 급속한 정치안정을 견인하면서도 조선에서는 장기간 좌우대립을 조장하거나 방관하고 있었다. 신탁통치를 미국이 주장했음에도 소련이 했던 것처럼 선전한 것도 그러한 민족대 반민족의 모순을 좌와 우의 대립구도로 전환하여 반공친미적 세력권을 한반도에 심고자 하는 수단이었다.

이러한 이중적이고 모순적인 미국정책에 대하여 한국인들은 한편으론 신탁통치 문제와 관련하여 좌우대립의 소용돌이에 말려드는가 하면, 일부 한국인들은 그러한 모순을 간파하고 전국적인 민중봉기와 민족자주권 수호투쟁으로 그것을 전환하고자 했다. 즉 1946년 한국 전지역에서의 민중봉기와 심각한 좌우대립은 그러한 모순이 빚어낸 결과였다.

신대동아공영권 문제

일본에서는 지금까지 태평양전쟁 즉 대동아전쟁이 아시아민족의 탈서구화와 서구제국주의로부터 탈피에 커다란 기여한 정의의 전쟁으로 보는 경향이 있었다. 그래도 이 문제는 일본 보수우익의 논리로서 일본 내 소수의견이라고 그 동안 크게 주목하지 않고 무시한 것이 사실이다. 그러나 지난해 일본방위청 정무차관 니시무라 신고(西村眞悟; 자유당)의 일본 핵무장 발언에 이어 기미가요와 히노마루를 국기·국가로 법제화해 천황주의와 군국주의 기운을 부활시키고, 2000년에 전쟁권과 군사력 보유를 금지한 평화헌법 개정논의를 국회에서 적극적으로 할 예정으로 있다. 이는 일본열도 전반에 걸친 보수우경화를 의미하는 것이고, 중국의 진출을 저지한다는 명분 아래 그러한 논리는 더욱 광범위하게 전파되고 있다.

한국 대통령의 방문 때 마지못해 하는 사과하는 이면에는 필리핀 소속 군도의 탈취나 한국에 대한 일련의 경제봉쇄에서 나타나듯이 중국측의 패권주의가 일본시장을 위협하고 동북아에서 영향력을 확대한 것에 대한 일본측의 경계가 숨어 있다. 동북아의 공존공생·협력이라는 21세기의 동북아지역 안정의 희망보다는 그와 역행하여 동북아를 일본중심의 질서로 할 것인가, 아니면 중국을 중심으로 할 것인가 하는 패권주의적 입장이 강화되고 있는 것이다. 이에 일본의 정책적 선택은 사실상 명약한 것으로 여겨진다. 갑자기 대동아공영권 논리가 불거져 나오는 것은 이처럼 그러한 일본식 패권의 재구성을 염두에 둔 말로 해석할 수 있다.

태평양전쟁의 긴 여운

정확히 59년 전인 1941년 12월 일본의 하와이 공습으로 발발된 4년간의 태평양전쟁은 일본은 물론이고 연합군측에도 많은 인적·물적 피해를 동반하였다. 그 과정에서 일본이 조선을 전면적으로 침략전쟁에 끌어들였고, 많은 조선인들이 그러한 기만성에 현혹되어 침략전쟁을 지원하면서 입신을 꾀하기도 했다.

하지만 태평양전쟁 이후 새로운 체제가 뿌리내리는 과정에서 한국과 일본은 전혀 다른 길로 가게 되었다. 먼저 조선의 경우 미·소의 각축으로 한반도는 분단되었고, 거대한 공업시설의 파괴와 실업자 대두, 반민족적 친일 관료기구의 보존에 이어서 또 한번 6·25동란과 같은 마이너스 역사를 경험하게 되었다. 반면, 일본은 미국의 일본 적화방지 차원에서 각종의 유화책이 전개되면서 기왕의 천황제가 보존되었고, 전통적인 군국주의적 관료체제가 온존했다. 전시하 급상승한 철강·조선 등 중화학공업력을 바탕으로 산업의 본격적인 재건을 보게 되고, 그러한 사회간접자본의 확대 속에서 새로운 형태의 재벌이 대두함으로써 결과적으로 세계가 놀랄 만한 고도성장을 달성하는 등 국가적 안정을 구가하게 되었다.

태평양전쟁이 한국과 일본에 표면적으로 남긴 것은 수많은 고귀한 인명의 죽음과 재화의 파괴였다. 그러나 더욱 뼈아픈 것은 전쟁에 의해서 초래된 또 한번의 비극, 바로 조국의 분단이라는 고통이다. 이와 더불어 전쟁을 정리하는 과정에서 열강의 이해관계 속에서 철저히 버려진 한반도의 민주화와 경제문제, 반면에 반공기지로서 철저히 보호 육성된 일본열도의 그것. 바로 그것이 오늘날 일본과 우리의 모습을 이토록 다르게 만든 것이다. 이러한 대비는 태평양전쟁에서 일제가 침략전쟁을 수행하면서 황폐화된 조선인 삶에다 또 한번의 시련을 더한 것으로 식민지 약소국의 고단한 역사를 반영하는 것이다.

식민지 조선경제의 종말

찾아보기

〔ㄱ〕
가격정지령 415
가내공업자 198
가내수공업 63
가변자본율 16 33
가치지상주의 4~5
강제공제저축〔천인저축〕 413
강제저축 377
개정생산력확충계획안 136
건축물의 이용통제요강 236
결전비상조치요강 221
결전철강증산비상조치요강 310
경금속설배급통제규칙 300
경금속제조사업법 122
경금속증산강조기간 300
경성방직 274
경성부소개촉진협력회 226
경제신체제확립요강 352
경제적 자급체 254
경제통제협력연락회 354
고율소작료 370
고이소 구니아키 291
고정자산 33
고즙통제규칙 301
곡물검사소 411
공업조합령 68
공업화(industrialization) 79
공작기계제조사업법 322
공작대 229
공장당 평균자본금증가율비 37
공장사업장관리령 142
공장사업장기능자양성령 325

공장위원회 310
공장제 수공업 63
공출미가 401
과도기적 특징 15
관방자원과 115
관제화정책 45
광주민중항쟁 5
국가총동원법 114 351
국민저축조합 373
국민저축조합령 372
국민정신총동원운동 335
국민직업능력신고령 324
국민총력연맹 3대 실천요강 352
국민총력조선연맹 226
국책공업 111
국토계획 184
국토계획대강소안 253
군부대신현역임용제 110
군산복합체제 6
군수공업화 58 80
군수생산책임제실시요강 142
군수충족회사령 147
군수품제조공업5개년계획요강 114
군수회사법 142
군수회사징용규칙 147
귀속업체 65
귀속재산화 74
근대적 매뉴팩처 43
근대화 논쟁 3
근대화론 15
금속회수 188
금속회수령 190

438 식민지 조선경제의 종말

금속회수위원회규정 190
금융조합통계연보 377
기계공업등기업정비실시요강 143
기계공업정비요강 203
기대물동물자 295
기업(機業)전습소 28
기업정비 4
기업정비령 68
기업정비위원회 367
기업정비조치요강 143
기업합동 171
기업허가령 173
기획원안 116
긴급물가대책요강 143
김연수(金秊洙) 274

〔ㄴ〕
나카노 세이고(中野正剛) 18
남만면업(南滿綿業) 275
남면북양 54
남방경제지구 254
남북병진 110
남선공단 284
내선만지수송연락회 265
내선일체론 271
내핍에 의한 물자동원 81
내핍을 통한 동원수단 335
노동생산성 36
농공병진 54
농업생산책임제실시요강 408
농업협동조합 395
농업회 412
농촌재편성운동 412
농촌진흥운동 54
능률기준 349

〔ㄷ〕
다나카 다케오(田中武雄) 184
단발배급표제 368

대동아건설심의회 300
대동아경제건설기본방책 253
대동아공영권〔엔블록〕 4 67 90
대동아사 278
대륙경제지구 254
대륙루트 265
대륙연락회의 256 268
대륙전진병참기지(大陸前進兵站基地)
    85 335
대륙철도운송협의회 265
대만총독부 265
대용 마그네슘 126
대용 알루미늄 120
대용 인조석유 132
대체품 119
도시소개실시요강 221
도시소개에 따른 기업정비 요령 237
도양곡배급조합 400 413
도양곡주식회사 413
독도 4
독립운동자금화 44.
동방식산주식회사 275
동북전쟁 320
동아경제조선간담회 256 291
동양의 대란 47
동원기지화 80
두리틀부대 315

〔ㅁ〕
만주사변 77 85
만주의 낙토화 58
명령항로 259
무연탄사용장려조치 316
무연탄제철계획 311
무연탄제철법 311
무제한 수탈사 105
무토 노부기(武藤信義) 55
문화정치 45
물자동원계획 109

물자조정연락협의회 360
물자통제령 300 351
물품재고수량조사규칙 357
미곡관리제도 400
미군정기 219
미나미 지로(南次郎) 59
미드웨이해전 290
민족경제 4~6
민족분열정책 45

〔ㅂ〕
발착지통관주의 265
방공공지 223
방공공지대 223
방공법 221
방위총본부 223
배급부문기업정비요강 367
배급조정기관 361
배급증 96
배급통제협회 357
보크사이트바이어 121
봉건지대 19
부락연맹 373
부산공업구락부 273
부채정려자금 369 387
북방 엔블록 273
북방권의 수장론 273
북방권의 조장(組長) 273
북방권의 중핵 92
북방생활권 253
북변경제지구 254
북선공단 284
북지사변특별세령 344
분산적 소공업화론 58
블록경제 285
비군수산업 105

〔ㅅ〕
43대책 402

42대책 400
사이토 마코토 45
산미증식계획〔조선증미계획〕 393 397
산업경제조사회(産業經濟調査會) 110
산업단체 통일정비 59
산업조합 411
삼성상회(三星商會) 275
39년도 생산력확충실시계획 128
상공경제회 226
상대적 잉여가치 15
상품가치율 16
생산력 지상주의적 104
생산력확충 4대시책 291
생산력확충계획 109 335
생산력확충계획대강 114
생산력확충대강 321
생산력확충추진운동실시요강 293
생산장려금 421
생산재부문 29
생산책임제요강 142
생활필수물자통제령 416
샤브쉬나 96
서선공단 284
서선지방공업입지공동조사위원회 261
서선화학 다사도공장 123
선강일관체제 308
선만무역좌담회 268
선산견본전시회 267
선화무역관계관민간담회 267
설비기준 349
설비내 증산 295
세계경제시스템의 피조물 93
세궁민 48
소개대책본부 230
소개대책위원회 223
소개수송사무소 226
소개에 따른 주택대책요강 235
소개연락위원회 226
소개지도소 226

소공업육성정책 26
소공업장려론 54
소공지대 225
소부르주아 53
소상공업대책요강 202
소작료통제령 389 419
소작쟁의 53
소형용광로제철 311
소화제철소 311
솔로몬군도 143
송도항공기주식회사 275
수급계획서 345
수출입품등임시조치법 338
수탈론 4
수풍발전소 264
숙련노동력 31
스즈키 다케오(鈴木武雄) 60
시국대책조사회 109
시국대책준비위원회 115
시국산업확충계획 109
식량배급조합 413
식량영단 413
식량전작물증산계획 398
식료품무역간담회 268
식민지 초과이윤 106
식민지근대화론 3
식민지미화론 287
식민지반봉건사회론 3
식민지성 286
식산계 370
식산흥업정책 43
신대동아공영권 435
신흥개발도상국 83
실명제적 신고규칙 18
실적기준 348

〔ㅇ〕
애국반 373
양곡관리법 424

NIC's 87 97
연고소개 236
예금권유전임관 379
외화보유량 288
우가키 가즈시케 52
원시적 수탈론 4
원시적 축적론 15
원천공제저축 374
위안소 278
유사근대화 5
유출예상물자 295
유휴설비조치요강 175, 191
윤번구입표 359
은행등자금운용령 351
의료품종합배급증제도 358
이윤율 16
이중미가제 401
인조석유개발 7개년계획 135
인조석유제조사업진흥계획 133
인조석유제조산업법 134
일만군수공업확충계획 114
일만지산업개발5개년계획 253
일만지연락운수협정 265
일반소개 221
일본전기공업 123
일선만 경제블록 90
일용품단일배급증제도 358
1차적 공영권론 272
임시농지가격통제령 389
임시물자조정과 115
임시미곡관리요강 399
임시자금조정법 351
임전보국단(臨戰報國團) 79 276
잉여약탈사 105

〔ㅈ〕
자금동원 계획 109
자본의 가치구성 15
자본의 기술적 구성 16

찾아보기 441

자본의 유기적 구성 33
자본주의적 축적구조 33
자원회수 188
자작농 창설사업 391
자작농창설유지사업 370
자작농창정운동 388
자재배당계획 109
장기근대 87
저축장려위원회 372
전력증강 8대시책 312
전력증강기업정비요강 143 175
전선공업자대회 261
전승범(全承範) 273
전시행정직권특례법 143
전시행정특별법 143
전업 171
절대국방권 143
정관청직권이양령 143
정실(情實)배급 360
제1차 생산력확충계획 322
제1차 생화계획 116
제2의 일본인화 4 80
제2의 일본화론 272
제2전선 433
제2종 공업 175
제2차 가공공업 292
제2차 생산력확충계획 185 306, 294
제국군수공업확충계획 114
제철사업법 130
제철업장려법 130
조선 남부공단 78
조선 북부공단 78
조선 서부공단 78
조선경제의 대외성 6
조선공업화 54
조선공작주식회사 274
조선국민저축조합령 372
조선국민저축증강방책 373
조선군수생산책임제도요강 142 148

조선금융조합연합회 370
조선내 중요도시 소개요강 224
조선농업계획요강 417
조선마그네사이트개발주식회사 127
조선목재생산책임제도실시요강 142 148
조선무연탄이용강화위원회 312
조선미곡배급조정령 423
조선미곡창고주식회사 236
조선본점회사 158
조선비행기공업주식회사 275
조선산업간담회 59
조선산업박람회 59
조선상의(朝鮮商議) 360
조선석유판매동업조합 364
조선성냥공업조합 364
조선소형용광로제철협회 309
조선식량관리령 405
조선식량영단 405
조선이연금속 진남포공장 123
조선전력관리령 318
조신중요물산통업소합녕 27
조선질소 흥남공장 122
조선철증산추진협의회 305
조선총독부 군수행정책임제도요강 142 148
조선폐품회수회사 189
조선회수자원통제주식회사 189
조선 흥아구락부 266
조일합자회사 23
종합국토계획 264
주우알루미 301
준국책회사 281
준전매제도 404
중소공업정비요강 74 176
중소상공업대책요강 173
중소상공업대책위원회 173
중요도서 소개협력운동요강 226
중요물자영단 193 301
중요물자현재고조사규칙 357

중요산업 5개년계획 114
중요산업건설요강 300
중요산업단체령 173 351
중요산업통제법 67
증산을 통한 동원수단 335
지구별 할당제 368
지나사변특별세령 344
지방금융조합령 369
지주자본 99
직물제조업자정비요강 172
집단소개 236

〔ㅊ〕
천황제 436
철강 군수생산책임제 309
철강 재생산확장 5개년계획 129
철강 통제회 조선지부 309
철강하기생산확보대책위원회 309
청진제철소 131
초중점산업 80 295
촌락금조 370
총독부 기획위원회 294
총동원태세확립방안 337
출하장려금 421
치안유지법 51
침략동반축적론 274
침략성 6
침략전쟁동반론 272 285
침략전쟁의 전위대(前衛隊) 279
침략주의 6

〔ㅌ・ㅍ〕
태평양전쟁 67
토막민 48

토지개혁 424
토지방매 421
토지수용령 130
토지조사사업 46
통제미 401
통제위원회 361
통제조합 363
특별대출금 386
특별회수 188 189
특수은행 381
틈새시장 98
파철화(SCRAP) 176
패권주의 6
평균이윤율 35
평남공업지구대책위원회 261
평양메리야스 73
폐품회수단체 188
포츠담선언 433
폭리취체령 415

〔ㅎ〕
하라타 이치로(原田一郞) 281
하의상달(下意上達) 361
하준석(河俊錫) 274
학교소개실시요강 236
할당증명서 359
항만확장 5개년사업 263
허가인가임시조치법 143
현원징용 186
협력공업정비실시요강 202
회사령시행세칙 18
흡수능력론 87
홍아보국단 79 276